司法解释理解与适用丛书

最高人民法院
关于审理行政赔偿案件若干问题的规定
理解与适用

最高人民法院行政审判庭　编著

人 民 法 院 出 版 社
PEOPLE'S COURT PRESS

图书在版编目（CIP）数据

最高人民法院关于审理行政赔偿案件若干问题的规定理解与适用 / 最高人民法院行政审判庭编著．-- 北京：人民法院出版社，2022．4
ISBN 978-7-5109-3493-3

Ⅰ．①最… Ⅱ．①最… Ⅲ．①行政赔偿-行政法-法律解释-中国②行政赔偿-行政法-法律适用-中国 Ⅳ．①D922．112．5

中国版本图书馆 CIP 数据核字（2022）第 063099 号

最高人民法院关于审理行政赔偿案件若干问题的规定理解与适用
最高人民法院行政审判庭　编著

责任编辑　王　婷　陈　思　尹立霞
执行编辑　高　晖　田　夏　罗羽净　李　瑞　赵　爽　叶　白
出版发行　人民法院出版社
地　　址　北京市东城区东交民巷 27 号（100745）
电　　话　（010）67550607（责任编辑）　67550558（发行部查询）
　　　　　65223677（读者服务部）
客服 QQ　2092078039
网　　址　http://www.courtbook.com.cn
E-mail　courtpress@sohu.com
印　　刷　三河市国英印务有限公司
经　　销　新华书店

开　　本　787 毫米×1092 毫米　1/16
字　　数　480 千字
印　　张　37．5
版　　次　2022 年 4 月第 1 版　2022 年 4 月第 1 次印刷
书　　号　ISBN 978-7-5109-3493-3
定　　价　148．00 元

前 言

2022年3月20日，最高人民法院发布《关于审理行政赔偿案件若干问题的规定》（以下简称《行政赔偿司法解释》），自2022年5月1日起施行。《行政赔偿司法解释》以1997年发布的《最高人民法院关于审理行政赔偿案件若干问题的规定》（以下简称1997年《行政赔偿规定》）为基础，在《国家赔偿法》《行政诉讼法》等相关法律已经修改多年、《民法典》出台的情况下，针对行政赔偿案件审理实践中出现的新情况、新问题，为适应新形势的需要，进一步规范行政赔偿案件审理，总结近年来的经验和做法，经过多层次调研、广泛征求意见而形成，是一部新时代的具有中国特色的行政赔偿司法解释。

《行政赔偿司法解释》始终坚持以习近平新时代中国特色社会主义思想为指导，深入贯彻习近平法治思想，增强“四个意识”、坚定“四个自信”、做到“两个维护”，坚持和加强党对政法工作的绝对领导，依法服务保障党和国家工作大局，监督和支持行政机关依法履行行政赔偿义务，实质化解行政赔偿争议。坚持以人民为中心，认真落实人民主体地位，坚持服务人民的根本立场，切实维护公民、法人和其他组织的合法权益，依法保护公民、法人和其他组织的行政赔偿权利。平等保护各类市场主体合法产权，贯彻平等保护产权原则，切实维护民营经济合法产权。积极落实立足新发展阶段、贯彻新发展理念、构建新发展格局的要求，找准行政审判工作服务高质量发展的结合点、切入点，为实现高质量发展提供有力司法服务和保障。

《行政赔偿司法解释》结合行政赔偿案件审判实际，严格落实《国家赔偿法》《行政诉讼法》，以解决实践中突出问题为导向，注重对存在分歧的重大疑难法律适用问题进行解释，注重规范的针对性、准确性和实效性。全文共33条，主要有以下几个亮点：一是规范行政赔偿诉讼的受案范围，进一步明确行政赔偿范围和构成要件，规定举证责任倒置的情形并科学划分行政赔偿责任，实现对行政机关的精准监督。二是合理确定“直接损失”范围，进一步明确财产损害的赔偿标准，明确人民法院判决给予被征收人的行政赔偿不得少于被征收人依法应当获得的安置补偿权益，完善了精神损害赔偿诉讼的规定，体现对当事人合法权益的全面保护。三是进一步明确行政赔偿诉讼原被告主体资格，完善行政赔偿请求时效和起诉期限制度，进一步解决一并及单独提起行政赔偿诉讼的程序问题，进一步完善公私法赔偿诉讼的衔接问题，实现对当事人诉讼权利的充分保障。四是强化法院的释明义务，规范人民法院对损害赔偿的酌定标准，明确行政赔偿案件的裁判方式，增强行政赔偿诉讼实质化解行政争议效果。

一、起草背景和主要过程

1994年5月12日第八届全国人民代表大会常务委员会第七次会议通过《国家赔偿法》。之后，根据2010年4月29日第十一届全国人民代表大会常务委员会第十四次会议《关于修改〈中华人民共和国国家赔偿法〉的决定》进行了第一次修正；根据2012年10月26日第十一届全国人民代表大会常务委员会第二十九次会议《关于修改〈中华人民共和国国家赔偿法〉的决定》进行了第二次修正。

1997年《行政赔偿规定》发布于1997年，共40条。该司法解释在贯彻实施《国家赔偿法》，保证人民法院依法及时公正审理各类行政赔偿案件，规范和加强行政赔偿工作，实质化解行政赔偿争议，保障赔偿请求人获得行政赔偿的权利，监督行政机关依法履行行政赔偿义务等方面，发挥了积极的作用。考虑到《国家赔偿法》《行政诉讼法》等相关法律已经修改多年、《民法典》出台，且行政赔偿审理实践中也出现了一些新情况、新问题，为了适应新形势的需要，进一步规范行政赔偿案件审理，有必要在总结近年来的经验和做法、修改完善原有司法解释的基础之上，制定一部新时代的具有中国特色的行政赔偿司法解释。

在起草《行政赔偿司法解释》的过程中，我们开展了多形式、多层次的调研活动。不仅听取各级法院的意见，还多次邀请行政法学专家、学者参加调研座谈并听取意见；不仅征求院内相关部门的意见，还广泛征求全国人大常委会法工委、司法部等相关国家机关的意见。通过充分沟通、协商，在各方面对行政赔偿诉讼的受案范围、诉讼途径、审理对象、判决方式等基本问题达成广泛共识的基础上，多次修改，最终形成《行政赔偿司法解释（送审稿）》，由最高人民法院审判委员会讨论通过。《行政赔偿司法解释》结合行政赔偿案件审判实际，以解决实践中突出问题为导向，注重对存在分歧的重大疑难法律适用问题进行解释，注重规范的针对性、准确性和实效性。对于《行政诉讼法》《国家赔偿法》及相关司法解释有明确规定的，不再重复作出规定；对可规定可不规定或者目前尚难以达成基本共识的内容，暂不作规定；对于旧司法解释中已经有规定且行之有效的内容，继续加以保留；对于近年来审判实践急需解决、旧司法解释未规定的内容，增加相应的条款。不追求大而全，根据审判实践需要确定具体条文的内容和数量。

二、基本原则

在起草《行政赔偿司法解释》的过程中，我们始终坚持以下基本原则：

一是始终坚持以习近平新时代中国特色社会主义思想为指导，深入贯彻习近平法治思想，增强“四个意识”、坚定“四个自信”、做到“两个维护”，坚持和加强党对政法工作的绝对领导，依法服务保障党和国家工作大局，监督和支持行政机关依法履行行政赔偿义务，切实维护公民、法人和其他组织的合法权益，实质化解行政赔偿争议，努力让人民群众在每一个司法案件中感受到公平正义。

二是坚持以人民为中心。我们认真落实人民主体地位，坚持服务人民的根本立场，努力畅通行政赔偿救济途径、合理区分损失责任、完善行政赔偿判决方式，依法保护公民、法人和其他组织的行政赔偿权利。

三是平等保护各类市场主体合法产权。产权制度是社会主义市场经济的基石。健全产权保护制度，平等保护各类市场主体的合法权利，尤其是依法保护民营企业合法产权，是建设良好法治环境，推动经济高质量发展，健全社会主义市场经济体制的基本要求。《行政赔偿司法解释》贯彻平等保护产权原则，切实维护民营经济合法产权，明确规定《国家赔偿法》中的“直接损失”赔偿就是“实际损失”赔偿，行政机关违法行政行为造成公民、法人或者其他组织损害的，应当予以充分赔偿；明确规定财产赔偿的计算方式，停产停业期间必要的经常性费用开支的范畴，为充分赔偿划定具体标准；明确规定土地房屋征收征用过程中违法强拆造成损失的，赔偿标准和数额不低于被征收人依法应当获得的补偿安置标准和数额；等等。

四是监督和支持行政机关依法履行行政赔偿义务。《行政赔偿司法解释》进一步明确人民法院对行政赔偿行为的监督权力，细化了行政赔偿案件的审理方式和判决方式，明确了部分特殊行政赔偿案件的举证责任，科学划分了行政赔偿责任等。

五是服务高质量发展。积极落实立足新发展阶段、贯彻新发展理念、构建新发展格局的要求，找准行政审判工作服务高质量发展的结合点、切入点，为实现高质量发展提供有力司法服务和保障。《行政赔偿司法解释》明确规定，行政行为与私人行为共同侵权的，当事人可以一并提起民事诉讼，同时对公、私各方的侵权责任作出合理划分；明确法院对原告未一并提起行政赔偿诉讼的告知义务，引导当事人尽可能一并解决行政赔偿争议；明确人民法院审理不履行行政赔偿义务案件要作出具有明确给付内容的判决，被诉行政赔偿决定款额计算错误的要作出变更判决，实质解决赔偿争议；明确人民法院对侵权行政行为主诉予以裁定驳回，对一并提起的行政赔偿诉讼也应当予以裁定驳回等，实质化解各类行政赔偿争议，为高质量发展创造良好的法治环境。

三、《行政赔偿司法解释》的主要内容

《行政赔偿司法解释》全文共33条。主要内容有以下几个方面：

（一）明确行政赔偿的范围、要件和责任分担，实现对行政机关的精准监督

1. 明确了合法权益的内涵。《行政赔偿司法解释》严格落实《国家赔偿法》和《行政诉讼法》的规定，强调公民、法人或者其他组织认为行政机关及其工作人员违法行使行政职权对其劳动权、相邻权等合法权益造成人身、财产损害的，亦可以依法提起行政赔偿诉讼。

2. 界定“其他违法行为”的范围。《行政赔偿司法解释》规定，《国家赔偿法》第三条、第四条规定的“其他违法行为”包括以下情形：(1) 不履行法定职责行为；(2) 行政机关及其工作人员在履行行政职责过程中作出的不产生法律效果，但事实上损害公民、法人或者其他组织人身权、财产权等合法权益的行为。根据是否积极作为，行

政行为可以分为作出的行政行为和不作为行为；根据行为结果是否出自行政机关及其工作人员的主观故意，行政行为又可以分为法律行为和事实行为。行政机关不仅对作出的行政行为、法律行为违法造成损害要承担行政赔偿责任，对不履行法定职责行为和事实行为违法造成损害的，亦应承担行政赔偿责任。

3. 明确赔偿决定等行政行为属于受案范围。为了进一步厘清行政赔偿案件的受案范围和审理对象，《行政赔偿司法解释》明确，行政赔偿决定、不予赔偿决定，以及逾期不作出赔偿决定等行政行为属于行政赔偿诉讼受案范围。行政赔偿诉讼要在对相关赔偿行为本身的合法性进行审查和评判的基础上，切实保护公民、法人和其他组织合法权益，实质化解行政赔偿争议。

4. 列举行政行为被确认违法的两类主要情形。为了准确把握侵权的行政行为已经被确认违法的标准，《行政赔偿司法解释》列举了常见的两类具体表现形式：一是行政行为被有权机关依照法定程序撤销、变更、确认违法或无效；二是实施行政行为的行政机关工作人员因该行为被生效法律文书或监察机关政务处分确认为渎职、滥用职权。

5. 完善行政赔偿构成要件。《行政赔偿司法解释》规定，人民法院应当对行政机关及其工作人员行使行政职权的行为是否符合法律规定、原告主张的损害事实是否存在、损害与违法行政行为是否存在因果关系，以及原告的损失是否已经通过行政补偿等其他途径获得充分救济等事项一并予以审查，完善了行政赔偿的法定构成要件。

6. 规定举证责任倒置的情形。一般情况下，原告请求行政赔偿应当对违法行政行为造成损害以及损害大小的事实承担举证责任。但是，以下两种情形，举证责任倒置：一是因被告导致原告无法举证的，由被告承担举证责任；二是原告主张其被限制人身自由期间受到身体伤害，被告否认相关损害事实或者损害与违法行政行为存在因果关系的，被告应当提供相应的证据证明。

7. 科学划分行政赔偿责任。一是明确了行政机关共同侵权连带赔偿责任；二是规定了行政机关分别侵权的连带赔偿责任和按份赔偿责任；三是确定了因第三人提供虚假材料导致行政行为违法的行政赔偿责任分担；四是规范了因第三人侵权但行政机关又不作为的行政赔偿责任分担；五是界定了因客观原因造成损害而行政机关又不作为的行政赔偿责任分担。

（二）科学界定损害赔偿范畴，体现对当事人合法权益的全面保护

1. 合理确定“直接损失”的范围。《国家赔偿法》规定，行政赔偿仅赔偿侵犯财产权所造成的直接损失。《行政赔偿司法解释》根据行政赔偿案件的自身特点，借鉴民事侵权赔偿的相关规定，通过列举的方式明确了存款利息、贷款利息、现金利息、机动车停运期间的营运损失，以及通过行政补偿程序依法应当获得的奖励、补贴等均属于直接损失的范畴，同时在兜底条款中明确对财产造成的其他实际损失属于直接损失，最大限度实现对当事人合法权益的充分保护。

2. 进一步明确财产损害的赔偿标准。《国家赔偿法》规定，违法行政行为造成财产损害，不能返还财产或者恢复原状的，给付相应的赔偿金。《行政赔偿司法解释》明确，赔偿金按照损害发生时的市场价格计算损失。市场价格无法确定，或者该价格不足以弥补公民、法人或者其他组织损失的，可以采用其他合理方式计算。针对司法实践中所占比例较大的违法征收征用土地、房屋导致的行政赔偿案件，《行政赔偿司法解释》明确，人民法院判决给予被征收人的行政赔偿，不得少于被征收人依法应当获得的安置补偿权益。

3. 完善精神损害赔偿的规定。根据《国家赔偿法》关于精神损害赔偿的原则性规定，《行政赔偿司法解释》进一步明确了行政赔偿诉讼中精神损害赔偿的履行方式及判决方式，并规定了消除影响、恢复名誉和赔礼道歉的履行方式可以由双方协商；协商不成的，人民法院应当责令被告以适当的方式履行；造成严重后果的，应当判决支付相应的精神损害抚慰金。

（三）畅通行政赔偿诉讼程序，实现对当事人诉讼权利的充分保障

1. 进一步明确行政赔偿诉讼原告主体资格。《行政赔偿司法解释》规定，受害的公民死亡，其继承人和其他有扶养关系的人依法具备原告主体资格；为了与《民法典》侵权责任赔偿的请求权人保持一致，司法解释增加了支付受害公民医疗费、丧葬费等合理费用的人可以作为行政赔偿诉讼的原告起诉的规定；《行政赔偿司法解释》还规定，有权提起行政赔偿诉讼的法人或者其他组织分立、合并、终止，承受其权利的法人或者其他组织可以成为行政赔偿诉讼的原告。

2. 进一步明确行政赔偿诉讼被告主体资格。《行政赔偿司法解释》的相关规定主要有：一是两个以上行政机关共同实施侵权行政行为造成损害的，共同侵权行政机关为共同被告；原告仅就共同侵权机关中一个或几个机关提起行政赔偿诉讼的，人民法院可以通知未被起诉的行政机关作为第三人参加诉讼。二是复议决定加重损害的，复议机关与原行政行为机关为共同被告；如果原告仅对作出原行政行为机关或者复议机关提起行政赔偿诉讼，人民法院可以通知未被起诉的机关作为第三人参加诉讼。

3. 进一步完善行政赔偿请求时效和起诉期限制度。《行政赔偿司法解释》规定，公民、法人或者其他组织应当自知道或者应当知道行政行为侵犯其合法权益之日起两年内，向赔偿义务机关申请行政赔偿。赔偿义务机关在收到赔偿申请之日起两个月内未作出赔偿决定的，公民、法人或者其他组织可以依照《行政诉讼法》的规定提起行政赔偿诉讼；一并提起行政赔偿诉讼的，适用《行政诉讼法》有关起诉期限的规定；经复议行政赔偿案件，当事人仅对行政复议决定中的行政赔偿部分有异议的，自复议决定书送达之日起十五日内可以依法提起行政赔偿诉讼；行政机关作出有赔偿内容的行政复议决定时，未告知起诉期限的，适用《行政诉讼法》有关解释规定的最长不得超过一年的起诉期限。

4. 进一步解决一并及单独提起行政赔偿诉讼的程序问题。《行政赔偿司法解释》明确，公民、法人或者其他组织提起行政赔偿诉讼时，行政行为未被确认违法且符合行政诉讼起诉条件的，视为一并提起行政赔偿诉讼；对于单独提起行政赔偿诉讼的，在符合相关起诉条件的同时，还需要以行政行为已被确认违法为前提。

5. 进一步明确公私法赔偿诉讼的衔接问题。为了节约司法资源，方便当事人诉讼，《行政赔偿司法解释》规定，在涉及行政许可、登记、征收、征用和行政机关对民事争议所作的裁决的行政案件中，原告提起行政赔偿诉讼的同时，有关当事人申请一并解决相关民事争议的，人民法院可以一并审理。

（四）完善案件审理和裁判方式，增强行政赔偿诉讼实质化解行政争议效果

1. 强化法院的释明义务。《行政赔偿司法解释》规定，原告提起行政赔偿诉讼时未一并提起行政赔偿诉讼，人民法院审查认为可能存在行政赔偿的，应当告知原告可以一并提起行政赔偿诉讼。

2. 规范法院对损害赔偿的酌定标准。《行政赔偿司法解释》规定，在损害事实客观存在，但原、被告双方均无法对损害的具体范围和损失数额举证或者举证不充分的情况下，人民法院应当结合当事人的主张和在案证据，遵循法官职业道德，运用逻辑推理和生活经验、生活常识等，酌情确定赔偿数额。对原告主张的生产和生活所必需物品的合理损失，应当予以支持；对超出生产和生活所必需的其他贵重物品、现金损失，可以结合案件相关证据予以认定，决定是否予以支持。

3. 明确主诉裁定驳回从诉一并裁定驳回规则。《行政赔偿司法解释》明确，侵权的行政行为案件作为主诉不符合法定起诉条件的，一并提起的行政赔偿诉讼也不符合起诉条件，人民法院应当全案裁定不予立案；已经立案的，全案裁定驳回起诉。

4. 明确行政赔偿案件的判决方式。《行政赔偿司法解释》规定，人民法院应当尽可能作出明确、具体的赔偿判决。行政机关不履行行政赔偿法定义务或者作出不予赔偿决定错误的，人民法院可以对行政机关赔偿的方式、项目、标准等予以明确，赔偿内容确定的，应当作出具有赔偿金额等给付内容的判决；行政赔偿决定在赔偿方式、项目、标准方面违法导致赔偿数额确定确有错误的，人民法院应当修正赔偿数额，依法作出变更判决，实质化解行政赔偿争议。

下一步，人民法院将进一步贯彻党中央的各项部署和要求，严格按照《行政诉讼法》和《国家赔偿法》的规定，公正及时审理好行政赔偿案件，实质化解行政争议，监督和支持行政机关依法行使职权，充分保护公民、法人和其他组织的合法权益，努力让人民群众在每一个司法案件中感受到公平正义，以实际行动迎接党的二十大胜利召开！

目 录

第一部分 司法解释文本

第二部分 司法解释理解与适用

一、受案范围

第一部分　司法解释文本

最高人民法院
关于审理行政赔偿案件若干问题的规定

法释〔2022〕10号

（2021年12月6日最高人民法院审判委员会第1855次会议通过
2022年3月20日最高人民法院公告公布
自2022年5月1日起施行）

为保护公民、法人和其他组织的合法权益，监督行政机关依法履行行政赔偿义务，确保人民法院公正、及时审理行政赔偿案件，实质化解行政赔偿争议，根据《中华人民共和国行政诉讼法》（以下简称行政诉讼法）《中华人民共和国国家赔偿法》（以下简称国家赔偿法）等法律规定，结合行政审判工作实际，制定本规定。

一、受案范围

第一条　国家赔偿法第三条、第四条规定的“其他违法行为”包括以下情形：

（一）不履行法定职责行为；

（二）行政机关及其工作人员在履行行政职责过程中作出的不产生法律效果，但事实上损害公民、法人或者其他组织人身权、财产权等合法权益的行为。

第二条　依据行政诉讼法第一条、第十二条第一款第十二项和国家赔偿法第二条规定，公民、法人或者其他组织认为行政机关及其工作人员违法行使行政职权对其劳动权、相邻权等合法权益造成人身、财产损害的，可以依法提起行政赔偿诉讼。

第三条 赔偿请求人不服赔偿义务机关下列行为的，可以依法提起行政赔偿诉讼：

（一）确定赔偿方式、项目、数额的行政赔偿决定；

（二）不予赔偿决定；

（三）逾期不作出赔偿决定；

（四）其他有关行政赔偿的行为。

第四条 法律规定由行政机关最终裁决的行政行为被确认违法后，赔偿请求人可以单独提起行政赔偿诉讼。

第五条 公民、法人或者其他组织认为国防、外交等国家行为或者行政机关制定发布行政法规、规章或者具有普遍约束力的决定、命令侵犯其合法权益造成损害，向人民法院提起行政赔偿诉讼的，不属于人民法院行政赔偿诉讼的受案范围。

二、诉讼当事人

第六条 公民、法人或者其他组织一并提起行政赔偿诉讼中的当事人地位，按照其在行政诉讼中的地位确定，行政诉讼与行政赔偿诉讼当事人不一致的除外。

第七条 受害的公民死亡，其继承人和其他有扶养关系的人可以提起行政赔偿诉讼，并提供该公民死亡证明、赔偿请求人与死亡公民之间的关系证明。

受害的公民死亡，支付受害公民医疗费、丧葬费等合理费用的人可以依法提起行政赔偿诉讼。

有权提起行政赔偿诉讼的法人或者其他组织分立、合并、终止，承受其权利的法人或者其他组织可以依法提起行政赔偿诉讼。

第八条　两个以上行政机关共同实施侵权行政行为造成损害的，共同侵权行政机关为共同被告。赔偿请求人坚持对其中一个或者几个侵权机关提起行政赔偿诉讼，以被起诉的机关为被告，未被起诉的机关追加为第三人。

第九条　原行政行为造成赔偿请求人损害，复议决定加重损害的，复议机关与原行政行为机关为共同被告。赔偿请求人坚持对作出原行政行为机关或者复议机关提起行政赔偿诉讼，以被起诉的机关为被告，未被起诉的机关追加为第三人。

第十条　行政机关依据行政诉讼法第九十七条的规定申请人民法院强制执行其行政行为，因据以强制执行的行政行为违法而发生行政赔偿诉讼的，申请强制执行的行政机关为被告。

三、证据

第十一条　行政赔偿诉讼中，原告应当对行政行为造成的损害提供证据；因被告的原因导致原告无法举证的，由被告承担举证责任。

人民法院对于原告主张的生产和生活所必需物品的合理损失，应当予以支持；对于原告提出的超出生产和生活所必需的其他贵重物品、现金损失，可以结合案件相关证据予以认定。

第十二条　原告主张其被限制人身自由期间受到身体伤害，被告否认相关损害事实或者损害与违法行政行为存在因果关系的，被告应当提供相应的证据证明。

四、起诉与受理

第十三条　行政行为未被确认为违法，公民、法人或者其他组织提起行政赔偿诉讼的，人民法院应当视为提起行政诉讼时一并提起行政赔偿诉讼。

行政行为已被确认为违法，并符合下列条件的，公民、法人或者其他组织可以单独提起行政赔偿诉讼：

（一）原告具有行政赔偿请求资格；

（二）有明确的被告；

（三）有具体的赔偿请求和受损害的事实根据；

（四）赔偿义务机关已先行处理或者超过法定期限不予处理；

（五）属于人民法院行政赔偿诉讼的受案范围和受诉人民法院管辖；

（六）在法律规定的起诉期限内提起诉讼。

第十四条 原告提起行政诉讼时未一并提起行政赔偿诉讼，人民法院审查认为可能存在行政赔偿的，应当告知原告可以一并提起行政赔偿诉讼。

原告在第一审庭审终结前提起行政赔偿诉讼，符合起诉条件的，人民法院应当依法受理；原告在第一审庭审终结后、宣判前提起行政赔偿诉讼的，是否准许由人民法院决定。

原告在第二审程序或者再审程序中提出行政赔偿请求的，人民法院可以组织各方调解；调解不成的，告知其另行起诉。

第十五条 公民、法人或者其他组织应当自知道或者应当知道行政行为侵犯其合法权益之日起两年内，向赔偿义务机关申请行政赔偿。赔偿义务机关在收到赔偿申请之日起两个月内未作出赔偿决定的，公民、法人或者其他组织可以依照行政诉讼法有关规定提起行政赔偿诉讼。

第十六条 公民、法人或者其他组织提起行政诉讼时一并请求行政赔偿的，适用行政诉讼法有关起诉期限的规定。

第十七条 公民、法人或者其他组织仅对行政复议决定中的行政赔偿部分有异议，自复议决定书送达之日起十五日内提起行政赔偿诉讼的，人民法院应当依法受理。

行政机关作出有赔偿内容的行政复议决定时，未告知公民、法人或者其他组织起诉期限的，起诉期限从公民、法人或者其他组织知道或者应当知道起诉期限之日起计算，但从知道或者应当知道行政复议决定内容之日起最长不得超过一年。

第十八条　行政行为被有权机关依照法定程序撤销、变更、确认违法或无效，或者实施行政行为的行政机关工作人员因该行为被生效法律文书或监察机关政务处分确认为渎职、滥用职权的，属于本规定所称的行政行为被确认为违法的情形。

第十九条　公民、法人或者其他组织一并提起行政赔偿诉讼，人民法院经审查认为行政诉讼不符合起诉条件的，对一并提起的行政赔偿诉讼，裁定不予立案；已经立案的，裁定驳回起诉。

第二十条　在涉及行政许可、登记、征收、征用和行政机关对民事争议所作的裁决的行政案件中，原告提起行政赔偿诉讼的同时，有关当事人申请一并解决相关民事争议的，人民法院可以一并审理。

五、审理和判决

第二十一条　两个以上行政机关共同实施违法行政行为，或者行政机关及其工作人员与第三人恶意串通作出的违法行政行为，造成公民、法人或者其他组织人身权、财产权等合法权益实际损害的，应当承担连带赔偿责任。

一方承担连带赔偿责任后，对于超出其应当承担部分，可以向其他连带责任人追偿。

第二十二条　两个以上行政机关分别实施违法行政行为造成同一损害，每个行政机关的违法行为都足以造成全部损害的，各个行政机关承担连带赔偿责任。

两个以上行政机关分别实施违法行政行为造成同一损害的，人民法院应当根据其违法行政行为在损害发生和结果中的作用大小，确定各自承担相应的行政赔偿责任；难以确定责任大小的，平均承担责任。

第二十三条 由于第三人提供虚假材料，导致行政机关作出的行政行为违法，造成公民、法人或者其他组织损害的，人民法院应当根据违法行政行为在损害发生和结果中的作用大小，确定行政机关承担相应的行政赔偿责任；行政机关已经尽到审慎审查义务的，不承担行政赔偿责任。

第二十四条 由于第三人行为造成公民、法人或者其他组织损害的，应当由第三人依法承担侵权赔偿责任；第三人赔偿不足、无力承担赔偿责任或者下落不明，行政机关又未尽保护、监管、救助等法定义务的，人民法院应当根据行政机关未尽法定义务在损害发生和结果中的作用大小，确定其承担相应的行政赔偿责任。

第二十五条 由于不可抗力等客观原因造成公民、法人或者其他组织损害，行政机关不依法履行、拖延履行法定义务导致未能及时止损或者损害扩大的，人民法院应当根据行政机关不依法履行、拖延履行法定义务行为在损害发生和结果中的作用大小，确定其承担相应的行政赔偿责任。

第二十六条 有下列情形之一的，属于国家赔偿法第三十五条规定的“造成严重后果”：

（一）受害人被非法限制人身自由超过六个月；

（二）受害人经鉴定为轻伤以上或者残疾；

（三）受害人经诊断、鉴定为精神障碍或者精神残疾，且与违法行政行为存在关联；

（四）受害人名誉、荣誉、家庭、职业、教育等方面遭受严重损害，且与违法行政行为存在关联。

有下列情形之一的，可以认定为后果特别严重：

（一）受害人被限制人身自由十年以上；

（二）受害人死亡；

（三）受害人经鉴定为重伤或者残疾一至四级，且生活不能自理；

（四）受害人经诊断、鉴定为严重精神障碍或者精神残疾一至二级，生活不能自理，且与违法行政行为存在关联。

第二十七条　违法行政行为造成公民、法人或者其他组织财产损害，不能返还财产或者恢复原状的，按照损害发生时该财产的市场价格计算损失。市场价格无法确定，或者该价格不足以弥补公民、法人或者其他组织损失的，可以采用其他合理方式计算。

违法征收征用土地、房屋，人民法院判决给予被征收人的行政赔偿，不得少于被征收人依法应当获得的安置补偿权益。

第二十八条　下列损失属于国家赔偿法第三十六条第六项规定的“停产停业期间必要的经常性费用开支”：

（一）必要留守职工的工资；

（二）必须缴纳的税款、社会保险费；

（三）应当缴纳的水电费、保管费、仓储费、承包费；

（四）合理的房屋场地租金、设备租金、设备折旧费；

（五）维系停产停业期间运营所需的其他基本开支。

第二十九条　下列损失属于国家赔偿法第三十六条第八项规定的“直接损失”：

（一）存款利息、贷款利息、现金利息；

（二）机动车停运期间的营运损失；

（三）通过行政补偿程序依法应当获得的奖励、补贴等；

（四）对财产造成的其他实际损失。

第三十条　被告有国家赔偿法第三条规定情形之一，致人精神损害的，人民法院应当判决其在违法行政行为影响的范围内，为受害人消除影响、恢复名誉、赔礼道歉；消除影响、恢复名誉和赔礼道歉的履行方式，可以双方协商，协商不成的，人民法院应当责令被告以适当的方式履行。造成严重后果的，应当判决支付相应的精神损害抚慰金。

第三十一条 人民法院经过审理认为被告对公民、法人或者其他组织造成财产损害的，判决被告限期返还财产、恢复原状；无法返还财产、恢复原状的，判决被告限期支付赔偿金和相应的利息损失。

人民法院审理行政赔偿案件，可以对行政机关赔偿的方式、项目、标准等予以明确，赔偿内容确定的，应当作出具有赔偿金额等给付内容的判决；行政赔偿决定对赔偿数额的确定确有错误的，人民法院判决予以变更。

第三十二条 有下列情形之一的，人民法院判决驳回原告的行政赔偿请求：

（一）原告主张的损害没有事实根据的；

（二）原告主张的损害与违法行政行为没有因果关系的；

（三）原告的损失已经通过行政补偿等其他途径获得充分救济的；

（四）原告请求行政赔偿的理由不能成立的其他情形。

六、其他

第三十三条 本规定自2022年5月1日起施行。《最高人民法院关于审理行政赔偿案件若干问题的规定》（法发〔1997〕10号）同时废止。

本规定实施前本院发布的司法解释与本规定不一致的，以本规定为准。

第二部分　司法解释理解与适用

一、受案范围

第一条 国家赔偿法第三条、第四条规定的"其他违法行为"包括以下情形：

（一）不履行法定职责行为；

（二）行政机关及其工作人员在履行行政职责过程中作出的不产生法律效果，但事实上损害公民、法人或者其他组织人身权、财产权等合法权益的行为。

【条文主旨】

本条是关于《国家赔偿法》第三条、第四条规定的"其他违法行为"情形的规定。

【起草背景】

行政行为，是行政法学中最基本、最重要的概念之一。对行政行为的研究，不仅是行政实体法和行政程序法的要求，也关系到行政诉讼受案范围乃至行政赔偿范围的大小。在要求完善行政实体法、制定行政程序法，以及如何更好地正确理解行政诉讼受案范围乃至行政赔偿范围的背景下，对行政行为的深入研究显得尤为重要。由于行政行为的定义不明确，不同的行政法学者对行政行为的界定和理解都存在巨大的差异。以我国为例，在不同时期，甚至同一时期，不同学者基于对行政法的不同认识，对行政行为的认识也是千差万别。行政行为有最广义、较广义、广义、狭义和最狭义五种观点。第一种观点认为，行政行为是指一切与国家行政管理有关的行为，包括行政主体的行为，也包括行政相对人的行为，还包括行政诉讼中的行为等。其可能意在与民事行为相对应而存在。第二种观点认为，行政行为是指行政机关所作出的一切行为，意在从机关角度来划分行政行为不同于其他国家行为。第三种观点认为，行政行为是指行政机关进行行政管理活动行为的总称，排除了行政机关非行政方面的行为。但该观点实际上包括了行政机关进行行政管理的各种活动。第四种观点认为，行政行为是指行政机关在行政管理活动中所作出的具有法律意义的行为。也就是说，无论行政机关制定和发布具有普遍性的规范性文件，还是针对某一具体事件或特定人所作出的处理决定，凡是具有法律后果的行政管理行为，都属于行政行为。第五种观点认为，行政行为是指行政机关针对特定人或事件所采取的具体行政措施的行为，即实际上的具体行政行为。①

从我国现有的行政法制状况来看，使用广义行政行为概念比较妥当。其原因在于：一是《行政诉讼法》的要求。《行政诉讼法》关于受案范围的规定既列举了行政处罚和行政许可等这些行政法律行为，也列举了一些行政事实行为，如果再用狭义上或者最狭义上的行政行为概念，就不利于监督行政机关依法行政和保护行政相对人的合法权益。二是行政手段的多元化。社会关系的日益复杂，使得行政机关的管理手段的样式和类型也日益丰富和多样，如果还采用狭义或者最狭义的行政行为概念势必限制行政机关的行政手段和管理方式。三是行

① 参见罗豪才主编：《行政法学》，北京大学出版社1996年版，第106页注①。虽然这个概括针对的是1996年之前行政行为概念的学术研究状态，不过时至今日，关于行政行为概念的研究仍然没有超出这一范畴。只是最近，大多数学者更乐意将行政行为的讨论集中到广义的行政行为（包括行政法律行为和行政事实行为）和狭义的行政行为（亦即具体行政行为）之争。

政法学发展的需要。使用狭义的行政行为概念是不符合世界潮流的，在国际上已经有一种承认广义行政行为的趋势，这也要求我们必须采用广义上的行政行为概念。

《国家赔偿法》第三条规定，行政机关及其工作人员在行使行政职权时有下列侵犯人身权情形之一的，受害人有取得赔偿的权利：（1）违法拘留或者违法采取限制公民人身自由的行政强制措施的；（2）非法拘禁或者以其他方法非法剥夺公民人身自由的；（3）以殴打、虐待等行为或者唆使、放纵他人以殴打、虐待等行为造成公民身体伤害或者死亡的；（4）违法使用武器、警械造成公民身体伤害或者死亡的；（5）造成公民身体伤害或者死亡的其他违法行为。第四条规定，行政机关及其工作人员在行使行政职权时有下列侵犯财产权情形之一的，受害人有取得赔偿的权利：（1）违法实施罚款、吊销许可证和执照、责令停产停业、没收财物等行政处罚的；（2）违法对财产采取查封、扣押、冻结等行政强制措施的；（3）违法征收、征用财产的；（4）造成财产损害的其他违法行为。从上述规定看，一方面，“行使行政职权”表述是从行政作为出发的，似乎不涉及行政不作为或者不履行法定职责行为，但是行政不作为或者不履行法定职责行为造成行政相对人损害的现象很普遍，因此最高人民法院不同时期发布的多个答复、批复对行政不作为的行政赔偿问题进行了明确。另一方面，上述规定列举的情形有行政处罚、强制和征收等行政法律行为，也有殴打、虐待等行政事实行为，因此，1997 年《行政赔偿规定》第一条规定，《国家赔偿法》第三条、第四条规定的其他违法行为，包括具体行政行为和与行政机关及其工作人员行使行政职权有关的，给公民、法人或者其他组织造成损害的，违反行政职责的行为。依据该规定，确定了行政行为包括行政法律行为和行政事实行为，但并未进一步对行政不作为或者不履行法定职责行为的行政赔偿问题进行明确。

为了更好地总结《国家赔偿法》实施以来，特别是新《行政诉讼法》对行政行为表述的修改，本解释对1997年《行政赔偿规定》第一条规定进行了修改和完善。本条是对1997年《行政赔偿规定》第一条关于“其他违法行为”定义的修改。主要包括以下三方面：(1) 去掉“具体”表述，与新修改的《行政诉讼法》关于行政行为的表述保持一致；(2) 明确不作为行为造成损失应当予以行政赔偿。(3) 明确行政事实行为造成损失应当予以行政赔偿，即《国家赔偿法》第三条、第四条规定的“其他违法行为”，是指上述条文列举情形以外的违法行政行为、不履行法定职责行为，以及行政机关及其工作人员在履行行政职责过程中作出的不产生法律效果，但事实上损害公民、法人或者其他组织人身权、财产权等合法权益的行为。故，本解释第一条规定：“国家赔偿法第三条、第四条规定的‘其他违法行为’包括以下情形：(一) 不履行法定职责行为；(二) 行政机关及其工作人员在履行行政职责过程中作出的不产生法律效果，但事实上损害公民、法人或者其他组织人身权、财产权等合法权益的行为。”第一项主要解决的是“其他违法行为”除了包括以积极作为方式实施的违法行政行为，还包括不履行法定职责的行政不作为行为。第二项主要解决的是“其他违法行为”除行政法律行为外，还包括行政事实行为，也就是包括如违法使用武器、警械的事实行为，殴打、虐待等，或者唆使、放纵他人殴打、虐待等这类不体现行政机关意思表示的行为。综上，《国家赔偿法》第三条、第四条规定的“其他违法行为”，既包括行政法律行为也包括行政事实行为，既包括行政作为也包括行政不作为。这一规定将上述行为全部纳入行政职权行为及行政赔偿的行为范围，是在司法实践活动中对行政行为理论的发展，有效实现了对行政机关的全面监督。

【条文释义】

一、行政行为的定义及其种类划分

行政行为可以说是行政法学当中争议最大的一个概念。要探讨其具体含义，是非常困难的。《最高人民法院关于贯彻执行〈中华人民共和国行政诉讼法〉若干问题的意见（试行）》第一条规定：“‘具体行政行为’是指国家行政机关和行政机关工作人员、法律法规授权的组织、行政机关委托的组织或者个人在行政管理活动中行使行政职权，针对特定的公民、法人或者其他组织，就特定的具体事项，作出的有关该公民、法人或者其他组织权利义务的单方行为。”学术界一般认为，“行政行为，是指行政主体在实施行政管理活动，行使行政职权过程中所作出的具有法律意义的行为。”① “所谓行政行为是指行政主体运用行政权在实施行政管理活动中所作出的具有法律意义或法律效果的行为。”② 而这些定义在界定行政行为时，认为行政行为必须具备三个要素：（1）主体要素；（2）权力要素；（3）法律意义。（1）主体要素。《行政诉讼法》第二条第一款规定：“公民、法人或者其他组织认为行政机关和行政机关工作人员的行政行为侵犯其合法权益，有权依照本法向人民法院提起诉讼。”从这个规定来看，行政行为的主体为行政机关和行政机关工作人员。但是，随着我国行政主体理论研究的深入，行政主体除行政机关外还包括法律、法规、规章的授权组织，自然行政行为的作出主体也就变成了行政机关和法律、法规、规章的授权组织以及其工作人员。这种表述也有一些不够科学和严谨的

---

① 罗豪才主编：《行政法学》，北京大学出版社1996年版，第105、106页。

② 王周户：《行政法原理论》，陕西人民出版社1998年版，第161页。

地方，如行政委托的组织及其工作人员所作出的职权行为是否属于行政行为呢？虽然可以将这种情形归入行政主体的范畴进行补充解释，但这也反映出“作出行政行为的主体是行政机关和法律、法规、规章的授权组织及其工作人员”是不够准确的。为了解决这一问题，最高人民法院有些司法解释将行政行为的作出主体归纳为“拥有国家行政职权的组织和个人”。应该说，这种归纳是比较符合我国目前现实情况的，不过，从我国行政法的发展趋势来看，行政行为的主体最终也会包括公务法人及其工作人员的。[①]（2）权力要素。行政行为的权力要素，现有的教材和文章一致认为，指的是行政权和行政职权。有学者将行政权和行政职权进行区分，“行政权是由国家宪法、法律赋予的国家行政机关执行法律规范，实施行政管理活动的权力，是国家政权的组成部分”，而行政职权则是“具体的行政机关和工作人员所拥有的，与其行政目标、职务和职位相适应的管理资格和权能，是行政权的具体配置和转化形式”。[②] 应该说，行政权与行政职权是有区别的，前者属于政治学的范畴，后者更多属于行政管理学和行政法学的范畴。行政行为的权力要素主要是指行使行政职权和履行行政职责。（3）法律意义要素。法律意义要素主要指会发生法律上的一些后果。《最高人民法院关于执行〈中华人民共和国行政诉讼法〉若干问题的解释》（法释〔2000〕8 号，以下简称 2000 年《行政诉讼法解释》）将法律上的后果表述为：对公民、法人或其他组织权利义务产生实际影响。这里的法律后果和“实际影响”，有些是作出行政行为的主体对公民、法人或者其他组织合法权益进行的规制而形成的法律效果；有些虽然没有产生上述法律效果，但事实上损害了公民、法人或者其他组织人身权、财产权等合法权益，形成了一定的法律后果。

---

① 详见马怀德：《公务法人问题研究》，载《中国法学》2000 年第 4 期。

② 罗豪才主编：《行政法学》，北京大学出版社 1996 年版，第 4 页。

行政行为种类繁多，功能不一，从不同的角度可以作出不同的划分。概括来说，在我国，有从内外部进行划分的；有从作为与否进行划分的；有从抽象或具体进行划分的；有从双方还是单方进行划分的；有从行政职权受法律拘束程度进行划分的；有从依职权还是依申请进行划分的；有从要式还是非要式进行划分的。后来由于受到德国行政法的影响，也有从受益或负担进行划分的；有从命令性、形成性和确认性进行划分的；有从单阶段还是多阶段进行划分的。

法律行为的基础是意思表示。以权利处分为中心的意思自治是民法最基本的特点，而这一特点的承载者是“法律行为”。所谓法律行为在民法中指的是，以发生私法效果为目的的一种意思表示。民法在一定程度上对行政法起着基础性作用。行政行为概念本身受到民事法律行为概念影响，尤其是意思表示理论和制度的影响；行政行为效力理论，在很大程度上受到民法的影响，行政法上的撤销制度、无效制度、变更制度等，实际上都是以民法为制度渊源发展而来。需要指出的是，民法有关意思表示的规定，对我国行政行为分类的进一步研究和完善产生了深远影响，特别是采用广义行政行为概念，行政行为的分类就显得更加复杂。因此，我们对行政行为进行分类必须要关注行政法上的意思表示。

在早期行政法学中，由于行政法没有自己的概念体系，学者们经常借用民法上“法律行为”与“意思表示”这些概念，对行政行为进行诠释与界说，并将行政行为视作“行政的意思表示”。但是，随着行政法理论与法制的发展，行政法学逐渐拒绝借用民法的“法律行为”与“意思表示”来说明行政行为的概念内涵和理论体系。即便如此，也并不代表在行政法当中就不存在“意思表示”的内容。以行政法当中最具代表性的行政行为概念为例，典型的行政行为是以发生一定的法律效果为内容的，在它的“法律效果”这一概念要素中，也可以发现意思表示的影子，因此将之归类为行政法上意思表示之一种，应无疑义。

"意思表示是指，表意人将其企图发生一定法律效果的意思，表示于外部的行为，而其法律效果有法律意义。"[①] 理论界一般认为，"意思表示"的成立由"意思"与"表示"两个要素构成。前者为主观要素，又可分为"行为意思""表示意识"及"效果意思"；后者为客观要素，是指外部的表示行为而言。《民法典》第一百三十三条规定，民事法律行为是民事主体通过意思表示设立、变更、终止民事法律关系的行为。《民法典》第一百三十四条规定，民事法律行为可以基于双方或者多方的意思表示一致成立，也可以基于单方的意思表示成立。法人、非法人组织依照法律或者章程规定的议事方式和表决程序作出决议的，该决议行为成立。不仅上述关于民事法律行为的定义和成立规定中以"意思表示"为基础，且《民法典》以专节形式从第一百三十七至一百四十二条对"意思表示"进行了专门规定。

从行政行为种类看，可以以意思表示为起点，就"意思"面向而言，有无"意思"和"意思"的强弱与内容、对相对人是否有利、单方还是双方、"意思"欲处分的是实体权益还是程序权益等，均可以作为行政行为分类的标准；而就"表示"面向而言，作为还是不作为、要式还是不要式，也是行政行为分类的重要标准。从意思表示出发对行政行为进行分类，有利于根据这些分类所体现出的各种行政行为的不同功能与现行制度结合加以研究，使其更具实践性和操作性。

二、本司法解释对行政行为的分类

（一）行政作为与行政不作为

行政法学从意思表示的"表示"出发，由作为还是不作为，对行

---

① 李建良：《论行政法上之意思表示》，转引自廖义男教授祝寿论文集编辑委员会主编：《新世纪经济法制之建构与挑战》，我国台湾地区元照出版公司2002年版，第212~213页。

政行为进行了分类。本分类是以行政行为是否以作为方式表现为标准，将行政行为分为作为行政行为与不作为行政行为。所谓作为行政行为，是指以积极作为的方式表现出来的行政职权行为，而不作为行政行为是指以消极不作为方式存在的行政职权行为。当下，给付行政方兴未艾，这种行为方式最大的特点是行政机关负有大量责任赋予相对人权益，如行政机关不履行这些职责，则会产生大量不同形态的行政不作为。虽然理论上有很多探讨，但《国家赔偿法》和 1997 年《行政赔偿规定》第一条规定均未进一步明确行政不作为或者不履行法定职责行为的行政赔偿问题。

不过，在立法和司法解释中均出现行政不作为者不履行法定职责行为的规定。如从 2000 年《行政诉讼法解释》第三十九条“公民、法人或者其他组织申请行政机关履行法定职责，行政机关在接到申请之日起 60 日内不履行的，公民、法人或者其他组织向人民法院提起诉讼，人民法院应当依法受理。法律、法规、规章和其他规范性文件对行政机关履行职责的期限另有规定的，从其规定。公民、法人或者其他组织在紧急情况下请求行政机关履行保护其人身权、财产权的法定职责，行政机关不履行的，起诉期间不受前款规定的限制”规定开始，2014 年修正后的《行政诉讼法》第四十七条规定：“公民、法人或者其他组织申请行政机关履行保护其人身权、财产权等合法权益的法定职责，行政机关在接到申请之日起两个月内不履行的，公民、法人或者其他组织可以向人民法院提起诉讼。法律、法规对行政机关履行职责的期限另有规定的，从其规定。公民、法人或者其他组织在紧急情况下请求行政机关履行保护其人身权、财产权等合法权益的法定职责，行政机关不履行的，提起诉讼不受前款规定期限的限制。”这些规定不仅有效地保护了行政相对人，而且促使行政机关及时履行法定职责，这也是行政行为分为行政作为和行政不作为的意义所在。

在司法实践中，最高人民法院通过司法解释、答复等方式屡次明确行政不作为的行政赔偿问题。（1）2001 年 6 月 26 日，最高人民法院审判委员会第 1182 次会议通过的《最高人民法院关于公安机关不履行法定行政职责是否承担行政赔偿责任问题的批复》（法释〔2001〕23 号，已失效）明确，由于公安机关不履行法定行政职责，致使公民、法人和其他组织的合法权益遭受损害的，应当承担行政赔偿责任。在确定赔偿的数额时，应当考虑该不履行法定职责的行为在损害发生过程和结果中所起的作用等因素。（2）2001 年 7 月 4 日《最高人民法院关于劳动教养管理所不履行法定职责是否承担行政赔偿责任问题的批复》（〔1999〕行他字第 11 号）明确重庆市西山坪劳动教养管理所未尽监管职责的行为属于不履行法定职责，对刘元林在劳动教养期间被同监室人员殴打致死，应当承担行政赔偿责任。人民法院在确定赔偿的数额时，应当考虑重庆市西山坪劳动教养管理所不履行法定职责的行为在造成刘元林死亡结果发生过程中所起的作用等因素。（3）2013 年 9 月 22 日《最高人民法院关于公安机关不履行、拖延履行法定职责如何承担行政赔偿责任问题的答复》（〔2011〕行他字第 24 号）明确，公安机关不履行或者拖延履行保护公民、法人或者其他组织人身权、财产权法定职责，致使公民、法人或者其他组织人身、财产遭受损失的，应当承担相应的行政赔偿责任。公民、法人或者其他组织人身、财产损失系第三人行为造成的，应当由第三人承担民事侵权赔偿责任；第三人民事赔偿不足、无力承担赔偿责任或者下落不明的，应当根据公安机关不履行、拖延履行法定职责行为在损害发生过程和结果中所起的作用等因素，判决其承担相应的行政赔偿责任。公安机关承担相应的赔偿责任后，可以向实施侵权行为的第三人追偿。（4）2018 年《最高人民法院关于适用〈中华人民共和国行政诉讼法〉的解释》（法释〔2018〕1 号，以下简称《行政诉讼法解释》）第九十八条规定，因行政机关不履行、拖延履行法定职责，致使公民、法人或者其他组织的合法权益遭受损害的，人民法院应当判决行政机关承担行政赔偿责任。在确定赔偿数额时，应当考虑该不履行、拖延履行法定职责的行为在损害发生过程和结果中所起的作用等因素。

为了总结上述立法经验和司法实践，本条第一项明确《国家赔偿法》第三条、第四条规定的“其他违法行为”包括不履行法定职责行为，从司法解释上进一步明确了行政机关和行政机关工作人员违法不作为致使公民、法人和其他组织的合法权益受到损害，受害人有依照《国家赔偿法》取得国家赔偿的权利。需要注意的是，行政不作为赔偿问题比较复杂，牵涉因果关系、第三人赔偿等特殊情况，以有法律性文件明确规定或有明确因果关系为宜（本解释相关条文中有进一步的规定）。这样既可以将不作为违法行为纳入国家赔偿范围，又可以控制不作为赔偿过于泛滥，出现国家无力也不可能赔偿的问题。

（二）行政法律行为和行政事实行为

1997 年《行政赔偿规定》第一条规定：“《中华人民共和国国家赔偿法》第三条、第四条规定的其他违法行为，包括具体行政行为和与行政机关及其工作人员行使行政职权有关的，给公民、法人或者其他组织造成损害的，违反行政职责的行为。”其中规定的“具体行政行为”属于行政法律行为，而规定的“与行政机关及其工作人员行使行政职权有关的，给公民、法人或者其他组织造成损害的，违反行政职责的行为”则指向行政事实行为，明确行政事实行为属于行政赔偿的行为范围。但是，在司法实践中，关于“与行政机关及其工作人员行使行政职权有关的，给公民、法人或者其他组织造成损害的，违反行政职责的行为”争议较大，理论上有人认为该表述不甚科学，该定义难以区分行政法律行为和行政事实行为。本解释综合司法实践和行政法学的研究成果，修改为：《国家赔偿法》第三条、第四条规定的“其他违法行为”包括行政机关及其工作人员在履行行政职责过程中作出的不产生法律效果，但事实上损害公民、法人或者其他组织人身权、财产权等合法权益的行为。理解本条要点在于，行政机关及其工作人员在履行行政职责过程中作出的行为，产生法律效果的属于行政法律行为，而不产生法律效果但事实上损害公民、法人或者其他组织人身权、财产权等合法权益的行为，也就是产生行政机关及其工作人员作出上述职责行为时规制意志之外的法律后果，亦即事实上损害公民、法人或者其他组织人身权、财产权等合法权益，属于行政事实行为。因此，理解本条的关键在于法律效果，也就是因法律效力产生的应然法律后果。

“以是否具有法律效力把行政活动划分成行政行为和事实行为，得到绝大多数学者的认可。”① 因而，法律效果要素是判定行政法律行为和行政事实行为的一个重要标志。有学者提出，法律效果实际上是指调整相对人的权利义务，而非实际影响相对人的权利义务（实际影响的范围更大）。要正确认识行政行为的法律效果，则不得不提到“意思表示”这一概念，且必须从意思表示入手。如上所述，一般认为，“意思表示”的成立由“意思”与“表示”两个要素构成。前者为主观要素，又可分为“行为意思”“表示意识”及“效果意思”；后者为客观要素，是指外部的表示行为而言。法律效果是指调整相对人的权利义务，这种观点实际上是从“意思表示”中“意思”（尤其是“效果意思”）去界定行政法律行为的，也为界定行政法律行为和行政事实行为提供了最为重要的标准。

对于如何理解法律效果，需要把握以下几点：一是以是否对外产生法律效果，将行政行为分为外部行政行为和内部行政行为。我国法律规定的“行政处分”是针对行政内部人员和事项作出的具有内部效

① 王周户：《行政行为界定的法律问题》，载《行政法学研究》1995年第3期。

果的行政活动，属于内部行政行为，原则上不对外产生法律效果，故从传统的特别权力理论出发，原则上被排除出行政诉讼和行政赔偿诉讼的受案范围。因此，本条规定行政机关及其工作人员履职行为主要指的是外部行政行为。二是法律效果可以分为直接效果和间接效果两种。直接效果指该行政行为直接调整相对人的权利义务关系，或者说，行政行为增加了相对人义务或剥夺了相对人的权利；间接效果是指行政行为虽然并没有直接增加或剥夺相对人的权利和义务，但其存在会给其他行为的作出提供具有法律意义的依据。对间接效果的理解应该更广义一些，它除包括确认权利义务这种情形外，还包括相对人权利义务的弱化。所谓弱化，并不在权利义务发生、变更、消灭或确认之中，它仅仅是对相对人现有的法律地位或权利义务的削弱而已。三是“拟制行政法律行为”的法律效果问题。“单纯保持缄默或不作为，则除非法律另有规定，否则不能成立行政处分。单纯缄默或不作为被法律评价为行政处分者，称为拟制行政处分。”[①]《行政许可法》第五十条规定：“被许可人需要延续依法取得的行政许可的有效期的，应当在该行政许可有效期届满三十日前向作出行政许可决定的行政机关提出申请。但是，法律、法规、规章另有规定的，依照其规定。行政机关应当根据被许可人的申请，在该行政许可有效期届满前作出是否准予延续的决定；逾期未作决定的，视为准予延续。”这是关于“拟制行政法律行为”的法律规定，也属于行政法律行为。

广义上的行政行为概念除包括具体行政行为外，还包括抽象行政行为（如行政法规、规章和其他规范性文件）和事实行为等。具体行政行为和抽象行政行为共同构成行政法律行为，是典型的行政法上意思表示，而行政事实行为不属于行政法上意思表示。因此，从行政法

① 许宗力：《行政处分》，转引自翁岳生编：《行政法》，我国台湾地区翰芦图书出版公司2000年版，第547页。

上意思表示有无看，行政行为可以分为行政法律行为和行政事实行为。前者是产生、变更或者消灭行政法律关系的，也就是产生法律效果；而后者则不产生、变更或者消灭行政法律关系，也就是不产生法律效果，或仅仅产生一定的法律后果。《国家赔偿法》第三、四条规定的非法拘禁或者以其他方法非法剥夺公民人身自由，以殴打、虐待等行为或者唆使、放纵他人以殴打、虐待等行为造成公民身体伤害或者死亡的，违法使用武器、警械造成公民身体伤害或者死亡等均属于行政事实行为，虽无法律效果，但在事实上产生了损害公民、法人或者其他组织人身权、财产权等合法权益的法律后果。一般来说，行政事实行为大致有以下几种类型：一是纯粹执行性的行政事实行为。二是认知表示行为，包括通知性的行为、公共警告行为。三是行政协商行为。四是行政机关对公共设施等的建设、维护行为。

【实务指导】

在行政手段中也有“准行政法律行为”这一种类，需要特别注意。行政法学界对“意思表示”似乎有狭义化的倾向，亦即仅仅将意思表示（尤其是“效果意思”）局限于实体权益上。相对人权利义务不仅包括国内法（不管是公法还是私法）授予的权利义务，还包括我国加入国际法所授予的权利和义务，甚至包括不为法律所禁止的个人利益及公共利益中个人所分享的反射利益，也就是说，《行政诉讼法》第二条所规定的“合法权益”。[①] 如在权力要素中所指出的那样，行政机关的权力包括实体性和程序性这两种，那么行政相对人的“合法权益”也分为实体性和程序性。所以，行政机关作出的行政法律行为，

① 《行政诉讼法》第二条第一款规定：“公民、法人或其他组织认为行政机关和行政机关工作人员的行政行为侵犯其合法权益，有权依照本法向人民法院提起诉讼。”

不论影响行政相对人实体性权益还是程序性权益，都应一概认定为行政机关具有影响当事人合法权益的“意思表示”，从而产生法律效果。这里特别强调的是，程序性行政行为在主观状态上是有双重性的：一方面，它处分行政相对人的程序权益从而具有“意思表示”的特征，所以，将行政法律行为分为实体性行政行为和程序性行政行为；另一方面，它不直接处分行政相对人的实体权益从而具有“观念表示”之特征，故而将其定位为“准行政法律行为”。这是程序性行政行为的双重性所导致的，不得不加以注意。

程序性行政行为不仅在理论上，在实践中也是客观存在的。但是，由于程序性行政行为一般都是实施实体性行政行为和行政事实行为的手段和工具，它虽然客观存在，却经常与实体性行政行为和行政事实行为交织在一起，从而被吸附或融合。这时，即使程序性行政行为是客观存在的，也不能完全独立。[①] 那么，程序性行政行为在什么条件下会独立出来，成为可诉的行政行为？我们认为，由于实体与程序关系比较复杂，必须从实体和程序的组合关系中去寻找：（1）一个程序为多个实体服务的情况；（2）一个程序为一个实体服务的情况；（3）一个程序为一个抽象实体服务的情况；（4）多个程序为一个实体服务的情况；（5）多个程序为多个实体服务的情况，并从这五种情况中归纳出它们各自独立的要件。总之，程序性行政行为的独立可诉，归根结底取决于对实体利益、程序利益和公共利益等的衡量。

（撰写人：杨科雄）

① 程序性行政行为的独立，不仅指的是它的客观存在，而且指它不依附于实体性行政行为而独立出来，具有独立的法律意义。

第二条　依据行政诉讼法第一条、第十二条第一款第十二项和国家赔偿法第二条规定，公民、法人或者其他组织认为行政机关及其工作人员违法行使行政职权对其劳动权、相邻权等合法权益造成人身、财产损害的，可以依法提起行政赔偿诉讼。

【条文主旨】

本条是关于人民法院受理行政赔偿诉讼范围的规定。

【起草背景】

一个国家法律体系中关于行政赔偿诉讼受案范围的规定，从表面上看，反映了其权利保障制度的完备状况和国家赔偿法律制度的发展水平；从深层次看，折射出的是其国家保障人权理念的认同度和法治文明的发展程度。可以说，国家承担赔偿责任理念的深入人心和赔偿法律制度的健全完备，是一个国家政治文明、法治进步和治理体系治理能力现代化的重要标志。与此同时，我们要看到，任何一个国家的法律体系和法治建设都需与经济社会发展水平和法治理念完善进程相适应。回顾世界主要国家和地区的国家赔偿法律制度发展进程，我们可以清晰地看到，国家赔偿理念的生成和发展都经历了一个从国家负相对赔偿责任到负绝对赔偿责任的历史阶段，即赔偿涉及的权利范围逐步扩展，获得法律救济的保护范围逐渐扩大。

2004年《宪法修正案》第二十四条明确将“国家尊重和保障人

权”写入《宪法》。按照学界通说，人权的权利形态有三种，即应然权利、法定权利和实然权利。人权入宪的意义在于，从法治理念上使人权保障成为共识，又使人权保障的法律制度成为一个开放的、发展的、不断完善的体系，从而可以推动人权系谱中的各种权利通过立法体系的规定完善，由应然权利的状态转变为法定权利的状态，又通过法治体系的发展完善，由法定权利的状态转变为实然权利的实际获得状态。人权入宪是我国政治理念发展进步的一个重要成就，对我国法治建设产生了重大而深远的影响。对我国行政法理论原则和制度体系而言，也必须适应人权保护的发展要求，随之进行相应调整。

现行《国家赔偿法》制定于1994年，比人权入宪早了十年，至今已经实施近三十年，期间仅于2010年和2012年进行了少数条款的修正，其许多条款规定虽在当时具有时代进步性，但也具有一定历史局限性。《国家赔偿法》第三条和第四条规定，行政机关及其工作人员在行使行政职权时侵犯人身权和财产权的，受害人有取得赔偿的权利，并通过列举侵犯权利情形加兜底规定的方式，对具体情形予以规定。之所以采取这种规定方式，是与《国家赔偿法》制定时的法制理念和法治发展水平相适应的。就因行政违法行为侵犯权利获得行政赔偿的情形而言，在法制理念尚需进一步昌明、权利的法治保障体系尚不健全的背景下，针对保护需求最为迫切的人身权和财产权，通过列举侵犯权利情形的方式明确予以规定，具有实现权利法定和健全保障制度的历史必要和现实需要，也符合当时执法、司法实践层面的发展水平，可操作性很强。

但是，随着2014年《行政诉讼法》修改，行政诉讼受案范围进一步扩大，取消关于保护人身权和财产权的范围限制，使所有侵犯相对人合法权益的行政行为都能够进入受案范围。与此同时，近年来，随着经济社会的不断发展，行政执法职能的不断延伸，出现了一些违法行使行政职权侵犯行政相对人劳动权、相邻权等合法权益的现象和问题，司法实践中如何应对解决、对权利救济如何保障成为新难题。为了切实有效执行《行政诉讼法》等相关法律规定，保护行政相对人的合法权益，本次修改司法解释增加了本条规定，以适应新形势下经济社会发展和法治体系进步的现实需要。

【条文释义】

一、我国关于国家赔偿范围的立法特点和不足

国家赔偿范围（Range of national compensation）这个法律概念可以在两个层次意义上使用：一是指导致承担国家赔偿责任的行为的范围，或者说国家赔偿责任应当界定在哪些事项上。从这种意义上讲的国家赔偿责任，日本称之为损害赔偿责任，韩国则称之为赔偿责任。我国《国家赔偿法》也是在这种层次意义上使用国家赔偿这个法律概念的。二是指赔偿损害的程度，即赔偿是否仅限于直接损失，是否包括间接损失。美国、欧洲诸国在国家赔偿立法及理论研究上，一般是在这个意义上使用“国家赔偿范围”概念的。

在大多数国家和地区的立法中，一般只对赔偿事项范围用一个概括性条文予以规定，而不详细列举。例如，《美国联邦司法法规》第1346条第6项规定：政府之受雇佣人，于执行职务时因过失或不法行为或不作为，致使他人身体或财产发生损害，联邦于该加害人依行为地之法律应负责任之情形下，亦应对该被害人负损害赔偿责任。《日本国家赔偿法》第1条第1项规定：行使国家或公共团体公权力之公务员，就其执行职务因故意或过失不法加害于他人者，国家或公共团体对此应负赔偿责任。其第2条第1项规定，因道路、河川或其他公

共营造物之设置或管理有瑕疵，致使他人受损害时，国家或公共团体对此应负赔偿责任。《奥地利国家赔偿法》第1条规定，联邦、邦区、乡镇及其他公法上团体及社会保险机构（以下称官署）于该官署之机关执行法令时，故意或过失违法侵害他人之财产或人格权者，依民法之规定，由官署负损害赔偿之责任。《韩国国家赔偿法》第2条第1项规定：公务员执行公务，因故意或过失违反法令加损害于他人者，国家或地方自治团体应赔偿其损害。其第5条第1项规定：因道路、河川及其他公共营造物设置或管理的瑕疵，致他人之生命、身体或财产受损害者，国家或地方自治团体应赔偿其损害。[①] 在这种立法条例下，司法实务中对哪些行为属于国家赔偿事项范围，哪些不属于国家赔偿事项范围，则完全依靠从那些概括性条文中提炼出来的责任构成要件来衡量。也就是说，对于具体案件中的行为，只要其不属于国家赔偿责任的例外，且符合责任构成要件，就必然在国家赔偿的范围之内。

我国《国家赔偿法》的规定与上述不同，我国《国家赔偿法》对于行政赔偿的规定方式采取了概括式加列举式的规定方式。所谓的概括式是指《国家赔偿法》第一章总则第二条第一款的规定："国家机关和国家机关工作人员行使职权，有本法规定的侵犯公民、法人和其他组织合法权益的情形，造成损害的，受害人有依照本法取得国家赔偿的权利。"这是一条原则性规定。除在上述第二条中对国家赔偿范围作了概括规定外，又在第二章第三条至第四条对行政赔偿事项范围作了肯定式列举，第三条规定："行政机关及其工作人员在行使行政职权时有下列侵犯人身权情形之一的，受害人有取得赔偿的权利：（一）违法拘留或者违法采取限制公民人身自由的行政强制措施的；（二）非法拘禁或者以其他方法非法剥夺公民人身自由的；（三）以殴

① 皮纯协、何寿生：《比较国家赔偿法》，中国法制出版社1998年版，第101页。

打等暴力行为或者唆使他人以殴打等暴力行为造成公民身体伤害或死亡的；（四）违法使用武器、警械造成公民身体伤害或死亡的；（五）造成公民身体伤害或死亡的其他违法行为。”第四条规定：“行政机关及其工作人员在行使行政职权时有下列侵犯财产权情形之一的，受害人有取得赔偿的权利：（一）违法实施罚款、吊销许可证和执照、责令停产、停业、没收财物等行政处罚的；（二）违法对财产采取查封、扣押、冻结等行政强制措施的；（三）违反国家规定征收财物、摊派费用的；（四）造成财产损害的其他违法行为。”同时，该法第五条是否定式排除的规定：“属于下列情形之一的，国家不承担赔偿责任：（一）行政机关工作人员与行使职权无关的个人行为；（二）因公民、法人和其他组织自己的行为致使损害发生的；（三）法律规定的其他情形。”之所以采取这种立法技术，主要是考虑当时我国的国家赔偿制度尚处于始创阶段，这种方式也是与我国《国家赔偿法》制定时的法学理论储备和司法能力的发展阶段，以及受经济社会发展、财政等因素影响的基本国情相适应的。我们要看到的是，概括加列举方式所起到的历史积极作用，即通过这种立法技术对具体赔偿事项的范围予以明确，便于提高司法实践中的可操作性。

我国《国家赔偿法》对行政赔偿范围规定方式实际采取了两种标准，即以行使职权为原则的概括规定，加侵犯人身权、财产权情形的列举规定。这种两套标准的规定模式，局限了赔偿法的保护范围，受到学界和实务领域的批评，主要有以下几个方面：一是概括式规定过于原则。《国家赔偿法》第二条的规定中，学界对于何谓“行使职权”、何谓“造成损害”均有不同的解读。在司法实务中，对于赔偿范围鲜有按照该条规定把握的情况。正因为如此，相当多的学者认为该条并非关于赔偿范围的规定，而仅仅是一个原则而已。二是上述概括式规定限定条件较为严格。修正后的《国家赔偿法》对本条进行了修改，特别是增加了“有本法规定的侵犯公民、法人和其他组织合法权益的情形”的条件，明确将赔偿范围限定为“本法规定的情形”，这里的“情形”指的就是《国家赔偿法》列举的有限范围。这一限定条件进一步缩小了国家赔偿范围。三是肯定式列举式规定内容较为单薄。无论是行政赔偿范围还是刑事赔偿范围，均采取了列举式，根据法理上“明示其一则排除其余”规则，容易产生国家赔偿范围极为狭窄的印象。四是保护范围过于单一。现行《国家赔偿法》仅仅对人身权和财产权进行保护，对于其他合法权益没有提供足够的保护。①

二、正确理解本条的法律依据和释义

本条明确了制定该条的法律依据，即“依据行政诉讼法第一条、第十二条第一款第十二项和国家赔偿法第二条规定”。由此可见，本条的法律依据为《行政诉讼法》和《国家赔偿法》两部法律的相关规定。下面，我们就从这两部法律的相关规定来剖析本条的法律依据和理解释义。

（一）关于《国家赔偿法》的立法目的

《国家赔偿法》第一条规定：“为保障公民、法人和其他组织享有依法取得国家赔偿的权利，促进国家机关依法行使职权，根据宪法，制定本法。”从该条来看，《国家赔偿法》的宗旨有两个：一是保障公民、法人和其他组织合法权益；二是促进国家机关依法行使职权。②而我国许多学者将《国家赔偿法》的立法目的概括为权利救济、制约

① 江必新、梁凤云、梁清：《国家赔偿法理论与实务》，中国社会科学出版社2010年版，第427页。

② 参见刘家琛主编：《新国家赔偿法条文释义》，人民法院出版社2010年版，第2、3页。

预防、公务保护等多个方面,[①] 认为“国家赔偿制度的设立使国家、受害人、国家机关工作人员三者之间找到了合理的平衡点，既可以避免单个受害人蒙受不幸，防止工作人员在执行职务时畏首畏尾，也可以预防工作人员在行使职权时无所顾忌、放任侵权，减少国家财政负担”。[②] 诚然，《国家赔偿法》的目的可以从不同角度理解，但归根到底，其首要目的就是保障公民、法人和其他组织的合法权益，使受害人得到充分救济。从这个意义上讲，凡是受到侵害的合法权益，均应在法律救济制度上得以保障。

（二）关于国家赔偿法相关规定的理解

有一种观点认为，《国家赔偿法》第三条和第四条将行政赔偿的权利范围明确为人身权和财产权这两种权利，并列举出可取得行政赔偿的具体情形，即意味着行政赔偿的保护范围仅包括人身权、财产权，如就其他合法权利提起诉讼，不属于行政赔偿诉讼的受案范围。我们认为，这种基于严格文本主义学说的观点，在《国家赔偿法》制定时的20世纪90年代来看，是符合实际情况的，但是与当前我国法律体系逐步完善的客观规律和经济社会快速发展的客观现状却并不相适应，亦不符合新时代实现全面依法治国的基本要求。如前所述，以列举方式对侵犯人身权、财产权予以赔偿的情况进行规定，在于强调保障这两种最基本权利的重要性，并不意味着制度体系的封闭。与此相对应的是，现行《国家赔偿法》第二条在对国家赔偿概念进行定义的时候，明确规定将权利保护范围界定为“有本法规定的侵犯公民、法人和其他组织合法权益的情形”，这里使用了“合法权益”的集合概念。

① 参见江必新：《国家赔偿法原理》，中国人民公安大学出版社1994年版，第36～40页；高家伟：《国家赔偿法》，商务印书馆2004年版，第32页；皮纯协、冯军主编：《国家赔偿法释论》，中国法制出版社2010年版．第12～14页。

② 马怀德主编：《国家赔偿问题研究》，法律出版社2006年版，第342页。

因此，应将《国家赔偿法》第二条的概括性规定与第三、四条的列举性规定内容作为一个完整的法律制度体系，整体联系起来看，《国家赔偿法》第二条用“合法权益”的集合概念对行政赔偿保护权利范围进行了概括规定，而第三、四条对侵犯人身权和财产权的情形进行了具体规定，目的在于强调和明确赔偿法律制度保护的重点，并不意味着我国行政赔偿保护的范围仅限于人身权和财产权，而《国家赔偿法》第二条的规定，恰恰为今后的法律制度发展留有空间。

（三）关于《行政诉讼法》相关规定的理解

《行政诉讼法》第一条规定的“保护公民、法人和其他组织的合法权益”是行政诉讼法的立法目的之一，开宗明义地明确了保护合法权益作为行政诉讼制度的基本原则，这里的合法权益是概括性表述，即指公民、法人和其他组织的所有合法权益。

第十二条第一款第十二项的兜底条款规定“认为行政机关侵犯其他人身权、财产权等合法权益的”属于行政诉讼受案范围。首先，这里的人身权、财产权应是广义概念。因为，公民、法人或者其他组织的人身权、财产权的内容极其广泛，除上述列举外，还有一些财产权，如股权、债权、企业产权没有列举。还有一些人身权，如姓名权、隐私权也没有列举。此外，人身权、财产权以外的其他合法权益，有的法律、法规已有规定，该条也没有列举。为避免遗漏，弥补列举的不足，在2014年修改《行政诉讼法》时，该条修改保留了原法的兜底规定，并作出相应修改。[①] 其次，这里的“等”字的含义明显是“等外等”，即《行政诉讼法》明确规定，受行政诉讼保护的合法权益不限于人身权、财产权。对此，应结合第十二条第二款规定来理解，即

① 全国人大常委会法制工作委员会行政法室：《中华人民共和国行政诉讼法解读与适用》，法律出版社2015年版，第34页。

"除前款规定外，人民法院受理法律、法规规定可以提起诉讼的其他行政案件"。因为，该款是1989年《行政诉讼法》就有的规定，按照立法者的解释，当时这样规定，主要原因是除人身权、财产权以外，我国《宪法》规定公民的基本权利还包括有关言论、出版、集会、结社、游行、示威、宗教信仰、选举等政治权利。当时这些权利还没有专门立法，如果将这些权利的争议纳入行政诉讼受案范围，人民法院审理没有相应的依据，会给案件审理带来困难。因此，在这些领域发生纠纷是否可诉，要由单行法律或者法规另外规定。另外，《宪法》还规定了公民的社会权利，当时这方面的立法也不完备，如何保障也缺少相应的法律、法规依据。经过二十多年的努力，上述领域多数已制定了法律、法规，如关于社会保障权，已制定了有关社会保险、社会救助的法律、法规，这些法律、法规已明确将其纳入行政诉讼受案范围，有的本条第一款已作了列举，有的没有列举。在政治权利方面，有的领域仍然没有制定法律、法规，需要随着法制的不断完善加以明确，逐步扩大受案范围。因此，保留了这一款规定。[①]

上述规定涉及行政诉讼的受案范围问题，该问题是行政诉讼中的核心问题，反映出司法权、行政权及公民的权利三者之间的关系，折射出司法权对于行政权的监督范围及行政相对人行使诉权的制度空间。行政诉讼受案范围划定了法院审理行政案件的界限，一项行政争议只有符合法律规定，才能获准进入法院接受审查。《行政诉讼法》自1990年实施至2014年第一次修正的二十几年间，我国的行政法学理论和行政诉讼司法实践都出现了长足的发展，扩大受案范围逐渐成为法学理论界和司法实务界的一致呼声。因此，2014年《行政诉讼法》修改时，在扩大受案范围问题上有了较大突破。扩大行政诉讼受案范

① 全国人大常委会法制工作委员会行政法室：《中华人民共和国行政诉讼法解读与适用》，法律出版社2015年版，第34页。

围的原则是将所有国家公权力主体与相对人发生的公法上的争议均纳入诉讼范围，采用概括规定和列举排除的方式来界定受案范围，取消关于人身权和财产权的限制，使所有侵犯相对人合法权益的行政行为都能够进入受案范围，从而保障相对人的各种合法权益。[①]

此外，需要说明的是，本条在最初的征求意见稿中并未写入，在向有关单位和学术界征求意见过程中，立法机关的代表明确提出，关于行政赔偿的受案范围，应与修正后的《行政诉讼法》关于取消人身权和财产权限制的相关规定相一致，不能对受案范围做狭隘解释。因此，为严格执行修正后的《行政诉讼法》的相关规定，我们对行政赔偿的受案范围进行了再研究，增加制定了本条相关内容，很好地体现了制定本解释的目的和宗旨，即将贯彻执行法律规定和精神作为基本原则和要求。

三、关于本条款规定权利类型的理解

（一）关于人身权概念和范围的理解

关于“人身权”，按照民法理论解释，包括人格权和身份权。其中，身份权包括亲属权、亲权和配偶权；而人格权则包括物质性人格权（生命权、身体权、健康权和劳动能力权）和精神性人格权（姓名权、肖像权、商号权、身体自由权、内心自由权、名誉权、隐私权、贞操权和荣誉权）。

《国家赔偿法》第三条规定的“侵犯人身权”仅仅局限于自然人（公民）的生命权、身体权、健康权和劳动能力权。例如，违法拘留、违法采取强制措施针对的是“限制人身自由”，非法拘禁针对的是

① 马怀德：《行政诉讼法的时代价值——行政诉讼三十年：回顾与前行》，载《中国法律评论》2019年第2期。

"剥夺人身自由"，暴力行为、违法使用武器警械行为侵犯的是身体权和健康权。对于姓名权、肖像权、商号权、内心自由权、名誉权、隐私权、贞操权等权利如果遭受侵害如何救济，2010 年修正前的《国家赔偿法》没有规定。2010 年修正后的《国家赔偿法》第三十五条规定，有本法第三条规定情形之一，致人精神损害的，应当在侵权范围内，为受害人消除影响，恢复名誉，赔礼道歉。这里的"精神损害"是附着在"生命权""身体权"和"健康权"之上的，没有其独立的地位。实际上，这些权利既可以与其他人身权利结合在一起，也有其独立的法律意义和独立的救济途径。因此，《国家赔偿法》的上述规定就存在着人身权保护不健全的问题。

那么，本条规定的人身权除明确包括《国家赔偿法》第三条列举的生命健康权外，是否包括精神性人格权呢？在起草本条时，曾有一稿在第二款明确列举了"人格权"的内容，以拓展《国家赔偿法》的规定，将侵权客体延伸到生命、身体、健康和人身自由以外的"名誉、荣誉、姓名、肖像、名称、隐私"等精神性人格权。但是，在进一步征求意见和论证过程中，反对的意见逐渐占了上风：一方面原因是，如明确规定人格权，与《国家赔偿法》第三条列举人身权保护的情形矛盾和冲突过于明显，容易招致本解释与法律精神不符的批评；另一方面，司法实践中尤其是行政诉讼领域，对于精神性人格权的保护鲜有案例，对于审查行政行为造成权利损害，进而判断予以赔偿的方式、类型、量化等问题，在实际操作层面难度太大，不确定性太强。此外，从域外司法实践看，对于有关名誉权等问题的争议通常是由普通法院受理的。比如，在德国，行政行为只损害了相对人的名誉但没有造成其他损害的，相对人提出的名誉权诉讼通常由普通法院受理。[①]

---

① ［德］毛雷尔：《行政法学总论》，高家伟译，法律出版社 2000 年版，第二十五章。

因而，在最终送审稿中，本条没有明确列举人格权的概念和内容，但是这并不意味着《国家赔偿法》对名誉权等人格精神权利不予以保护，如本解释第二十六条、第三十条就对致人精神损害予以赔偿的情形进行了详细规定。

本条对法人和其他组织的人身权保护进行了拓展规定。本条明确规定："公民、法人或者其他组织认为行政机关及其工作人员违法行使行政职权对其劳动权、相邻权等合法权益造成人身、财产损害的，可以依法提起行政赔偿诉讼。"在司法实践中，行政机关及其工作人员侵犯法人或者其他组织的人格权的，无法依照《国家赔偿法》的规定请求赔偿。例如，某技术监督机关检查某商场，查封了商场经销的有假冒伪劣嫌疑的商品，该事件被当地媒体予以大量曝光。后来经过鉴定，查封和曝光商品并非假冒伪劣商品，查封行为是错误的，并且造成了该商场商誉权的损失。对于行政机关的这一行为，该商场可以通过《行政诉讼法》的规定提起行政诉讼，并且根据第七十六条"人民法院判决确认违法或者无效的，可以同时判决责令被告采取补救措施；给原告造成损失的，依法判决被告承担赔偿责任"的规定予以救济，却无法根据《国家赔偿法》的规定请求基于法人或者其他组织人格权的国家赔偿。而按照本条的相关规定，这一问题可以得到相应解决，弥补了《国家赔偿法》缺失相应规定的漏洞，并且对今后《国家赔偿法》的修改完善具有一定的借鉴意义。

（二）关于财产权概念和范围的理解

《宪法》第十三条第一款规定："公民的合法的私有财产不受侵犯。"《民法典》第三条规定："民事主体的人身权利、财产权利以及其他合法权益受法律保护，任何组织或者个人不得侵犯。"从学理上理解，财产权是指具有物质财富的内容，直接与经济利益相联系的民事权利。财产权的主要形态有物权（包括所有权、使用权、地上权、地役权、抵押权、质权、留置权、典权等)、债权和知识产权。物权是指权利人依法对特定的物享有的直接支配和排他的权利，包括所有权、用益物权和担保物权。债权是指按照合同约定或者法律规定，在当事人之间产生的特定权利和义务关系。知识产权是指公民、法人或者其他组织对自己在科技和文学艺术领域创造的智力成果所享有的人身权和财产权的总称。知识产权（包括专利权、发明权、商标权等）也具有财产权内容。继承权虽然以身份上的关系为基础，但我国继承权的内容是继承人在合法范围内无偿取得其死亡近亲属的财产，已单纯指财产上的利益，并不存在身份继承，故应列入财产权范围。

根据《国家赔偿法》第四条的规定，侵犯公民、法人或者其他组织财产权的行政赔偿范围主要包括以下几种情形：（1）违法实施罚款、吊销许可证和执照、责令停产停业、没收财物等行政处罚行为。本项所指的行政处罚主要是指直接或间接涉及公民、法人或其他组织财产权的处罚。其中主要是财产罚，财产罚是指使被处罚人承担一定金钱给付、剥夺被处罚人财产、或取消被处罚人获取某种资源的资格的处罚。此外还包括能力罚（限制或剥夺违法者特定的行为能力的处罚)、义务罚（责令被处罚人履行一定义务）等。（2）违法对财产采取查封、扣押、冻结等行政强制措施的行为。所谓行政强制措施是指相对人不履行法律、法规所规定的或行政机关依法强使其承担的义务时，行政机关依其职权采取强制手段迫使行政相对人履行行政法上的义务的行为。本项所列行政强制措施主要是指与限制财产权有关的强制措施。(3）违法征收、征用财产的行为。在我国，行政征收包括行政税收、行政收费和公益征收三种方式。司法实践中，涉及国家赔偿较多的是公益征收。公益征收是指行政机关依照有关法律，根据公共利益的需要，在给予相应补偿的情况下以强制方式取得公民、法人或者其他组织财产的行政行为。公益征收以补偿为前提条件。例如，

《宪法》第十条第三款的规定，国家为了公共利益的需要，可以依照法律规定对土地实行征收或者征用并给予补偿。第十三条规定，国家为了公共利益的需要，可以依照法律规定对公民的私有财产实行征收或者征用并给予补偿。《民法典》第二百四十三条第二款规定，征收集体所有的土地，应当依法及时足额支付土地补偿费、安置补助费以及农村村民住宅、其他地上附着物和青苗等的补偿费用，并安排被征地农民的社会保障费用，保障被征地农民的生活，维护被征地农民的合法权益。第三款规定，征收组织、个人的房屋以及其他不动产，应当依法给予征收补偿，维护被征收人的合法权益；征收个人住宅的，还应当保障被征收人的居住条件。

本解释在遵循《国家赔偿法》等相关法律对行政行为侵犯财产权予以赔偿的规定原则下，对财产权保护的范围持开放性的态度。而在财产损害赔偿的标准认定上，采取的是直接损失和实际损失标准，本解释第二十六条、第二十八条、第二十九条就相关损失赔偿的认定进行了具体规定。

（三）关于列举规定劳动权、相邻权的理解

关于《国家赔偿法》列举的人身权和财产权之外的权利，是否属于国家赔偿保护的范围，理论界一直存有争议。一种意见认为，不应当将劳动权、受教育权和政治权利纳入赔偿范围。主要理由是：(1) 劳动权、受教育权和政治权利受到侵害，其表现也是财产权受到侵害，是计算赔偿时要考虑的因素。(2)《行政诉讼法》没有明确将人身权、财产权之外的其他权利纳入国家赔偿范围，至少没有明确列举规定。(3) 由于受民事权益内容和民事权益赔偿范围的影响，加之国家赔偿制度产生的直接目的主要也在于对当事人民事权益的补救，因此国家赔偿宜以人身权和财产权为限，对人身权和财产权之外的，诸如选举权和言论、集会、结社、游行示威、宗教信仰自由这类政治权利、劳动权等权利不予赔偿。(4)按照“特殊优于一般”原则，行政赔偿诉讼的范围应当按照《国家赔偿法》的规定加以确认，对于人身权、财产权以外的权利造成损害的，不能提起国家赔偿。另一种意见认为，应当将劳动权、受教育权和政治权利纳入国家赔偿范围。理由主要是：(1)这些权利均属于公民、法人或者其他组织的重大合法权益，世界各国和地区基本上都对这些权利没有限制；(2)《国家赔偿法》实施已近三十年，完全能够胜任对上述权利的保护；(3)符合我国加入或者签署的有关国际公约的要求，等等。

我们认为，在中国特色社会主义进入新时代的历史方位下，人民群众的法治意识已经发生了翻天覆地的变化，新的权利要求不断涌现，不再局限于狭隘的人身权和财产权，因此对于这些权利要求如果在法律制度上不能够及时回应，就无法解决司法实践中越来越多的利益诉求，也不利于国家赔偿制度的健康发展。因此，对于本条列举规定劳动权、相邻权的理解，需要从以下几个方面理解：

首先，需要明确的是，这个“等”是“等外等”。即虽列举了劳动权、相邻权两项权利，但赔偿诉讼的保护范围并不局限于此两类权利类型，《国家赔偿法》对受保护权利类型的规定是一个具有发展性、开放性的体系。正如马克思所言：“权利永远不能超出社会的经济结构以及由经济结构所制约的社会的文化发展。”① 法律对于权利保护的制度规定，一定是与同时期的经济社会文化发展水平相适应的。从这个意义上讲，《国家赔偿法》对于受保护权利的范围，既应符合包括所有合法权益的全面性，也要符合不同发展阶段对应的局限性，应随着社会发展水平的进步而不断完善和发展。从体系的发展性方面看，本条列举了对“劳动权、相邻权”的保护，并规定“造成人身、财产

---

① 《马克思恩格斯选集》第3卷，人民出版社1972年版，第12页。

损害”的可提起赔偿诉讼。按照人权理论通说，人身权、财产权属于第一代人权的公民权利和政治权利，而劳动权、相邻权属于第二代人权的经济、社会和文化权利，[①]本条既对《国家赔偿法》明确规定的人身权、财产权的保护予以重申和强调，在此基础上，又对“劳动权、相邻权”的保护新增规定。这种规定属于对权利保护范围的拓展，其核心含义指向的是包括但不限于此权利类型，这种范围的拓展与两代人权理论和制度的发展进程一脉相承，符合人权保护制度发展的历史规律。从体系的开放性方面看，《国家赔偿法》《行政诉讼法》包括本解释在规定受案范围时，都采取了列举加兜底的方式，这也意味着列举在于强调重点，而兜底在于明确开放性体系。即随着社会的进步和司法实践的发展，行政赔偿的受案范围可以通过司法实践的探索不断拓展，不仅仅限于目前这几项列举出来的权利类型范围。

其次，之所以选取了劳动权、相邻权等权利，主要考虑在于司法实践中涉及的相关争议和案例较多，且近年来，这几项权利所涉及的法律保护问题为社会所普遍关注。

1. 关于侵犯劳动权的行政赔偿诉讼，各国和地区行政诉讼、国家赔偿诉讼制度中均有涉及。例如，在德国，除普通行政法院外，设置了作为专门行政法院之一的社会保险法院，用来管辖社会保险方面争议的案件。我国行政诉讼实践中，涉及劳动保障方面的行政案件占有相当比例，其中不乏因为违法行使行政职权侵犯劳动权被确认违法的案件，随之而来的就是赔偿问题，一般而言，侵犯劳动权的赔偿应转化为货币性补偿，需与当地最低工资标准、社会保险标准相适应，也需要适用本解释第三十一条关于可以判决明确赔偿标准和金额的相关规定。

① 徐显明主编：《国际人权法》，法律出版社2004年版，第6页。

2. 关于侵害相邻权的行政赔偿诉讼，其本身与民事诉讼涉及相邻权保护具有一定程度的竞合问题，在诉讼范围上仍存在争议。关于是否应将公有公共设施致人损害的行为纳入国家赔偿范围，各国和地区做法不一。英美法系国家和地区因无公私法之分，因此把仅有公共设施致人损害的赔偿责任纳入民事赔偿范围。大陆法系国家和地区则一般把公有公共设施致人损害的赔偿责任纳入国家赔偿范围。例如，《日本国家赔偿法》第2条第1项规定："因道路、河川或其他公共营造物之设置或管理有瑕疵，致使他人受损害时，国家或公共团体对此应负赔偿责任。"《韩国国家赔偿法》第5条也有类似的规定。我国《国家赔偿法》制定之初，考虑到公用事业部门正趋于企业化，行政管理的职能也将逐步淡化，因此并未将公有公共设施致人损害赔偿纳入国家赔偿范围。在现实生活中，受害人往往只能依照民法上的规定向负责管理该设施的相关企业、事业单位请求赔偿，或者通过保险渠道予以解决。有学者也提出，将公有公共设施致人损害赔偿完全排除在国家赔偿范围之外的做法不太合理，主要理由为：首先，民法上规定的赔偿责任适用范围仅仅局限于建筑物或者其他设施以及建筑物上的搁置物、悬挂物。公有公共设施却包括文教设施、交通运输设施、医药卫生设施、游乐运动设施等众多项目，二者性质有明显的差别，民法相关规定并不能涵盖所有的公有公共设施致害类型。其次，公有公共设施为公众服务的用途有着明显的公共利益特征，相当多的公有公共设施还是由国家机关设立和管理的，或者是由事业单位管理的。因此，公有公共设施的设置或管理者与使用者之间往往也就存在地位不平等的行政法律关系。因此，学者认为，随着政府公共服务职能的加强，公有公共设施致人损害情况也将随之增多，应将公有公共设施致人损害纳入国家赔偿范围。[①] 需要明确的是，在《国家赔偿法》没有修改的前提下，为保持与法律规定内容一致，本条规定的内容并未采纳将公有公共设施致人损害行为纳入国家赔偿范围的做法。本条所规定内容，与德国、日本等国国家赔偿制度中涉及的公有公共设施致人损害予以赔偿的规定不同，其权利基础和诉求指向存在本质区别：共用设施造成的损害是以政府提供公共服务和建造公共设施为前提和基础，而本条是以损害行政相对人的相邻权为基础。一般司法实践中常见的情形是，案涉建筑物因违法规划审批，侵害了原告的通风、采光、噪音污染等基于相邻权的合法权益，引起了行政赔偿诉讼。赔偿救济的方式首先应考虑的是消除损害影响、恢复原状，在客观无法采用此种方式的情况下，应考虑给予财产性损害赔偿，就赔偿标准而言，是否可考虑参考同等位置未被影响相邻权的房屋租金的一定比例作为赔偿金额，需要司法实践中结合具体案件的不同情形进行探索。

【实务指导】

司法实践中，在适用本条关于合法权益造成损害的相关规定时，需要注意的是，虽然本解释明确列举了对劳动权、相邻权等合法权益进行保护，但在对可供赔偿情形进行界定时，落脚点为造成人身、财产损害的情形。对此可以从两个方面理解：（1）司法保护的范围需要聚焦在造成人身、财产损害的情形，一般情况下，侵犯其劳动权、相邻权等合法权益必然会导致人身、财产的损害，但也不排除极端例外情形；（2）在考虑对侵犯合法权益予以赔偿的方式和标准时，需要与造成人身、财产损害的情形相对应，即落脚点转化为人身财产损失。

---

① 鲁敏：《论国家赔偿的范围》，载《武汉工程职业技术学院学报》2007 年第 12 期。

对于本条的适用，需要把握的另一个问题为：我国的国家赔偿范围仅包括直接损失而不包括间接损失，尤其是关于本条规定的相邻权等，如不坚持直接损失原则，侵犯此种权益所带来的损害有时候通过经济利益无法予以量化衡量。

此外，这里需要对受教育权的问题予以单独说明。从司法解释制定者角度而言，就受教育权的法律制度保护，是今后研究和探索的一个重点问题。关于侵犯受教育权的行政赔偿诉讼，在我国呈现出社会关注度高、影响力大，但司法保护制度不完善、相关判例发展缓慢的特点。究其原因，既有特别权力关系理论中关于受教育权是否属于行政诉讼范围的争论，也有中国社会对教育公平问题的高度关注，致使涉及教育行政的法律关系复杂程度极大等原因。在2014年《行政诉讼法》修正前，最高人民法院曾希望制定一部教育行政司法解释，对涉及教育行政诉讼的一些问题予以解决，但因为各种意见不统一，此项工作就此搁浅。就教育行政诉讼范围而言，主要包括因开除学籍、授予学位等影响人身权、财产权等合法权益的行为引发的诉讼，在赔偿方式方面，在确认违法的前提下，除可判决撤销原开除学籍或判令授予学位等方式外，其他赔偿内容需量化为财产性损失。

（撰写人：臧震）

第三条　赔偿请求人不服赔偿义务机关下列行为的，可以依法提起行政赔偿诉讼：

（一）确定赔偿方式、项目、数额的行政赔偿决定；

（二）不予赔偿决定；

（三）逾期不作出赔偿决定；

（四）其他有关行政赔偿的行为。

【条文主旨】

本条是关于赔偿义务机关针对行政赔偿作出的各种不同行政行为是否可诉的规定。

【起草背景】

在我国司法实践中，公民、法人或者其他组织对于赔偿义务机关所作出的行政赔偿决定是否可以提起诉讼，或者说是否只需直接提起行政赔偿之诉而不用对行政赔偿决定提起诉讼等问题，一直都有较大的分歧，各地人民法院的实际做法也差异较大。一种观点认为，行政赔偿诉讼本质属于给付诉讼，不是撤销诉讼、确认诉讼，只能审查行政赔偿争议，不能审查相关的赔偿决定。另一种观点认为，行政赔偿决定是行政机关依法行使行政职权的一种行为，性质上属于行政行为，而且行政赔偿决定对于行政相对人而言是直接影响其权益的决定，应该属于人民法院行政诉讼的受案范围，人民法院也应当对行政机关作出的行政赔偿决定进行审查和裁判。鉴于司法实践中对行政赔偿中这一重要问题存在的认识分歧，本解释专门对这一事项作出了规定，以明确赔偿义务机关针对行政赔偿作出的各种不同决定可以被纳入行政诉讼案件受理范围。

另外，本条也是对《国家赔偿法》第十四条的细化和增加。《国家赔偿法》第十四条规定，赔偿义务机关在规定期限内未作出是否赔偿的决定，赔偿请求人可以自期限届满之日起三个月内，向人民法院提起诉讼。赔偿请求人对赔偿的方式、项目、数额有异议的，或者赔偿义务机关作出不予赔偿决定的，赔偿请求人可以自赔偿义务机关作出赔偿或者不予赔偿决定之日起三个月内，向人民法院提起诉讼。依据上述规定，赔偿义务机关作出的相关行政赔偿决定已纳入行政诉讼受案范围。且在起草本规定时，全国人大常委会法工委提出，赔偿请求人对赔偿的数额有异议的，可以依据《行政诉讼法》有关变更判决的规定予以变更。我们认为，为解决行政赔偿争议，根据《国家赔偿法》第九条第二款的规定，单独提起行政赔偿诉讼须经过赔偿义务机关先行处理，赔偿义务机关作出的相关行政赔偿决定（包括行政赔偿决定、不予赔偿决定）或不履行行政赔偿法定职责行为（逾期不作出赔偿决定）纳入行政诉讼的受案范围，于法有据。不过，属于受案范围不等于符合法定起诉条件，如存在历史遗留问题等不属于法院主管事项等问题的，依法不予受理。

2012 年《国家赔偿法》第十四条规定的有关行政赔偿决定情形列举不是很全面，如存在不予受理赔偿申请的行政赔偿决定等，因此，我们增加了“其他”的规定，以适应行政审判实践的发展。

【条文释义】

本条具体列举了赔偿请求人不服赔偿义务机关提起行政赔偿诉讼

的各种事项，主要事项列举了三种较常见的具体情况，以“其他有关行政赔偿的行为”作为兜底条款。1997 年《行政赔偿规定》第二条规定：“赔偿请求人对行政机关确认具体行政行为违法但又决定不予赔偿，或者对确定的赔偿数额有异议提起行政赔偿诉讼的，人民法院应予受理。”本解释第二条规定：“依据行政诉讼法第一条、第十二条第一款第十二项和国家赔偿法第二条规定，公民、法人或者其他组织认为行政机关及其工作人员违法行使行政职权对其劳动权、相邻权等合法权益造成人身、财产损害的，可以依法提起行政赔偿诉讼。”本条与第二条是对 1997 年《行政赔偿规定》第二条的拓展和延伸。

一、关于赔偿请求人的含义

赔偿请求人指的是，向行政机关提出行政赔偿请求或者是向人民法院提出诉讼、要求判令行政机关承担行政赔偿责任的公民、法人或者其他组织。从形式意义看，凡是认为行政机关作出的行政行为或者不履行法定职责侵犯其合法权益的公民、法人或者其他组织均可作为赔偿请求人向行政机关主张行政赔偿或者向人民法院提起行政赔偿诉讼，至于能否实现其行政赔偿请求，则须待行政机关确认或者人民法院审理后裁判确认。也就是说，在行政机关确认或者人民法院作出裁判之前，提出行政赔偿请求或者提起行政诉讼要求行政机关承担行政赔偿责任的公民、法人或者其他组织均可视为拟制的赔偿请求人。从实质意义上看，只有经过行政机关确认或者人民法院裁判确认公民、法人或者其他组织不服的行政行为违法之后，公民、法人或者其他组织才能成为有权申请获得行政赔偿的主体。

赔偿请求人是一种主张权利的资格，与利害关系息息相关。公民、法人或者其他组织无论是向行政机关提出行政赔偿申请，还是直接向人民法院提起行政诉讼请求判令行政机关承担行政赔偿责任，行政机关或者人民法院均要对公民、法人或者其他组织与所涉行政行为的利害关系进行审查。

从行政机关角度看，首要的就是根据相关证据材料，判断该公民、法人或者其他组织与其不服的行政行为是否有利害关系，涉及的行政行为是否违法以及是否侵害了该公民、法人或者其他组织的合法权益，当经过调查后确认该公民、法人或者其他组织确实与所涉行政行为有利害关系，且因该行政行为存在违法或者明显不当情形给该公民、法人或者其他组织的合法权益造成了实际损害的，下一步才要考虑该公民、法人或者其他组织提出的行政赔偿申请是否合法合理，以及如何确定行政赔偿的项目、方式以及数额等具体事项。

从人民法院审理案件角度看，根据《行政诉讼法》第四十九条关于“提起诉讼应当符合下列条件：（一）原告是符合本法第二十五条规定的公民、法人或者其他组织；（二）有明确的被告；（三）有具体的诉讼请求和事实根据；（四）属于人民法院受案范围和受诉人民法院管辖”的规定，以及第二十五条关于“行政行为的相对人以及其他与行政行为有利害关系的公民、法人或者其他组织，有权提起诉讼。有权提起诉讼的公民死亡，其近亲属可以提起诉讼。有权提起诉讼的法人或者其他组织终止，承受其权利的法人或者其他组织可以提起诉讼。人民检察院在履行职责中发现生态环境和资源保护、食品药品安全、国有财产保护、国有土地使用权出让等领域负有监督管理职责的行政机关违法行使职权或者不作为，致使国家利益或者社会公共利益受到侵害的，应当向行政机关提出检察建议，督促其依法履行职责。行政机关不依法履行职责的，人民检察院依法向人民法院提起诉讼”之规定，人民法院审理案件时也需要首先对提起行政诉讼的公民、法人或者其他组织的原告主体资格进行审查。原告主体资格的判定就是对提起行政诉讼的公民、法人或者其他组织与被诉的行政行为之间是否存在利害关系的判定。"利害关系"是判断原告主体资格的核心要素。

二、关于赔偿义务机关的含义

《国家赔偿法》第七条规定："行政机关及其工作人员行使行政职权侵犯公民、法人和其他组织的合法权益造成损害的，该行政机关为赔偿义务机关。两个以上行政机关共同行使行政职权时侵犯公民、法人和其他组织的合法权益造成损害的，共同行使行政职权的行政机关为共同赔偿义务机关。法律、法规授权的组织在行使授予的行政权力时侵犯公民、法人和其他组织的合法权益造成损害的，被授权的组织为赔偿义务机关。受行政机关委托的组织或者个人在行使受委托的行政权力时侵犯公民、法人和其他组织的合法权益造成损害的，委托的行政机关为赔偿义务机关。赔偿义务机关被撤销的，继续行使其职权的行政机关为赔偿义务机关；没有继续行使其职权的行政机关的，撤销该赔偿义务机关的行政机关为赔偿义务机关。"第八条规定："经复议机关复议的，最初造成侵权行为的行政机关为赔偿义务机关，但复议机关的复议决定加重损害的，复议机关对加重的部分履行赔偿义务。"赔偿义务机关指的是，因违法行使行政职权给公民、法人或者其他组织的合法权益造成损害，从而应承担行政赔偿法律责任的行政机关。本解释第二条规定，依据《行政诉讼法》第一条、第十二条第一款第十二项和《国家赔偿法》第二条规定，公民、法人或者其他组织认为行政机关及其工作人员违法行使行政职权对其劳动权、相邻权等合法权益造成人身、财产损害的，可以依法提起行政赔偿诉讼。结合上述条文的具体内容，本条中的"赔偿义务机关"实际上包含的内容要比学理上的含义更加丰富，除了包括事实上确因实施违法行政行为给公民、法人或者其他组织合法权益造成损害的行政机关外，还包括公民、法人或者其他组织认为实施了损害其合法权益的违法行政行为之行政机关。在公民、法人或者其他组织认为行政机关实施的行政行为违法且损害了其合法权益的情况下，对于所涉及行政行为的合法性仍需要有权机关进行确认后才可进行赔偿，当然，如果实施行政行为的行政机关自认其实施的行政行为侵害了公民、法人或者其他组织的合法权益的，公民、法人或者其他组织可以直接要求该行政机关就各项损失予以赔偿。

在实践中，还有一些情况比较特殊且常见，就是公民、法人或者其他组织认为实施了违法行政行为的行政机关经人民法院审查后，并不是违法行政行为的具体实施者；或人民法院经过审理后，认定公民、法人或者其他组织认为属违法性质的行政行为并不违反法律法规规定等。在此种情况下，公民、法人或者其他组织认为的违法行政机关实际上并不是赔偿义务机关。该条中提到的“赔偿义务机关”是站在公民、法人或者其他组织在向人民法院提起行政诉讼时的认知角度上确定的，并不一定是有权机关最后认定的赔偿义务机关，这样的表述方式主要是从起诉的角度去表述，以方便人民法院判断公民、法人或者其他组织所提行政赔偿诉讼是否属于人民法院的受理范围。至于公民、法人或者其他组织所起诉的“赔偿义务机关”是否为经过判定的赔偿义务机关，则需要经过人民法院实体审理后再予确认。

三、关于行政赔偿诉讼的含义

依照《行政诉讼法》第一条和第二条第一款的规定，行政诉讼的目的是解决行政争议，保护公民、法人和其他组织的合法权益以及监督行政机关依法行使职权。公民、法人或者其他组织认为行政机关和行政机关工作人员的行政行为侵犯其合法权益，有权依照行政诉讼法的规定向人民法院提起诉讼。行政赔偿诉讼是行政诉讼的一种，与一般的行政诉讼相比，具有自身的显著特点，主要包括：（1）弥补性因素较强。公民、法人或者其他组织向人民法院提起行政赔偿诉讼，主要目的在于通过司法机关的裁判得到相应的赔偿，以弥补已经受到的损失。一般的行政诉讼基本上都是要求人民法院对已经作出的行政行为的合法性作出评判。有关赔偿的问题一般都是在有权机关对行政机关行政行为的违法性进行确认之后予以解决的。（2）审查要点集中在赔偿请求。由于公民、法人或者其他组织在提起的行政赔偿诉讼中目的很明确，因此，人民法院在行政赔偿诉讼中的审查要点也较为集中，主要审查公民、法人或者其他组织所提赔偿请求的合法性和合理性。

依据本解释的规定，行政赔偿诉讼包括两种类型：第一种，公民、法人或者其他组织认为行政机关实施的行政行为违法，损害其合法权益的，就该违法行政行为造成的损失向人民法院提起的行政赔偿诉讼，要求确认行政机关实施的行政行为违法并判令行政机关予以赔偿。第二种，公民、法人或者其他组织向行政机关提出行政赔偿申请，行政机关作出不予赔偿决定或者逾期未作出赔偿决定，公民、法人或者其他组织对该不予赔偿决定或者行政机关逾期未作出赔偿决定提起的行政诉讼；或行政机关作出了行政赔偿决定，公民、法人或者其他组织认为该赔偿决定仍然无法弥补其所受损失，从而向人民法院提起行政诉讼要求判决撤销该行政赔偿决定等。本解释修改之后，行政赔偿诉讼的种类更加丰富，也更加契合行政审判实践需要。

四、赔偿请求人可以依法提起行政赔偿诉讼

立案是人民法院司法程序的起点，也是重要的工作职责。对于公民、法人或者其他组织向人民法院提起的行政诉讼而言，人民法院需要根据《行政诉讼法》及其司法解释等的规定决定其是否属于行政诉讼的受理范围，即是否决定立案。对于本条列举的具体事项，公民、

法人或者其他组织对此向人民法院提起行政诉讼的，人民法院应当依法立案。此处“人民法院应当依法立案”具体是指，如果公民、法人或者其他组织针对行政机关作出的行政赔偿决定确定的赔偿方式、项目、数额等，不予赔偿决定，逾期不作出赔偿决定以及其他有关行政赔偿事项的行为等向人民法院提起行政诉讼的，人民法院依照《行政诉讼法》第四十九条的规定，须审查原告是否是符合《行政诉讼法》第二十五条规定的公民、法人或者其他组织；是否有明确的被告；是否有具体的诉讼请求和事实根据；是否属于人民法院受案范围和受诉人民法院管辖等。本条明确规定其所列举的事项属于人民法院受案范围，人民法院须依照《行政诉讼法》第四十九条的规定，对于原告资格、被告以及诉讼请求和事实根据和地域管辖、级别管辖等因素进行审查后，若均符合法律规定，则应当立案。

五、确定赔偿方式、项目、数额的行政赔偿决定

公民、法人或者其他组织认为行政机关作出的行政行为或者不履行法定职责违法，在该行政行为或不履行法定职责行为对其合法权益造成损害的情况下，有权向行政机关提出行政赔偿请求，要求行政机关对其实际损失予以赔偿。行政机关在收到公民、法人或者其他组织的行政赔偿请求之后，可以依法作出行政赔偿决定，行政赔偿决定一般包括行政赔偿方式、项目及数额等内容。公民、法人或者其他组织在收到行政机关作出的行政赔偿决定之后，如果对该行政赔偿决定中载明的赔偿方式或赔偿项目或赔偿数额等不服的，均可向人民法院提起行政诉讼，请求法院判决撤销该行政赔偿决定或变更行政赔偿决定的内容等。

（一）关于赔偿方式的问题

《国家赔偿法》第三十二条规定：“国家赔偿以支付赔偿金为主要

方式。能够返还财产或者恢复原状的，予以返还财产或者恢复原状。”对于行政赔偿而言，赔偿责任的承担主要是以赔偿金的方式进行。当然，具体到每一个案件中，我们需要结合实际情况，以能够较合理实现行政赔偿请求人合法权益且具有现实可执行性的方式判决赔偿。行政赔偿方式主要包括：给付赔偿金、返还财产、恢复原状、土地置换及房屋安置、消除影响及公开赔礼道歉等。行政赔偿方式一般是与公民、法人或者其他组织受侵害的权利性质、权利内容以及权益弥补的方式等相对应的。公民、法人或者其他组织向赔偿义务机关提出的赔偿请求中会涉及赔偿方式的问题，有时候赔偿义务机关作出的行政赔偿决定中载明的赔偿方式与公民、法人或者其他组织所提赔偿请求中的赔偿方式并不一致，这涉及行政机关依据其行政职权作出判断的行政权力行使问题。由此，公民、法人或者其他组织与赔偿义务机关的分歧就因二者之间不同的认定而产生，若公民、法人或者其他组织认为赔偿义务机关所作出的行政赔偿决定中赔偿方式违法或明显不合理的，就可依法向人民法院提起行政诉讼。

（二）关于赔偿项目的问题

赔偿义务机关所作的行政赔偿决定中通常包含赔偿项目的内容，即针对公民、法人或者其他组织的哪些受损方面进行赔偿。赔偿项目与违法行政行为的种类以及公民、法人或者法人合法权益受损害的实际情况紧密关联。赔偿义务机关一般会依据相关法律法规的规定，结合其搜集到的或者公民、法人或者其他组织等提交的证据，确定行政赔偿决定中的具体赔偿项目。若公民、法人或者其他组织认为赔偿义务机关作出的行政赔偿决定中的赔偿项目存在遗漏或错列等情形的，可向赔偿义务机关提出，若公民、法人或者其他组织与赔偿义务机关之间无法就赔偿项目问题达成一致意见，公民、法人或者其他组织可依法向人民法院提起行政诉讼。

（三）关于赔偿数额的问题

行政赔偿决定中的赔偿数额常常是公民、法人或者其他组织与赔偿义务机关之间争议的焦点。根据《国家赔偿法》的规定，赔偿金是国家赔偿的主要方式，因此，赔偿义务机关大多数情况下都会选择货币赔偿的方式，赔偿数额就是影响公民、法人或者其他组织合法权益的重要因素。在行政审判实践中，行政赔偿诉讼的争议焦点也主要是赔偿数额。公民、法人或者其他组织如果认为赔偿义务机关所作的行政赔偿决定中赔偿数额低或有误，可以依法向人民法院提起行政诉讼，请求判决撤销该行政赔偿决定或变更行政赔偿决定中的赔偿数额等。

行政赔偿决定中除了赔偿方式、项目和数额之外，还包括赔偿的具体期限等。公民、法人或者其他组织若对行政赔偿决定不服，均可依法向人民法院提起行政诉讼。

六、不予赔偿决定

一般地，行政机关作出不予赔偿决定有三种情况：（1）行政机关认为其所实施的行政行为不存在违法之处，不应承担行政赔偿责任。（2）行政机关认为公民、法人或者其他组织所提行政赔偿请求中涉及的行政行为不是其所为，应由其他行政机关承担行政赔偿责任。（3）行政机关认为其实施的行政行为虽然违法，但并未给公民、法人或者其他组织的合法权益造成实际损害且公民、法人或者其他组织所提行政赔偿请求缺乏事实根据或法律依据等。公民、法人或者其他组织不服行政机关作出的不予赔偿决定的，可依法向人民法院提起行政诉讼。

七、逾期不作出赔偿决定

《国家赔偿法》第十三条规定：“赔偿义务机关应当自收到申请之日起两个月内，作出是否赔偿的决定。赔偿义务机关作出赔偿决定，应当充分听取赔偿请求人的意见，并可以与赔偿请求人就赔偿方式、赔偿项目和赔偿数额依照本法第四章的规定进行协商。赔偿义务机关决定赔偿的，应当制作赔偿决定书，并自作出决定之日起十日内送达赔偿请求人。赔偿义务机关决定不予赔偿的，应当自作出决定之日起十日内书面通知赔偿请求人，并说明不予赔偿的理由。”第十四条规定：“赔偿义务机关在规定期限内未作出是否赔偿的决定，赔偿请求人可以自期限届满之日起三个月内，向人民法院提起诉讼。赔偿请求人对赔偿的方式、项目、数额有异议的，或者赔偿义务机关作出不予赔偿决定的，赔偿请求人可以自赔偿义务机关作出赔偿或者不予赔偿决定之日起三个月内，向人民法院提起诉讼。”

八、其他有关行政赔偿的行为

公民、法人或者其他组织认为行政机关作出的行政行为违法或者不履行法定职责违法，且对其合法权益造成了损害，因而向人民法院提起行政诉讼、要求确认该行政行为或不履行法定职责违法并赔偿损失，或直接提起行政赔偿的诉讼，均属于公民、法人或者其他组织对有关行政赔偿事项的行为提起的行政诉讼。本条中此处表述的“其他有关行政赔偿的行为”主要指的是，除了行政赔偿决定确定的赔偿方式、项目、数额等；不予赔偿决定；逾期不作出赔偿决定等之外的与行政赔偿相关的行政行为，如行政赔偿程序、行政赔偿处理依据。

公民、法人或者其他组织如果认为行政机关作出行政赔偿决定时未按照法定程序进行，影响了其合法权益时，可以依法向人民法院提起行政诉讼。由于行政赔偿决定的作出与许多事实相关，行政机关在最终作出行政赔偿决定之前需要开展相关的各种调查和认定工作，如组织对相关财产进行评估鉴定、对有关人员进行询问调查等。若行政机关在作出行政赔偿决定过程中就相关事项进行鉴定或调查、取证等时，未能依照相关法律规定的程序实施具体的行为，很有可能会影响到公民、法人或者其他组织的合法权益。

公民、法人或者其他组织如果认为行政机关作出行政赔偿决定时依据的法律法规等有误或者引用条文错误等情况，影响了其合法权益的，有权依法向人民法院提起行政诉讼。在实践中，有些地方制定了关于强制拆除等方面的行政赔偿规范性文件，对于行政赔偿的范围、内容、形式等各方面作出了详细的规定。由于现行法律法规对于行政赔偿领域的许多细节问题并没有明确的规定，因此行政机关更多的是依据地方行政职能部门制定的规范性文件作出行政赔偿决定。公民、法人或者其他组织若认为行政机关作出行政赔偿决定时引用的法律法规错误或者引用的具体条款与案件情况不相符合等，在这种情况下作出的行政赔偿决定可能对公民、法人或者其他组织的权利义务产生不利影响，对于此种情形，公民、法人或者其他组织提起行政诉讼，人民法院应当予以立案审理。

【实务指导】

在行政审判实践中，人民法院对于行政机关作出的行政赔偿决定是否可予以司法审查，进入司法审查之后如何进行处理等问题，各地认识和实际做法均有较大差异。有的地方法院对于公民、法人或者其他组织提出的围绕行政赔偿的多项诉讼请求，只审查行政赔偿请求是否合法合理的诉求，而对于公民、法人或者其他组织提出的要求撤销或者确认行政机关作出的行政赔偿决定则不予审查。有的地方法院则是对公民、法人或者其他组织提出的关于撤销行政机关作出的行政赔偿决定或者要求重新作出行政赔偿决定等予以直接审查和裁判。各地人民法院的上述差异做法主要是由于对行政机关作出的行政赔偿决定与人民法院审理行政赔偿案件之间的关系没有清晰准确的认识而导致的。本条司法解释较好地解决了行政审判实践中的上述争议，明确了涉及行政机关作出行政赔偿决定的相关案件的审理思路。

一、关于行政赔偿诉讼的受理范围

决定人民法院受理案件范围的因素很多，主要包括：

（一）是否适宜司法途径解决

社会生活中有很多类型的争议，但并不是所有的争议都适合通过司法途径予以解决，是否能够通过诉讼方式来解决主要取决于争议的特点和性质。

（二）司法权与其他权力的边界

国家设置不同的机关是为了实现不同的社会治理功能，不同机关之间的职能不能互相取代。司法权的行使尽管是提供司法救济，但无权对所有事项进行审查及评判，如国防事项、外交事项等。

对于行政赔偿诉讼而言，公民、法人或者其他组织提起行政赔偿诉讼的目的就在于，请求人民法院判令行政机关赔偿其所受到的损失。关于公民、法人或者其他组织提出的行政赔偿请求，行政机关可能在诉讼之前已经作出了相应处理，也可能并未作出处理。在行政赔偿诉讼中，对于公民、法人或者其他组织针对行政机关已经作出的行政赔偿决定、不予赔偿决定或其他有关行政赔偿事项提出的诉讼请求都应当属于行政赔偿诉讼的受理范围，即均是人民法院审理行政赔偿案件的审查范围，只有将行政机关作出的行政赔偿决定审查好了才能较全面地解决公民、法人或者其他组织的行政赔偿诉求。当然，对于公民、法人或者其他组织向人民法院提起行政赔偿诉讼时，其并未向行政机关提出过行政赔偿请求的，即尚不曾有行政赔偿决定等情形，公民、法人或者其他组织所提诉讼请求一般是要求判令行政机关承担相应的行政赔偿责任等，此类行政赔偿案件的受理以及审查范围就是行政赔偿请求等。还有一种情形是，在公民、法人或者其他组织向人民法院提起行政赔偿诉讼之前，行政机关已经针对其提出的行政赔偿申请作出过行政赔偿决定等，此时，公民、法人或者其他组织向人民法院提起行政赔偿诉讼的诉讼请求可能除了要求判令撤销行政机关作出的行政赔偿决定等外，还要求人民法院支持其所提的行政赔偿请求，就其行政赔偿请求直接作出行政判决。因此，不同情形之下，公民、法人或者其他组织向人民法院提起的行政赔偿诉讼请求有所不同，行政赔偿诉讼的受理范围也相应要有所区别。

二、行政赔偿决定与行政赔偿判决及行政赔偿请求之间的关系

无论是在行政赔偿决定还是在行政赔偿判决中，行政赔偿请求都是核心，行政赔偿程序以及行政赔偿诉讼的启动都源于公民、法人或者其他组织所提起的行政赔偿请求。从结果意义上来说，行政机关作出的行政赔偿决定以及人民法院作出的行政赔偿判决对于公民、法人或者其他组织实现其行政赔偿请求具有决定性作用。

（一）行政赔偿请求涉及行政赔偿决定的，人民法院需要在行政赔偿判决中对行政赔偿决定进行明确处理

基于行政行为的公定力、拘束力等效力，在被有权机关撤销之前，行政行为一旦作出即具有法律效力，对于行政机关作出的行政赔偿决定亦是如此，公民、法人或者其他组织向行政机关提出行政赔偿申请，行政机关作出行政赔偿决定即确定了对公民、法人或者其他组织是否予以行政赔偿；若决定赔偿，赔偿的方式、范围及数额等。行政赔偿决定一经作出即对公民、法人或者其他组织的权利义务产生了直接影响；若公民、法人或者其他组织对于行政机关作出的行政赔偿决定不服，可以通过向人民法院提起行政诉讼的方式保障自身合法权益。如

果人民法院在审理行政赔偿案件时不对行政机关作出的行政赔偿决定的合法性进行判断，则无法从实质上解决公民、法人或者其他组织与行政机关之间关于行政赔偿问题的争议；若人民法院在没有撤销已生效的行政赔偿决定之前直接针对公民、法人或者其他组织所提行政赔偿诉讼请求作出实体裁判，还会导致人民法院的判决与行政机关所作出的行政赔偿决定二者效力并存的尴尬局面。尽管实践中当人民法院就赔偿事项作出生效判决之后，行政机关之前所作出的行政赔偿决定即被生效裁判的法律效力所覆盖，但不利于解决行政赔偿纠纷。

（二）行政赔偿判决应主要围绕行政赔偿请求作出

行政赔偿请求是启动行政案件审理程序的起点，与案件情况紧密相连。人民法院审理行政赔偿案件时须结合案件事实对公民、法人或者其他组织提出的行政赔偿请求进行全面审查。

大多数情况下，行政赔偿诉讼都是在行政机关作出的行政行为被确认违法的前提下进行的，审查的重点就在于，公民、法人或者其他组织提出的行政赔偿请求是否合法合理。公民、法人或者其他组织所提的行政赔偿请求一般包括赔偿方式、具体项目以及金额等内容，人民法院也主要是针对行政赔偿方式等具体内容进行审理。

三、针对公民、法人或者其他组织在行政赔偿诉讼中提出的不同诉讼请求，人民法院如何进行裁判

人民法院的诉讼程序基本上都是公民、法人或者其他组织启动的，人民法院在审理案件时也主要围绕原告所提的诉讼请求进行。

当公民、法人或者其他组织对行政机关作出的行政赔偿决定不服，向人民法院提起行政赔偿诉讼，请求判令撤销行政赔偿决定并要求行政机关重新作出行政赔偿决定的，人民法院可以对行政机关作出的行政赔偿决定进行审理，如果该行政赔偿决定符合法律法规等规定，行

政程序合法，认定事实清楚准确，则判决驳回公民、法人或者其他组织的诉讼请求；若该行政赔偿决定确实存在违法或者明显不当之处，则判决撤销该行政赔偿决定并判令行政机关在一定期限内重新作出行政赔偿决定。当公民、法人或者其他组织对行政机关作出的行政赔偿决定不服，请求人民法院撤销该行政赔偿决定并直接作出赔偿判决的，人民法院经审理认为被诉行政机关所作行政赔偿决定违法，在判决撤销行政赔偿决定的同时，一般应当作出赔偿判决。

当公民、法人或者其他组织认为行政机关在法定期限内未对其赔偿申请作出决定违法，向人民法院提起行政赔偿诉讼要求判令确认该未作出决定行为违法，并要求行政机关作出行政赔偿决定的，人民法院原则上应当对行政赔偿争议进行裁判，积极引导当事人围绕行政赔偿争议进行诉讼；公民、法人或者其他组织坚持要求行政机关作出行政赔偿决定，且人民法院无法对行政赔偿争议进行裁判的，经审理认为行政机关应当先行作出行政赔偿决定的，应当判决确认行政机关未作出行政赔偿决定行为违法，并判令其在一定期限内作出行政赔偿决定；若人民法院经审理认为被诉行政机关明显不具有公民、法人或者其他组织所主张的赔偿义务或者作出赔偿决定职责的，可以裁定驳回起诉。

当公民、法人或者其他组织对行政机关作出的行政赔偿决定不服向人民法院提起行政赔偿诉讼，请求人民法院支持其行政赔偿请求，但并未主张撤销行政赔偿决定的，人民法院经审理认为公民、法人或者其他组织所提行政赔偿请求合法，可对赔偿事项作出判决，支持其主张；若认为公民、法人或者其他组织所提行政赔偿请求部分合法、部分不合法不合理的，可针对赔偿事项作出相应判决，支持其部分主张。

关于公民、法人或者其他组织提起的行政赔偿诉讼中涉及的赔偿金额问题，在有的类型案件中，如强制拆除案件中较难确定，由于标的物如房屋、财物等在强制拆除行为实施后已经灭失，当进入行政诉讼时可能已经时隔多年，对被拆除房屋等财产价值的判断即使是借助鉴定等专业技术手段，受客观条件所限，有时也很难准确确定赔偿金额。在此种情况下，就需要人民法院结合当地同一地段的类似房屋市场价值进行综合判断。还有的情况是公民、法人或者其他组织主张在行政机关实施行政强制行为过程中损毁了其所有的贵重物品，在这类案件中主要涉及双方举证责任如何承担，以及人民法院根据生活经验和一般规律进行判定的问题。

（撰写人：仝蕾）

第四条　法律规定由行政机关最终裁决的行政行为被确认违法后，赔偿请求人可以单独提起行政赔偿诉讼。

【条文主旨】

本条是关于最终裁决行为行政赔偿诉讼受案范围的规定。

【起草背景】

1997 年《行政赔偿规定》第五条规定，法律规定由行政机关最终裁决的具体行政行为，被作出最终裁决的行政机关确认违法，赔偿请求人以赔偿义务机关应当赔偿而不予赔偿或逾期不予赔偿或者对赔偿数额有异议提起行政赔偿诉讼，人民法院应依法受理。按照该条规定，被确认违法的行为是最终裁决的裁决对象，而非最终裁决本身。

随着行政审判的不断发展，对于被最终裁决确认违法的行为，赔偿请求人有权向法院提起行政赔偿诉讼的规定已被普遍接受。因此，本条对 1997 年《行政赔偿规定》第五条进行了修改，将被确认违法的行为由“被裁决的行为”改为“最终裁决”本身。也即法律规定由行政机关作出的最终裁决被确认违法后，赔偿请求人依据《国家赔偿法》第九条的规定，单独提起行政赔偿诉讼的，人民法院应当依法立案。

【条文释义】

一、最终裁决

《行政复议法》第五条规定，公民、法人或者其他组织对行政复议决定不服的，可以依照行政诉讼法的规定向人民法院提起行政诉讼，但是法律规定行政复议决定为最终裁决的除外。《行政诉讼法》第十三条第四项规定，公民、法人或者其他组织对法律规定由行政机关最终裁决的行政行为提起行政诉讼的，人民法院不予受理。据此，最终裁决不属于行政诉讼受案范围，不具有可诉性。若当事人对最终裁决不服，不能向法院提起行政诉讼，只能向作出最终裁决的行政机关及其上级行政机关申诉。

在司法最终原则作为法治社会的一般原则已被广泛接受的情况下，要对涉及基本权利的事项设定行政机关最终裁决权，就必须要有充分、正当的理由，而且只能由法律明确规定。对此，《行政诉讼法》第十三条第四项规定，人民法院不受理公民、法人或者其他组织对法律规定由行政机关最终裁决的行政行为。《行政诉讼法解释》第二条第四款进一步强调前述规定中的“法律”指全国人民代表大会及其常务委员会制定通过的规范性文件。实践中，有行政机关为避免接受司法审查，便试图扩大自己的最终裁决权，依据前述法律、司法解释的规定，行政法规、地方性法规、行政规章以及其他规范性文件，不能设定行政最终裁决权，已经设定的也不具有法律效力。

从世界行政法律发展的趋势来看，行政最终裁决权的范围一直在不断缩小，原先我国的《专利法》《商标法》等法律规定中都曾授予行政机关最终裁决权，但在后来的修法过程中均已被修改。目前，我国法律就最终裁决作出规定的有《审计法》《行政复议法》《出境入境管理法》《反外国制裁法》等。

通过分析以上法律规定，可以发现最终裁决具有两种表现形式：一种是法律、司法解释明确规定行政行为本身即最终裁决，如《反外国制裁法》第四条①、第五条②、第六条③中规定的国务院有关部门作出的决定，以及《最高人民法院关于适用〈中华人民共和国行政复议法〉第三十条第二款有关问题的答复》（〔2005〕行他字第23号）中规定，国务院或者省级人民政府对行政区划的勘定、调整或者征用土地的决定，属于《行政复议法》第三十条第二款的最终裁决。

另一种是行政机关针对行政行为所引发的行政争议作出的决定，如《行政复议法》第十四条规定："对国务院部门或者省、自治区、直辖市人民政府的具体行政行为不服的，向作出该具体行政行为的国务院部门或者省、自治区、直辖市人民政府申请行政复议。对行政复议决定不服的，可以向人民法院提起行政诉讼；也可以向国务院申请裁决，国务院依照本法的规定作出最终裁决。"以及《行政复议法》第三十条第二款规定的省、自治区、直辖市人民政府根据国务院或者省、自治区、直辖市人民政府对行政区划的勘定、调整或者征收土地的决定，作出的确认土地、矿藏、水流、森林、山岭、草原、荒地、

---

① 《反外国制裁法》第四条：国务院有关部门可以决定将直接或者间接参与制定、决定、实施本法第三条规定的歧视性限制措施的个人、组织列入反制清单。

② 《反外国制裁法》第五条：除根据本法第四条规定列入反制清单的个人、组织以外，国务院有关部门还可以决定对下列个人、组织采取反制措施：（1）列入反制清单个人的配偶和直系亲属；（2）列入反制清单组织的高级管理人员或者实际控制人；（3）由列入反制清单个人担任高级管理人员的组织；（4）由列入反制清单个人和组织实际控制或者参与设立、运营的组织。

③ 《反外国制裁法》第六条：国务院有关部门可以按照各自职责和任务分工，对本法第四条、第五条规定的个人、组织，根据实际情况决定采取下列一种或者几种措施：（1）不予签发签证、不准入境、注销签证或者驱逐出境；（2）查封、扣押、冻结在我国境内的动产、不动产和其他各类财产；（3）禁止或者限制我国境内的组织、个人与其进行有关交易、合作等活动；（4）其他必要措施。

滩涂、海域等自然资源的所有权或者使用权的行政复议决定。还有《出境入境管理法》第六十四条规定："外国人对依照本法规定对其实施的继续盘问、拘留审查、限制活动范围、遣送出境措施不服的，可以依法申请行政复议，该行政复议决定为最终决定。其他境外人员对依照本法规定对其实施的遣送出境措施不服，申请行政复议的，适用前款规定。"

二、最终裁决行为引起的行政赔偿是否可诉

《行政诉讼法》第十三条第四项规定，公民、法人或者其他组织对法律规定由行政机关最终裁决的行政行为提起行政诉讼的，人民法院不予受理。在法律层面上将最终裁决行为排除于行政诉讼的受案范围，那最终裁决行为所引起的行政赔偿是否属于行政诉讼的受案范围呢？行政赔偿诉讼是否应与行政诉讼的受案范围保持一致，将最终裁决所引起的行政赔偿排除于行政诉讼受案范围？

《行政诉讼法》仅仅是将最终裁决排除于行政诉讼受案范围，并没有将此类行为引起的行政赔偿也一并予以排除，且《国家赔偿法》第五条规定的国家不承担赔偿责任的三种情况中，亦不包含行政机关最终裁决行为。因此，人民法院应当受理由行政机关最终裁决行为所引起的行政赔偿诉讼。若当事人对最终裁决不服，向作出最终裁决的行政机关及其上级行政机关申诉，受理申诉的行政机关确认最终裁决违法，赔偿请求人就最终裁决行为，单独提起行政赔偿诉讼的，人民法院应当依法立案。

三、赔偿请求人单独提起行政最终裁决赔偿诉讼

依据《国家赔偿法》第三条、第四条以及第九条的规定，违法是行政赔偿的主要归责原则，行政行为违法是行政赔偿责任的基本构成

要件，如果不存在违法行为，国家将不承担行政赔偿责任。

《国家赔偿法》第九条规定，赔偿义务机关有本法第三条、第四条规定情形之一的，应当给予赔偿。赔偿请求人要求赔偿，应当先向赔偿义务机关提出，也可以在申请行政复议或者提起行政诉讼时一并提出。本解释第十三条规定："行政行为未被确认为违法，公民、法人或者其他组织提起行政赔偿诉讼的，人民法院应当视为提起行政诉讼时一并提起行政赔偿诉讼。行政行为已被确认为违法，并符合下列条件的，公民、法人或者其他组织可以单独提起行政赔偿诉讼：（一）原告具有行政赔偿请求资格；（二）有明确的被告；（三）有具体的赔偿请求和受损害的事实根据；（四）赔偿义务机关已先行处理或者超过法定期限不予处理；（五）属于人民法院行政赔偿诉讼的受案范围和受诉人民法院管辖；（六）在法律规定的起诉期限内提起诉讼。"

公民、法人或其他组织在向人民法院请求行政赔偿时，可以在提起行政诉讼的同时一并提出赔偿请求，也可以单独提起行政赔偿诉讼。赔偿请求人一并提出或法院视为一并提出赔偿请求的，法院将在一个诉讼程序中就行政行为的合法性和赔偿请求进行审查。由于行政赔偿以行政行为违法为构成要件，赔偿请求人单独提起行政赔偿诉讼时，应以加害行为已被确认违法为前提。

不过，对于法律规定因行政机关最终裁决行为被确认违法的，赔偿请求人单独提起行政赔偿诉讼是否要以赔偿义务机关先行处理为起诉条件的问题，有两种不同意见：

第一种意见认为，已经被确认违法的行政行为，当事人就该行为提起行政赔偿诉讼时，无须经过赔偿义务机关先行处理程序。首先，《国家赔偿法》第九条第二款规定，赔偿请求人要求赔偿，应当先向赔偿义务机关提出，也可以在申请行政复议或者提起行政诉讼时一并提出。据此，赔偿请求人具有提出赔偿请求方式的选择权，其既可以先向赔偿义务机关申请先行处理，也可以在复议或诉讼时一并提出。但是，对于行政行为已被确认违法，赔偿请求又未经赔偿义务机关先行处理，而是直接单独提起行政赔偿之诉的特殊情况应如何处理的问题，法律并没有明确规定。其次，取消赔偿义务机关先行处理的前置条件，有利于尊重赔偿请求人的意愿，保护当事人诉权，体现司法最终原则。行政行为被确认违法之后，赔偿请求人直接提起行政赔偿之诉的，表明当事人在法律规定的两种提出行政赔偿请求的途径中，没有选择向行政机关直接提出赔偿请求的方式，而是希望由人民法院解决其赔偿问题。在这种情况下，如果要求赔偿请求人在向赔偿义务机关提出赔偿请求之后，才可以提起行政赔偿诉讼，有违背当事人的实际意愿、导致程序空转的嫌疑。而且这种做法剥夺了赔偿请求人在赔偿程序上的选择权，限制了当事人的诉权，增加了赔偿程序的复杂性，不利于畅通赔偿渠道。[①]

第二种意见认为，法律规定由行政机关最终裁决的行政行为被确认违法的，当事人单独提起行政赔偿诉讼仍需以赔偿义务机关先行处理为前置条件。首先，先行处理的规定更符合立法本意。《国家赔偿法》第九条第二款规定，赔偿请求人要求赔偿，应当先向赔偿义务机关提出，也可以在申请行政复议或者提起行政诉讼时一并提出。按照该规定要求，赔偿请求人要求行政赔偿的，除在提起行政诉讼时一并提出以外，均应由行政机关先行处理。法律并未就已被确认违法的行政行为所引发的行政赔偿诉讼作出特殊规定，故即使最终裁决被确认违法，赔偿请求人提起行政赔偿诉讼前，仍须经赔偿义务机关先行处理，不能直接提起行政赔偿诉讼。其次，行政机关先行处理更有利于赔偿问题的解决。行政行为被确认违法并不当然导致赔偿责任，因此

① 参见蔡小雪：《行政行为的合法性审查》，中国民主法制出版社2019年版，第299～300页。

尽管行政行为已被确认违法，但在没有对赔偿问题进行审理的情况下，法院对违法的行政行为与损害结果之间的因果联系、当事人的损害程度、行政机关与当事人之间的责任分配等问题并不了解，而赔偿义务机关相对于法院来说，对上述问题了解得更为清楚，处理起来也更为便捷。行政机关的行政处理方式多样，在履行赔偿责任时更能满足赔偿请求人合法合理的多样化赔偿请求，更有利于赔偿问题的解决。最后，行政机关先行处理的制度安排更符合当下多元化纠纷解决机制改革的要求，有利于发挥政府的解纷作用，实现诉源治理。

我们同意第二种意见。另补充一点理由，鉴于法律规定由行政机关最终裁决的行政行为均是由最终裁决机关或者其上级行政机关确认违法的，以赔偿义务机关先行处理为起诉条件更符合此类案件的实际情况，更有利于该行政争议的切实化解。因此，采用第二种意见更为合理。

【实务指导】

一、被最终裁决确认违法的行政行为引起的行政赔偿诉讼

在《国家赔偿法》实施前，对于由行政机关最终裁决的行为，以及由裁决行为所引起的行政赔偿诉讼，人民法院均不受理。《国家赔偿法》颁布后，对于人民法院是否可以受理被最终裁决的行为所引起的行政赔偿诉讼，亦无明确规定。有人主张行政赔偿诉讼应当与行政诉讼的受案范围保持一致，因此被行政机关最终裁决的行政行为所引起的行政赔偿诉讼亦不属于行政诉讼受案范围。①

① 参见任信谦、皮宗泰：《国家赔偿法中关于行政赔偿诉讼相关的几个问题》，载《行政法学研究》1995 年第 4 期。

但《行政诉讼法》仅仅是将行政机关最终裁决行为排除于受案范围，并没有将被最终裁决确认违法的行政行为引起的行政赔偿也一并予以排除，且《国家赔偿法》第五条规定的国家不承担赔偿责任的三种情况中，亦不包含被裁决确认违法的行为。因此，人民法院应当受理应被行政机关最终裁决的行政行为所引起的行政赔偿诉讼。1997 年《行政赔偿规定》第五条即是对该行为的可诉性问题进行了肯定：法律规定由行政机关最终裁决的具体行政行为，被作出最终裁决的行政机关确认违法，赔偿请求人以赔偿义务机关应当赔偿而不予赔偿或逾期不予赔偿或者对赔偿数额有异议提起行政赔偿诉讼，人民法院应依法受理。

考虑到当下对于被最终裁决确认违法的行政行为，赔偿请求人有权向法院提起行政赔偿诉讼的规定，已被学界和实务界所普遍接受，故本次修改司法解释便对 1997 年《行政赔偿规定》第五条进行了修改，仅明确了最终裁决行为引发行政赔偿的可诉性问题。但 1997 年《行政赔偿规定》第五条之规定精神仍应继续适用。

那么，被裁决行为所引发的行政赔偿诉讼应如何予以审查？前文已述，最终裁决具有两种表现形式：一种是法律、司法解释明确规定行政行为本身即为最终裁决，另一种是行政机关针对行为所引发的争议而作出的决定。在最终裁决的第二种表现形式中，实际上存在着两个行政行为：一个是引发行政争议的原行政行为。例如，《出境入境管理法》第六十四条中规定的继续盘问、拘留审查、限制活动范围、遣送出境措施。另一种是针对原行政行为作出的最终裁决。又如，外国人对前述继续盘问、拘留审查、限制活动范围、遣送出境措施不服，申请行政复议，行政机关作出的行政复议决定即为最终裁决。因此，为表述便捷、避免歧义，此处特将引发争议且行政机关具有最终裁决权的行为称为“原行政行为”。

当赔偿请求人就原行政行为引起的权益损害提起行政赔偿之诉时，就涉及该行政行为的合法性审查问题。而原行政行为是否具有可诉性还需根据法律规定具体分析。

根据当事人对行政行为不服时，在行政救济和行政诉讼之间是否具有选择权，可以进一步将第二种表现形式的最终裁决分为两类：一类是选择型最终裁决，另一类是单一型最终裁决。

选择型最终裁决是指，当事人具有选择权，当对行政行为不服时，其既可以向人民法院提起行政诉讼，也可以向行政机关申请裁决，一旦当事人选择申请裁决，该裁决即为最终裁决。《行政复议法》第十四条所规定的最终裁决即属此类。单一型最终裁决是指，当事人对行政行为不服的，只能向行政机关申请裁决，且该裁决为最终裁决。《行政复议法》第三十条第二款中规定的省级人民政府作出确认自然资源所有权或者使用权的行政复议决定，以及《出境入境管理法》第六十四条所规定的最终裁决即属此类。

对于单一型最终裁决的原行政行为，法院自始不具有司法审查权，不能在一个诉讼程序中就行政行为的合法性和赔偿请求进行审理。因此，当事人若认为该行为造成了其权益受损，只能单独提起行政赔偿诉讼，而单独提起行政赔偿之诉的前提是行政行为已被确认违法。依照《出境入境管理法》第六十四条的规定，当事人对该条规定中的原行政行为不服的，只能申请行政复议请求行政机关对该行为的合法性进行审查，在最终裁决确认该行为违法的情况下，再单独提起行政赔偿之诉。当然，当事人也可以在申请复议的同时一并提出行政赔偿的复议请求。

对于选择型最终裁决的原行政行为而言，则要区分已被依法裁决的原行政行为和尚未被依法裁决的原行政行为。对于已被裁决的行政行为而言，由于针对该行政行为作出的裁决被法律规定为最终裁决，不得就该裁决提起行政诉讼，为防止当事人对已被依法裁决的原行政行为提起诉讼，进而挑战、规避法定最终裁决的终局性，甚至导致诉讼结果与裁决结果相矛盾的情况，已被依法裁决的原行政行为亦不属于行政诉讼的受案范围。已被依法裁决的原行政行为同单一型最终裁决的原行政行为一样，其合法性只能由最终裁决机关作出判断，法院没有司法审查权。

对于尚未被依法裁决的选择型最终裁决的原行政行为而言，当事人对于该行为的合法性审查方式具有选择权，当其选择提起行政诉讼，由法院来审查行为的合法性时，该行为与普通的行政行为无异，当事人可在提起行政诉讼的时候一并提起行政赔偿之诉，若当事人单独提起行政赔偿之诉，则视为一并提起。

并非所有的原行政行为都必然不属于行政诉讼的受案范围。法律仅仅是授权行政机关对于某些行政行为享有最终裁决权，至于是否排除司法审查，则应以原行政行为的类型结合实际情况具体分析。即单一型最终裁决的原行政行为自始不属于行政诉讼的受案范围，而选择型最终裁决的原行政行为只有当行政机关作出最终裁决后，法院才不得再就被裁决的行为进行合法性审查，否则该行为与普通的行政行为无异，法院仍享有司法审查权。

二、对当事人的最终裁决申请行政机关不予裁决的可诉性

按照《行政复议法》第五条、《行政诉讼法》第十三条第四项的规定，最终裁决不属于行政诉讼受案范围，不具有可诉性。若当事人对最终裁决不服，不能向法院提起行政诉讼。那么，当事人申请行政机关裁决，具有法定最终裁决权的机关不予受理或者在法定期限内拖延裁决或不予答复的，当事人是否可以提起行政诉讼？我们认为，当事人不服行政机关的不予裁决行为而提起行政诉讼的，属于行政诉讼

的受案范围，人民法院应当受理。

首先，法律仅规定，最终裁决不属于行政诉讼受案范围，当事人对最终裁决不服的，不能向法院提起行政诉讼，并未将行政机关不予裁决的行为排除出行政诉讼受案范围。最终裁决不属于行政诉讼的受案范围，并不能推导出行政机关的不予裁决行为也不属于行政诉讼的受案范围。

其次，作为行政诉讼法的一项基本原则，“有权利必有救济”应当坚守。申请最终裁决是当事人的一项权利，若行政机关不予裁决，法院对于行政机关的不予裁决行为又不予审查，将会导致当事人的申请裁决权落空却又无救济途径，违背了“有权利必有救济”原则。

例如，外国人对依照《出境入境管理法》规定对其实施的继续盘问、拘留审查、限制活动范围、遣送出境措施不服，或其他境外人员对依照《出境入境管理法》规定对其实施的遣送出境措施不服的，只能依法申请行政复议。在这种情况下，若行政机关不予受理或者在法定期限内拖延裁决或不予答复，而法院又将这种不予裁决行为排除于行政诉讼受案范围，就会导致当事人完全丧失了寻求救济的权利，更无法进一步寻求行政赔偿。因此，只有给予当事人对不予裁决的行为提起行政诉讼的权利，才能保护其寻求救济的合法权益，促使行政机关依法履行法定职责。

最后，当事人就行政机关的不予裁决行为提起诉讼，且明确诉请行政机关裁决的，法院只能就不予受理裁决、拖延裁决行为和不予答复行为的合法性问题进行审查，而不能对裁决的行政行为合法性问题进行审查。

三、密切关注法律法规的修改变化

从我国的行政法律发展的趋势来看，行政最终裁决权的范围一直在不断缩小。目前，我国法律就最终裁决作出规定的有《行政复议法》和《出境入境管理法》等，而《行政复议法》正在修改过程中，有可能就相关条款作出调整，需要密切关注。

《行政复议法》第十四条规定："对国务院部门或者省、自治区、直辖市人民政府的具体行政行为不服的，向作出该具体行政行为的国务院部门或者省、自治区、直辖市人民政府申请行政复议。对行政复议决定不服的，可以向人民法院提起行政诉讼；也可以向国务院申请裁决，国务院依照本法的规定作出最终裁决。"2020 年 11 月 24 日，司法部向社会公布的《行政复议法（修订）（征求意见稿）》中，将 2017 年《行政复议法》第十四条的规定变更为了第三十二条，内容为"对省、自治区、直辖市人民政府依照本法第三十条第二款、国务院部门依照本法第三十一条第（一）项作出的行政复议决定不服的，可以就原行政行为向人民法院提起行政诉讼；也可以向国务院申请裁决，国务院依照本法的规定作出最终裁决。"而该征求意见稿第三十条第二款规定："除前款规定外，省、自治区、直辖市人民政府同时管辖对本机关作出的行政行为不服的行政复议案件。"第三十一条第一项规定，国务院部门作为行政复议机关，管辖对本部门作出的行政行为不服的案件，也即国务院原先具有的最终裁决权被前述征求意见稿予以保留。

2017 年《行政复议法》第三十条第二款规定："根据国务院或者省、自治区、直辖市人民政府对行政区划的勘定、调整或者征收土地的决定，省、自治区、直辖市人民政府确认土地、矿藏、水流、森林、山岭、草原、荒地、滩涂、海域等自然资源的所有权或者使用权的行政复议决定为最终裁决。"2020 年 11 月 24 日，司法部向社会公布的《行政复议法（修订）（征求意见稿）》中，将 2017 年《行政复议法》第三十条第二款中关于行政机关最终裁决权的规定，纳入了第十一条行政复议范围。该征求意见稿第十一条第四、五项规定，对行政机关作出的关于确认自然资源的所有权或者使用权的决定不服的，和对行政机关作出的征收、征用决定或者相关补偿决定不服的，公民、法人或者其他组织可以依照该法申请行政复议，但并未规定行政机关作出的复议决定为最终裁决。也即原先2017年《行政复议法》第三十条第二款中规定的两种最终裁决，在前述征求意见稿不再设定行政机关的最终裁决权。因此，在实施本解释过程中要密切关注《行政复议法》等法律的修改。

（撰写人：袁岸乔）

第五条　公民、法人或者其他组织认为国防、外交等国家行为或者行政机关制定发布行政法规、规章或者具有普遍约束力的决定、命令侵犯其合法权益造成损害，向人民法院提起行政赔偿诉讼的，不属于人民法院行政赔偿诉讼的受案范围。

【条文主旨】

本条是关于行政赔偿案件受案范围的排除性规定。

【起草背景】

2014 年修正后的《行政诉讼法》第十三条规定："人民法院不受理公民、法人或者其他组织对下列事项提起的诉讼：（一）国防、外交等国家行为；（二）行政法规、规章或者行政机关制定、发布的具有普遍约束力的决定、命令；……"这一规定是对行政诉讼受案范围的否定性列举式规定，也是对 1989 年《行政诉讼法》第十二条原有规定的延续。既然《行政诉讼法》已经一以贯之地明确排除了国家行为和制定规则行为的可诉性，那么司法解释将这两类行为排除在行政赔偿案件受案范围之外就是顺理成章的事情，可以视为对《行政诉讼法》相关规定的一次重申。

与 1997 年《行政赔偿规定》第六条相比，本条的文字表述有两处变化：一是将"以……为由"改为"认为……"，既与《行政诉讼法》第二条的规定保持了一致，也避免了文字理解上可能出现的歧义；二是将“不予受理”改为“不属于人民法院行政赔偿诉讼的受案范围。”符合从行政赔偿案件受案范围角度作出，也与《行政诉讼法解释》第一百零一条“不予立案”裁定取代“不予受理”裁定的规定相一致。

【条文释义】

与前四条从正向列举人民法院应当依法立案的行政赔偿案件具体情形相比，本条则是从反向明确确立了行政赔偿案件的受案范围，规定哪些情形不属于行政赔偿案件的受案范围。具体来说，本条主要排除了国家行为和制定规则行为，应当重点理解两类行为的理论内涵及其排除在外的正当性。

一、国防、外交等国家行为

国家行为通常又称为统治行为，指的是法定主体代表国家、以国家名义作出的行为，包括行政类、司法类、国防类、军事类等诸多具体形态的行为。判断一项行为是否属于国家行为，不能简单地从行为外观名称、实施主体级别等形式要素上进行识别，需要深入分析特定行为是否涉及国家主权运用、是否以国家名义作出、是否具有明确法律授权依据，着重从实质要素上进行分析。为了防止对国家行为作不适当的扩张解释，《行政诉讼法解释》第二条第一款专门就国家行为作出了界定，即国家行为是指“国务院、中央军事委员会、国防部、外交部等根据宪法和法律的授权，以国家的名义实施的有关国防和外交事务的行为，以及经宪法和法律授权的国家机关宣布紧急状态等行为”。根据这一规定，国家行为的范围具体包括三类：一是国防行为，即为保卫国家安全、领土完整、领土安全和全民族的整体利益而抵御外来侵略、颠覆所进行的活动；二是外交行为，即是实现国家的对外政策而进行的国家间的交往活动；三是其他涉及国家重大利益的行为，比如，宣布进入紧急状态等。①

结合《行政诉讼法解释》对国家行为的界定，对有关国家行为的理解还需要把握好如下三点：第一，国家行为并不能等同于行政行为。全国人民代表大会根据《宪法》第六十二条授权作出的“决定战争和和平的问题”，全国人民代表大会常务委员会根据《宪法》第六十七条授权作出的“决定全国或者个别省、自治区、直辖市进入紧急状态”，国家主席根据《宪法》第八十一条授权作出的“进行国事活动、接受外国使节”，都属于国家行为范畴。这些行为的实施主体都不是行政主体，并非行政行为，自然都不属于行政诉讼和行政赔偿案件的受案范围。第二，国家行为并不能完全等同于中央国家机关的行为。尽管《行政诉讼法解释》列举的“国务院、中央军事委员会、国防部、外交部”都是中央国家机关和中央部委机关，但并不能就此将国家行为的实施主体完全限定于中央国家机关。例如，《国防法》第十九条第一款规定：“地方各级人民政府和驻地军事机关根据需要召开军地联席会议，协调解决本行政区域内有关国防事务的问题。”上述地方国家机关作出的行为就是以国家名义而非地方名义作出的，因而同样属于国家行为。第三，国家行为不可诉并不能等同于国家豁免。国家豁免指的是国家与国家之间的关系，是国际法上国家平等原则的内在要求；国家行为不可诉指的是一个国家内部个体与国家之间的关系，是基于国家行为国家意志性的客观要求。

从世界范围来看，国防、外交等国家行为不可诉且不属于行政赔偿案件的受案范围均属于国际通行惯例，体现出各国对国家行为实施

① 《行政诉讼法及司法解释关联理解与适用》编委会编：《行政诉讼法及司法解释关联理解与适用》（上册），中国法制出版社2018年版，第121页。

特殊监督的共性规律。就国外实践而言，对国家行为的监督权通常由议会掌握，或者将其纳入国家的宪法审查范围，并不采行经由行政诉讼予以审查的方式。当然，国家行为之所以不可诉及不属于行政赔偿案件受案范围，主要原因还在于这类行为自身的特殊性。

第一，国家行为具有强烈的政治属性和主权属性，不适宜通过司法途径进行监督。与一般的行政机关行使行政职权的行为相比，国家行为实施机关的级别普遍较高、内容更具政治性和主权性，往往体现出强烈的国家意志属性，是特定行政机关代表整个国家作出的主权意志宣示和尊严捍卫行为。无论是为保卫国家安全、抵御外来侵略所作出的进行军事演习、宣布对外战争、调集军队行为，还是为争取国家生存空间和对外斗争需要作出的建立外交关系、断绝外交关系、签订国际条约和协定、采取外交反制措施行为，抑或为保卫国家政权安全、防止社会失控、抗击自然灾害作出的宣布进入紧急状态行为，无不关涉国家生死存亡和人民整体利益，都具有强烈的主权宣示色彩。在这些行为作出的背后，往往都有复杂的利益衡量和艰难的政治决断，并不适宜由仅擅长处理法律问题的司法机关进行监督。政治的归政治，法律的归法律。国家行为的主权性和政治性，决定了国家行为必须诉诸国家权力机关进行监督。在通常情况下，国家行为的失误只能由相关国家机关的领导人出面承担政治责任，引咎辞职、责令辞职、罢免等手段就是政治责任的具体表现形式，而这只能通过国家权力机关的监督才能够实现。因此，国家行为内在的政治属性和主权属性，直接决定了国家行为自身的不可诉和行政赔偿案件受案范围的排除性。

第二，国家行为具有显著的效率属性和秘密属性，不便于通过司法途径进行追责。国家行为关乎国家的尊严、荣辱和存亡，关乎人民的生命、财产和福祉，具有十分特殊的效率和保密要求。在国难来临、大敌当前之际，社会成员的一切日常活动都要让位于国防、外交、紧急状态等国家行为的快速部署落实。相比之下，司法程序公开透明、旷日持久，如果将国家行为引发的争议纳入司法途径进行追责，势必无法满足国家行为自身实施效率性和保密性要求。在这种政治属性与法律属性、整体利益与个体利益、效率至上与公正至上的冲突与选择中，只能根据法治实施代价论的价值理念进行平衡和取舍，通过非司法途径实现对国家行为的监督和约束，避免司法不当介入吞食了国家行为作出的初衷。除了通过国家权力机关追究国家行为政治责任实现整体利益的保护外，个体利益因国家行为实施而遭受损害的则可以通过其他途径寻求相应的国家补偿。例如，《国防法》第五十八条第二款规定："公民和组织因国防建设和军事活动在经济上受到直接损失的，可以依照国家有关规定获得补偿。"可见，国家行为内在的效率属性和秘密属性，同样决定了国家行为自身的不可诉和行政赔偿案件受案范围的排除性。

二、制定规则行为

制定规则行为通常又称为抽象行政行为，包括行政机关制定行政法规、规章以及制定、发布具有普遍约束力的决定、命令。根据《宪法》《立法法》《地方各级人民代表大会和地方各级人民政府组织法》的规定，特定行政机关享有行政立法权力，能够制定和发布行政法规、规章，一般称为行政立法行为；一般行政机关都享有制定、发布规章以下行政规范性文件的权力，一般称为制定行政规范性文件行为。具体来说，制定规则行为主要包括三个方面的行为：一是国务院制定行政法规的行为；二是国务院各部、委员会、中国人民银行、审计署和具有行政管理职能的直属机构，根据法律和国务院的行政法规、决定、命令，在本部门权限范围内制定规章的行为；省、自治区、直辖市和设区的市、自治州的人民政府，根据法律、行政法规和本省、自治区、直辖市的地方性法规制定规章的行为；三是行政机关制定、发布具有普遍约束力的决定、命令的行为。

在制定规则行为的谱系中，行政立法行为的规范性程度较高，《立法法》《行政法规制定程序条例》《规章制定程序条例》等法律规范对行政立法行为都规定了较为严格的程序和形式要件，与一般的行政行为之间存在明显差别，实践中基本上不存在相互混同问题。相比之下，制定行政规范性文件行为则因缺乏统一的法律规定，与一般的行政行为之间还存在若干模糊地带。在我国行政法学理和行政审判实践中，长期以来就存在诸多关于具体行政行为和抽象行政行为划分标准的不同观点。为此，《行政诉讼法解释》第二条第二款专门针对《行政诉讼法》第十三条第二项所规定的“具有普遍约束力的决定、命令”作出界定，即是指行政机关针对不特定对象发布的能反复适用的规范性文件。为此，制定规范性文件行为与一般的行政处理行为之间的区分标准大致有三个方面：一是对象是否特定。一般的行政处理行为都是针对特定的对象作出的，而规则制定行为则是针对不特定的对象作出的。例如，市政府发布交通管制通告，宣布对一定范围内的道路进行特殊时段的限制通行。这个通告针对的对象是全体市民，甚至包括所有特殊时段在本市因公因私短暂停留的外地人。这个通告发布行为是面向不特定对象作出的，属于典型的制定规则行为。二是事项是否特定。“行政行为的另一个识别标志是针对具体事件。这一特征使行政行为与法律规范区别开来，后者针对范围或者数量不特定的事件和公民，属于抽象——一般的规则。”① 一般的行政处理行为都是针对某一件特定的事项作出的，而规则制定行为则是针对某一类事项作出的。例如，市政府划定一定的区域禁止燃放烟花爆竹，所针对的

① ［德］毛雷尔：《行政法学总论》，高家伟译，法律出版社2000年版，第186页。

是禁放这一类事项，属于典型的规则制定行为。三是效力是否具有反复适用性。一般的行政处理行为只具有一次性适用效力，而规则制定行为则具有反复适用效力。例如，市政府发布市区范围内单双号机动车车辆限行通知，明确要求尾号为单数的车辆只能在星期一、三、五在市区范围内通行，星期二、四、六则在市区范围内限制通行。这份通知能够被反复适用，属于典型的规则制定行为。

在1994年《国家赔偿法》起草过程中，有关制定规则行为是否应当纳入国家赔偿范围之中，曾经有过“肯定说”“部分肯定说”“否定说”等不同观点。其中，“肯定说”认为，抽象行政行为侵害行政相对人权益十分普遍，并非必然通过具体行政行为实施体现出来；“部分肯定说”认为，如果抽象行政行为违宪或者违法，所造成的损害特别严重且侵害对象特定，就应当纳入赔偿范围；“否定说”则认为，抽象行政行为必须经由具体行政行为实施才能够体现出来，受害人只需针对具体行政行为侵权请求赔偿就能够满足权益维护。[①]《国家赔偿法》最终并没有将抽象行政行为纳入行政赔偿范围之中，2014年修正的《行政诉讼法》则延续了抽象行政行为不可诉的既有做法，司法解释同样将制定规则行为排除在行政赔偿案件受案范围之外。除了遵从世界范围内大多数国家的普遍做法之外，还与这类行为自身的特殊性有关。

第一，制定规则行为具有强烈的政策性考量，不适宜通过司法途径进行监督。无论是行政立法行为还是制定行政规范性文件行为，都具有强烈的政策考量因素，是行政机关针对全国范围内或者特定地区、特定行业的某类事项作出的政策性规定。就权力来源而言，国务院制定行政法规的权力直接来源于《宪法》第八十九条和《立法法》第六

① 参见皮纯协、冯军主编：《国家赔偿法释论（第三版）》，中国法制出版社2010年版，第109~110页。

十五条的授权，部门规章制定权的直接来源是《宪法》第九十条和《立法法》第八十条的授权，地方规章制定权的直接来源是《地方各级人民代表大会和地方各级人民政府组织法》第六十条和《立法法》第八十二条的授权，行政机关发布决定和命令权的直接来源是《宪法》第一百零七条和《地方各级人民代表大会和地方各级人民政府组织法》第五十九条、第六十一条的授权。这些高位阶授权法律规范的存在，显示了制定规则行为内容的重要性和程序的严肃性。我国目前虽然还没有制定统一的行政程序法或行政法总则，但近年来国务院进一步加强了对行政规范性文件制定和监督的管理规定，试图进一步提升其规范性、法治化程度。国务院办公厅先后印发《关于加强行政规范性文件制定和监督管理工作的通知》《关于全面推行行政规范性文件合法性审核机制的指导意见》《关于在制定行政法规规章行政规范性文件过程中充分听取企业和行业协会商会意见的通知》，为行政规范性文件制定中的政策考量和质量提升提供了充分的保障。制发行政规范性文件是行政机关依法全面履行职能的重要方式之一，直接关系人民群众切身利益和政府依法行政的形象。在目前党委领导、行政主导的发展模式下，人民法院的行政审判工作要主动服务于党委和政府的中心工作，为经济社会发展提供强有力的司法保障。面对蕴涵丰富的政策考量和复杂利益衡量的规则制定行为，司法机关更多需要给予应有的理解和尊重，不适宜将其纳入司法审查范围，同样不能列入行政赔偿案件受案范围。

第二，制定规则行为具有权益侵害的间接性特征，不便于通过司法途径直接追责。与一般行政处理行为对行政相对人权益产生直接影响所不同的是，规则制定行为并不直接作用于行政相对人，需要经由具体的行政处理行为的转介，才能对行政相对人的权益产生影响。这种权益影响和侵害间接性的特点，决定了对制定规则行为监督和追责的特殊性。根据 2014 年修正的《行政诉讼法》第五十三条的规定，行政相对人认为行政行为所依据的国务院部门和地方各级人民政府及其部门制定的规范性文件不合法的，在对行政行为提起诉讼时，可以一并请求对该规范性文件进行审查。这种“规范性文件一并审查”的制度安排，否定了制定规则行为的可诉性，也排除了其列入行政赔偿案件受案范围的可能性。行政相对人权益侵害的司法救济，只需要通过对行政处理行为提起行政诉讼和行政赔偿请求即可实现，规范性文件一并审查制度的推行则进一步拓宽了对规则制定行为的监督渠道。事实上，按照《宪法》《地方各级人民代表大会和地方各级人民政府组织法》和《立法法》的规定，行政相对人完全可以向制定该规范性文件的同级人民代表大会常务委员会或者该行政机关的上一级行政机关提出。《国务院办公厅关于加强行政规范性文件制定和监督管理工作的通知》明确指出：“地方各级人民政府对所属部门、上级人民政府对下级人民政府、各部门对本部门制发的行政规范性文件要加强监督检查，发现存在侵犯公民、法人和其他组织合法权益，损害政府形象和公信力的，要加大查处力度，对负有责任的领导干部和直接责任人员，依纪依法追究责任。对问题频发、造成严重后果的地方和部门，要通过约谈或者专门督导等方式督促整改，必要时向社会曝光。”这一规定体现出明显的行政自我控制导向，通过行政系统内部责任追究机制的建立健全，实现对行政规范性文件制定行为的监督追责。在这种既有制度框架之下，制定规则行为就没有必要列入行政赔偿案件的受案范围。

【实务指导】

无救济，无权利。行政诉讼制度设立的根本初衷，在于为公民、法人和其他组织的合法权益提供全面、有效且无漏洞的司法救济。随着行政审判实践的不断发展和行政法学理论研究的日臻成熟，行政诉讼和行政赔偿案件的受案范围呈现不断扩大的发展态势。在行政审判实践中，对本条所规定的国家行为和制定规则行为不宜盲目作出扩大解释，以免损害行政相对人合法权益的有效救济。

一、对国家行为不宜作机械理解

国家行为不可诉、不属于行政赔偿案件受案范围，主要是就国家行为的国家意志性和政治敏感性而言的。对国家行为所造成的公民、法人和其他组织合法权益损害，并不是坐视不管，而是可以根据其他法律规定获得相应补偿。同时，行政机关根据国家行为作出的其他配合性行政行为，并不能简单归并到国家行为之中规避司法审查。例如，为配合部队军事演习行动，地方政府往往会对军事演习行动区域范围内的农村集体所有土地进行征用并交付部队临时使用。在军事演习活动结束后，地方政府就征用土地行为的补偿问题作出相应的征用补偿决定。如果被征用土地的农村集体经济组织及其成员对政府的征用土地补偿决定不服，完全可以根据《行政诉讼法》第十二条第一款第五项规定直接向人民法院提起行政诉讼。在这种情况下，法院就不能以土地征用系军事演习之需、属于国家行为为由不予立案。

二、对“具有普遍约束力的决定、命令”不宜作扩大解释

从立法史上来看，具体行政行为与抽象行政行为的区分是我国行政诉讼制度初创时期解决行政诉讼受案范围问题的重要手段。随着行政诉讼制度实践的不断发展，特别是受案范围的逐步拓宽，对二者之间的区别不宜作过于机械的理解，特别是不能为了达到排除在行政诉讼受案范围之外的目的，有意将实为具体行政行为的行为戴上抽象行

政行为的帽子。尤其是在2014年修正后的《行政诉讼法》一律以“行政行为”取代“具体行政行为”的情况下，对“具有普遍约束力的决定、命令”更不宜人为地作扩大解释。否则，就容易不当限制当事人的行政诉权，背离行政诉讼制度设立的初衷。

以交通标志牌（信号灯设置、车速限制、禁止超车、单行车道等）的法律性质为例，德国行政法学理和司法实务就对此进行过长期的探索，使之成为一个十分活跃的话题。“多数人认为交通标志是一般命令，因为它（针对每一个在场交通参与人）具有一般命令的效果；（就特定地点交通状况的管理来说）是采取一般命令形式的持续行政行为。也有人认为，交通标志（对某一个交通路段来说）是针对物的行政行为或（作一般、抽象调整的）法规命令。法院以前将交通标志视为法规命令，但不久又转而认为是行政行为，原因明显在于其观点中实践的成分多于理论的成分。”① 目前，在德国实在法上，交通标志一般都作为一般命令对待，原则上适用有关行政行为的规定。

近年来，类似的行政争议也出现在我国行政审判实践中。在“徐某等三人诉南通市通州区交通运输局交通行政管理及行政赔偿案”中，一审法院认为：“设置交通信号灯是交通管理部门的管理职责，是交通管理部门维护公共交通秩序的具体工作之一，旨在合理组织交通流量引导规范行人车辆有序安全通行，即可视为行政机关制定、发布的具有普遍约束力的决定和命令。本案被诉的设置交通信号灯的行为是行政机关针对不特定交通参与人的交通行为，不是行政机关针对特定的公民、法人或者其他组织以及特定的具体事项作出的有关公民、法人或者其他组织的权利义务关系的行为，该行为不属于行政诉讼的受案范围。”在设置交通信号灯的行为是否属于行政诉讼受案范围问

① ［德］毛雷尔：《行政法学总论》，高家伟译，法律出版社2000年版，第199～200页。

题上，二审法院则作出了完全不同的判断，认为设置交通信号灯的行为与规范性文件明显有别，一审法院将设置交通信号灯的行为视作规范性文件，显然是对规范性文件的扩大理解，限缩了行政诉讼受案范围，属于适用法律错误。二审法院在终审裁定中指出："行政诉讼法意义上的行政行为，通常是指行政主体根据法律所赋予的职权，作出的能够对公民、法人或者其他组织的权利义务产生影响的行为。原则上，行政行为都属于行政诉讼的受案范围，除非法律明确规定应当排除的情形。交通信号灯是道路交通安全管理的基础设施，在道路上设置交通信号灯，既是行政机关为保障道路交通安全与秩序所提供的一种公共服务，也是道路交通管理的手段之一，是行政机关行使道路交通管理职权的行为。交通信号灯一旦设立，与所在道路一并投入使用，在特定的时间、空间内就可以对道路通行者的通行行为产生法律效果，影响到道路通行者的权利义务，符合可诉行政行为的特征。因此，设置道路交通信号灯的行为属于人民法院行政诉讼的受案范围。……依法行政的原则是最大程度保障相对人的诉权，随着行政管理实践和行政诉讼理论的发展，可诉的行政行为范围不断扩大。允许当事人因不当设置交通信号灯而遭受或可能遭受侵犯的情形下，启动行政诉讼程序，获得有效的救济，不仅符合行政诉讼制度设计的初衷，也有利于促使行政机关在作出此类行为时严格遵守法律规定和技术规范。"① 相比之下，二审法院对"具有普遍约束力的决定、命令"进行了必要的限缩解释，符合行政审判实践发展的现实需求。在我国尚未制定统一行政程序法、行政行为及一般命令等法律概念尚不明确的情况下，该二审裁定说理的积极意义还是应当得到肯定的。

（撰写人：章志远）

① 参见江苏省南通市中级人民法院（2020）苏06行终139号行政裁定书。

二、诉讼当事人

第六条　公民、法人或者其他组织一并提起行政赔偿诉讼中的当事人地位，按照其在行政诉讼中的地位确定，行政诉讼与行政赔偿诉讼当事人不一致的除外。

【条文主旨】

本条是关于如何确定一并提起的行政赔偿诉讼的当事人的规定。

【起草背景】

通常而言，当事人是指因实体权利义务发生争议而以自己名义进行诉讼并受人民法院生效裁判拘束的人。当事人是诉讼不可或缺的主体。依法、正确确定当事人是顺利启动诉讼的基本条件。对于公民、法人或者其他组织提起行政诉讼时一并提起的行政赔偿诉讼而言，亦是如此。依照《国家赔偿法》第三条、第四条、第九条第一款的规定，受害人取得行政赔偿的前提是行政机关作出的行政行为的违法性得到确认。行政诉讼的首要任务是对行政行为是否合法进行审查，一并提起的行政赔偿诉讼便是依附于公民、法人或者其他组织就行政行为提起的行政诉讼而提起。司法实践中，公民、法人或者其他组织往往是诉请对行政机关的某个行政行为的违法性作出确认，例如，撤销行政机关作出的某个行政行为，确认行政机关作出的某个行政行为违法，或者是确认行政机关不履行法定职责的行为违法，然后以此主张为基础，一并提起行政赔偿诉讼，诉请判决赔偿该行政行为侵犯其合法权益所造成的损害。行政赔偿诉讼系以确定行政机关的侵权赔偿责任为目的的诉讼，属于一种特殊的侵权赔偿诉讼。《国家赔偿法》对行政赔偿请求人和行政赔偿义务机关作出了一系列规定。例如，对于行政赔偿请求人，第六条第一款规定，受害的公民、法人或者其他组织有权要求赔偿。对于行政赔偿义务机关，第七条第一款规定，行政机关及其工作人员行使行政职权侵犯公民、法人和其他组织的合法权益造成损害的，该行政机关为赔偿义务机关。对于行政复议机关的行政赔偿责任，第八条规定，经复议机关复议的，最初造成侵权行为的行政机关为赔偿义务机关，但复议机关的复议决定加重损害的，复议机关对加重的部分履行赔偿义务。通常情况下，行政诉讼的原告和行政赔偿请求人、行政诉讼的被告和行政赔偿义务机关是一致的。但在个别情况下，会出现不一致的情况。为保障作为受害人的公民、法人或者其他组织依法取得国家赔偿的权利，促进行政机关依法行使职权，人民法院有责任依照《国家赔偿法》，适当地依职权确定行政赔偿诉讼的当事人，而非对作为基础的行政诉讼的当事人照单全收。如何确定一并提起的行政赔偿诉讼的当事人以及行政诉讼与行政赔偿诉讼的当事人不一致的处理。本条基于行政赔偿审判经验予以规定，系新增规定。

【条文释义】

准确理解本条规定，应当重点把握以下三个方面：

一、本条是对一并提起的行政赔偿诉讼的当事人作出规定

单独提起行政赔偿诉讼和一并提起行政赔偿诉讼是公民、法人或者其他组织提起行政赔偿诉讼的两种途径。依法提起诉讼是公民、法人或者其他组织的权利。公民、法人或者其他组织可以依法自主选择其中的一种诉讼途径解决行政赔偿争议。如何选择，关键在于行政行为的违法性是否已经得到确认。第一种情况是，若行政行为的违法性已得到确认，则可依法单独提起行政赔偿诉讼。依照《国家赔偿法》第三条、第四条、第九条第一款的规定，行政行为违法是受害人取得行政赔偿的基本前提。若行政行为的违法性未得到确认，则行政赔偿便不具备基础。行政行为违法性的确认，不必一概由人民法院作出行政判决予以确认，而是可由人民法院作出行政判决予以确认，也可由作出该行政行为的行政机关或者复议机关予以确认。需要注意的是，行政行为被确认违法意味着行政行为的违法性得到确认，但行政行为的违法性得到确认并不等同于该行政行为在形式上被确认违法。例如，行政行为被撤销，就是否定了该行政行为的合法性，也就意味着该行政行为的违法性得到确认。又如，行政行为被变更，也是否定了该行政行为的合法性，也意味着该行政行为的违法性得到确认。第二种情况是，若行政行为的违法性未得到确认，则可依法一并提起行政赔偿诉讼。若公民、法人或者其他组织未选择行政机关的自我纠错程序或者申请行政复议对行政行为的违法性作出确认，而是选择提起行政诉讼，则基于司法最终原则，人民法院对行政行为违法性的确认，便是一锤定音的最终确认。一并提起行政赔偿诉讼，既能便捷地解决行政行为的违法性，又能同时解决作出违法行政行为的行政机关的行政赔偿责任。1994 年《国家赔偿法》第九条第二款规定，赔偿请求人可在申请行政复议或者提起行政诉讼时一并提出赔偿请求。1999 年《行政

复议法》第二十九条第一款关于公民、法人或者其他组织在申请行政复议时可以一并提出行政赔偿请求的规定呼应了《国家赔偿法》第九条第二款的规定。[①] 但《行政诉讼法》目前尚缺乏相应的规定。本解释沿袭1997年《行政赔偿规定》关于可在提起行政诉讼时一并提起行政赔偿诉讼的规定，并结合行政赔偿诉讼的要求，对一并提起的行政赔偿诉讼的当事人作出规定。

二、当事人在行政诉讼中的诉讼地位与其在行政赔偿诉讼中的诉讼地位是否一致，系是否可一并提起行政赔偿诉讼的决定性因素

行政诉讼和行政赔偿诉讼是两种不同性质的诉讼。前者主要是处理行政机关作出的行政行为的合法性问题，后者则是处理行政行为的违法性得到确认之后的行政赔偿责任问题。[②] 对于公民、法人或者其他组织合法权益的救济而言，这两种性质不同的诉讼存在紧密关联。公民、法人或者其他组织提起行政诉讼，往往是认为所诉的行政行为侵犯其合法权益，其除了对所诉的行政行为寻求救济之外，通常还期望就违法行政行为对其合法权益造成的损害取得赔偿，即期望行政机关承担侵权赔偿责任。就侵权责任构成要件而言，行政诉讼解决的是行为的违法性这一要件。[③] 若行政诉讼对行政行为的违法性作出确认，则行为的违法性这一要件便告成立。行政诉讼的裁判结果构成了行政赔偿诉讼的基础事实。鉴于这两种诉讼的被告均是同一个行政机关，

① 1994年《国家赔偿法》第九条第二款规定："赔偿请求人要求赔偿，应当先向赔偿义务机关提出，也可以在申请行政复议和提起行政诉讼时一并提出。"1999年《行政复议法》第二十九条第一款规定："申请人在申请行政复议时可以一并提出行政赔偿请求，行政复议机关对符合国家赔偿法的有关规定应当给予赔偿的，在决定撤销、变更具体行政行为或者确认具体行政行为违法时，应当同时决定被申请人依法给予赔偿。"

② 由于行政诉讼和行政赔偿诉讼是两种不同性质的诉讼，《行政赔偿规定》（法发〔1997〕10号）第二十八条规定应予分别立案。

③ 依照通说，侵权责任的构成要件包括四个：过错、行为的违法性、因果关系和损害事实。

加之考虑到诉讼经济，才将两个本应独立进行的诉讼在立案受理环节合二为一。如此看来，这就要求行政诉讼和一并提起的行政赔偿诉讼的原告、被告应当一致。否则，便失去了在立案受理阶段将这两种不同性质的诉讼合二为一的正当性。

三、依照《国家赔偿法》以及相关法律、法规确定是否构成本条规定的例外情形

依照《国家赔偿法》第二条第一款的规定，国家机关和国家机关工作人员行使职权，有该法规定的侵犯公民、法人和其他组织合法权益的情形，造成损害的，受害人有依照该法取得国家赔偿的权利。该法第三条、第四条、第六条、第七条、第八条、第九条、第十三条、第十四条等条款对行政赔偿范围、赔偿请求人、赔偿义务机关、赔偿程序等都作了规定。但《国家赔偿法》的这些规定并不足以解决行政赔偿诉讼的当事人问题，尤其是作为赔偿义务机关的被告问题。由于行政赔偿诉讼的被告需是赔偿义务机关，故行政诉讼的被告、行政赔偿诉讼的被告是否一致就涉及行政实体法关于行政执法主体资格的规定、《行政诉讼法》关于适格被告的规定以及《国家赔偿法》关于赔偿义务机关的规定的衔接问题。通常情况下，行政诉讼的被告和行政赔偿诉讼的被告是一致的。例如，某企业对某行政机关采取的行政强制措施不服，提起行政诉讼，要求确认违法。同时，该企业认为该行政机关违法采取行政强制措施对其财产权益造成了损害，要求判决该行政机关予以赔偿。特殊情况下，行政诉讼的被告和行政赔偿诉讼的被告不一致。例如，行政复议机关作出的行政复议决定改变原行政行为，加重对公民、法人或者其他组织的损害。依照《行政诉讼法》第二十六条第二款的规定，在行政诉讼中为单被告，即行政复议机关。但是，依照《国家赔偿法》第八条的规定，行政复议机关只对加重的

部分履行行政赔偿义务，则在行政赔偿诉讼中为双被告，即作出原行政行为的行政机关和复议机关。

【实务指导】

一、行政诉讼的适格被告和行政赔偿诉讼的适格被告不一致的处理

一并提起行政赔偿诉讼和单独提起行政赔偿诉讼只是提起行政赔偿诉讼的两种不同的诉讼途径，对公民、法人或者其他组织的实体权益并无影响。由于一并提起行政赔偿诉讼和单独提起行政赔偿诉讼的前提条件不同，公民、法人或者其他组织应当选择恰当的诉讼途径，人民法院亦应当审查公民、法人或者其他组织选择的诉讼途径是否恰当，并作出相应处理，而非一概接受公民、法人或者其他组织选择的诉讼途径。若在立案受理阶段发现行政诉讼的适格被告和行政赔偿诉讼的适格被告不一致，则一般应予释明，告知公民、法人或者其他组织先行提起行政诉讼，在行政行为的违法性得到确认之后再行提起行政赔偿诉讼。

若行政诉讼的适格被告和行政赔偿诉讼的适格被告不一致，在立案受理阶段已经作为一并提起的行政赔偿诉讼予以立案受理，则在审判庭审理阶段需区分情形分别处理：（1）若对行政诉讼案件的处理是裁定驳回起诉，则对一并提起的行政赔偿诉讼亦裁定驳回起诉。（2）若对行政诉讼案件的处理是进入实体审理，且可能对行政行为的违法性作出确认，例如，判决撤销被诉行政行为、确认被诉行政行为违法，则不宜对一并提起的行政赔偿诉讼裁定驳回起诉。可结合《行政诉讼法》第二十九条第一款的规定，告知行政赔偿义务机关，由其作为第

三人申请参加行政诉讼，或者由人民法院通知其参加行政诉讼。这种诉讼程序上的处理可使行政赔偿义务机关在行政诉讼中对行政侵权事实予以了解，为行政赔偿争议的实质解决奠定基础。（3）若对行政诉讼案件的处理是进入实体审理，但可能对原告的诉讼请求予以判决驳回，则行政赔偿义务机关不必作为第三人参加诉讼。在行政诉讼对原告的诉讼请求判决驳回后，对一并提起的行政赔偿诉讼亦应裁定驳回起诉。

二、第三人对确定行政诉讼和行政赔偿诉讼的当事人是否一致有无影响

广义而言，诉讼当事人除了原告和被告，还包括第三人。但是，第三人参加诉讼的程序、在诉讼中的法律地位等均不同于原告、被告。《行政诉讼法》第二十九条第一款规定："公民、法人或者其他组织同被诉行政行为有利害关系但没有提起诉讼，或者同案件处理结果有利害关系的，可以作为第三人申请参加诉讼，或者由人民法院通知参加诉讼。"《民事诉讼法》第五十九条第二款规定："对当事人双方的诉讼标的，第三人虽然没有独立请求权，但案件处理结果同他有法律上的利害关系的，可以申请参加诉讼，或者由人民法院通知他参加诉讼。人民法院判决承担民事责任的第三人，有当事人的诉讼权利义务。"行政诉讼的裁判结果与行政赔偿诉讼裁判结果在逻辑上的关联以及这两种诉讼原告、被告的一致性，系是否可以一并提起行政赔偿的关键因素，且行政诉讼的被告恒定为行政机关、行政赔偿诉讼的被告恒定为作为赔偿义务机关的行政机关，故第三人对确定行政诉讼和行政赔偿诉讼的当事人是否一致并无影响。无论行政诉讼和行政赔偿诉讼是否均列第三人，或者行政诉讼和行政赔偿诉讼所列第三人是否一致，均不影响公民、法人或者其他组织一并提起行政赔偿诉讼。

三、行政行为经行政复议机关实体处理之后是否可一并提起行政赔偿诉讼

行政行为经行政复议机关实体处理之后，行政诉讼和行政赔偿诉讼的被告就会出现不一致。《行政诉讼法》第二十六条第二款规定："经复议的案件，复议机关决定维持原行政行为的，作出原行政行为的行政机关和复议机关是共同被告；复议机关改变原行政行为的，复议机关是被告。"《行政诉讼法解释》第一百三十四条第一款规定："复议机关决定维持原行政行为的，作出原行政行为的行政机关和复议机关是共同被告。原告只起诉作出原行政行为的行政机关或者复议机关的，人民法院应当告知原告追加被告。原告不同意追加的，人民法院应当将另一机关列为共同被告。"《国家赔偿法》第八条规定："经复议机关复议的，最初造成侵权行为的行政机关为赔偿义务机关，但复议机关的复议决定加重损害的，复议机关对加重的部分履行赔偿义务。"对于这种行政诉讼和行政赔偿诉讼的被告出现的不一致，仍应当允许一并提起行政赔偿诉讼。

具体分为两种情形：（1）复议机关决定维持原行政行为的情形。依照《行政诉讼法》第二十六条第二款以及《行政诉讼法解释》第一百三十四条第一款的规定，在行政诉讼中，被告为双被告，即作出原行政行为的行政机关和行政复议机关。依照《国家赔偿法》第八条的规定，在行政赔偿诉讼中，被告为单被告，即最初造成侵权行为的行政机关。尽管行政诉讼和行政赔偿诉讼的被告不一致，但复议机关只是非常例外地参加行政诉讼，行政诉讼的核心审查对象是原行政行为的合法性，复议决定的合法性只是随之予以审查，且原行政行为机关既是行政诉讼的被告，又是行政赔偿诉讼的被告，故不宜机械地适用本条规定，而应当从便利解决行政赔偿争议的角度，允许一并提起行

政赔偿诉讼。（2）复议机关决定改变原行政行为的情形。依照《行政诉讼法》第二十六条第二款的规定，在行政诉讼中，被告为单被告，即行政复议机关。依照《国家赔偿法》第八条的规定，若行政复议机关的复议决定未加重损害，则在行政赔偿诉讼中，被告为最初造成侵权行为的行政机关，即原行政行为机关；若行政复议机关的复议决定加重损害，则在行政赔偿诉讼中，被告为双被告，即最初造成侵权行为的、作出原行政行为的行政机关和对加重损害部分承担赔偿责任的行政复议机关。无论是哪一种情形，行政诉讼和行政赔偿诉讼的被告都不一致。但是，对于此种情形，亦应结合《行政诉讼法》第二十九条第一款的规定，告知原行政行为机关，由其作为第三人申请参加行政诉讼，或者由人民法院通知其参加行政诉讼。这种诉讼程序上的处理可使原行政行为机关在行政诉讼中对行政侵权事实予以了解，为行政赔偿争议的实质解决奠定基础。

四、两个以上行政机关共同实施侵权行为造成损害的情形是否可一并提起行政赔偿诉讼

行政诉讼和行政赔偿诉讼的适格被告不一致，除基于法律规定而出现外，还可能基于原告的诉讼选择。因两个以上行政机关共同实施侵权行为而提起的诉讼，便可能出现这种情况。

对两个以上行政机关共同作出的行政行为不服提起诉讼，被告为共同作出行政行为的两个以上的行政机关，形成的诉讼为必要共同诉讼。《行政诉讼法》第二十六条第四款规定："两个以上行政机关作出同一行政行为的，共同作出行政行为的行政机关是共同被告。"《行政诉讼法解释》第二十六条第二款规定："应当追加被告而原告不同意追加的，人民法院应当通知其以第三人的身份参加诉讼，但行政复议机关作共同被告的除外。"《国家赔偿法》第七条第二款规定："两个

以上行政机关共同行使行政职权时侵犯公民、法人和其他组织的合法权益造成损害的，共同行使行政职权的行政机关为共同赔偿义务机关。”本解释第八条规定：“两个以上行政机关共同实施侵权行政行为造成损害的，共同侵权行政机关为共同被告。赔偿请求人坚持对其中一个或者几个侵权机关提起行政赔偿诉讼，以被起诉的机关为被告，未被起诉的机关追加为第三人。”依照上述规定，在行政诉讼中，即使对于必要共同诉讼，人民法院也尊重原告对被告的选择权，即可以选择其中的一个或者几个行政机关为被告，其他的行政机关列为第三人。若将共同作出行政行为的行政机关均列为行政诉讼的被告，同时将这些行政机关均列为行政赔偿诉讼的被告，或者是将共同作出行政行为的行政机关的一个或者几个行政机关列为行政诉讼的被告，同时将这一个或者几个行政机关列为行政赔偿诉讼的被告，则完全符合本条规定，可一并提起行政赔偿诉讼。但是，若将共同作出行政行为的行政机关均列为行政诉讼的被告，但只将共同作出行政行为的行政机关的一个或者几个行政机关列为行政赔偿诉讼的被告，或者将共同作出行政行为的行政机关的一个或者几个行政机关列为行政诉讼的被告，却将其他的一个或者几个行政机关列为行政赔偿诉讼的被告，则将导致行政诉讼和行政赔偿诉讼的适格被告不一致。此时，可结合《行政诉讼法》第二十九条第一款和《民事诉讼法》第五十九条第二款的规定，告知未被列为被告的其他行政机关，由其作为第三人申请参加诉讼，或由人民法院通知其参加诉讼，从而不影响对行政赔偿诉讼的一并提起。

（撰写人：李纬华）

第七条　受害的公民死亡，其继承人和其他有扶养关系的人可以提起行政赔偿诉讼，并提供该公民死亡证明、赔偿请求人与死亡公民之间的关系证明。

受害的公民死亡，支付受害公民医疗费、丧葬费等合理费用的人可以依法提起行政赔偿诉讼。

有权提起行政赔偿诉讼的法人或者其他组织分立、合并、终止，承受其权利的法人或者其他组织可以依法提起行政赔偿诉讼。

【条文主旨】

本条是关于行政赔偿诉讼原告的规定。

【起草背景】

根据《行政诉讼法》第二十五条第二款、第三款的规定，有权提起诉讼的公民死亡，其近亲属可以提起诉讼。有权提起诉讼的法人或者其他组织终止，承受其权利的法人或者其他组织可以提起诉讼。这就是行政诉讼原告资格的转移问题。[①] 其是指有权提起行政诉讼的公

---

① 有学者认为，行政赔偿请求人资格转移制度不同于行政诉讼原告资格转移制度。具有行政赔偿请求人资格的公民死亡的，请求人资格转移到受害人的继承人和其他有扶养关系的亲属；而具有行政诉讼原告资格的公民死亡的，其近亲属可以提起诉讼。两者区别的原因是行政赔偿与行政诉讼的目的不同：前者主要是给受害人以补救，后者是为了纠正违法行为，监督行政机关依法行政。参见姜明安主编：《行政法与行政诉讼法（第六版）》，北京大学出版社、高等教育出版社 2015 年版，第 577 页。

民、法人或者其他组织死亡或终止，这些主体的原告资格依法转移给有利害关系的公民、法人或者其他组织。而所谓利害关系，对于公民而言，是指近亲属关系或者抚养、扶养、赡养等关系。对于法人或者其他组织而言，是指权利义务承受关系等。[①] 行政赔偿诉讼原告资格的转移需要具备一定的条件：一是有原告资格的主体在法律上已不复存在，即公民死亡，法人或者其他组织分立、合并、终止（如被撤销、解散、宣告破产等）；二是原告资格转移发生于与原告有利害关系的主体之间，完全没有任何关系的主体之间是不会发生原告资格转移的。[②] 对行政赔偿诉讼原告资格转移的目的，理论上有不同看法。有人认为行政赔偿诉讼原告资格转移的目的是保护承受行政赔偿诉讼原告资格一方的合法权益，即承受者要凭借诉讼手段来维护自己的合法权益。因为在大多数情况下，这类行政行为都或多或少涉及死亡公民或分立、合并、终止组织的财产权，或者行政行为虽不涉及其财产内容，如仅涉及人身权，但诉讼引起的法律责任往往是要通过财产来实现或赔偿的。作为死亡公民的近亲属或分立、合并、终止组织的权利承受者，当然就是这些财产权的新的享有人，因而具有利害关系。[③] 也有人认为，行政赔偿诉讼原告资格转移的目的是保护死亡公民或分立、合并、终止组织的合法权益。因为公民死亡或有关组织分立、合并、终止后，其诉讼权利能力即告终止，诉讼行为能力亦告终止，当然就谈不上自己提起行政赔偿诉讼或者聘请委托代理人代为诉讼的问题。但是，公民生前或有关组织分立、合并、终止之前的合法权益已受到行政行为侵犯，那么如何保护其合法权益，如何追究有关行政主

① 参见姜明安主编：《行政诉讼法教程》，中国法制出版社 2015 年版，第 156 页。

② 有观点认为，原告资格转移的条件还包括“有原告资格的人死亡或终止时，未逾诉讼保护期限，即仍在法定起诉期限以内”。参见马怀德主编：《行政法与行政诉讼法（第二版）》，中国政法大学出版社 2012 年版，第 42 页。

③ 参见杨小君：《行政诉讼法学》，中国政法大学出版社 1999 年版，第 121 页。

体的法律责任，这就需要转移行政赔偿诉讼原告资格的必要。[①] 需要注意的是，行政赔偿诉讼原告资格的转移与诉讼法上的承受或继承既有联系又有区别。前者诉讼还未开始，后者则是在诉讼过程中出现了公民死亡或者法人、非法人组织分立、合并、终止等情形。即诉讼上的承受或继承是在诉讼系属后发生当事人死亡或者争议物转让于他人等实体法上继承的情形，继承人或争议物的受让人取代原来的当事人获得诉讼主体地位而成为该诉讼的正当当事人。具体来说，继承的原因包括当事人的死亡、法人因合并而消亡、受托人信托任务的终了、基于一定资格以自己名义成为他人诉讼当事人的资格之丧失、全体选定当事人资格的丧失等。如何从诉讼法层面来处理诉讼标的物向第三人让渡的问题，其学说随着时代的发展而发生巨大的变迁。罗马法贯彻“作为诉讼对象的权利关系系因诉讼系属而得以固定”的原则，在诉讼系属后是不允许让渡诉讼标的物的。德国普通法时期虽然也追随这一原则，但到了德国普通法末期，随着实体法与诉讼法的逐渐分离，以及实体法领域逐渐开始强调契约自由原则，因而在实体法层面允许进行诉讼标的物的让渡。[②] 但二者的联系也很明显，除了出现“公民死亡或者法人、其他组织分立、合并、终止”等相同情形外，存在的理论基础也大体一致。

本条系对1997年《行政赔偿规定》第十四条、第十五条、第十六条规定的修改。1997年《行政赔偿规定》第十四条规定：“与行政赔偿案件处理结果有法律上的利害关系的其他公民、法人或者其他组织有权作为第三人参加行政赔偿诉讼。”第十五条规定：“受害的公民死亡，其继承人和其他有抚养关系的亲属以及死者生前抚养的无劳动

① 参见张弘：《行政法与行政诉讼法》，辽宁大学出版社2004年版，第716页。

② 参见［日］中村英朗：《新民事诉讼法讲义》，陈刚等译，法律出版社2001年版，第90~93页。

能力的人有权提起行政赔偿诉讼。”第十六条规定：“企业法人或者其他组织被行政机关撤销、变更、兼并、注销，认为经营自主权受到侵害，依法提起行政赔偿诉讼，原企业法人或其他组织，或者对其享有权利的法人或其他组织均具有原告资格。”为了与《行政诉讼法》保持一致，本条征求意见稿曾规定“受害的公民死亡，其近亲属及死者生前抚养的无劳动能力和支付受害公民医疗费、丧葬费等合理费用的人有权提起行政赔偿诉讼。有权提起行政赔偿诉讼的法人或者其他组织终止，承受其权利的法人或者其他组织可以提起诉讼。”全国人大常委会法工委提出，此规定与《国家赔偿法》第六条第二款“受害的公民死亡，其继承人和其他有扶养关系的亲属有权要求赔偿”的表述不一致。我们经研究，按照全国人大常委会法工委意见进行了相应修改。需要强调的是，全国人大常委会法工委在关于国家赔偿法的释义中指出，在通常情况下，行政赔偿请求人仅限于受害的公民本人，但受害的公民死亡时，其应当享有的取得国家赔偿的权利并不丧失。受害人的继承人有继承权，请求人资格可发生转移，根据本条第二款的规定，其继承人有权取得国家赔偿。除继承人之外，与受害人有扶养关系的亲属也有权取得国家赔偿。这样规定的理由在于：一是根据《继承法》的规定，“对继承人以外的依靠被继承人扶养的缺乏劳动能力又没有生活来源的人，或者继承人以外的对被继承人扶养较多的人，可以分给他们适当的遗产”（《民法典》的规定基本相同）。二是考虑到国家给予的赔偿主要是对受害人造成的经济损失的弥补，这种赔偿请求权与其他单纯的继承遗产不同，它不仅仅是财产上的权利，而是作为一种特殊的请求权，但并没有改变其作为请求权的基本性质，它也只能是某种基础权利的派生权利，失去了基础权利，便不可能有国家赔偿请求权的存在。[①] 故应当由与受害人关系较密切的亲属行使。依据《国家赔偿法》上述规定和释义，所谓“人”和“亲属”几乎是同一含义，关键在于是否“有扶养关系”。因此，我们保留了1997年《行政赔偿规定》第十五条关于“人”的表述。

“行政赔偿事件，亦相同于民法的损害赔偿事件，其请求权人乃受到侵权之被害人。”[②] 本条依据《民法典》第一千一百八十一条规定，增加和修改两项内容：一是受害公民死亡的，支付受害公民医疗费、丧葬费等合理费用的人有权提起行政赔偿诉讼，但是赔偿义务机关已经支付该费用的除外；二是有权提起行政赔偿诉讼的法人或者其他组织分立、合并、终止，承受其权利的法人或者其他组织可以提起行政赔偿诉讼。

【条文释义】

一、第一款的释义

第一款是受害的公民死亡，其继承人和其他有扶养关系的人可以提起行政赔偿诉讼，并提供该公民的死亡证明、赔偿请求人与死亡公民之间的关系证明。

本款是关于受害的公民死亡后行政赔偿请求资格转移给继承人和其他有扶养关系的人并提起行政赔偿诉讼的规定。条件有二：

一是作为行政赔偿请求人的受害的公民死亡，其继承人和其他有扶养关系的人提供了该公民的死亡证明；二是受害公民的继承人和其

---

① 参见姚国艳、安子民：《国家赔偿请求人设定基准的规范分析——从对“继承人”作为国家赔偿请求人的制度解构开始》，载《行政法学研究》2010年第1期。

② 陈新民：《中国行政法学原理》，中国政法大学出版社2002年版，第263页。

他有扶养关系的人在其提供了与死亡公民之间关系的初步证明时，获得了行政赔偿请求资格，可以提起行政赔偿诉讼。

一般情况下，提起行政赔偿诉讼的原告即行政赔偿请求人[①]是指受到违法行使行政职权行为侵害并造成实际损害后果的公民、法人或者其他组织。但在受害公民死亡的情况下，提起行政赔偿诉讼的人是受害公民的继承人和其他有扶养关系的人。

在英美法系国家，例如美国，其大多数州对受害人死亡的损害赔偿请求权人的范围，通过两种法律作出规定：一是所谓的“幸存法”。该法规定受害人死亡后，因侵权行为所受损害，如身体和精神上的伤痛、经济上的损失等仍然可以得到赔偿，这些赔偿由受害人的近亲属以其名义提起诉讼而获得；二是“非正常死亡法”。该法主要赋予死者近亲属因亲人死亡导致自己所受损害而提起诉讼的权利和索赔权利。死者近亲属一般包括死者的配偶、子女。如果没有配偶或子女，则为死者的父母。在有些州，法律不允许养子和私生子提起“非正常死亡”诉讼。死者近亲属要求赔偿的损失，除了自己的经济损失外，还包括失去伴侣、失去夫妻生活的快乐和精神痛苦等损失。[②] 大陆法系国家和我国台湾地区将被侵权人死亡情况下的请求权人分为两种：一是经济损失的请求权人。在被侵权人死亡的情况下，请求权人为死者近亲属、受扶养人和丧葬费支付人。但对被扶养人的范围规定不尽相同。如根据《德国民法典》第844条的规定，被扶养人包括受害人被侵害前负有法定扶养义务的人和在侵害时尚未出生的胎儿。俄罗斯对

---

① 行政赔偿请求人是指受违法行政行为侵害，依法有权请求行政赔偿的人。由于各国或地区的法律对行政赔偿的范围规定得不同，因而行政赔偿请求人的内涵与外延也不相同。特别是许多国家和地区对行政赔偿请求人很少有特别具体的规定，多适用民法。参见姜明安主编：《行政法与行政诉讼法（第六版）》，北京大学出版社、高等教育出版社2015年版，第576页。

② 参见王胜明主编：《中华人民共和国侵权责任法释义》，法律出版社2010年版，第95页。

被扶养人的范围规定得比较广泛，包括法定被扶养人和实际被扶养人。而我国台湾地区对被扶养人的范围限定为被侵权人对其负有法定扶养义务的人。二是精神损害的请求权人。多数国家和地区规定，受害人死亡导致其近亲属精神损害的，其近亲属可以为请求权人。近亲属的范围一般包括父母、子女、配偶。[①]

《国家赔偿法》第六条第二款、第三款规定，受害的公民死亡，其继承人和其他有扶养关系的亲属有权要求赔偿。受害的法人或者其他组织终止的，其权利承受人有权要求赔偿。《民法典》第一千一百八十一条第一款中规定，被侵权人死亡的，其近亲属有权请求侵权人承担侵权责任。该规定完全沿用了《侵权责任法》第十八条的规定。《最高人民法院关于审理人身损害赔偿案件适用法律若干问题的解释》（以下简称《人身损害赔偿解释》）第一条第二款规定，本条所称“赔偿权利人”，是指因侵权行为或者其他致害原因直接遭受人身损害的受害人以及死亡受害人的近亲属。

关于近亲属的范围，我国现行法律、司法解释存在着不同的规定。《民法典》第一千零四十五条第二款规定：“配偶、父母、子女、兄弟姐妹、祖父母、外祖父母、孙子女、外孙子女为近亲属。”该规定继续沿用了《最高人民法院关于贯彻执行〈中华人民共和国民法通则〉若干问题的意见（试行）》第12条的规定，即“民法通则中规定的近亲属，包括配偶、父母、子女、兄弟姐妹、祖父母、外祖父母、孙子女、外孙子女”。《民法典》该款实际上通过列举的方式，对近亲属的含义进行了解释。《刑事诉讼法》第一百零八条第六项规定：“本法下列用语的含意是：……（六）‘近亲属’是指夫、妻、父、母、子、女、同胞兄弟姊妹。”《最高人民法院关于适用〈中华人民共和国民事

① 参见最高人民法院民法典贯彻实施工作领导小组主编：《中华人民共和国民法典侵权责任编理解与适用》，人民法院出版社2020年版，第156～157页。

诉讼法〉的解释》（以下简称《民事诉讼法解释》）第八十五条规定："根据民事诉讼法第六十一条第二款第二项规定，与当事人有夫妻、直系血亲、三代以内旁系血亲、近姻亲关系以及其他有抚养、赡养关系的亲属，可以当事人近亲属的名义作为诉讼代理人。"已废止的2000年《行政诉讼法解释》第十一条规定，近亲属的范围包括配偶、父母、子女、兄弟姐妹、祖父母、外祖父母、孙子女、外孙子女和其他具有扶养、赡养关系的亲属。《行政诉讼法解释》第十四条第一款作了与前述司法解释相同的规定，即："行政诉讼法第二十五条第二款规定的'近亲属'，包括配偶、父母、子女、兄弟姐妹、祖父母、外祖父母、孙子女、外孙子女和其他具有扶养、赡养关系的亲属。"

比较而言，《刑事诉讼法》规定的"近亲属"的范围最窄，《民事诉讼法解释》规定得最宽，《民法典》《行政诉讼法解释》介于二者之间。当然，《行政诉讼法解释》将"其他具有扶养、赡养关系的亲属"纳入"近亲属"的范畴，有利于对其合法权益的保护。

受害的公民死亡，其继承人和其他有扶养关系的人提起行政赔偿诉讼的，应当提供该公民的死亡证明及该赔偿请求人与死亡公民之间关系的证明。死亡证明，顾名思义，是指证明公民死亡的相关文书或材料，通常以具有公文性质和特定形式的"死亡证明"为主。2013年国家卫计委、公安部、民政部联合发布的《关于进一步规范人口死亡医学证明和信息登记管理工作的通知》〔国卫规划发（2013）57号〕明确指出："人口死亡医学证明和信息登记是研究人口死亡水平、死亡原因及变化规律和进行人口管理的一项基础性工作，也是制定社会经济发展规划、评价居民健康水平、优化卫生资源配置的重要依据。"死亡证明对于国家的人口管理和死因统计，相关国计民生政策的制定，刑事、民事、行政案件的审理等，均具有重要的证明作用。许多国家和地区对公民的死亡规定了专门的确认机构，用来规范官方所出具的具有公文性质的死亡证明文件。如美国、加拿大，配置了生死登记官负责签发官方的死亡证明。我国香港特别行政区也设置了生死登记官。在正常死亡情况下，执业临床医生可以确认并作出死亡诊断；在其他情况下，经敛房执业病理医生进行检验后，由死因裁判官组织调查或裁决后，可签发格式统一的官方死亡证明。[①] 我国台湾地区一般将死亡分为病死、非病死和可疑为非病死。其死亡医学证明的开具内容为：是否病死和死亡地点。相关法律为临床医生提供了较为明确的参考依据，即在临床执业医师执业领域的范围内可据其专业判断出具死亡证明，其他的死亡情形则须通过检察官对死者进行检验后由其出具死亡证明。其中关于“死亡地点”的认定，严格将范围限定为医院和诊所，且其疾病必须在该医院或诊所的诊治范围之内，可以包括转诊途中发生的死亡，但不包括在公共场所和家中发生的死亡。[②] 我国原卫生部、公安部和民政部《关于使用〈出生医学证明书〉、〈死亡医学证明书〉和加强死因统计工作的通知》规定，出具死亡医学证明并不以医院和死者先前是否具有医患关系为前提。凡在各级各类医疗机构发生的死亡病例，包括在医院内诊疗过程中死亡、到达医院时已死亡、急救过程中死亡等，《死亡医学证明书》即可由就诊的医疗机构负责填写。根据《殡葬管理条例》第十三条的规定，确认死亡的机构为公安机关和医疗机构。一般情况下，若公民死于医疗卫生机构，则由负责救治的医务人员填写和出具《居民死亡医学证明（推断）书》，对象包括中国大陆境内正常死亡的公民、港澳台居民和外国人，以及未登记户籍的新生儿。对于死亡地点在送医途中、家中、养老服务机构以及其他场所的，医生可以根据情况填写相关“死后推断”性的死亡

① 参见章志远、潘建明、刘海燕：《医院出具死亡证明是否具有行政可诉性》，载《中国审判》2008 年第 2 期。

② 参见雷金晶：《死亡医学证明行为的法律规制研究》，载《淮南师范学院学报》2016 年第 1 期。

医学证明。对于医疗卫生机构不能确定是否属于正常死亡者，需经司法部门判定死亡性质。若司法部门判定为正常死亡者，可由负责救治或者调查的执业医师填写死亡证明。对于未经救治的非正常死亡，如因火灾、溺水等自然灾害致死，因工伤、交通事故、医疗事故、自杀、他杀等原因非正常死亡，应由公安部门按照案件或事件处理规定及程序，进行现场勘查、法医学尸体检验、案情调查等，明确死因和死亡性质后，由勘验人员开具死亡证明。在具体实践中，对于一些在家中、养老服务机构等服务场所的死者，也可由辖区内的居民委员会、村民委员会等，根据家属亲友提供的死亡申报材料及调查询问结果，填写或出具推断性死亡证明。① 对于赔偿请求人与死亡公民之间关系的证明，通常包括赔偿请求人的身份证明、家庭户口簿等。

二、第二款的释义

第二款是受害的公民死亡，支付受害公民医疗费、丧葬费等合理费用的人可以依法提起行政赔偿诉讼。

本款是关于受害公民死亡后支付其医疗费、丧葬费等合理费用的人提起行政赔偿诉讼的规定。条件有二：一是作为赔偿请求人的受害公民死亡，且有证据证明；二是支付受害公民医疗费、丧葬费等合理费用的人获得了行政赔偿请求资格，可以依法提起行政赔偿诉讼。

全国人大常委会法工委在有关《国家赔偿法》的释义中指出，请求人多被分为一般请求人和特殊请求人两类。一般请求人通常指直接受害人，极少有国家或地区的法律对国家赔偿请求人这一概念本身作出界定，而多使用受害人一词，受害的公民、法人和其他组织都有权请求国家赔偿。一般情况下，受害人也就是赔偿请求人。而特殊请求

① 李学博等：《国家统一医学死亡证明及法医学死因鉴定意见的探讨》，载《证据科学》2019 年第 6 期。

人指直接受害人之外的其他人，因其特殊性所在，各国或地区对此作了较为详尽的规定，如日本、美国等国对直接受害人死亡时的请求人都作了规定。德国把请求人分为直接受害人和间接受害人，对间接受害人可作为赔偿请求人的几种情况作了详细规定，如支付被害人丧葬费的人、受被害人扶养的第三人、被害人的法定继承人。[①] 瑞士还规定了受害人的亲属在特定情况下不必因受害人死亡而直接成为请求人的情况。

本款借鉴了《民法典》的规定。《民法典》第一千一百八十一条第二款规定："被侵权人死亡的，支付被侵权人医疗费、丧葬费等合理费用的人有权请求侵权人赔偿费用，但是侵权人已经支付该费用的除外。"也即，在被侵权人死亡情形下，如果支付被侵权人医疗费、丧葬费等侵权费用的人不是侵权人，而是其他可能负有支付该笔费用义务的人，该其他人在支付上述费用后即与侵权人之间形成了债权债务关系，形成了对侵权人的债权，有权向侵权人主张偿还。医疗费，是指因侵权行为造成被侵权人人身损害，被侵权人就医诊疗而支出的费用。对于该费用，通常根据医疗机构出具的医药费、住院费等收款凭证，结合病历金额诊断证明等相关证据确定。赔偿义务人对治疗的必要性和合理性有异议的，应当承担相应的举证责任。丧葬费，是指安葬死者而支出的费用。[②] 上述费用，若支付者为被侵权人的近亲属，则其近亲属可依据本条规定请求侵权人偿付这些费用。若支付这些费用的是其他人，那么实际支付这些费用的人可以请求侵权人偿付。[③]

---

① 参见马怀德：《国家赔偿法的理论与实务》，中国法制出版社1994年版，第115页。

② 《人身损害赔偿解释》第十四条规定，丧葬费按照受诉法院所在地上一年度职工月平均工资标准，以六个月总额计算。

③ 参见最高人民法院民法典贯彻实施工作领导小组主编：《中华人民共和国民法典侵权责任编理解与适用》，人民法院出版社2020年版，第160页。

三、第三款的释义

第三款是有权提起行政赔偿诉讼的法人或者其他组织分立、合并、终止，承受其权利的法人或者其他组织可以依法提起行政赔偿诉讼。

本款是关于有权提起行政赔偿诉讼的法人或者其他组织分立、合并、终止后行政赔偿请求资格转移给承受其权利的法人或者其他组织并提起行政赔偿诉讼的规定。条件有二：一是作为赔偿请求人的法人或者其他组织出现了分立、合并、终止的情形；二是承受了原法人或者其他组织权利的法人或者其他组织获得了行政赔偿请求资格，可以依法提起行政赔偿诉讼。

法人是指具有民事权利能力和民事行为能力，依法独立享有民事权利和承担民事义务的组织，分为营利法人（包括有限责任公司、股份有限公司和其他企业法人）、非营利法人（包括事业单位、社会团体、基金会、社会服务机构等）、特别法人（包括机关法人、农村集体经济组织法人、城镇农村的合作经济组织法人、基层群众性自治组织法人）。法人的合法权益受国家保护，其若认为行政机关和行政机关工作人员的违法行为侵犯其合法权益时，可以请求行政赔偿。其他组织是指不具有法人资格，但是能够依法以自己的名义从事民事活动的组织，包括个人独资企业、合伙企业、不具有法人资格的专业服务机构等。同理，其他组织的合法权益受国家保护，当其认为其合法权益受到行政违法行为侵害时，可以依法独立请求行政赔偿。《行政诉讼法》第二十五条第三款规定："有权提起诉讼的法人或者其他组织终止，承受其权利的法人或者其他组织可以提起诉讼。"《民法典》第六十七条规定，法人合并的，其权利和义务由合并后的法人享有和承担。法人分立的，其权利和义务由分立后的法人享有连带债权，承担连带债务，但是债权人和债务人另有约定的除外。《民法典》第六十八条规定："有下列原因之一并依法完成清算、注销登记的，法人终止：（一）法人解散；（二）法人被宣告破产；（三）法律规定的其他原因。法人终止，法律、行政法规规定须经有关机关批准的，依照其规定。”《民法典》第一千一百八十一条第一款中规定，被侵权人为组织，该组织分立、合并的，承继权利的组织有权请求侵权人承担侵权责任。《民法典》的该规定基本上沿用了《侵权责任法》第十八条的规定，即“被侵权人为单位，该单位分立、合并的，承继权利的单位有权请求侵权人承担侵权责任”。只不过把“单位”改成了“组织”，这样更准确，也与“自然人”相对应。需要注意的是，对《行政诉讼法》第二十五条第三款规定的“法人或者其他组织终止”的理解，应从广义上来把握，即包括法人或者其他组织的“分立”“合并”“终止”三种情形：（1）法人合并。法人合并是指两个以上的法人合并为一个新法人，是法人在组织上的一种变更。法人合并分为新设合并和吸收合并。新设合并是指原法人资格随即消灭，新法人资格确立。吸收合并是指一个或多个法人归并到一个现存的法人中，被合并的法人资格消灭，存续法人的主体资格仍然存在。法人合并，其权利义务应当由合并后的法人享有和承担。法人合并，应经主管机关批准，依法向登记机关办理登记并进行公告。（2）法人分立。法人分立是指一个法人分成两个或两个以上的法人，也是法人在组织上的一种变更。法人分立分为新设式分立和派生式分立，前者是指原法人分立为两个或者两个以上的法人，原法人不再存在。后者是指原法人仍然存在，但从原法人中分立出来一个或多个新的法人，原法人资格不变。法人发生分立，其权利和义务由分立后的法人享有连带债权，承担连带责任，但是债权人和债务人另有约定的除外。法人分立应经主管机关批准，依法向登记机关办理登记并进行公告。（3）法人终止。法人终止是指法人权利能力的终止，包括法人解散、[1] 法人被宣告破产、法律规定的其他原因等。在上述原因发生后，法人的主体资格并不立即消灭，只有经过清算，法人的主体资格才归于消灭。法人清算终结后，应由清算组织向登记机关办理注销登记并进行公告，完成注销登记和公告，法人即告消灭。如果法律、行政法规规定法人终止须经有关主管机关批准的，依照其规定。[2] 例如，《医疗机构管理条例》第二十一条第一款规定，医疗机构歇业，必须向原登记机关办理注销登记。经登记机关核准后，收缴其医疗机构执业许可证。注销是法人或者其他组织终止的结果或标志，通常是主管行政机关依申请作出的行政行为，发生在清算之后（特殊情况下不经清算也可注销），经注销后法人或者其他组织的主体资格不复存在。而吊销与撤销是主管行政机关依职权作出的行政行为，在未经清算和注销登记前，法人或者其他组织的主体资格依然存在。在特定情况下，作出撤销（此处的“撤销”外延较宽泛，包括但不限于主管行政机关作出的“撤销”行为）决定的单位不一定是开办单位，有可能是主管部门、股东、投资人、出资人等。根据《公司法》等相关法律规定，此时“以该企业法人的股东、发起人或者出资人为当事人”，而这里的“出资人”包括开办单位或者主管部门。[3] 法人或者其他组织终止后，如果有权利

---

① 《民法典》出台前，我国立法关于企业法人解散与企业法人终止的关系问题规定得比较混乱：一方面，有关法律将企业法人解散作为企业法人终止的一个原因，从而将二者区分开，如《民法通则》第四十五条规定，企业法人因依法被撤销、解散、依法宣告破产或其他原因而终止。另一方面，有关法律又将二者混用，规定企业法人解散与企业法人终止的法律后果是一致的。如《民法通则》第四十条规定，法人终止的，应当依法进行清算，停止清算范围外的活动；第四十七条规定，企业法人解散，应当成立清算组织，进行清算。参见《最高人民法院民事诉讼法司法解释理解与适用》（上），人民法院出版社 2015 年版，第 246 页。

② 参见黄薇主编：《中华人民共和国民法典总则编释义》，法律出版社 2020 年版，第 165 ~ 168 页。

③ 《最高人民法院民事诉讼法司法解释理解与适用》（上），人民法院出版社 2015 年版，第247 ~ 248 页。

义务承受者，其可以依法提起行政赔偿诉讼。

另外一种特殊情况需要注意，根据《行政诉讼法解释》第十六条第三款的规定，非国有企业被行政机关注销、撤销、合并、强令兼并、出售、分立或者改变企业隶属关系的，该企业或者其法定代表人可以提起诉讼。该规定的意思是，即便作为法人或者其他组织的非国有企业因注销、撤销等原因终止，该非国有企业仍可作为赔偿请求人提起行政赔偿诉讼。这是因为，虽然在一般情况下，被终止的企业在法律上应当视为无行为能力，不能对外实施具有法律意义的行为，如经营活动、提供担保等。但如果非国有企业是被行政机关强制分立、合并、终止的，则应当赋予其起诉上述强制分立、合并、终止的诉讼权利，以寻求司法救济。因此，在特定情形下，被分立、合并、终止的非国有企业具有诉讼权利能力和诉讼行为能力。该企业的诉权内容应当与未终止时是一致的。①

【实务指导】

审判实务中，法院在适用该条规定时应当把握好以下两个问题：

一、在立案阶段对承继人是否具有原告资格应当进行形式审查而非实质审查

根据《行政诉讼法》第二条第一款的规定，公民、法人或者其他组织认为行政机关和行政机关工作人员的行政行为侵犯其合法权益，有权依照本法向人民法院提起诉讼。从该条规定可以看出，法律准许公民、法人或者其他组织在“认为”行政行为侵犯其合法权益时，就

① 参见甘文：《行政诉讼法司法解释之评论——理由、观点与问题》，中国法制出版社2000年版，第74页。

有权向法院提起诉讼，至于行政行为是否在客观上实际侵害到起诉人的合法权益，需要在法院审理之后才能作出相应的判断。[①] 因此，《行政诉讼法》第二十五条将“原告”的表述改为“有权提起诉讼”，实质是将原告资格与起诉权资格在法律程序上进行分离，用词更准确。[②] 同时，《行政诉讼法》第二十五条第二款、第三款规定：“有权提起诉讼的公民死亡，其近亲属可以提起诉讼。有权提起诉讼的法人或者其他组织终止，承受其权利的法人或者其他组织可以提起诉讼。”该条前三款均使用了“有权提起诉讼”的表述，意在强调原告和起诉人虽然都是程序性称谓，但二者有明显的区别，就像刑事诉讼中“犯罪嫌疑人”和“被告人”的表述一样。因此，在法院没有作出立案受理决定之前，向法院提起行政诉讼的公民、法人或者其他组织的法律地位只能是“起诉人”，而不是“原告”。针对承继人的起诉，法院首先需要解决的是承继人的起诉是否符合受理条件的问题，而受理条件的首要问题是合法原告的问题，即必须审查原告资格。但由于在受理阶段被告尚未进入答辩、调查等程序，因而不存在一个与起诉人相对应的当事人与之抗辩，法院对作为起诉人的承继人是否具有原告资格进行实质性审查就失去基础。这就决定在受理阶段法院对原告的审查只能是形式审查，而不进行实质审查。这种情况下，起诉人对行政行为与其合法权益是否存在“利害关系”负有初步举证责任，即提供的起诉材料应当大体或基本能够证明行政行为对其合法权益可能造成了损害，法院审查的重点并非起诉人的合法权益确实受到了行政行为的侵犯，而是起诉人的合法权益可能受到行政行为的不利影响。起诉人在形式

---

① 参见胡建淼：《行政诉讼法修改研究》，浙江大学出版社2007年版，第16页。

② 参见应松年主编：《〈中华人民共和国行政诉讼法〉修改条文释义与点评》，人民法院出版社2015年版，第64~65页。

上符合原告的条件后，法院就应裁定立案受理。[①]

当然，只有具有行政赔偿请求人资格的人，才有权作为原告提出行政赔偿诉讼，反之则不能作为原告提起行政赔偿诉讼。法院经审理发现原告不具有赔偿请求人资格的，应当裁定驳回其行政赔偿诉讼。对于具备行政赔偿请求资格的人提起的行政赔偿诉讼，法院立案受理后，应当审查其是否超过法定提起行政赔偿的期限。此乃消灭时效。请求国家赔偿之权，自请求权人知有损害时起，逾期不行使而消灭。[②]根据《国家赔偿法》的规定，提起行政赔偿的期限为两种：一是向行政赔偿义务机关请求赔偿的期限，时效为2年，自行政机关及其工作人员行使职权时的行为被依法确认为违法之日起计算，但被羁押的期间不计算在内。赔偿请求人在赔偿请求期限的最后6个月内，因不可抗力或者其他障碍不能行使请求权的，期限中止，从中止期限的原因消除之日，赔偿请求期限继续计算。二是起诉期限。行政赔偿请求人向行政赔偿义务机关提出行政赔偿请求，被请求机关逾期不予以赔偿或者行政赔偿请求人对赔偿数额有异议的，行政赔偿请求人在期间届满后向人民法院提起行政赔偿诉讼的期限为3个月，[③] 自行政赔偿请求人向行政赔偿义务机关递交行政赔偿申请后2个月届满之日起计算。行政赔偿义务机关作出赔偿决定时，未告知赔偿请求人的起诉期限，致使赔偿请求人逾期向人民法院起诉的，其起诉期限从赔偿请求人实际知道起诉期限时计算，但逾期的期间自赔偿请求人收到赔偿决定之日起不得超过1年。在提起行政诉讼的同时一并提起行政赔偿请求的，

---

① 参见江必新主编、最高人民法院行政审判庭编著：《中华人民共和国行政诉讼法及司法解释条文理解与适用》，人民法院出版社2015年版，第155~156页。

② 参见李惠宗：《行政法要义》（下册），我国台湾地区元照出版公司2010年版，第663页。

③ 《行政诉讼法》第四十六条第一款规定，公民、法人或者其他组织直接向人民法院提起诉讼的，应当自知道或者应当知道作出行政行为之日起六个月内提出。法律另有规定的除外。显然，文中规定的提起赔偿诉讼的3个月是法律的特别规定。

其起诉期限按照行政诉讼起诉的规定执行。行政案件的原告可以在提起行政诉讼到一审庭审结束前，都可以提出行政赔偿请求。人民法院在立案时如果发现原告明显超过法定赔偿期限且无正当理由提起行政赔偿诉讼的，应当裁定不予受理行政赔偿；如果在受理后发现超过法定赔偿期限的，应当裁定驳回行政赔偿诉讼。[①] 不过，正如前述，人民法院在立案阶段对承继人是否超过起诉期限应当进行形式审查而非实质审查。承继人是否确实超过起诉期限，以及耽误起诉期限是否有正当理由等，应在审理阶段予以查清。

二、在受害的公民死亡但无继承人和其他有扶养关系的人（包括近亲属不明）的情形下，如何确定请求权的主体

对于这种情形，如有支付受害公民医疗费、丧葬费等合理费用的人，正如前述，该主体可以依法提起行政赔偿诉讼。但如果没有支付受害公民医疗费、丧葬费等合理费用的人，情况则比较复杂，实践中争议也比较大。一种观点认为，对于“无名死者”即无近亲属或者近亲属不明的被侵权人死亡的，为制裁侵权行为，维护社会关系稳定，保护潜在无名死者近亲属权益，可以由有关机关、法人或者其他组织，如检察机关、民政部门、村民委员会、居民委员会等，以原告身份提起诉讼，主张死亡赔偿金。另一种观点认为，在被侵权人死亡后，没有近亲属或者近亲属不明时，未经法律授权的机关或者组织无权向法院主张死亡赔偿金。我们倾向于同意第二种观点。理由主要在于：有关机关或者组织提起诉讼，并主张死亡赔偿金，缺乏法律依据。对此，《最高人民法院关于审理道路交通事故损害赔偿案件适用法律若干问题的解释》有类似规定，其第二十三条第一款明确规定：“被侵权人

---

① 参见蔡小雪主编：《行政审判与行政执法实务指引》，人民法院出版社2009年版，第708～709页。

因道路交通事故死亡，无近亲属或者近亲属不明，未经法律授权的机关或者有关组织向人民法院起诉主张死亡赔偿金的，人民法院不予受理。”对受害公民死亡而无继承人和其他有扶养关系的人时也不能提起公益诉讼。因为根据《民事诉讼法》第五十八条的规定，只有对污染环境、侵害众多消费者合法权益等损害社会公共利益的行为，法律规定的机关和有关组织可以向人民法院提起诉讼。显然，该条不适用于受害公民死亡而无继承人和其他有扶养关系的人的合法权益的保护问题。另外，死亡赔偿金的性质也决定了行使请求权的主体范围不包括有关机关、法人或者其他组织。因死亡赔偿金是以受害人死亡导致预期收入减少为依据的“继承丧失”，即侵权人向死者近亲属赔偿死者余命年限内将获得的除去生活费等正常开支的剩余收入。[①] 如上所述，有权提起赔偿的人乃其权益受到侵害的人，包括直接受害人和间接受害人。在直接受害人因侵权行为死亡的情况下，间接受害人就是损害赔偿的请求权人，包括死者的近亲属和被扶养人。该损害赔偿乃是对受害者近亲属或者被扶养人因其死亡导致的生活资源减少和丧失的赔偿。[②]

（撰写人：谭红）

① 参见全国人大常委会法制工作委员会民法室：《中华人民共和国侵权责任法条文说明、立法理由及相关规定》，北京大学出版社2010年版，第62页。

② 参见最高人民法院民法典贯彻实施工作领导小组主编：《中华人民共和国民法典侵权责任编理解与适用》，人民法院出版社2020年版，第161～163页。

第八条　两个以上行政机关共同实施侵权行政行为造成损害的，共同侵权行政机关为共同被告。赔偿请求人坚持对其中一个或者几个侵权机关提起行政赔偿诉讼，以被起诉的机关为被告，未被起诉的机关追加为第三人。

【条文主旨】

本条是关于共同侵权被告的规定。

【起草背景】

本条是对1997年《行政赔偿规定》第十七条的修改。

1997年《行政赔偿规定》第十七条规定："两个以上行政机关共同侵权，赔偿请求人对其中一个或者数个侵权机关提起行政赔偿诉讼，若诉讼请求系可分之诉，被诉的一个或者数个侵权机关为被告；若诉讼请求系不可分之诉，由人民法院依法追加其他侵权机关为共同被告。"该条对两个以上行政机关共同侵权时行政赔偿诉讼的被告确定问题予以规定，根据该条规定，两个以上行政机关共同侵权时是否必须作为共同被告，一方面取决于赔偿请求人的起诉，另一方面取决于诉讼请求是否系可分之诉。但在行政赔偿审判实践中，并未曾遇到可分之诉的共同侵权，且参照《民法典》第一千一百六十八条的规定，二人以上共同实施侵权行为，造成他人损害的，应当承担连带责任，也不存在可分之诉问题。故本条对1997年《行政赔偿规定》第十七条规定进行了修改，首先明确两个以上行政机关共同实施侵权行政行为造成损害的，采必要共同诉讼模式，由共同侵权行政机关作为共同被告一并应诉。如果赔偿请求人只对其中一个或者几个侵权机关提起行政赔偿诉讼，那么人民法院应当以被起诉的机关为被告，未被起诉的机关追加为第三人。

本解释调研起草过程中，有意见提出，“人民法院应当通知其他共同侵权机关作为被告参加诉讼。”理由是，两个以上行政机关共同实施侵权行政行为应承担连带责任，属于必要共同诉讼，两个以上行政机关为共同诉讼人，应为共同被告，不是第三人。我们经研究认为，《国家赔偿法》第十条规定，赔偿请求人可以向共同赔偿义务机关中的任何一个赔偿义务机关要求赔偿，该赔偿义务机关应当先予赔偿。依据该规定，赔偿请求人有权要求共同赔偿义务机关中的任何一个赔偿义务机关赔偿，其只针对共同赔偿义务机关中的部分赔偿义务机关起诉的，人民法院不应通知未被起诉的赔偿义务机关为共同被告。而且，通知未被起诉的赔偿义务机关作为共同被告，也与诉讼法的“不告不理”原则不符，应当尽可能避免。为了更好地解决行政赔偿争议，查明案件事实，分清责任，将未被起诉的赔偿义务机关列为第三人比较合适，而且追加为第三人同样可以判决其承担连带责任。

【条文释义】

一、两个以上行政机关共同实施侵权行政行为造成损害的，共同侵权行政机关为共同被告

根据《国家赔偿法》的规定，赔偿义务机关是代表国家履行赔偿责任的具体机关，负责受理赔偿申请、作出赔偿决定、履行赔偿义务

等。《国家赔偿法》第七条第一款规定："行政机关及其工作人员行使行政职权侵犯公民、法人和其他组织的合法权益造成损害的，该行政机关为赔偿义务机关。"据此，《国家赔偿法》确立的是"谁侵权、谁赔偿"原则，即由具体侵权机关作为行政赔偿义务机关，承担行政赔偿责任。《国家赔偿法》第七条第二款规定："两个以上行政机关共同行使行政职权时侵犯公民、法人和其他组织的合法权益造成损害的，共同行使行政职权的行政机关为共同赔偿义务机关。"第十条规定："赔偿请求人可以向共同赔偿义务机关中的任何一个赔偿义务机关要求赔偿，该赔偿义务机关应当先予赔偿。"根据上述规定，在两个以上行政机关共同实施侵权行政行为的情况下，共同实施侵权行政行为的行政机关为共同赔偿义务机关，共同赔偿义务机关承担连带赔偿责任。在引起行政赔偿诉讼时，共同赔偿义务机关是否为共同被告，《国家赔偿法》没有作出规定，本解释即明确此种情况下共同实施侵权行政行为的行政机关即共同赔偿义务机关为共同被告，将此种诉讼界定为必要的共同诉讼。

共同赔偿义务机关作为共同侵权行政机关，其承担赔偿责任的原则与民事侵权中共同侵权是基本一致的。在民事领域，《民法典》第一千一百六十八条规定："二人以上共同实施侵权行为，造成他人损害的，应当承担连带责任。"基于共同侵权人之间的连带责任性质，民事诉讼中将共同侵权人认定为必要的共同诉讼人，将共同侵权诉讼认定为必要共同诉讼。根据《民事诉讼法》第五十五条第一款的规定，当事人一方或者双方为二人以上，其诉讼标的是共同的，或者诉讼标的是同一种类，人民法院认为可以合并审理并经当事人同意的，为共同诉讼。根据上述规定，共同诉讼包括必要共同诉讼和普通共同诉讼。必要共同诉讼，是指当事人一方或者双方为二人以上，其诉讼标的是共同的，人民法院必须合并审理的诉讼。共同侵权诉讼被认为是典型的必要共同诉讼。对于共同侵权诉讼而言，共同侵权人的共同侵权行为导致受害人遭受不可分之损害，根据法律规定，共同侵权人对受害人的损害承担连带赔偿责任。这种连带赔偿责任的存在，可以认定为诉讼标的共同，因而共同侵权诉讼被认定为必要共同诉讼。由于必要共同诉讼是诉讼标的共同之诉，是不可分之诉，共同诉讼人必须一并参加诉讼，否则为当事人不适格，人民法院也须一并审理和判决。因此，《民事诉讼法》第一百三十五条规定："必须共同进行诉讼的当事人没有参加诉讼的，人民法院应当通知其参加诉讼。"《人身损害赔偿解释》第二条第一款规定："赔偿权利人起诉部分共同侵权人的，人民法院应当追加其他共同侵权人作为共同被告。赔偿权利人在诉讼中放弃对部分共同侵权人的诉讼请求的，其他共同侵权人对被放弃诉讼请求的被告应当承担的赔偿份额不承担连带责任。责任范围难以确定的，推定各共同侵权人承担同等责任。"

在行政诉讼领域，《行政诉讼法》对共同诉讼、共同被告等制度亦作出了相应规定，该法第二十六条第四款规定："两个以上行政机关作出同一行政行为的，共同作出行政行为的行政机关是共同被告。"第二十七条规定："当事人一方或者双方为二人以上，因同一行政行为发生的行政案件，或者因同类行政行为发生的行政案件、人民法院认为可以合并审理并经当事人同意的，为共同诉讼。"根据上述规定，在行政诉讼中，必要共同诉讼是指当事人一方或者双方为两人以上，因同一行政行为发生行政争议，人民法院必须合并审理的诉讼。当两个以上行政机关作出同一行政行为时，共同作出同一行政行为的行政机关是共同被告，属于必要共同诉讼人，应一并参加诉讼。

就行政赔偿领域而言，同样存在两个以上行政机关共同实施侵权行政行为造成损害而需共同承担赔偿责任的问题。一般情况下，行政机关在法律授予的职权范围内各自行使相应的行政职权，一般不会发生职能的交叉或重叠。但有时为了提高行政管理效率，也会出现联合执法的情形，两个以上行政机关共同对某一事项行使行政管理职权，如共同集中查处某一行政违法行为，共同实施房屋拆除行为等。由此引发行政赔偿诉讼时，按照《国家赔偿法》第七条第二款的规定，共同行使行政职权的行政机关应作为共同赔偿义务机关；按照本条规定，共同实施侵权行政行为的行政机关应作为共同被告。如此规定，一方面体现了国家赔偿法确立的“谁侵权、谁赔偿”原则。凡有损害必有赔偿，共同实施侵权行政行为的行政机关对损害后果都负有赔偿的义务，都应作为赔偿义务机关承担相应的法律责任。实施侵权行政行为的行政机关与赔偿义务机关一致，有利于明确责任，强化行政机关及其工作人员的责任意识，促进行政机关依法行使职权。另一方面，规定共同实施侵权行政行为的行政机关应作为共同被告，也可以避免多个赔偿义务机关之间可能出现的相互推诿、扯皮等情形，有利于公民、法人或者其他组织行使赔偿请求权，方便其寻求救济，更好保障其获得国家赔偿的权利。最后，规定共同实施侵权行政行为的行政机关作为共同被告共同应诉，还有利于人民法院查清事实，分清各赔偿义务机关之间各自应承担的赔偿责任，提高诉讼效率，避免人民法院在同一事件上作出相互矛盾的判决。

根据本条规定，两个以上行政机关共同实施侵权行政行为造成损害的，共同侵权行政机关为共同被告。适用本条规定还应注意以下几个方面的要件：

（一）两个以上行政机关

首先，这里的行政机关是广义的行政机关，是指具有独立主体资格的行政主体。行政主体应当具备以下三方面的特征：第一，行政主体必须是享有并行使行政职权的机关或组织，这是行政主体最根本的特征。第二，行政主体必须是能以自己的名义实施行政活动的组织，以他人的名义、代他人实施行政活动的组织不是行政主体，而是行政主体的内设或委托机构（组织）等。第三，行政主体必须是能够独立承担行政责任的组织。这是行政主体在法律上具有独立人格的重要特征，不具有这个特征就不能赋予其行政管理职权和职能，也不能独立参加行政诉讼并承担相应的法律责任。以上三个特征相互联系、互为条件，只有同时具备以上三个条件，才能称为行政法上的行政主体。因此，行政主体是指依法拥有国家行政职权，代表国家能以自己名义独立实施行政活动及参加相关行政争议活动，并独立承担由此产生的法律后果的机关或者组织。[①] 根据《行政诉讼法》第二条的规定，行政行为包括法律、法规、规章授权的组织作出的行政行为。据此，行政主体包括行政机关和依照法律、法规、规章授权作出行政行为的组织。因此，本条规定的“两个以上行政机关”除了狭义的行政机关外，还包括法律、法规、规章授权的组织。

（二）共同实施侵权行政行为

《民法典》第一千一百六十八条规定，二人以上共同实施侵权行为，造成他人损害的，应当承担连带责任。该条规定的“共同实施侵权行为”中的“共同”主要包括三层含义：其一，共同故意实施的行为。基于共同故意侵害他人合法权益的，属于典型的共同侵权行为。其二，共同过失实施的行为。“共同过失”主要是数个行为人共同从事某种行为，基于共同的疏忽大意或者过于自信的过失，而造成他人的损害。其三，数个行为相结合而实施的行为造成他人的损害。

在行政侵权领域，本条规定的“行政机关共同实施侵权行政行为造成损害的”与《国家赔偿法》第七条第二款规定的“行政机关共同

① 江必新主编、最高人民法院行政审判庭编著：《中华人民共和国行政诉讼法及司法解释条文理解与适用》，人民法院出版社 2015 年版，第 34 ~ 35 页。

行使行政职权时侵犯公民、法人和其他组织的合法权益造成损害的”含义是相同的，这里的“共同实施侵权行政行为”或者“共同行使行政职权”均指的是两个以上行政机关共同作出同一行政行为，即两个以上的行政机关之间有共同的意思表示。所谓共同作出同一行政行为，是指不同的行政机关以一个行政行为为其共同的载体，把各自的决定内容纳入其中。虽然不同的行政机关主管职责权限范围不同，只能是在各自的职权范围内作出决定，却以同一个行政行为为载体，在形式上为一个行为，无法分开独立，如同一个文件、同一个通知决定、同一个文号、同一份决定文书等。[①] 认定是否属于共同作出的行政行为，一个简单的方法就是看行政决定文书上的署名和印章。如果两个以上行政机关共同在对外发生法律效力的文书上署名和用印，则可认定为共同作出行政行为，由此给公民、法人或者其他组织合法权益造成损害的，应为共同赔偿义务机关，作为行政赔偿诉讼的共同被告。

（三）造成损害

无损害，则无救济。受害人具有损害是受害人请求加害人承担侵权责任的一个基本要件，如果没有损害，就不可能成立侵权责任。但是，由于本条只是涉及行政机关共同侵权情形下如何列明当事人的问题，因此本条规定的“造成损害”只要求公民、法人或者其他组织认为行政机关共同实施侵权行政行为造成其损害即可，并非要求公民、法人或者其他组织在起诉时必须提供确凿的证据证明其受到行政行为的侵害。行政机关实施侵权行政行为是否确实对公民、法人或者其他组织合法权益造成损害，是案件进入实体审理之后需要查明的事实。另一方面，行政机关的侵权行为与公民、法人或者其他组织所受损害

---

① 江必新主编：《〈中华人民共和国国家赔偿法〉条文理解与适用》，人民法院出版社2010年版，第112页。

后果之间应当具有因果关系。在行政机关共同侵权中，各个侵权行为对造成损害后果的比例可能有所不同，但二者之间应当存在法律上的因果关系，即两个以上行政机关行使职权时的行为都是损害发生的原因。如果某个行政机关作出的行政行为与损害后果之间不存在因果关系，则不应与其他行政机关构成共同侵权，该机关不是共同赔偿义务机关，不存在共同被告的问题。例如，在联合执法中，如果侵权行为系由一个行政机关实施，并且在职务上与其他参加联合执法的行政机关没有法律上的关联性，则应当由实施侵权行为的行政机关单独作为赔偿义务机关，单独作为行政赔偿诉讼的被告，而非全部参加联合执法的行政机关作为共同被告。

二、赔偿请求人坚持对其中一个或者几个侵权机关提起行政赔偿诉讼，人民法院应当以被起诉的机关为被告，未被起诉的机关追加为第三人

本条第一句规定，两个以上行政机关共同实施侵权行政行为造成损害的，共同侵权行政机关为共同被告。但在赔偿请求人并未对共同实施侵权行政行为的全部行政机关提起行政赔偿诉讼，而是只对其中一个或者几个侵权机关提起行政赔偿诉讼时，人民法院应当如何处理。本条第二句即明确，在此种情形下，人民法院负有追加其他共同侵权机关作为第三人参加诉讼的义务。另外，该句中的“坚持”之表述，也可从中推断出人民法院释明行为，即人民法院经审查发现有多个侵权机关，依法应当有多个适格被告的，若赔偿请求人并未将所有侵权机关列为被告，人民法院应当向赔偿请求人予以释明，告知其可以增加被告主体，避免赔偿请求人因缺乏法律知识而漏列被告。经释明，赔偿请求人仍然仅列部分侵权机关为被告的，人民法院则根据其所列情况确定被告，以及追加第三人。换言之，在赔偿请求人所列被告不全的情形下，人民法院不能不经释明，直接按照赔偿请求人所列情况确定被告。

如前所述，共同侵权诉讼在性质上属于必要的共同诉讼。必要的共同诉讼人原则上都应共同起诉、共同应诉。但在司法实践中，有的必要的共同诉讼人起诉、应诉时没有参加到诉讼中来，在这种情况下就需要由人民法院通知其参加诉讼。《民事诉讼法》对追加必要共同诉讼人作出了规定，该法第一百三十五条规定："必须共同进行诉讼的当事人没有参加诉讼的，人民法院应当通知其参加诉讼。"《民事诉讼法解释》第七十三条规定："必须共同进行诉讼的当事人没有参加诉讼的，人民法院应当依照民事诉讼法第一百三十五条的规定，通知其参加；当事人也可以向人民法院申请追加。人民法院对当事人提出的申请，应当进行审查，申请理由不成立的，裁定驳回；申请理由成立的，书面通知被追加的当事人参加诉讼。"第七十四条规定："人民法院追加共同诉讼的当事人时，应当通知其他当事人。应当追加的原告，已明确表示放弃实体权利的，可不予追加；既不愿意参加诉讼，又不放弃实体权利的，仍应追加为共同原告，其不参加诉讼，不影响人民法院对案件的审理和依法作出判决。"根据上述规定，在民事诉讼中，人民法院依法追加共同诉讼的当事人分为两种情况，一种是追加共同原告，另一种是追加共同被告。追加当事人的方式也有两种，一是由人民法院依职权追加，二是基于当事人的申请而追加。当事人申请追加的，人民法院应当对其申请进行审查。经审查，申请理由不成立的，裁定驳回其申请；申请理由成立的，人民法院应当及时书面通知被追加的当事人参加诉讼。如果是人民法院发现必须共同进行诉讼的当事人没有参加诉讼，人民法院应当依职权主动追加。人民法院依法追加共同诉讼的当事人时，应当通知其他当事人。具体到民事侵权领域，《民法典》第一千一百六十八条规定："二人以上共同实施侵权行为，造成他人损害的，应当承担连带责任。”第一百七十八条规定：“二人以上依法承担连带责任的，权利人有权请求部分或者全部连带责任人承担责任。连带责任人的责任份额根据各自责任大小确定；难以确定责任大小的，平均承担责任。实际承担责任超过自己责任份额的连带责任人，有权向其他连带责任人追偿。连带责任，由法律规定或者当事人约定。”对于共同侵权连带责任案件中是否应当追加共同被告的问题，民事审判实践中存有争议。有观点认为，共同侵权人之间承担连带责任，连带责任对外是一个整体的责任，共同侵权人中的任何一个侵权人均负有对赔偿权利人承担全部赔偿责任的义务，这在诉讼上应为可分之诉，故在诉讼程序上赔偿权利人具有选择权，要向共同侵权人中的任何一人或者数人提起诉讼要求其承担全部或者部分赔偿责任，此时人民法院可以不予追加其他共同侵权人为共同被告参加诉讼。[①] 在司法实践中，2004 年施行的《人身损害赔偿解释》（法释〔2003〕20 号）第五条规定：“赔偿权利人起诉部分共同侵权人的，人民法院应当追加其他共同侵权人作为共同被告。赔偿权利人在诉讼中放弃对部分共同侵权人的诉讼请求的，其他共同侵权人对被放弃诉讼请求的被告应当承担的赔偿份额不承担连带责任。责任范围难以确定的，推定各共同侵权人承担同等责任。人民法院应当将放弃诉讼请求的法律后果告知赔偿权利人，并将放弃诉讼请求的情况在法律文书中叙明。”在《民法典》公布后，根据《民法典》等有关法律规定于 2021 年 4 月 24 日修正的《人身损害赔偿解释》第二条保留了该司法解释修正前第五条的内容，未作任何修改。这说明司法实务中，仍然认为共同侵权导致的连带责任，在诉讼程序上以必要共同诉讼作为诉讼机制，共同侵权人属于必要的共同诉讼人，因此，在赔偿权利

① 参见最高人民法院民法典贯彻实施工作领导小组主编：《中华人民共和国民法典总则编理解与适用》（下），人民法院出版社 2020 年版，第 893 ~ 894 页。

人未起诉全部共同侵权人而只起诉其中部分共同侵权人的情况下，上述司法解释明确人民法院应当依职权主动追加其他未被起诉的共同侵权人作为共同被告参加诉讼，以便于查清案件事实，有利于纠纷的一次性解决，简化诉讼程序，节约司法资源，避免人民法院在同一事件上作出相互矛盾的判决。而且，对未被起诉的共同侵权人的追加也并未妨碍赔偿权利人选择权的行使，只不过将其选择权的实现后置到经诉讼确定后的执行阶段而已。换言之，在执行阶段，赔偿权利人可以依据生效判决，选择共同侵权人中的一人、数人或者全体承担责任，从而实现部分或者全部债权。因此，必要的共同诉讼制度与连带责任原理并不冲突，而是相得益彰。①

在行政诉讼领域，《行政诉讼法》虽然对追加必要共同诉讼人没有作出明确规定，但《行政诉讼法解释》基于必要共同诉讼的原理，对此作出了与《民事诉讼法》及其司法解释相类似的规定。该司法解释第二十七条规定："必须共同进行诉讼的当事人没有参加诉讼的，人民法院应当依法通知其参加；当事人也可以向人民法院申请参加。人民法院应当对当事人提出的申请进行审查，申请理由不成立的，裁定驳回；申请理由成立的，书面通知其参加诉讼。前款所称的必须共同进行诉讼，是指按照行政诉讼法第二十七条的规定，当事人一方或者双方为两人以上，因同一行政行为发生行政争议，人民法院必须合并审理的诉讼。"第二十八条规定："人民法院追加共同诉讼的当事人时，应当通知其他当事人。应当追加的原告，已明确表示放弃实体权利的，可不予追加；既不愿意参加诉讼，又不放弃实体权利的，应追加为第三人，其不参加诉讼，不能阻碍人民法院对案件的审理和裁判。"第二十六条规定："原告所起诉的被告不适格，人民法院应当告

① 参见姜强：《〈侵权责任法〉中的连带责任、不真正连带责任及其诉讼程序》，载《法律适用》2010 年第 7 期。

知原告变更被告；原告不同意变更的，裁定驳回起诉。应当追加被告而原告不同意追加的，人民法院应当通知其以第三人的身份参加诉讼，但行政复议机关作共同被告的除外。”根据上述司法解释的规定，行政诉讼中追加必须共同进行诉讼的当事人与民事诉讼一样，也是分为两种方式，即人民法院依职权主动追加以及当事人向人民法院申请参加。对于当事人申请参加的，人民法院应当进行审查并区分情况作出处理。但在行政诉讼中追加必要共同诉讼人存在三种类型，第一种是追加为共同原告，第二种是追加为共同被告，第三种则是追加为第三人。前述司法解释条款规定了两类应当追加为第三人的情形，一是应当追加的原告既不愿意参加诉讼，又不放弃实体权利的，应当追加为第三人；二是应当追加被告而原告不同意追加的，除了行政复议机关作共同被告的情形外，人民法院应当通知其以第三人身份参加诉讼。

回到本解释中来，本条规定采纳民事诉讼中关于共同侵权诉讼为必要共同诉讼的观点，首先规定两个以上行政机关共同实施侵权行政行为对公民、法人或者其他组织合法权益造成损害的，共同侵权行政机关应当作为共同被告同时应诉，明确了共同侵权行政机关属于必要共同诉讼人的地位。但与《人身损害赔偿解释》第二条关于“赔偿权利人起诉部分共同侵权人的，人民法院应当追加其他共同侵权人作为共同被告”的规定不同，本条第二句规定的是，在赔偿请求人只对其中一个或者几个侵权机关提起行政赔偿诉讼的情况下，人民法院应当通知未被起诉的其他共同侵权机关以第三人身份参加到诉讼中来，而非追加为共同被告。这主要是基于当事人处分原则的考虑，坚持诉讼法“不告不理”的制度特征，同时，如此规定也符合行政诉讼第三人的制度设计，符合《行政诉讼法》及《行政诉讼法解释》第二十六条第二款的规定。在行政诉讼中，第三人是指同争议的行政法律关系或者行政诉讼结果有利害关系，依法申请或者经人民法院通知，参加到业已开始的诉讼进程中来的个人或者组织。《行政诉讼法》第二十九条规定："公民、法人或者其他组织同被诉行政行为有利害关系但没有提起诉讼，或者同案件处理结果有利害关系的，可以作为第三人申请参加诉讼，或者由人民法院通知参加诉讼。人民法院判决第三人承担义务或者减损第三人权益的，第三人有权依法提起上诉。"《行政诉讼法解释》第三十条第二款规定："与行政案件处理结果有利害关系的第三人，可以申请参加诉讼，或者由人民法院通知其参加诉讼。人民法院判决其承担义务或者减损其权益的第三人，有权提出上诉或者申请再审。"由此可见，行政诉讼第三人享有当事人的地位，将未被起诉的其他共同侵权行政机关列为第三人，同样有利于人民法院查清事实、分清责任，并可以判决作为第三人的侵权行政机关承担相应的赔偿义务。人民法院判决作为第三人的侵权行政机关承担赔偿义务或者减损其权益的，该行政机关也有权以自己的名义提出上诉或者申请再审。基于此，本条规定人民法院应当将未被起诉的其他共同侵权行政机关列为第三人。此外，根据前述司法解释第二十八条的规定，人民法院通知未被起诉的其他共同侵权行政机关作为第三人参加诉讼时，还应当将此情况告知赔偿请求人以及已经被起诉作为被告的侵权行政机关。当然，人民法院通知未被起诉的其他共同侵权行政机关作为第三人参加诉讼应当仅限于一审程序。如果二审审理期间发现本案必须参加诉讼的第三人没有参加诉讼，则属于原判决遗漏必须参加诉讼的当事人的情形，依据《行政诉讼法》第八十九条第一款第四项关于"原判决遗漏当事人或者违法缺席判决等严重违反法定程序的，裁定撤销原判决，发回原审人民法院重审"的规定以及《行政诉讼法解释》第一百零九条第三款关于"原审判决遗漏了必须参加诉讼的当事人或者诉讼请求的，第二审人民法院应当裁定撤销原审判决，发回重审"的规定，二审法院应当裁定撤销原判决，发回原审人民法院重新审理。

【实务指导】

一、关于经上级行政机关批准的行政行为引发行政赔偿诉讼时是否成立共同被告的问题

关于批准机关与被批准机关的诉讼地位问题，《行政诉讼法解释》作出了明确规定，该司法解释第十九条规定：“当事人不服经上级行政机关批准的行政行为，向人民法院提起诉讼的，以在对外发生法律效力的文书上署名的机关为被告。”该司法解释明确了在涉及上下级行政机关关系的适格被告问题上，以在对外发生法律效力的文书上署名的机关为被告的判断标准。据此，经上级行政机关批准的行政行为引发行政赔偿诉讼时，可根据该条规定确定适格被告。如果下级行政机关经请示上级行政机关，得到上级行政机关批准后作出某行政行为，该行政行为是以下级行政机关的名义作出的，则不能认定该行政行为系上级行政机关和下级行政机关共同实施，赔偿请求人如认为该经批准的行政行为侵犯其合法权益提起行政赔偿诉讼，只能以在对外发生法律效力的文书上署名的机关，即下级行政机关作为被告。如果下级行政机关请示上级行政机关后，双方共同署名作出某行政行为，由此引发行政赔偿诉讼时，则上下级行政机关为共同赔偿义务机关，是共同被告。

此外，当下级行政机关按照上级行政机关的要求作出行政行为，即上下级行政机关之间存在委办（交办）关系时，如何确定适格被告？在这种情况下，人民法院在审查判断时，应当考察下级行政机关是否被动地接受上级行政机关的委办命令、交办指令。下级行政机关被动接受上级行政机关的指令而作出行政行为时，应当遵循“实际约

束力”标准，即如果上级行政机关的指令也构成一个有约束力的行政行为，下级行政机关据此作出行政行为，则上下级行政机关是共同被告；如果上级行政机关的指令仅仅是一个行政指导行为，对下级行政机关没有实际约束力，则被诉行政行为仍然是下级行政机关的行为，应当列下级行政机关为被告。[①]

二、认定行政机关共同侵权时，应当注意区分是一个侵权行为还是数个侵权行为

实践中，在认定数个行政机关共同实施侵权行政行为时，还应当注意区分数个行政机关实施的是一个侵权行为还是分别实施的数个侵权行为。只有在两个以上行政机关共同实施一个侵权行为对公民、法人或者其他组织合法权益造成损害的情况下，才构成共同侵权，该两个以上行政机关才属于共同赔偿义务机关，才能适用本条的规定。如果是两个以上行政机关分别由于各自独立的行政行为对公民、法人或者其他组织的合法权益造成了数个损害，则两个以上行政机关不构成共同侵权，不成立共同被告。赔偿请求人应当针对对其造成损害的各个不同的侵权行政行为，分别向各赔偿义务机关提出赔偿申请或者提起行政赔偿诉讼，以分别寻求救济。

（撰写人：骆芳菲）

① 江必新、梁凤云：《行政诉讼法理论与实务（第三版）》，法律出版社2016年版，第618页。

第九条 原行政行为造成赔偿请求人损害，复议决定加重损害的，复议机关与原行政行为机关为共同被告。赔偿请求人坚持对作出原行政行为机关或者复议机关提起行政赔偿诉讼，以被起诉的机关为被告，未被起诉的机关追加为第三人。

【条文主旨】

本条是关于行政行为经过复议后，如何确定行政赔偿诉讼被告的规定。

【起草背景】

在行政赔偿诉讼中，首先要确定适格的被告。一般情况下，对最初作出侵权行为的行政机关为被告是不存在争议的，但对行政行为经过复议之后如何确定被告则存在一定争议。

行政复议是指行政相对人（公民、法人或者其他组织）不服行政主体的行政行为，依法向行政复议机关提出申请，请求重新审查并纠正原行政行为，行政复议机关据此对原行政行为是否合法、适当进行审查并作出决定的法律制度。[①] 受理复议申请，依法对行政行为进行审查并作出决定的行政机关即行政复议机关。根据《行政复议法》第二十八条的规定，行政复议机关经过审查，对于认定事实清楚、证据

① 胡建淼：《行政法学（第四版）》，法律出版社2015年版，第740页。

确凿、适用依据正确、程序合法、内容适当的行政行为，可以作出维持决定；对于主要事实不清、证据不足，适用依据错误，违反法定程序，超越或者滥用职权，明显不当的行政行为，可以作出撤销、变更、确认违法或责令重作等复议决定。如果原行政行为对行政相对人的合法权益可能造成损害，那作为行政机关内部监督的复议行为，也有可能对行政相对人的合法权益造成损害。经行政复议后，复议决定可能减轻行政相对人的损害，如撤销原行政行为或撤销后责令原行政机关重新作出行政行为，或者将较重的行政处罚变更为较轻的行政处罚。但是，行政复议决定也可能加重行政相对人的损害，如将较轻的行政处罚变更为较重的行政处罚。

《国家赔偿法》第八条规定："经复议机关复议的，最初造成侵权行为的行政机关为赔偿义务机关，但复议机关的复议决定加重损害的，复议机关对加重的部分履行赔偿义务。"根据该条规定，不论复议机关的决定内容是维持、撤销或变更，原行政机关都是赔偿义务机关，对其最初造成的侵权后果承担赔偿责任。但是，若复议机关的复议决定加重损害的，复议机关应当对加重的部分承担赔偿义务。换言之，在加重损害的情况下，复议机关应与原行政机关为共同赔偿义务机关。反之，如果复议机关的决定没有加重当事人的损害，即使复议机关维持了原行政行为，损害完全是由原行政行为造成的，赔偿义务机关也只能是原行政机关。①

对于经复议后提起赔偿请求的，是由作出原行政行为的行政机关还是由复议机关作为行政赔偿诉讼的被告，在2010年《国家赔偿法》修改时曾有争议。第一种观点认为，经复议机关维持原行政行为的，复议机关和最初作出侵权行为的行政机关为赔偿义务机关；复议机关

---

① 江必新、胡仕浩、蔡小雪：《国家赔偿法条文释义与专题讲座》，中国法制出版社2010年版，第27页。

改变原行政行为的，复议机关为赔偿义务机关。理由是，复议维持既是对原行政行为的维持，也是对原行政行为内容的认可，被维持的原行政行为在法律上也是复议机关的行为和意思。故将原行政机关和复议机关列为行政赔偿诉讼的共同被告，符合复议维持情形下的行为主体与行为效力特征，有利于行政复议机关发挥内部监督的积极作用。第二种观点认为，加重损害的结果视为行政复议机关与原行政机关共同行使职权，应相互承担连带责任。第三种观点则认为，为了与《行政诉讼法》的相关规定①衔接，复议机关维持原行政行为的，作出原行政行为的行政机关是行政赔偿诉讼的被告；复议机关改变原行政行为的，复议机关是行政赔偿诉讼的被告。这样规定，可使行政赔偿诉讼的被告与行政诉讼的被告相统一，不仅程序上更加简便，而且可以降低诉讼成本。最终该条没有修改，仍沿用 1994 年《国家赔偿法》第八条的规定。

1997 年《行政赔偿规定》第十八条规定："复议机关的复议决定加重损害的，赔偿请求人只对作出原决定的行政机关提起行政赔偿诉讼，作出原决定的行政机关为被告；赔偿请求人只对复议机关提起行政赔偿诉讼的，复议机关为被告。"该条规定依据修改前的《行政诉讼法》，过分强调了不告不理原则，仅从当事人诉讼请求针对的行政机关出发，没有区分原行政行为与复议行为之间哪个是直接造成损害后果的侵权行为、哪个是加重损害后果的侵权行为，忽视了两个不同主体作出的侵权行为与损害后果之间的因果关系不同，与目前司法实践中的要求不相适应。本条是对该条规定的修改。

应当特别指出的是，行政赔偿诉讼中的适格被告（赔偿义务机

① 修正前的《行政诉讼法》第二十五条第二款规定："经复议的案件，复议机关决定维持原具体行政行为的，作出原具体行政行为的行政机关是被告；复议机关决定改变原具体行政行为的，复议机关是被告。"

关）与行政诉讼中的适格被告是不同的，行政诉讼所要解决的问题是被诉行政行为的合法性问题，而行政赔偿诉讼所要解决的问题是行政赔偿责任的有无以及大小的问题，它要弄清的是谁造成了受害人的损害、造成了多少损害、应当由谁承担赔偿责任的问题。因此，实际侵权的机关是不可缺少的当事人。[①] 这也符合行政法与侵权法的基本原理。

行政行为经复议的，应当如何确定行政赔偿案件的适格被告？对此，存在以下三种观点：

第一种观点认为，应当与《行政诉讼法》及其司法解释关于复议机关作共同被告的规定相一致，即行为之诉与赔偿之诉的被告完全一致。在行政赔偿诉讼中，无论单独或一并提出赔偿请求，复议决定维持原行政行为的，均将复议机关和原行政机关列为共同被告。既然复议决定维持原行政行为，说明原行政行为的合法性已得到复议机关确认，故不存在适用《行政复议法》第二十九条的前提条件。将复议机关列为共同被告，既有利于听取复议机关的意见，实质化解赔偿争议，又与《行政诉讼法》规定的复议共同被告原理类似，可以督促复议机关就赔偿问题作出处理，亦可为判决时一并对复议决定作出判决奠定基础。经审理查明事实、分清责任后，依法判决原行政机关和复议机关分别承担相应的赔偿责任，或判决原行政机关承担赔偿责任，驳回对复议机关承担赔偿责任的诉讼请求。

第二种观点认为，行政赔偿案件的被告应当仅为原行政机关，复议机关不应作为被告。理由一，行政赔偿争议的本质属于侵权争议，谁是真正的侵权人，谁就是被告。不论复议机关对原行政行为和赔偿请求如何处理，均不对复议申请人（赔偿请求人）造成损害。在复议

① 江必新：《国家赔偿法原理》，中国人民公安大学出版社1994年版，第155～156页。

维持原行政行为的情况下，即使经人民法院审理后认定，复议决定对原行政行为的合法性评价错误，但给赔偿请求人造成损害的仍是违法的原行政行为。若人民法院对行政赔偿争议作出最终处理，则原告（赔偿请求人）不服的复议决定自然无效。理由二，复议维持情况下几乎不存在加重损害的可能，可以推定没有加重损害的情形。即使有部分加重损害，也应由原行政机关承担。故行政赔偿诉讼应以原行政机关为被告。

第三种观点认为，依据赔偿请求人的诉讼请求确定被告。根据不告不理原则，赔偿请求人对哪个机关提出赔偿请求，哪个机关就是行政赔偿诉讼的被告。

对于经过行政复议后如何确定行政赔偿诉讼的被告，总的指导思想是“谁侵权，谁赔偿”。只要职务行为的作出导致了侵权损害后果的发生，作出该职务行为的主体就应当承担相应的赔偿责任。当行政复议决定加重损害结果时，复议机关已成为侵权行为的主体，故应当承担相应的赔偿责任。《国家赔偿法》第八条明确规定，复议机关仅就“加重的部分履行赔偿义务”，实际上是采取了严格的“谁侵权，谁赔偿”的原则。因此，当行政复议决定加重受害人损害时，复议机关和最初作出侵权行为的行政机关为共同赔偿义务机关，但复议机关只对加重的部分承担义务。[①] 本条规定与《国家赔偿法》第八条的规定一致。

《行政诉讼法解释》第一百三十六条第六款规定：“原行政行为被撤销、确认违法或者无效，给原告造成损失的，应当由作出原行政行为的行政机关承担赔偿责任；因复议决定加重损害的，由复议机关对加重部分承担赔偿责任。”根据上述规定，因原行政行为违法给原告

---

① 许安标、武增主编：《〈中华人民共和国国家赔偿法〉解读》，中国法制出版社2010年版，第48页。

造成损失的，应当由原行政机关承担赔偿责任。如果复议决定并没有增加复议申请人的义务或者减损其权利，即使复议决定改变了原行政行为所认定的事实、证据或适用规范依据，但未改变处理结果的，对赔偿请求人合法权益造成损害的仍然是原行政行为，故应由原行政机关承担赔偿责任。只有当复议决定加重已经存在的损害后果时，才由复议机关对加重的部分承担赔偿责任。本条规定亦与上述司法解释的规定一致。

【条文释义】

一、准确把握复议决定加重损害的含义

关于“加重损害”的含义，实践中存在以下两种观点：

一种观点认为，在复议机关改变原行政行为的情况下，会发生“显性”的损害加重后果；在复议机关维持原行政行为以及逾期不决的情形下，则会发生“隐性”的加重后果。如当行政机关违法作出了责令停产停业、吊销许可证和执照等行政行为后，由于复议期间不停止执行（法定情形除外），那在复议期间，原行政行为所造成的损害就处于存续状态。如果复议机关维持了原行政行为，此时事实上已经出现了加重的损害结果。在复议机关逾期不决的情形下也是如此。若仅以复议机关作出的加重损害的决定作为确定复议机关赔偿责任的依据，不利于保护行政相对人的利益。①

另一种观点认为，加重损害仅在复议机关作出改变原行政行为的复议决定、且同时加重了损害后果时才发生。在复议机关维持原行政

① 马怀德主编：《国家赔偿问题研究》，法律出版社2006年版，第197～198页。

行为以及逾期不决的情形下，产生的复议期间的“隐性”加重后果，乃制度设计所应涵盖之副产品，复议机关不应对该部分损害承担赔偿责任。只有因已经作出的复议决定明文改变原行政行为，且该改变决定加重损害的，复议机关才成为赔偿义务机关。①

笔者认为，上述观点均有合理性，但各有值得商榷的部分。理由如下：

第一种观点关于“隐性”加重后果的论述，虽然着眼于复议期间损害后果的持续状态，但忽略了侵权行为与损害后果之间的因果关系，以及行政复议作为行政机关内部监督制度和法定救济途径的性质。只要复议机关依照法定条件和程序受理行政复议申请并依法作出决定，即使其维持原行政行为的复议决定在行政诉讼中被撤销（原行政行为往往亦同时被撤销），对公民、法人或者其他组织合法权益可能造成损害的仍然是原行政行为。复议程序是根据申请人的申请启动的，复议机关是解决行政争议的裁决机关，只要复议机关依法受理申请并作出决定，即使客观上出现了所谓复议期间损害后果的“加重”效果，也与复议行为之间缺乏损害赔偿的因果关系，而是原行政行为造成的损害后果的持续。故适格的赔偿义务机关应为原行政机关，而非复议机关。

第二种观点则过于绝对，忽略了因复议程序违法给公民、法人或者其他组织造成损害结果的扩大之间亦具有因果关系。若复议机关虽然依法受理了复议申请，但未在法定期限内作出复议决定，此时出现了最初损害后果与加重损害部分的叠加。对于复议超期造成原有损失的扩大，与复议机关程序违法之间当然具有因果关系，而与原行政行为无关，该加重部分的损失由原行政机关承担则显失公平，故应由复

① 江必新主编、最高人民法院赔偿委员会办公室编著：《〈中华人民共和国国家赔偿法〉条文理解与适用》，人民法院出版社2010年版，第116页。

议机关承担相应的赔偿责任，此时复议机关应为赔偿义务机关。

综上，判断复议决定是否加重损害，应当着眼于构成行政赔偿法律关系的三要素，即从侵权行为、损害后果及二者之间的因果关系入手。在复议决定维持原行政行为的情况下，对当事人合法权益造成实质侵害的应当是原行政行为，复议决定只是对原行政机关的意志加以肯定而已。由于维持原行政行为的复议决定并没有给当事人增加新的负担，也就无法发生加重损害的情形。因此，即使在《行政诉讼法》修改之后，复议机关因维持原行政行为而成为共同被告的情况下，赔偿义务机关的确定仍然应当依照《国家赔偿法》第八条的规定精神执行。[①] 但是，因复议程序违法给原告造成损失的，由复议机关承担赔偿责任。[②]

二、复议机关与原行政机关为共同被告

（一）准确把握复议加重损害情形下的诉讼当事人地位，要明确此类共同诉讼的类型

共同诉讼一般分为必要的共同诉讼和普通的共同诉讼。前者是指当事人一方或者双方为两人以上，诉讼标的为同一行政行为的诉讼；后者是指当事人一方或者双方为两人以上，诉讼标的为同类行政行为的诉讼。本条规定的类型属于非典型的普通共同诉讼，而非必要的共同诉讼。可能造成损害的是两个不同的侵权行为，不仅具有时间空间上的先后性，更为重要的是，两个行为与损害后果之间的因果关系在性质上具有本质区别。原行政行为是最初直接造成损害的违法行政行为，复议行为是可能加重损害的裁决行为，虽然二者均与损害后果之

① 参见最高人民法院（2016）最高法行申340号行政裁定书。

② 李广宇：《理性诉权观与实质法治主义》，法律出版社2018年版，第335页。

间存在因果关系，但二者在共同造成损害后果中的原因和作用不同，故为非典型的普通共同诉讼。

之所以称之为非典型的普通共同诉讼，主要是与本解释第八条相区别。该条是关于共同侵权机关为共同被告的规定，属于典型的普通共同诉讼。该条中规定："两个以上行政机关共同实施侵权行政行为造成损害的，共同侵权行政机关为共同被告。"在承担赔偿责任时，共同侵权的行政机关之间应当承担连带责任。而本条规定虽然将加重损害的复议机关与原行政机关作为共同被告，但二者之间并不承担连带责任，而是根据二者在损害发生和结果中的作用大小，分别承担相应的赔偿责任。易言之，复议加重损害不同于共同侵权，虽属于共同诉讼情形，可以作为共同被告，但复议机关和原行政机关应当分别承担相应的赔偿责任，即原行政行为对于由其造成的最初损害后果承担赔偿责任，复议行为对于由其加重的损害部分承担赔偿责任。

（二）准确把握复议加重损害情形下的诉讼当事人地位，要注意区别行政赔偿诉讼中的共同被告与行政诉讼中的共同被告之不同

在行政诉讼中，《行政诉讼法》第二十六条第二款规定："经复议的案件，复议机关决定维持原行政行为的，作出原行政行为的行政机关和复议机关是共同被告；复议机关改变原行政行为的，复议机关是被告。"复议机关作共同被告的情形，既不属于普通的共同诉讼，也不属于典型的必要共同诉讼。因为，复议决定和原行政行为是两个不同的行政行为，但是这两个行政行为具有极高的关联度，维持的复议决定强化了原行政行为，又依附于原行政行为的效力状态。[①] 从这个意义上讲，这种情形实际上是必要共同诉讼和普通共同诉讼的中间形

① 袁杰主编、全国人大常委会法制工作委员会行政法室编著：《中华人民共和国行政诉讼法解读》，中国法制出版社2014年版，第215页。

态，也是对共同诉讼理论的新发展。①

在行政赔偿诉讼中，若复议决定加重损害，复议机关成为共同被告，属于普通的共同诉讼，而非必要的共同诉讼。因为，在复议决定加重损害的情形下，对于受害人的损害后果而言，原行政行为与复议行为均为侵权行为，原行政行为与加重损害的复议行为均与损害后果的发生具有因果关系。应当根据两个行为在损害后果发生和结果中的作用力大小等因素，分别由原侵权行政机关和复议机关就各自所造成的损害后果承担相应的赔偿责任，故应当将复议机关与原行政机关作为共同被告。

（三）准确把握复议加重损害情形下的诉讼当事人地位，要注意行政诉讼的被告和行政赔偿诉讼的被告可能存在不一致的情况

在行政诉讼中，根据《行政诉讼法》第二十六条第二款和《行政诉讼法解释》第二十二条第一款的规定，复议机关改变原行政行为的处理结果，复议机关是被告，原行政机关不是被告。但在行政赔偿诉讼中，根据《国家赔偿法》第八条和《行政诉讼法解释》第一百三十六条第六款的规定，原行政机关与复议机关分别对造成的损害后果承担相应的赔偿责任，故原行政机关和复议机关为共同被告。根据本条规定，复议决定加重损害的，复议机关与原行政机关为行政赔偿案件的共同被告。司法实践中，典型的复议决定加重损害情形主要发生在行政处罚类和行政强制措施类等案件中。如复议决定提高原行政处罚的种类或幅度、延长原行政强制措施的时间或者变更种类等。例如，某公安分局由于认定事实错误，对没有违反治安管理规定的行政相对人给予罚款二百元的行政处罚。被处罚的行政相对人不服，申请市公安局复议。市公安局经复议，变更原处罚决定为罚款五百元。若行政

① 梁凤云：《行政诉讼法司法解释讲义》，人民法院出版社2018年版，第351页。

相对人提起行政诉讼，适格被告为复议机关市公安局。若赔偿请求人提起行政赔偿诉讼，则某公安分局和市公安局为共同被告。若人民法院支持其赔偿请求，则最初处罚的二百元罚款由某公安分局承担赔偿责任，复议机关市公安局只对加重处罚的三百元罚款承担赔偿责任。

三、未被起诉的另一侵权机关作为第三人参加诉讼

在行政赔偿诉讼中，经复议的案件，如果赔偿请求人仅对原行政机关或者复议机关中的一个机关提起诉讼，另一个机关的诉讼地位如何？在本解释起草过程中，曾有两种意见：

第一种意见认为，在赔偿请求人未明确放弃对另一机关主张行政赔偿的情况下，人民法院应当依职权追加另一机关为共同被告。因为，此类诉讼的类型为普通共同诉讼，在赔偿请求人未明确放弃对另一个行政机关的赔偿请求的情形下，该行政机关应为共同被告。

第二种意见认为，此类案件虽为普通共同诉讼，但不宜统一规定为共同被告，特别是原告未明确放弃行政赔偿请求又不愿起诉另一个赔偿义务机关时，若强制规定该机关为共同被告，不符合诉讼法的不告不理原则。

本条在采纳第二种意见的基础上，综合考虑复议加重损害的情形作出明确规定。理由有三：

第一，赔偿之诉与行为之诉不同，复议机关作共同被告的原因亦不同。在行为之诉中，争议的焦点和审理的重点是被诉行政行为的合法性问题。修正后的《行政诉讼法》之所以确立复议维持情况下的共同被告制度，除了为解决复议机关因怕当被告而对违法行政行为不愿作出改变的现实问题之外，当然具有相应的理论基础，即行政一体原则。将基于行政监督权能而形成的行政复议决定视为行政系统内部的最终处理意见，在同时存在一个原行政行为和一个复议维持决定的情

况下，将二者视为一个统一的整体。司法审查的对象仍然是原行政行为，但此时的原行政行为并不是作出时的状态，而是以复议决定的形式体现出来的最终状态，甚至当复议决定改变了原行政行为的理由（包括主要事实、证据和所适用的规范依据），只要未改变原行政行为处理结果的，也只是赋予了原行政行为一个新的形式而已。既然诉讼标的被视为一个统一的整体，诉讼标的的合一确定必然要求共同诉讼之各人也必须合一确定，即必须数人一同起诉或一同被诉，当事人始为适格。[①]《行政诉讼法》第七十九条规定，“复议机关与作出原行政行为的行政机关为共同被告的案件，人民法院应当对复议决定和原行政行为一并作出裁判”，就是对诉讼标的必须合一确定提出了明确的要求。故在行为之诉中，在复议维持或视为维持成为共同被告的情形下，若行政相对人仅起诉原行政机关，人民法院应当依职权追加复议机关为共同被告。[②] 而在赔偿之诉中，争议的焦点和审理的重点是赔偿主体是谁、应否给予赔偿以及赔偿多少的问题。审理的重点应围绕构成行政赔偿责任的三要素，即违法行政行为、造成的损害后果以及二者之间的因果关系来进行。根据《国家赔偿法》第八条和《行政诉讼法解释》第一百三十六条第六款的规定，由于复议机关仅对加重损害的部分承担赔偿责任，说明在赔偿责任的划分上，仍然是将原行政行为与复议行为作为两个不同的侵权行为，分别承担相应的赔偿责任，即由最初造成侵权后果的原行政机关承担基础的赔偿责任，复议机关仅对加重损害的部分承担赔偿责任。若不存在加重损害的部分，则复议机关不承担赔偿责任。

---

① 李广宇：《新行政诉讼法司法解释读本》，法律出版社2015年版，第160页。

② 《行政诉讼法解释》第一百三十四条第一款规定，复议机关决定维持原行政行为的，作出原行政行为的行政机关和复议机关是共同被告。原告只起诉作出原行政行为的行政机关或者复议机关的，人民法院应当告知原告追加被告。原告不同意追加的，人民法院应当将另一机关列为共同被告。

第二，符合不告不理原则。不告不理原则是现代各国诉讼法普遍确立的一项重要诉讼原则。不告不理是指没有原告的起诉，法院就不能启动审判程序。具体包含两层含义：一是起诉谁是原告的权利，法院既不能依职权决定，也不能强迫原告起诉自己不愿意起诉的对象；二是法院的审理范围应与原告的请求范围相一致，法院不得对原告未提出诉讼请求的事项进行审判。根据《国家赔偿法》第三条、第四条规定，行政机关及其工作人员在行使行政职权时侵犯人身权、财产权的，受害人有取得赔偿的权利。既然是一项权利，权利人当然有权自由处分，若受害人对数个侵权人中的某个并不主张权利，在提起诉讼时即表现为对该侵权人不起诉。在复议决定加重损害的情况下，复议行为与原行政行为均与同一损害后果存在因果关系，但原行政行为造成的是最初的、基础的损害，复议行为造成的是加重部分的损害，其后果叠加在最初的损害结果之上，造成了损失范围的扩大或损害程度的加深。如果赔偿请求人仅对其中的一个机关主张赔偿，不愿意向另一个机关主张，甚至放弃对另一个机关的赔偿权利，属于对其自身权利的处分行为，应当允许。

第三，未被起诉的另一个机关应当作为第三人参加诉讼。在行政赔偿诉讼中，若复议决定加重损害后果，复议机关与原行政机关应为共同被告。若赔偿请求人在起诉时仅对二者之一提起行政赔偿诉讼，人民法院应当予以释明。释明后，若赔偿请求人坚持不同意追加另一机关为共同被告，人民法院应当将未被起诉的另一行政机关追加为第三人。这样做不仅有利于查明事实后依法作出裁判，也是实质解决行政赔偿争议的必然要求。本条规定与本解释第八条关于共同侵权行政机关中未被起诉的机关追加为第三人的规定相同。

四、人民法院的释明义务

在原行政行为造成损害、复议决定加重损害的情形下，若赔偿请求人仅对其中一个机关提起行政赔偿诉讼，人民法院应当予以必要的指导或释明。释明的目的，既是为了将诉讼标的与诉讼主体相统一，便于查明事实后依法作出裁判，也是为了实质化解行政赔偿争议，避免程序空转。释明的内容，即告知赔偿请求人，此种情况下可以将复议机关与原行政机关列为共同被告。

在司法实践中，应当注意以下问题：一是原告拒不接受释明的法律后果。有意见认为，若经释明原告仍拒绝追加另一机关为共同被告，应当裁定驳回起诉或判决驳回诉讼请求。我们认为，上述处理方式是不恰当的，不利于行政赔偿争议的实质化解。如果释明后原告仍拒绝追加另一机关为共同被告，人民法院可以将未被起诉的机关追加为第三人，经实体审理后依法作出裁判。二是未释明或释明不当的法律后果。有意见认为，释明是人民法院的义务，如果未释明或者释明错误，应当承担相应的法律后果。如大陆法系国家一般认为，法院应当履行释明义务而未履行的，构成违反诉讼程序的情形，该判决可能在上诉程序中被撤销。我们认为，释明虽然是人民法院的义务，但不具有强制性，也不产生程序违法的法律后果。

在行为之诉中，法律同样规定了人民法院有提供诉讼指导或释明的义务。诉讼指导体现为告知，如《行政诉讼法解释》第二十六条第一款中规定："原告起诉的被告不适格，人民法院应当告知原告变更被告。"释明则体现在行政诉讼的全过程，从立案阶段到审理判决阶段都存在释明。如《行政诉讼法解释》第五十五条第二款中规定："起诉状内容或者材料欠缺的，人民法院应当给予指导和释明，并一次性全面告知当事人需要补正的内容、补充的材料及期限。"第九十四条第二款中规定："公民、法人或者其他组织起诉请求确认行政行为无效，人民法院审查认为行政行为不属于无效情形，经释明，原告请求撤销行政行为的，应当继续审理并依法作出相应判决。"第九十五条中规定："人民法院经审理认为被诉行政行为违法或者无效，可能给原告造成损失，经释明，原告请求一并解决行政赔偿争议的，人民法院可以就赔偿事项进行调解。"之所以这样规定，源于便民原则和诉讼经济原则，人民法院应当尽量给予行政诉讼原告明确的指示和告知。但是，若未能正确进行告知或释明，均不产生程序违法的法律后果。主要考虑是，为了切实化解纠纷，人民法院应当履行相应的告知义务。经过告知，可以使原告准确理解《行政诉讼法》的规定，便于审理和其他诉讼程序的顺利进行，但并不产生特定的法律后果。[①]本解释与上述《行政诉讼法》及其司法解释规定的告知或释明的性质保持一致。若人民法院未释明或释明不当，赔偿请求人的合法权益并非因法院未正确释明而受损，其仍有救济途径，可以依法另行提起行政赔偿诉讼。

综上所述，根据诉讼法的不告不理原则，原告有选择被告的权利，追加被告应由原告提出请求或者征得原告同意后追加。在行政赔偿诉讼中，不能要求赔偿请求人对于经复议的案件如何确定适格被告均能作出正确的、专业的判断，人民法院应当给予必要的指导或释明。释明的根本目的，是为了实现诉讼标的与诉讼主体的合一确定，进而查清案件事实，实质解决赔偿争议。释明之后，若原告仍坚持起诉其中的一个机关，应当以其起诉的行政机关为被告，未被起诉的行政机关追加为第三人参加诉讼。

【实务指导】

根据本条规定，经行政复议后提起行政赔偿诉讼的，应按下列方

① 梁凤云：《行政诉讼法司法解释讲义》，人民法院出版社2018年版，第352页。

法确定被告：(1) 复议决定撤销原行政行为的，若原行政行为造成损害，原行政机关为被告。(2) 复议决定维持原行政行为的，最初造成侵权行为的原行政机关为被告。复议决定加重损害的，复议机关与原行政机关均为共同被告。(3) 一般情况下，复议决定变更原行政行为并减轻损害的，最初造成侵权行为的原行政机关为被告。特殊情形下，复议机关也可能成为被告。以行政处罚为例，如复议决定将原拘留决定变更为较轻的罚款处罚，虽然处罚种类变轻了，但该两个处罚行为均可能是错误的，并给行政相对人造成损害。因此，无论在行为之诉还是在赔偿之诉中，复议机关和原行政机关均不是共同被告。在赔偿之诉中，若请求赔偿拘留决定造成的损害，则原行政机关是被告；若请求赔偿罚款决定造成的损害，则复议机关是被告。(4) 复议决定变更原行政行为并加重损害的，复议机关和原行政机关为共同被告。在第二种、第四种情形下，复议机关和原行政机关均为共同被告，二者根据各自在损害发生和结果中的作用大小分别承担相应的赔偿责任，即原行政机关承担最初造成的赔偿责任，复议机关仅对加重损害的部分承担赔偿责任。

行政赔偿诉讼实务中，准确把握复议机关与原行政机关谁为适格被告，应当注意以下几点：

一、立案时如何判断复议机关是否为共同被告

根据本条规定，复议机关成为共同被告的条件是，“复议决定加重损害”。但是，要求在立案时正确判断是否存在“复议决定加重损害”的情形可能存在一定困难，有的甚至需要经过实体审理才能判断。例如，在复议决定维持原行政机关作出的责令停产停业、吊销许可证或执照等的行政处罚情况下，虽然停产停业损失是原行政处罚决定造成的，但复议程序是否违法、是否因此加重了原告的损害，未经

审理无法作出正确的判断。如因复议程序超过法定期限并造成原告损失的扩大，则超期部分的停产停业损失应由复议机关承担。再如，在复议决定改变原行政行为视为维持[①]的情况下，复议决定虽然维持了原行政行为的处理结果，但改变了原行政行为所认定的主要事实和证据或所适用的规范依据，如果仅以原行政机关为被告，可能造成原行政机关的举证困难。因为，根据《行政诉讼法解释》第一百三十五条第三款的规定，复议机关作共同被告的案件，复议机关在复议程序中依法收集和补充的证据，可以作为人民法院认定复议决定和原行政行为合法的依据。

因此，在立案阶段比较妥当的做法是，根据原告的诉讼请求及提交的初步证据进行综合判断，确定适格的被告。若原告对原行政机关和复议机关均提出赔偿请求，且提交的初步证据能够证明，不仅存在原行政行为造成的损失，而且存在复议决定加重损害的可能，人民法院应将复议机关与原行政机关列为共同被告。若原告仅对其中一个机关提出赔偿请求，但初步证据证明存在加重损害的可能时，人民法院应当释明原告，将两个机关列为共同被告。经释明后原告拒绝追加的，人民法院应当追加未被起诉的机关为第三人。经审理，若不存在复议决定加重损害或因复议程序违法造成原告损失扩大的情形，则由原行政机关对造成的损害后果承担赔偿责任，复议机关不承担赔偿责任。

二、复议机关作出的不予受理决定是否加重损害

根据《国家赔偿法》第三条、第四条列举的可能造成损害的侵权行为种类，绝大多数均是因行政机关及其工作人员不当行使职权的作

① 《行政诉讼法解释》第二十二条第一款中规定："复议机关改变原行政行为所认定的主要事实和证据、改变原行政行为所适用的规范依据，但未改变原行政行为处理结果的，视为复议机关维持原行政行为。"

为行为才能导致行政赔偿责任。消极不作为导致的行政赔偿责任，通常仅存在于特定领域中。如负有保护公民人身权、财产权不受侵害的人民警察，接到报警后未及时出警，受害人遭受不法侵害；负有监管职责的看守所未尽安全保障义务，被限制人身自由的被监管人的安全和健康受损等。

上文已述，复议机关成为共同被告的条件是，“复议决定加重损害”。那么，复议机关的不予受理决定是否会造成复议申请人的损害，就成为判断是否存在加重损害的前提。根据《行政复议法》及《行政复议法实施条例》的规定，行政复议的目的是解决行政争议，防止和纠正违法的或者不当的行政行为，保护公民、法人和其他组织的合法权益，保障和监督行政机关依法行使职权。行政复议机关根据申请人的申请，依法受理并对被申请的行政行为的合法性进行审查。若申请人的申请不符合上述法律法规规定的受理条件，复议机关即作出不予受理决定。因此，不予受理决定本身并不对公民、法人或者其他组织的人身权、财产权进行直接处分，与《国家赔偿法》第四条规定所列举的其他造成财产权损害的行政执法行为具有不同的属性，因此不属于《国家赔偿法》第四条规定的“造成财产损害的其他违法行为”。[①]

三、经复议的案件，赔偿请求人单独提起行政赔偿诉讼与一并提起行政赔偿诉讼时，如何确定适格被告

涉及单独与一并这两种不同类型的行政赔偿案件，在被告的确定问题上是否存在差别。

根据《国家赔偿法》第九条的规定，赔偿诉讼分为单独提起赔偿之诉和一并提出赔偿请求。二者的区别在于，赔偿请求人与被诉行政

① 详见最高人民法院（2015）行监字第2116号行政裁定书。

机关之间不仅对是否赔偿及如何赔偿有争议，还对造成损害的行政行为是否违法及应否赔偿问题有争议。若相关行政行为已在行政复议或行政诉讼程序中被确认违法，或者作出行政行为的行政机关自行撤销或变更原行政行为，说明涉案行政行为的违法性已经得到上级行政机关或司法机关的确认或行政机关自认，赔偿请求人再行提出的赔偿请求，或者对行政机关作出的赔偿决定中的项目、数额、方式等有异议，因此向人民法院提起赔偿诉讼的，属于单独提出的行政赔偿诉讼。若申请人（原告）在申请行政复议或提起行政诉讼请求撤销原行政行为的同时提出赔偿请求，则属于一并提出赔偿请求。

单独提起行政赔偿之诉的情形一般包括：（1）赔偿请求人向赔偿义务机关提出赔偿请求，赔偿义务机关作出赔偿决定，但赔偿请求人对于赔偿的项目、数额、方式等有异议，向人民法院提起赔偿之诉。（2）经复议后再行提起赔偿之诉的，分为两种情形：第一种，申请人向复议机关申请复议，请求撤销某个行政行为的同时提出赔偿请求。复议机关作出撤销、变更或确认被申请的行政行为违法的复议决定时，同时决定由被申请人赔偿损失，或者复议机关决定不予赔偿。复议申请人不服，可以向人民法院提起行政赔偿诉讼。第二种，复议申请人申请复议时，仅请求撤销某个行政行为，但没有提出赔偿请求。根据《行政复议法》第二十九条第二款的规定：“申请人在申请行政复议时没有提出行政赔偿请求的，行政复议机关在依法决定撤销或者变更罚款、撤销违法集资、没收财物、征收财物、摊派费用以及对财产的查封、扣押、冻结等具体行政行为时，应当同时责令被申请人返还财产，解除对财产的查封、扣押、冻结措施，或者赔偿相应的价款。”若复议机关依职权决定被申请人赔偿申请人的损失，申请人不服该赔偿部分的内容，可以向人民法院提起行政赔偿诉讼。在单独提起赔偿诉讼的情况下，适格被告应当是最初造成侵权行为的行政机关。因为，从行政赔偿诉讼的构成要件看，被诉行政行为的违法性已经法定程序得到确认，赔偿请求人与被诉行政机关之间的争议在于，是否存在损害后果及损害后果与违法行为之间的因果关系。换言之，双方之间的争议焦点是应否赔偿以及如何赔偿的问题。在单独提起行政赔偿诉讼的情况下，最初造成损害的行政机关为被告，复议机关仅在加重损害时成为共同被告。

一并提起行政赔偿诉讼是指原告请求撤销或确认行政行为违法时一并提出赔偿请求。此种情况下，由于行政行为的违法性未经法定程序确认或自认，原告认为行政行为违法并给其造成了损害，向人民法院提起行政诉讼附带赔偿诉讼。此时的诉讼实为两个诉，即行为之诉与赔偿之诉并存。在一并提出赔偿请求的情形下，复议决定维持原行政行为（含视为维持的情形）的，应依照《行政诉讼法》[①] 及《行政诉讼法解释》[②] 的相关规定，将复议机关列为共同被告。若原告仅起诉其中一个机关且不同意追加另一个机关为被告的，人民法院应当依职权追加另一个机关为共同被告。换言之，在一并提出赔偿请求的情况下，应当依照上述规定列明被告，复议决定维持原行政行为的，复议机关应当作为共同被告。

之所以要正确识别单独与一并这两种不同的赔偿案件类型，是因为出现了这样的情形：复议决定维持原行政行为，原告仅以复议机关为被告提起行政诉讼，同时一并提出行政赔偿请求，经释明后，原告坚持仅起诉复议机关的，应当如何处理？实务中存在以下两种观点：第一种观点认为，经释明后，原告拒绝变更的，以原告错列被告且拒绝变更为由裁定驳回起诉。第二种观点认为，人民法院可以征得原告

---

① 《行政诉讼法》第二十六条第二款中规定："经复议的案件，复议机关决定维持原行政行为的，作出原行政行为的行政机关和复议机关是共同被告。"

② 《行政诉讼法解释》第二十六条第二款规定："应当追加被告而原告不同意追加的，人民法院应当通知其以第三人的身份参加诉讼，但行政复议机关作共同被告的除外。"

同意后变更被告，原告拒绝变更的，应当判决驳回其赔偿诉讼请求。[①] 我们认为，上述处理方式不妥，正确列明行政赔偿案件的被告，首先要识别是哪种赔偿案件类型，如果是一并提出赔偿请求，应当按照《行政诉讼法》及司法解释的规定确定当事人诉讼地位。在复议维持情况下，原告仅起诉复议机关，经释明原告拒绝追加被告的，人民法院应当依职权将复议机关和原行政机关列为共同被告。审理中，应先对被诉行政行为的合法性作出判断，再按照行政赔偿案件的审理要素进行审理并依法作出裁判。

四、程序问题与实体要件相联系

确定行政赔偿案件的适格被告虽是程序问题，但同时包含着对一定实体要件的审查，二者既相区别又相联系。

根据《行政诉讼法》第四十九条的规定，有明确的被告是提起诉讼的起诉条件之一。“有明确的被告”是指起诉状指向了具体的、特定的被诉行政机关，即被告形式上适格。但是，“明确”的被告不代表“正确”的被告，适格被告的第二层含义则是实质性适格。[②] 在行政赔偿诉讼中，被告的适格也应当包括形式上适格与实质上适格两层含义。根据《国家赔偿法》确立的原则，只有具备赔偿义务机关资格的，才能成为适格的行政赔偿案件的被告。复议机关是否为行政赔偿案件的适格被告，应当以复议决定是否加重损害为核心要件。判断是否存在“加重损害”，需要相应的事实根据，这不是原告的主观标准，而是应有一定的客观标准。为了证明“加重损害”的存在，原告起诉时应当提供相应的证据，即原告负有初步的证明责任。当然，起诉时并不要求“加重损害”的后果已经实际发生，只要存在加重损害的可

① 蔡小雪、甘文：《行政诉讼实务指引》，人民法院出版社 2014 年版，第 564 页。

② 李广宇：《理性诉权观与实质法治主义》，法律出版社 2018 年版，第 35 页。

能即可。

综上所述，在行政诉讼中，确定适格被告的原则是“谁行为，谁被告”；在行政赔偿诉讼中，确定适格被告的原则是“谁侵权，谁赔偿”。经过复议的案件，再提起行政赔偿诉讼的，原则上由作出侵权行为的原行政机关为被告，只有在复议决定加重损害的情况下，复议机关才成为共同被告。对于是否存在加重损害，原告负有初步的证明责任。

（撰写人：于泓）

第十条 行政机关依据行政诉讼法第九十七条的规定申请人民法院强制执行其行政行为，因据以强制执行的行政行为违法而发生行政赔偿诉讼的，申请强制执行的行政机关为被告。

【条文主旨】

本条是关于行政非诉执行行政赔偿的规定。

【起草背景】

行政非诉执行，即当事人在法定期限内既不提起行政诉讼，又不履行行政决定的，没有行政强制执行权的行政机关可以自期限届满之日起三个月内，申请人民法院强制执行。这一制度由1989年《行政诉讼法》第六十六条所确立，该条规定了行政强制执行中行政机关申请人民法院强制执行与行政机关自己强制执行的双轨制，该条规定：公民、法人或者其他组织对具体行政行为在法定期限内不提起诉讼又不履行的，行政机关可以申请人民法院强制执行，或者依法强制执行。修改后的《行政诉讼法》将该条条文序号调整为第九十七条，内容除删掉“具体”二字，其他未作修改。

行政非诉执行与行政诉讼的执行不同，其具有一套独立的程序运行模式。《行政强制法》及最高人民法院在不同时期发布的多个司法解释中均有关于行政非诉执行的相关规定。如《行政强制法》第十三条规定，行政强制执行由法律设定。法律没有规定行政机关强制执行的，作出行政决定的行政机关应当申请人民法院强制执行。2000 年《行政诉讼法解释》第八十六条则规定了行政机关提出非诉执行申请时应当具备的条件，该条规定基本为现行有效的《行政诉讼法解释》第一百五十五条所沿袭和吸收。

人民法院基于行政机关的申请，对拒不履行行政决定所确定的义务的相对人依法采取强制措施，使生效行政决定的内容得以实现。在这一过程中，历经行政机关作出行政行为、申请人民法院执行、人民法院经过审查作出裁定、人民法院予以执行或交由行政机关执行等诸多环节。任一环节出现问题，都有可能损害相对人的合法权益，进而引发赔偿问题。此种情形下，由谁作为被告承担赔偿责任，一直存在不同观点。本条即关于行政非诉执行行政赔偿的规定，本条规定明确了在行政非诉执行行政赔偿诉讼中，由申请强制执行的行政机关作为被告。在基本沿袭 1997 年《行政赔偿规定》第十九条的基础上，本条根据《行政强制法》及修正后的《行政诉讼法》的内容作出了相应修改，主要依据《行政诉讼法》条文序号的调整进行调整，将“由于据以强制执行的根据错误而发生行政赔偿诉讼的”修改为“因据以强制执行的行政行为违法而发生行政赔偿诉讼的”。

【条文释义】

一、关于对“申请强制执行的行政机关为被告”的理解

《行政强制法》第八条第二款规定，公民、法人或者其他组织因人民法院在强制执行中有违法行为或者扩大强制执行范围受到损害的，有权依法要求赔偿。该款规定了当事人在强制执行过程中的救济权利。但司法实践中，当事人应当向谁主张赔偿，特别是人民法院予以强制

执行的情形下，应当如何确定赔偿主体？对这一问题始终存在不同观点。本解释明确以申请强制执行的行政机关为被告。在本解释起草过程中，我们曾就本条拟规定“但是，因人民法院强制执行扩大的损失除外”。有观点提出，征求意见稿与《行政强制法》第八条第二款表述不一致。为此，我们根据该意见删去了征求意见稿的相关规定。本条之所以规定以申请强制执行的行政机关为被告，而未将人民法院作为赔偿义务主体，其根本原因在于，作为行政强制执行制度的重要组成部分，行政非诉执行具有独立的程序运行模式，其执行主体和执行根据与行政诉讼的执行存在本质上的不同。

（一）关于执行主体问题

行政诉讼中负责强制执行的是人民法院的执行机构。2020 年修正的《最高人民法院关于人民法院执行工作若干问题的规定（试行）》第一条规定，人民法院根据需要，依据有关法律的规定，设立执行机构，专门负责执行工作。该规定第二条列举了六项由执行机构负责执行的生效法律文书，其中第一项就规定了行政判决、裁定、调解书。因此在行政诉讼中人民法院是强制执行的实施主体。行政诉讼中被强制执行的主体则既可能是行政机关也可能是行政行为的相对人。《行政诉讼法解释》第一百五十二条规定，对发生法律效力的行政判决书、行政裁定书、行政赔偿判决书和行政调解书，负有义务的一方当事人拒绝履行的，对方当事人可以依法申请人民法院强制执行。人民法院判决行政机关履行行政赔偿、行政补偿或者其他行政给付义务，行政机关拒不履行，对方当事人可以依法向法院申请强制执行。据此，在行政诉讼中，不履行人民法院生效裁判或调解书的一方，是被强制执行的主体。与行政诉讼的执行不同，行政非诉执行中被执行的主体只能是行政行为的相对人。关于行政非诉执行的实施主体。

目前，世界各国对于行政机关行政行为的执行制度存在较大差异。

通常来讲，大部分大陆法系国家认为行政行为一经成立即具有法律效力，相对人应当服从。拒不履行行政行为确定的义务的，行政机关可以自己的名义予以强制执行，如德国、日本等国就是此类情形。英美法系国家为了防止行政机关滥用强制执行权通常实行司法性强制执行，要求行政机关向法院申请，由法院颁布执行令。我国则是实行行政机关申请人民法院强制执行与行政机关自己强制执行的双轨制，既未把强制执行权完全赋予法院，也未完全赋予行政机关。值得注意的是，近年来，在行政非诉执行领域，最高人民法院正在积极探索和推进“裁执分离”这一执行模式的改革，即作出裁决的机关与执行裁决的机关分离，不由同一机关既行使裁决权又行使执行权。基于我国当前司法环境尚不够理想，人民法院现有人力物力远远不能满足实践需求，采取人民法院“裁执合一”的模式难以发挥行政机关组织实施中的行政优势，在实践中也无法从根本上解决问题，不仅使得人民法院沦为“拆迁公司”，还严重损害了司法形象。

在党的十八届四中全会决定理顺行政强制执行体制改革以及推进审判权与执行权相分离改革任务的背景下，最高人民法院于2012年3月发布了《最高人民法院关于办理申请人民法院强制执行国有土地上房屋征收补偿决定案件若干问题的规定》，以司法解释的形式将“裁执分离”这一模式明确下来。2014年7月，针对一些基层法院在司法实践中出现的问题，最高人民法院再次发布《关于在征收拆迁案件中进一步严格规范司法行为积极推进“裁执分离”的通知》（法〔2014〕191号），要求各地法院深刻领会“裁执分离”原则的基本精神，在立案、审查和执行等工作中严格贯彻落实，不得擅自变通和随意解读；在非诉执行案件审查环节，强化对非诉行政执行案件的审查职责，一方面严格落实司法解释及相关通知有关“由政府组织实施为总原则、由法院执行属个别例外情形”的基本要求，另一方面积极拓宽“裁执分离”适用范围；进一步加强上级法院监督力度，严禁下级法院执行机构在未经行政审判庭审查并作出准予执行裁定的情况下，擅自采取执行措施以及擅自扩大强制执行范围。从上述规定和通知的内容不难看出，“裁执分离”已逐渐成为行政非诉执行的基本原则之一，并且从国有土地上房屋征收补偿领域逐步扩大适用范围。《行政强制法》第十三条的规定在制定之初，对于行政非诉执行采用“裁执分离”还是“裁执合一”模式，也曾存在不同观点和争议。全国人大法律委员会①经同最高人民法院、国务院法制办公室研究，考虑到人民法院作出强制执行裁决，行政机关具体组织实施的“裁执分离”模式尚在改革探索，最终《行政强制法》等相关法律对于人民法院裁定准予执行后，由谁负责组织实施未予明确规定，给“裁执分离”预留了法律空间。目前，最高人民法院正在不断总结各地“裁执分离”试点改革的成功经验，制定和完善相关司法解释，并将适时向立法机关提出修法建议，力争将“裁执分离”制度以立法形式予以明确，并推广至包括国土领域在内的所有行为类义务的行政非诉执行案件。

（二）关于执行根据问题

行政诉讼中的执行根据主要是人民法院的生效裁判文书。《行政诉讼法解释》第一百五十二条第一款规定，对发生法律效力的行政判决书、行政裁定书、行政赔偿判决书和行政调解书，负有义务的一方当事人拒绝履行的，对方当事人可以依法申请人民法院强制执行。从该规定可以看出，行政诉讼中的执行根据主要包括行政判决书、行政裁定书、行政赔偿判决书和行政调解书。但并非所有的行政判决书和行政裁定书都能够申请强制执行，对于不具有执行力的行政判决书和行政裁定书如确认无效的判决、驳回起诉的裁定等，则不能申请人民

① 2018年更名为“全国人民代表大会宪法和法律委员会”。

法院强制执行该生效判决或裁定。

关于行政非诉执行的执行根据，实践中尚存在不同观点。行政行为经作出并生效后，有直接强制执行权的行政机关强制执行的，此时生效的行政行为即为执行根据，这一点实践中并不存在争议，即使相对人在法定期限内提起行政诉讼，亦不妨碍行政机关实施执行行为。但没有直接强制执行权的行政机关申请人民法院强制执行，人民法院作出准予执行的裁定后，执行根据是原生效的行政行为，还是人民法院作出的生效的准予执行裁定？第一种观点认为，此时的执行根据是生效的行政行为。当事人对于行政机关作出的行政行为在法定期限内未提起行政诉讼，应视为对行政行为的认可。行政机关申请人民法院执行该生效的行政行为，人民法院予以准许后，最终所执行的内容仍然为生效的行政行为所确定的权利义务。第二种观点认为，此时的执行根据是人民法院的准予执行裁定。行政机关向人民法院申请强制执行后，人民法院需按照法律和司法解释的规定对行政行为进行合法性审查，对于合法的行政行为裁定准予执行，对于不合法的行政行为裁定不予执行，而非有申请即予以执行。人民法院对于符合法定条件的申请，在作出准予强制执行裁定的同时，亦会明确应予强制执行的内容。故而此时执行的不是行政行为，而是生效裁定。

经研究，我们倾向于第一种观点。我们认为，对于准予执行的裁定应当从司法执行的基本法律精神进行理解适用。“裁执分离”是人民法院对于行政非诉执行工作中存在的问题和困难而探索适用的特殊规定，其基本精神在于，人民法院以行使裁决权的方式，许可没有强制执行权的行政机关法院组织实施强制执行，使之合法化。此时，法院作出的准予执行裁定即是没有强制执行权的行政机关组织实施强制执行行为的执行根据，换言之，法院准予执行裁定的性质更类似于“放行”，在这一过程中，人民法院对该行政行为的审查并非实体性的全面审查，行政机关据以执行的实质内容仍然是生效行政行为所确定的权利义务。此外，诉讼执行与非诉执行的执行措施也有不同之处。依据《行政诉讼法》第九十六条之规定，行政机关拒绝履行判决、裁定、调解书的，第一审人民法院可以采取划拨、对行政机关负责人罚款、公告行政机关拒绝履行的情况、提出司法建议、对行政机关直接负责的主管人员和其他直接责任人员予以拘留、追究刑事责任等执行措施。行政非诉执行中，则无此规定。

由于对执行根据认识不同，实践中对于执行机关的认识也存在不同观点。第一种观点认为，《行政强制法》第十三条第二款规定，法律没有规定行政机关强制执行的，作出行政决定的行政机关应当申请人民法院强制执行。根据该条的规定，有权强制执行的主体是人民法院。故人民法院实施强制执行，给当事人造成损害的，应当由人民法院承担赔偿责任。即使在“裁执分离”的改革背景下，主要由行政机关负责组织实施强制执行行为，但行政机关强制执行的申请已经过人民法院审查，其执行的内容亦为人民法院生效的准予执行裁定所拘束，故该组织行为属于法院司法行为的一部分。因此，给当事人造成损害的，应当由人民法院承担赔偿责任。如行政机关在组织实施过程中存在重大明显违法或故意扩大损失的情形，应当对该部分承担相应赔偿责任。第二种观点认为，应当由申请执行的行政机关承担赔偿责任，主要理由是人民法院对于被申请执行的行政行为的审查并非全面实质审查，执行机关的执行根据仍然是基础的行政决定。因基础行政行为错误而导致执行行为违法，给当事人造成损害的，应当以申请强制执行的机关作为被告。

经研究，我们认为第二种观点更为妥当。

首先，行政机关的命令性行政行为具有强制执行力。也就是说，行政决定一经作出，无须其他机关另行赋予，该行为本身就具有强制执行力。没有强制执行权的行政机关申请人民法院强制执行，其根本目的在于通过法院允许其进入强制执行程序，以实现行政决定的强制执行力。人民法院虽然对行政机关的申请进行了审查并作出裁定，但准予执行裁定是准予行政机关进行强制执行程序的法定条件，而非行政机关据以执行的基础。《最高人民法院关于“裁执分离”后行政机关组织实施行为是否具有可诉性问题的批复》（〔2017〕最高法行他550号）明确批复：“人民法院依法作出准予执行裁定的，行政机关就其申请并经法院审查准予执行的行政决定所实施的强制执行行为，仍属于行政行为。”2020年修正的《最高人民法院关于人民法院执行工作若干问题的规定（试行）》第二条第二项也规定，执行机构负责执行依法应由人民法院执行的行政处罚决定、行政处理决定。行政处罚即行政主体依照法定程序和职权对于违反行政法规、尚未构成犯罪的相对人给予行政制裁的行政行为，行政处理则是指行政主体为了实现行政管理目标，针对具体的人、事作出的直接处置其权利义务的行为。此处的“行政处罚决定、行政处理决定”即人民法院可以执行的行政行为的具体表现形式。从该规定可以看出，此时执行根据即为行政机关作出的行政行为。

其次，根据《行政诉讼法解释》的相关规定，人民法院对强制执行申请进行合法性审查。该审查制度体现了司法权对行政权的监督制约，但与诉讼中的审查不同，非诉审查是一种有限度的审查。实践中有观点认为，对于非诉执行应采取严格的合法性审查，对于申请执行的行政行为，要从作出行为的主体、事实认定、程序及法律适用、提交申请的材料等方面，进行全面的实质审查，根据审查情况作出执行或者不予执行的裁定。对此，我们认为，人民法院审查非诉执行申请，不需要进行开庭、举证、质证、认证等一系列环节。《行政诉讼法解释》第一百六十条第一款规定，人民法院受理行政机关申请执行其行政行为的案件后，应当在七日内由行政审判庭对行政行为的合法性进行审查，并作出是否准予执行裁定。依据相关规定，对于非诉执行申请，人民法院一般采用书面审查的方式而非通过开庭审查或听证审查，对符合《行政诉讼法解释》第一百五十五条规定的，在七日内作出准予执行的裁定。司法实践中，基层法院往往面临大量非诉执行案件的审查申请，如果要求七日内实现实质审查并作出裁定，这既不符合法律规定，也不符合客观实际。当然，这并不代表人民法院对于非诉执行申请不予审查，但凡行政机关申请，人民法院就可以作出准予执行裁定。通常认为，人民法院审查非诉执行申请的合法性审查，以行政行为是否存在明显或严重的违法或影响当事人合法权益的情形为标准而进行。《行政强制法》第五十八条第一款规定："人民法院发现有下列情形之一的，在作出裁定前可以听取被执行人和行政机关的意见：（一）明显缺乏事实根据的；（二）明显缺乏法律、法规依据的；（三）其他明显违法并损害被执行人合法权益的。"《行政诉讼法解释》第一百六十一条第一款规定，被申请执行的行政行为有下列情形之一的，人民法院应当裁定不准予执行：（一）实施主体不具有行政主体资格；（二）明显缺乏事实根据的；（三）明显缺乏法律、法规依据的；（四）其他明显违法并损害被执行人合法权益的情形。相比《行政强制法》，《行政诉讼法解释》还规定了"实施主体不具有行政主体资格"这一审查条件。这一规定源于《行政诉讼法》将"不具有行政主体资格"列为无效行政行为的情形。《行政诉讼法》第七十五条规定，行政行为有实施主体不具有行政主体资格或者没有依据等重大且明显违法情形，原告申请确认行政行为无效的，人民法院判决确认无效。从上述规定看，无论是《行政强制法》还是《行政诉讼法解释》，对于不准予执行情形作出的规定均可视为否定性评价标准，且要求"重大明显违法"，只有符合上述条件之一，人民法院才会主动听取被执行人和行政机关的意见，并根据具体情况作出是否准予执行的裁定。

最后，由申请强制执行的行政机关承担赔偿责任符合立法本意。《行政强制法》第八条规定，公民、法人或者其他组织对行政机关实施行政强制，享有陈述权、申辩权；有权依法申请行政复议或者提起行政诉讼；因行政机关违法实施行政强制受到损害的，有权依法要求赔偿。公民、法人或者其他组织因人民法院在强制执行中有违法行为或者扩大强制执行范围受到损害的，有权依法要求赔偿。关于该规定，立法机关认为，在申请法院非诉强制执行中，法院裁定执行，且没有变更基础行政决定的，因基础行政决定违法损害当事人合法权益的，应当由申请执行的行政机关承担主要赔偿责任。需要注意的是，赔偿义务机关被撤销的，继续行使其职权的行政机关为赔偿义务机关；没有继续行使其职权的行政机关的，撤销该赔偿义务机关的行政机关为赔偿义务机关。

此外，在规定由申请强制执行的行政机关作为被告的同时，也应当注意到人民法院行政非诉执行过程中可能出现的违法问题。如人民法院对于重大明显违法的行政行为准予执行、对于尚未生效或行政机关在当事人申请复议及提起行政诉讼的法定期限内申请执行的行政行为裁定准予执行以及人民法院实施强制执行过程中存在扩大执行范围或者采取违法方式等情形，造成当事人合法权益受到损害的，应当就过错部分承担司法赔偿责任。

二、关于对“据以强制执行的行政行为违法”的理解

行政非诉执行中，“据以强制执行的行政行为违法”主要是指基础行政行为违法的情形。《行政复议法》第二十八条第一款第三项规定，行政复议机关对具体行政行为有下列情形之一的，决定撤销、变更或者确认该具体行政行为违法；决定撤销或者确认该具体行政行为

违法的，可以责令被申请人在一定期限内重新作出具体行政行为：（1）主要事实不清、证据不足的；（2）适用依据错误的；（3）违反法定程序的；（4）超越或者滥用职权的；（5）具体行政行为明显不当的。

《行政诉讼法》第七十条规定："行政行为有下列情形之一的，人民法院判决撤销或者部分撤销，并可以判决被告重新作出行政行为：（一）主要证据不足的；（二）适用法律、法规错误的；（三）违反法定程序的；（四）超越职权的；（五）滥用职权的；（六）明显不当的。"

根据上述规定，行政行为违法的情形主要分为五种情况：一是主要事实不清、证据不足，即行政机关未充分了解事实真相，其赖以作出行政行为的基本事实缺乏能够支撑该基本事实成立的充分证据。此时，行政机关无法针对事实真相作出准确判决，其作出的行政行为也因此属于违法的情形之一。二是适用依据错误，即行政机关作出具体行为时，所依据的法律、法规、地方性法规等规范性文件错误。需要说明的是，行政机关援引的依据并不仅限于法律、法规、地方性法规，规章、行政决定以及其他规范性文件均属于上述"依据"的范畴。适用依据错误通常表现为援引条款错误、适用已失效的依据、援引与上位法冲突的下位法、未适用特别法等。三是违反法定程序。通常表现为未按照法定期限作出行政行为、未履行催告义务等。四是超越或者滥用职权。通常表现为超越法律、法规授予的界限或者超越委托的权限等，如没有强制执行权的行政机关实施强制拆除的行为。五是行政行为明显不当，即行政行为的合理性存在问题，明显违背社会常理和公众认知。

通常认为，提起行政赔偿诉讼，需以行政行为被有权机关确认为违法为前提。有关机关既包括作出行政行为的行政机关，也包括复议机关和人民法院。作出行政行为的行政机关认为行政行为存在上述情形，可以依法自行纠正其作出的行政行为。复议机关依据《行政复议法》及《行政复议法实施条例》的规定，对行政行为作出撤销、变更、确认违法的复议决定的，以及人民法院以及《行政诉讼法》第七十条、第七十四条、第七十五条及相关司法解释的规定，作出撤销、变更、确认违法或无效的判决的，均属于行政行为被有权机关确认为违法的情形。如本解释第十八条即规定，行政行为被有权机关依照法定程序撤销、变更、确认违法或者无效，实施行政行为的行政机关工作人员因该行为渎职或者滥用职权已经生效刑事判决追究刑事责任的，属于本规定所称的行政行为被确认为违法的情形。

需要特别说明的是，赔偿请求人单独向人民法院提起行政赔偿诉讼的，应当符合该行为已被确认为违法的前提条件。关于单独赔偿诉讼，本解释对 1997 年《行政赔偿规定》相关规定作出了修改，提起诉讼时应以本解释规定为准。此外，在司法实践中，据以强制执行的行政行为被确认为违法并不必然导致赔偿结果的发生。对于程序轻微违法，但对被执行人权利不产生实际影响的行政行为，复议机关或人民法院虽然最终确认行政行为违法，但保留行政行为效力的，以及当事人不具有合法权益的，均不会产生赔偿的法律后果。在损害发生以后，如被执行人出于故意或者过失造成损害结果的扩大的，对于该扩大部分的损失，国家不承担赔偿责任。另外，人民法院裁定准予执行后，行政机关不积极组织实施执行行为的，当事人不能以行政机关不履行准予执行裁定为由提起行政诉讼。当事人不服人民法院作出的准予执行裁定的，依法可向上一级人民法院申请复议。

【实务指导】

一、关于行政机关强制执行权的问题

《行政强制法》第十三条规定，行政强制执行由法律设定。法律没有规定行政机关强制执行的，作出行政决定的行政机关应当申请人民法院强制执行。第五十三条规定，当事人在法定期限内不申请行政复议或者提起行政诉讼，又不履行行政决定的，没有行政强制执行权的行政机关可以自期限届满之日起三个月内，依照本章规定申请人民法院强制执行。根据上述规定，行政直接强制执行权的设定由法律授予，且仅限于法律，不包括行政法规及地方性法规。依据《行政强制法》的相关规定，具有强制执行权的行政机关方有权自行强制执行。那么，如何理解“具有强制执行权的行政机关”？行政强制执行可划分为间接强制执行与直接强制执行两类。有间接强制执行权的行政机关可以实施间接强制，但如果间接强制仍无法实现行政管理目的，应申请人民法院强制执行。间接强制执行通常指执行罚和代履行。执行罚是指当事人不履行他人不能代为履行的义务时，行政机关对其课以财产上的新的给付义务的措施。如《行政处罚法》第七十二条第一款第一项规定，当事人逾期不履行行政处罚决定的，作出行政处罚决定的行政机关可以采取下列措施：（一）到期不缴纳罚款的，每日按罚款数额的百分之三加处罚款，加处罚款的数额不得超出罚款的数额。《道路交通安全法》第一百零九条第一项规定，当事人逾期不履行行政处罚决定的，作出行政处罚决定的行政机关可以采取下列措施：（一）到期不缴纳罚款的，每日按罚款数额的百分之三加处罚款。《行政强制法》第四十五条第一款规定，行政机关依法作出金钱给付义务

的行政决定，当事人逾期不履行的，行政机关可以依法加处罚款或者滞纳金。加处罚款或者滞纳金的标准应当告知当事人。上述规定即属于执行罚，其本质在于对逾期不履行行政处罚决定的当事人，通过加处罚款的方式，督促其尽快履行义务。依据上述规定，所有依法具有金钱给付义务职权的行政机关，普遍享有间接强制执行权。需要注意的是，《行政强制法》第四十六第三款对没有行政强制执行权的行政机关规定了一种例外情形，即“当事人在法定期限内不申请行政复议或者提起行政诉讼，经催告仍不履行的，在实施行政管理过程中已经采取查封、扣押措施的行政机关，可以将查封、扣押的财物依法拍卖抵缴罚款”。之所以规定没有行政强制执行权的行政机关将查封、扣押的财物依法拍卖抵缴罚款，其目的是利于与行政管理过程中的行政强制措施相衔接，尽快实现行政目的，提高行政效率。关于代履行，是指义务人逾期不履行行政法义务，由他人代为履行可以达到相同目的的，行政机关可以自己代为履行或者委托第三人代为履行后，向义务人征收代履行费用的强制执行制度。代履行主要适用于该行政法义务属于可以由他人代替履行的作为义务，例如排除障碍、强制拆除等。对于不能由他人替代的义务和不作为义务，特别是与人身有关的义务，不能适用代履行。《行政强制法》第五十条规定：行政机关依法作出要求当事人履行排除妨碍、恢复原状等义务的行政决定，当事人逾期不履行，经催告仍不履行，其后果已经或者将危害交通安全、造成环境污染或者破坏自然资源的，行政机关可以代履行，或者委托没有利害关系的第三人代履行。本条关于代履行的规定，也属于普遍授权的方式。我国有多部法律、行政法规规定了代履行，主要涉及维护交通安全、治理环境污染和保护自然资源等事项。需要注意的是，代履行有严格的适用条件，通常不适用于对建筑物、构筑物、设施的强制拆除。行政机关不得随意突破，不得随意适用代履行。

关于直接强制执行权。如前所述，行政机关的直接强制执行权由法律直接授予，目前具有直接强制执行权的机关主要有公安机关、海关、公路主管部门、税务机关、水行政主管部门、防汛指挥机构以及地方人民政府。如《城乡规划法》第六十五条授权乡、镇人民政府可以强制拆除未依法取得乡村建设规划许可证或者未按照乡村建设规划许可证的规定建设的项目，第六十八条授权县级以上地方人民政府责成有关部门采取查封施工现场、强制拆除等措施。《税收征收管理法》第四十条授权税务机关可以强制执行税款及滞纳金，扣押、查封、依法拍卖或者变卖价值相当于应纳税款的商品、货物或者其他财产，以拍卖或者变卖所得抵缴税款。《治安管理处罚法》第一百零三条规定，对被决定给予行政拘留处罚的人，由作出决定的公安机关送达拘留所执行。上述行政机关依据法律设定的行政强制执行权，可自行强制执行其行政决定而无须申请人民法院执行。此外，也存在一部分法律既设定行政机关部分直接强制执行权、又设定部分间接强制执行权的情形，如《海警法》第三十三条规定，当事人逾期不履行处罚决定的，作出处罚决定的海警机构可以依法采取下列措施：（一）到期不缴纳罚款的，每日按罚款数额的百分之三加处罚款；（二）将查封、扣押的财物依法拍卖、变卖或者将冻结的存款、汇款划拨抵缴罚款；（三）根据法律规定，采取其他行政强制执行方式。本法和其他法律没有规定海警机构可以实施行政强制执行的事项，海警机构应当申请人民法院强制执行。该条第一款第一项及第二款的规定属于间接强制执行权的内容，第一款第二项、第三项的规定则属于直接强制执行权的内容。因此，是否申请人民法院执行，需要根据具体情形而定。

通常认为，无直接强制执行权的行政机关应当向人民法院申请强制执行，但具有直接强制执行权的行政机关不能向人民法院申请强制执行。如《最高人民法院关于违法的建筑物、构筑物、设施等强制拆除问题的批复》（法释〔2013〕5 号），最高人民法院针对北京市高级人民法院的请示，批复如下：根据行政强制法和城乡规划法有关规定精神，对涉及违反城乡规划法的违法建筑物、构筑物、设施等的强制拆除，法律已经授予行政机关强制执行权，人民法院不受理行政机关提出的非诉行政执行申请。之所以如此规定，其主要原因在于，法律之所以授予行政机关直接强制执行权，其目的在于尽快实现行政决定的目的。如果授予行政机关直接强制执行权，又允许行政机关向人民法院申请强制执行，将可能导致行政机关怠于直接强制执行，使得立法目的落空。也基于此，具有直接强制执行权的行政机关按照《行政强制法》的规定，在行政决定确定的期限届满后，催告相对人履行义务，如相对人在催告书确定的期限内仍未履行义务，即可依法强制执行，而不用等到相对人申请行政复议或者提起行政诉讼的期限届满。此时需要注意两个特殊情形：第一个特殊情形是《行政强制法》第四十四条的规定。该条规定，对违法的建筑物、构筑物、设施等需要强制拆除的，应当由行政机关予以公告，限期当事人自行拆除。当事人在法定期限内不申请行政复议或者提起行政诉讼，又不拆除的，行政机关可以依法强制拆除。该条规定系对行政机关强制执行一般规定的例外规定，是对上述行政复议、行政诉讼不停止执行原则的突破。针对其他行政决定的强制执行，有直接强制执行权的行政机关无须等到当事人申请行政复议或者提起行政诉讼的期限届满即可依照《行政强制法》规定的程序，实施强制执行行为，但违法的建筑物、构筑物、设施等的拆除，则必须等到当事人申请行政复议或者提起行政诉讼的期限届满，否则应认定为违法。之所以如此规定，主要考虑因素是违法建筑物、构筑物和设施的拆除通常不属于紧急状况，无须“尽快”实现行政决定这一目的。而且，建筑物、构筑物和设施对于相对人而言较为重要，一旦拆除就很难恢复。作此种规定也能够防止行政机关对强制拆除权力的滥用，更好地保护当事人合法权益。对于合法的建筑物、构筑物和设施，本条则不适用。第二个特殊情形则属于特别法授予行政机关选择权的情形。例如，《海关法》第九十三条规定，当事人逾期不履行海关的处罚决定又不申请复议或者向人民法院提起诉讼的，作出处罚决定的海关可以将其保证金抵缴或者将其被扣留的货物、物品、运输工具依法变价抵缴，也可以申请人民法院强制执行。《税收征收管理法》中也有类似规定。在特别法规定行政机关既可以自己强制执行又可以申请人民法院强制执行的情况下，行政机关向人民法院申请强制执行其行政行为的，人民法院应予受理。

二、强制执行行为违法的情形

通常认为，非诉执行中强制执行行为的违法主要是指行政机关扩大执行范围或者采取违法方式实施的情形。在当前“裁执分离”的改革背景下，对人民法院裁定准予执行后，执行机关实施的强制执行行为是否可诉，存在着不同观点。有观点认为，根据准予执行裁定实施的强制执行行为的性质类似于《行政诉讼法解释》第一条第二款第七项规定的行政机关根据人民法院的生效裁判、协助执行通知书作出的执行行为，属于司法行为的组成部分，故不具有可诉性，但如果行政机关扩大执行范围或者采取违法方式实施，则超出了准予执行裁定确定的执行范围，因此造成当事人权利受到损害的，当事人可以就该部分提起赔偿诉讼。也有观点认为，在行政非诉执行过程中，申请强制执行的行政机关本身并不具备强制执行权，之所以能够组织实施强制执行行为，是人民法院的准予执行裁定赋予了行政机关该执行权。但行政机关实施的强制执行行为本身仍属于行政行为。执行行为如存在违法之处，给当事人造成损失的，属于人民法院行政诉讼受案范围。我们赞同第二种观点，同时认为，当事人未在法定期限内申请行政复议或提起行政诉讼，在行政机关申请强制执行时已经丧失了诉权，故其在行政机关申请强制执行时就申请执行的行政行为提起行政诉讼的，人民法院不应予以受理。《最高人民法院关于“裁执分离”后行政机关组织实施行为是否具有可诉性问题的批复》（〔2017〕最高法行他550号）即作如此规定：“人民法院受理行政机关申请执行其行政行为的案件，对行政行为的合法性进行审查。人民法院依法作出准予执行裁定的，行政机关就其申请并经法院审查准予执行的行政决定所实施的强制执行行为，仍属于行政行为。该行为是否可诉，应根据当事人的诉讼请求及理由作区分处理：一、人民法院作出准予执行裁定后，公民、法人或者其他组织又就行政机关申请执行的行政行为提起行政诉讼或者行政赔偿诉讼的，人民法院不予受理。二、被执行人及利害关系人仅以行政机关据以申请执行的行政行为（决定）本身违法等为由主张行政机关实施的强制执行行为违法提起行政诉讼或者行政赔偿诉讼的，人民法院不予受理。三、被执行人及利害关系人以行政机关实施的强制执行行为存在违反法定程序，与人民法院作出的准予执行裁定确定的范围、对象不符等特定情形，给其造成损失为由提起行政诉讼或者行政赔偿诉讼的，人民法院应当依法受理。”

根据上述规定，执行行为存在违法的情形主要是指执行主体在强制执行过程中扩大执行范围或者采取了违法方式。如强制执行过程中改变行政强制对象，违反法定程序实施强制执行，实施拆除行为时非法限制人身自由，查封、扣押、冻结时扩大范围，损毁设施或财物等情形。除此之外，被执行人仅以申请执行的行政行为（决定）本身违法，损害其权益等为由提起赔偿诉讼的，人民法院不予受理。

（撰写人：任必恒）

三、证据

第十一条　行政赔偿诉讼中，原告应当对行政行为造成的损害提供证据；因被告的原因导致原告无法举证的，由被告承担举证责任。

人民法院对于原告主张的生产和生活所必需物品的合理损失，应当予以支持；对于原告提出的超出生产和生活所必需的其他贵重物品、现金损失，可以结合案件相关证据予以认定。

【条文主旨】

本条是关于行政赔偿诉讼举证责任规则及人民法院认定规则的规定。

【起草背景】

本条是新增加的内容。1997 年《行政赔偿规定》未对行政赔偿诉讼证据问题单列章节进行规定。证据问题作为诉讼的核心问题之一，对于查明案件事实、推进诉讼活动具有非常重要的价值和意义，是维护当事人合法权益的有力武器，也是作出正确裁判的前提和基础。1989 年 4 月 4 日公布的《行政诉讼法》虽然确立了我国行政诉讼证据制度的框架，但基于时代背景和政策考量，仅在第三十二条对被诉具体行政行为的合法性问题规定了举证责任，对除此之外的其他情况下当事人的举证责任并没有作出具体规定。1994 年 5 月 12 日公布的《国家赔偿法》也没有就行政赔偿举证责任问题作出专门规定。考虑到行政赔偿诉讼在起诉条件、适用法律、证据规则等方面具有不同于一般行政诉讼的自身特点，在总结实践经验的基础上，最高人民法院于 1997 年 4 月 29 日颁布《行政赔偿规定》，该规定第三十二条规定："原告在行政赔偿诉讼中对自己的主张承担举证责任。被告有权提供不予赔偿或者减少赔偿数额方面的证据。"从证据规则看，1997 年《行政赔偿规定》未完全照搬 1989 年《行政诉讼法》第三十二条关于"被告对作出的具体行政行为负有举证责任"的规定，而是参照民事诉讼规则，要求行政赔偿诉讼的原告对自己的主张承担举证责任。2000 年《行政诉讼法解释》第二十七条第三项规定，在一并提起的行政赔偿诉讼中，原告对因受被诉行为侵害而造成损失的事实承担举证责任。2000 年《行政诉讼法解释》首次明确提出原告对损害事实承担举证责任。此后，2002 年公布施行的《最高人民法院关于行政诉讼证据若干问题的规定》（法释〔2002〕21 号，以下简称《行政诉讼证据规定》）第五条规定："在行政赔偿诉讼中，原告应当对被诉具体行政行为造成损害的事实提供证据。"2010 年第一次修正的《国家赔偿法》第十五条第一款规定："人民法院审理行政赔偿案件，赔偿请求人和赔偿义务机关对自己提出的主张，应当提供证据。"该条文首次明确规定了行政赔偿案件双方当事人的举证责任。总的来说，在当时的行政赔偿诉讼中，立法和司法秉持着"谁主张，谁举证"的一般举证规则。

随着我国经济的持续快速发展和城镇化进程的加快，全国许多地区对城中村、棚户区等进行大规模改造，与此同时，大量的房屋拆迁补偿纠纷涌向法院。其中，因行政机关违法强拆等原因造成原告难以就强制拆迁导致的损害事实提供充分证据问题日益凸显。妥善解决相关赔偿问题不仅涉及当事人合法权益的保障，而且关系到社会的长治久安。为保障行政相对人的合法权益，促进行政机关依法行使职权，在法律规定进一步修订完善前，司法实务中有部分法院基于公平原则理念对行政赔偿案件中当事人的举证责任问题进行探索，进而作出裁判。如禄某某、邢某某诉郑州市中原区人民政府行政赔偿纠纷一案［（2008）豫法行终字第00126号］中，人民法院认为："禄某某提供证人证言、发票、小本票等证据……在因行政机关原因无法举证的前提下，苛求其进一步举证不符合常理，亦违反公正原则……应认定禄某某主张的事实成立。"又如增城市大恒科技有限公司诉增城市城乡规划局行政强制拆除一案［（2010）粤高法行终字第153号］中，人民法院认为："被上诉人对物品的处置违法……上诉人对财产损失出具了公证材料、物品清单予以证明，上诉人主张损失的电子设备等属于日常物品，……判决赔偿财产损失。"再如上海姿博汽车维修有限公司与上海市浦东新区周浦镇人民政府行政赔偿纠纷一案［（2010）沪一中行赔终字第2号］中，人民法院认为："……原告出具烧毁物品清单与残骸照片，被告应予以全额赔偿。原告出具烧毁财物清单但未出具遗骸照片部分……被告酌情赔偿。"在总结审判经验的基础上，2013年12月19日公布的《最高人民法院关于人民法院赔偿委员会适用质证程序审理国家赔偿案件的规定》第六条第三项规定，因赔偿义务机关过错致使赔偿请求人不能证明的待证事实，由赔偿义务机关负举证责任。2014年修正的《行政诉讼法》第三十八条第二款规定："在行政赔偿、补偿的案件中，原告应当对行政行为造成的损害提供证据。因被告的原因导致原告无法举证的，由被告承担举证责任。"2017年修正的《行政诉讼法》保留了该条款。2018年2月8日起施行的《行政诉讼法解释》第四十七条进一步明确："根据行政诉讼法第三十八条第二款的规定，在行政赔偿、补偿案件中，因被告的原因导致原告无法就损害情况举证的，应当由被告就该损害情况承担举证责任。对于各方主张损失的价值无法认定的，应当由负有举证责任的一方当事人申请鉴定，但法律、法规、规章规定行政机关在作出行政行为时依法应当评估或者鉴定的除外；负有举证责任的当事人拒绝申请鉴定的，由其承担不利的法律后果。当事人的损失因客观原因无法鉴定的，人民法院应当结合当事人的主张和在案证据，遵循法官职业道德，运用逻辑推理和生活经验、生活常识等，酌情确定赔偿数额。”

本条规定是在《行政诉讼法解释》规定的基础之上，充分吸收审判实践经验，对行政赔偿诉讼中举证责任的分配及人民法院对相关证据的认定规则作出明确规定，是对行政诉讼证据规则的进一步完善。对于当事人而言，厘清举证责任有助于提高举证能力，更好地保障诉权和实体权益。对于法官而言，本条的规定明确了行政赔偿案件中的举证责任分配原则以及不同情形下的认定依据和认定标准，能够有效指引和规范法官更好地组织质证、进行认证、主持庭审以及做好庭后释明工作。值得一提的是，本条第二款在基于典型案例经验的基础上，区分生产、生活所必需物品的合理损失与超出生产、生活所必需物品的其他贵重物品、现金损失这两种情形的认定标准，不仅兼顾了社会公共利益与相对人合法权益，也有利于进一步规范司法裁量权。

【条文释义】

一、行政赔偿诉讼举证责任分配规则及原、被告举证责任

（一）关于行政赔偿诉讼中的举证责任分配

“所谓举证责任，是指法律意义上规定的诉讼当事人，对应当确

认的案件事实，有责任提出证据加以证明。如果不能提供证据，则可能要承担败诉的后果。举证责任不是一般意义上的举证义务或提供证据的权利，它是一种把提供证据同诉讼结果联系起来的诉讼制度，是一种使法院用以查明全部案件事实，也能判断胜诉和败诉的审判规则。”[①] 举证责任与诉讼结果密切相关。在行政赔偿诉讼中，负有举证责任的一方若不能提供证据证明自己的主张，则要承担不利后果。具体而言，如果法律规定原告负有举证责任，若原告不能提供证据，则可能其赔偿请求无法获得支持；如果法律规定被告负有举证责任，若被告不能提供证据，则很有可能要承担行政赔偿责任。上文中“法律规定”就是举证责任的分配，是指“按照一定的标准，将不同法律要件事实的主张和证据的收集与提供，在双方当事人之间预先进行分配，原告、被告按照举证责任的指引，收集和提供有关要件事实的证据”。[②] 合理地进行举证责任的分配，不仅关系到法律的实体公正能否在诉讼中得到实现，还关系到能否构建一个有效率的诉讼程序，可见，举证责任的分配在行政诉讼中占有非常重要的地位。[③]

有观点认为，根据《行政诉讼法》第三十四条第一款关于“被告对作出的行政行为负有举证责任，应当提供作出该行政行为的证据和所依据的规范性文件”以及第三十七条关于“原告可以提供证明行政行为违法的证据。原告提供的证据不成立的，不免除被告的举证责任”的规定，在包括行政赔偿在内的行政诉讼中，被告承担举证责任是一般原则，原告则具有选择权利，可以积极提供证据也可以不提供证据，或者仅承担补充举证责任。上述观点不乏支持者。持该说者认

① 黄杰主编：《中华人民共和国行政诉讼法诠释》，人民法院出版社 1994 年版，第 104 页。

② 李国光主编、最高人民法院行政审判庭编著：《〈最高人民法院关于行政诉讼证据若干问题的规定〉释义与适用》，人民法院出版社 2002 年版，第 207 页。

③ 李国光主编、最高人民法院行政审判庭编著：《〈最高人民法院关于行政诉讼证据若干问题的规定〉释义与适用》，人民法院出版社 2002 年版，第 207 页。

为这是中国行政诉讼的一大特色，明显有别于民事诉讼中“谁主张，谁举证”的举证规则，也有别于刑事诉讼中由控诉方负举证责任的规则。其理论依据主要有两点：一是在行政法律关系或者说在行政程序中，行政主体一般是强者，而行政主体行使行政权力的相对方是弱者，一旦弱者认为强者非法侵犯了其合法权益，以行政诉讼的方式谋求救济，就应当通过举证责任的倒置来平衡行政程序中被告在证据收集、鉴定、保存等方面的能力和条件都比原告方优越的现实；二是违法推定理论。即行政诉讼的对象通常是被诉行政行为的合法性，一项行政行为在行政程序中，必须要有确实、充分的事实根据和正确、合法的规范性依据，否则即为违法行政。[①] 行政主体主张行政行为合法，就必须在行政诉讼中承担举证责任。对此，我们认为，上述观点实际上混淆了“被告对行政行为负举证责任”和“被告在行政诉讼中负举证责任”。从文意解释上来说，《行政诉讼法》第三十四条关于被告负举证责任的规定，系针对被告“作出的行政行为”，即被告应当提供作出被诉行政行为的证据、依据以证明被诉行政行为的合法性。事实上，行政诉讼中还有很多其他审查事项，对于行政行为合法性之外待证事实的举证责任，应当具体情况具体分析，不能从《行政诉讼法》第三十四条第一款的规定推断出在所有类型的行政案件中都由被告负举证责任而原告不负举证责任的结论。《行政诉讼法》之所以强调被告对行政行为具有举证责任，是为了充分发挥行政主体举证优势，促使行政机关依法行政，不是对行政诉讼全部举证责任的规定，也不是对原告举证责任的排除。

《行政赔偿司法解释》在对当事人举证责任进行分配时，主要有以下几个考虑因素：

---

① 杨寅：《行政诉讼证据规则梳探》，载《华东政法学院学报》2002 年第 3 期。

1.《行政诉讼法》和《国家赔偿法》的规定，是行政赔偿诉讼举证责任分配的最直接依据

行政赔偿诉讼，是指公民、法人或者其他组织认为其合法权益受到行政机关及其工作人员违法行使职权的侵害，依法向人民法院提起诉讼请求赔偿，并由人民法院进行审理和裁判的一种诉讼活动。一般认为，行政赔偿诉讼除适用《国家赔偿法》的特殊规定外，在审理程序等方面适用《行政诉讼法》的规定。人民法院审理行政赔偿案件，适用《行政诉讼法》《国家赔偿法》及相关司法解释。《行政赔偿司法解释》也应当遵循《行政诉讼法》和《国家赔偿法》的立法原意原则。关于举证责任分配，2012 年修正的《国家赔偿法》沿用了第一次修正时的规定，在该法第十五条第一款依然明确规定："人民法院审理行政赔偿案件，赔偿请求人和赔偿义务机关对自己提出的主张，应当提供证据"；2017 年修正的《行政诉讼法》也沿用了第一次修正时的规定，在该法第三十八条规定："在起诉被告不履行法定职责的案件中，原告应当提供其向被告提出申请的证据。但有下列情形之一的除外：（一）被告应当依职权主动履行法定职责的；（二）原告因正当理由不能提供证据的。在行政赔偿、补偿的案件中，原告应当对行政行为造成的损害提供证据。因被告的原因导致原告无法举证的，由被告承担举证责任。"《行政诉讼法解释》第四十七条第一款、第二款明确提出行政赔偿、补偿诉讼中原、被告的举证责任问题。《行政赔偿司法解释》严格遵照《行政诉讼法》和《国家赔偿法》的条文以及相关法律法规的规定，对行政赔偿诉讼中原、被告的举证责任进行强调和重申，从而使得《行政诉讼法》和《国家赔偿法》的相关规定在行政赔偿诉讼中得到具体贯彻落实。

2. 兼顾公平与效率是行政赔偿诉讼举证责任分配的重要原则

公平与效率都是诉讼所追求的理想目标。举证责任分配要公平、

效率，即立法在分配举证责任时，要符合当事人的地位和能力，要充分考虑当事人是否存在完成举证责任的可能性和现实性，即证据应当或者事实上为哪一方当事人所掌握和控制，由哪一方当事人承担举证责任所造成的困难最小。正如《行政诉讼法》中将被诉行为合法性的举证责任分配给被告，是考虑到原告不是被诉行政行为的作出者，不了解被诉行为作出的过程，相比之下被告对被诉行政行为的形成情况最了解，具有充分的举证能力，应当对自己的行为承担全部的举证责任。行政赔偿诉讼中，原告对自身财产状况及损害情况更为清楚，能够提供诸如购物凭据、评估报告、医疗发票等充分证明自身损害的证据，如果诉讼程序一开始就让行政机关进行举证，不仅会导致行政机关无所适从，也是不切实际的。在行政赔偿诉讼中，被告的基本主张是不存在损害事实或损害事实较小，是否定性的主张，要求其提出证据证明其行为给原告造成损害，相当于“自证其罪”，难度可想而知；相反，让原告提出证据证明其损害事实则是相对容易的，而且更加节省时间和精力，符合诉讼效率原则，也有利于保护原告的合法权益。与此同时，若因被告的原因导致原告无法举证，如现实中有部分行政机关出于效率等种种因素考虑，没有给原告留出必要的、合理的自行搬迁期限，在没有清点财产、进行公证或者评估的情况下，采取集中执法、突然强制执行的方式就对标的物径行强拆。因标的物已被拆除，相关证据难以固定，相对人可能陷入举证不能的困境。在这种情况下，原告丧失了上述提供证据的优势，举证处境发生了变化，为公平起见，《行政诉讼法》《国家赔偿法》规定了此时被告要对行政行为造成的损害承担举证责任，也即所谓的举证责任倒置。

3. 民事诉讼中有关举证责任的规定是行政赔偿诉讼举证责任分配的重要参照

关于举证责任的研究，最早源于民事诉讼。民事诉讼确定举证责任分配的原则是，一般情况下采取“谁主张，谁举证”的规则。民事诉讼采取这一举证责任分配原则主要是考虑到原告是诉讼的发起者，原告提起诉讼请求必有事实主张，因此，由原告承担举证责任是合乎情理的。行政赔偿诉讼不同于一般的行政诉讼，获得行政赔偿的前置问题即行政行为的违法性已经明确，双方当事人之间已不是行政行为的合法性之争，而主要是行政赔偿问题，即原告向被告主张因行政行为造成的损害赔偿。从本质上说，行政赔偿责任仍是一种侵权责任。行政赔偿案件与民事侵权责任案件存在许多相似之处，如都存在侵权行为、侵权行为均侵害了受害人的人身权或财产权、支付赔偿金皆是承担责任的主要方式等。依据我国《民事诉讼法》的规定，当事人对自己提出的主张，有责任提供证据。从理论上讲，行政赔偿案件完全可以参照民事案件“谁主张，谁举证”的举证责任分配规则，也即由主张获得赔偿的原告对其主张的事实举证加以证明，另一方需要针对原告提出的主张和事实进行答辩提出反证。

此外，行政赔偿诉讼举证责任分配还要考虑到有利于发现客观真实、有利于化解争议、有利于保障诉权等因素。比如，若举证责任全部归于被告一方，原告对己方诉讼请求不负任何举证责任，不排除可能某些原告会恣意提起行政诉讼而导致滥诉频现，或利用证据已经灭失的漏洞而漫天要价，虚构财产损失。要求行政赔偿诉讼原告承担与其诉讼请求和举证能力相匹配的举证责任，能够较好地约束其合理地提起诉讼行为，保障诉权的正当行使，同时避免行政主体耗费不必要的行政资源，不仅符合诉讼规律，也能够保障案件得到及时公正的审判。

（二）行政赔偿诉讼中原、被告的举证责任

1. 无论是单独提起还是一并提起的行政赔偿诉讼中，原告一般情况下应当对行政行为造成的损害提供证据

从本条所用字词来看，原告“应当”对行政行为造成的损害提供

证据，而不是“可以”，也就是说，如果原告不能提供相应证据就要承担一定的不利后果。另外，本条同时规定，“因被告的原因导致原告无法举证的，由被告承担举证责任。”这句话意味着如果非因被告原因导致无法举证的，则原告自己应当承担举证责任。

2. 在行政赔偿诉讼中，如果因被告的原因导致原告无法举证的，由被告承担举证责任

需要注意的是，本条中“被告的原因”不能简单地理解为仅限于行政机关的违法拆迁行为导致相对人财产损失，还包括保全之后未尽到妥善保管义务等。

二、行政赔偿诉讼中人民法院的证据认定规则

行政赔偿诉讼中，在当事人将证据提交到法庭之后，人民法院应当组织当事人围绕证据的关联性、合法性和真实性，针对证据有无证明效力以及证明效力大小进行质证。原则上，所有的证据都需要经过质证才能作为定案根据使用。质证不仅是当事人的诉讼权利，也是人民法院审查核实证据的重要环节，在法庭主持下，当事人及其代理人就证据问题相互发问，也可以向证人、鉴定人或者勘验人发问。在当事人举证、质证的基础之上，人民法院依照法定程序，根据一定的原则和规则，对经过庭审质证的证据和无须质证的证据进行逐一审查和对全部证据综合审查，遵循法官职业道德，运用逻辑推理和生活经验，进行全面、客观和公正地分析判断，确定证据材料与案件事实之间的证明关系，排除不具有关联性的证据材料，准确认定案件事实。对证据进行审核认定，是人民法院在行政审判过程中最重要的活动之一，是行政裁判据以作出的必经过程。实践中的认证方法主要分为三种，即个别审查、比较印证和综合分析。个别审查是对单个证据是否符合关联性、合法性和真实性的审查；比较印证是对同类证据或者证明同

一事实的不同证据的对比分析；综合分析是对全部证据进行总体分析并据此得出整个案件事实的结论。《行政诉讼证据规定》第五部分共计二十一个条文对行政诉讼中有关证据的审核认定规则进行明确，其中第五十五条、第五十六条、第五十七条、第六十二条等分别规定了个别审查和比较印证的方法。这些规则在行政赔偿诉讼中当然应该予以遵循。同时，考虑到司法实践中，有的行政机关证据意识不强，在作出行政行为时对当事人财产造成损害，有的当事人在财产遭受损失后，漫天要价且无法提供相应证据。在这种情况下，法院一方面不能完全按照原告方主张的损失作出裁判，另一方面也不能对行政机关的违法行政行为置之不理。本条第二款正是针对行政赔偿诉讼中常见的两种情形，对人民法院的证据认定规则作出规定。

普通财物与特殊财物的证明标准。在行政赔偿诉讼中，相对人主张的财物大致可以分为两类：一类是普通财物，如日常生活用品、装修损失等；一类是特殊财物，如珠宝首饰、邮票等贵重物品以及现金。针对第一类普通财物，相对人往往易于举证，在诉讼中可以通过相对人陈述、自制财物清单等主张赔偿损失，甚至法院亦可根据常识进行酌情判决，而不需要证据之间相互印证，即使是“单一证据”也可能获得支持。对这一部分普通财物之所以采取极低举证责任是不难理解的，根据常识性判断，被强制拆迁的房屋内基本上存在日常生活用品。如最高人民法院指导性案例第91号“沙明保等诉马鞍山市花山区人民政府房屋强制拆除行政赔偿案”中，人民法院认为“物品均系日常必需品，符合一般家庭实际情况，且被上诉人亦未提供证据证明物品不存在，故对该物品应予认定”。又如庾某某诉平湖市人民政府当湖街道办事处强制拆迁赔偿一案［（2015）嘉平行赔初字第1号］中，人民法院认为：“原告开办企业，有相应的办公用具及生活用品予以出租，合乎情理。”但此部分赔偿数额一般较小，有时还会考虑折旧因素。如高某某诉西安市人民政府行政复议决定一案［（2018）陕71行初5号］中，复议机关认为“关于申请人主张的室内物品损失问题，结合申请人提供的财产损失清单，根据日常生活经验，考虑物品折旧等因素，被申请人应对申请人造成的室内财产损失适当支付赔偿金”，人民法院对此也予以了认可。再如，张某某与喀什市房屋征收与补偿安置中心确认房屋拆迁行为违法及行政赔偿一案中，行政机关强行拆除房屋的行为被确认违法，原告向一审法院提供物品清单且在二审时喀什市良种场认可该物品清单，只是对物品清单的价格存在争议，因办公区办理交接时，部分物品已丢失，据此可判断涉案房屋内有电动机、输油泵、榨油机等物品，与其实际经营炼油生意的情形相符合。在该案中，二审法院认为，在原告已经初步证明存在损失的情况下，其合理的赔偿请求应当得到支持，对比电动机、电焊机、切割机等现行市场价格，原告提供的价格表明显高于现行市场价格，其他物品均未提供物品型号及数量，且物品清单中的物品均已使用，一审法院认定物品损失为44500元过高，二审法院酌定赔偿屋内物品损失35000元。针对第二类财物，如果原告提供的证据之间能够相互印证，具有证据优势，那么法官一般会支持其诉讼请求。相反，如果原告不能进行证明，那么其赔偿诉求往往不被支持。如蒋某某诉西安市新城区人民政府行政赔偿一案［（2017）最高法行申2164号］中，最高人民法院认为：“……对当事人提出的超出正常生活消费水平的贵重稀有物品损失的主张，其应当提供能够证明强制拆除发生时该物品仍在被拆除房屋内的证据。蒋某某提供的遗失物品和损坏物品清单中，除部分属于家庭生活正常消费范围内的物品外，还包括清朝红木两斗桌、银质水烟壶、古钱币60余枚、银元、半圆银元、外币银元、玉佛等贵重稀有物品。对该部分稀有贵重物品，蒋某某未能提供强制拆除发生时该物品仍在被拆除房屋内的进一步证据，其将这些价值数百万元的超出其正常生活消费水平的贵重物品放在已经被征收的危房里数月之久有悖常理，原审判决不予认定并无不妥。”又如吕某某诉沈阳市铁西区人民政府行政赔偿一案［（2016）辽行赔终17号］中，人民法院认为，相对人主张的图纸及其他物品并非生活必需品，必须有证明该物品相关状况的证据，但相对人未能对物品损失尽到初步的举证责任，故不予支持。在行政赔偿诉讼中，原告若对特殊财物提出赔偿诉求，应尽量举出两种以上证据互相印证。人民法院可以结合执法现场物证、原告提出重大财物损失的时间、家庭经济状况、贵重物品来源等进行综合判断，并认定相关损害。

【实务指导】

一、如何理解本条规定中的“损害”

本条所指的损害，应当是指行政行为对原告合法权益所造成的不利影响。除法律明确限定外，这里的损害既包括人身损害，也包括财产损害；既包括物质损害，也包括精神损害；既包括直接损害，也包括间接损害；既包括已经发生的损害，也包括将来一定要发生的损害。如违法使用武器、警械造成公民身体伤害或者死亡，原告请求赔偿人身伤害的，原告应当提供证明伤情的医院诊断证明书、处方或者病历复印件、医疗费单据等。需要注意的是，这里的损害只能是受到法律保护或者认可的权益所受到的损害，不包括违法利益或者法律不保护的利益所遭受的损害。比如违章建筑，不被法律认可也不受法律保护，原告就其损害诉至法院，得不到法院的支持。但在个别情形下，如行政机关采取了突然强制执行的方式，未给当事人留出自行纠正、减少损失的时间，一些地方法院判赔部分建筑材料等损失，一般亦可予以支持。

二、行政赔偿诉讼中，行政行为违法是行政赔偿的前提，但不必然引发行政赔偿

行政赔偿以行政行为违法为要件，即行政行为违法是行政赔偿的前提，但并不是充分条件。行政赔偿的要旨，是国家对相关主体因行政行为导致其合法权益受到损害而进行的补偿。如果行政行为没有导致合法权益损害或者相关主体不能证明其合法权益因该行政行为受到损害，那么即便行政行为被确认违法也不必然引发行政赔偿。究其原因，首先，行政行为违法并不必然侵害相对人的合法权益。违法行政行为侵犯了相对人合法权益，是构成行政赔偿的先决条件。如果侵犯的不是相对人的合法权益，或者没有侵犯相对人的合法权益（如禁止相对人非法行为、剥夺相对人非法利益的情形），则不构成行政赔偿。如云南凯鸿建筑工程有限公司诉屏边苗族自治县国土资源局及屏边苗族自治县人民政府确认行政行为违法及行政赔偿一案中，屏边县国土局及屏边县政府强制拆除凯鸿公司石场石矿设备设施，是为了制止凯鸿公司非法采矿破坏环境资源的行为，其采取的行政行为虽然违法，但并未侵犯凯鸿公司的合法权益。其次，因相对人或第三人过错造成的损害，行政机关不承担行政赔偿责任。行政行为造成相对人合法权益的实际损害，是构成行政赔偿的必要条件。如果该行政行为未影响相对人的实体权利义务或者该损害不是由该行政行为造成，那么无论该行政行为违法与否，均不构成行政赔偿。最后，主张行政赔偿的相对人应就其举证不能承担不利后果。根据《行政诉讼法》及其司法解释、《行政赔偿司法解释》的规定，原告应当对行政行为造成的损害提供证据。正如上文中提到的云南凯鸿建筑工程有限公司诉屏边苗族自治县国土资源局及屏边苗族自治县人民政府确认行政行为违法及行政赔偿一案中，凯鸿公司要求屏边县国土局、屏边县政府就强制拆除

其采石厂设备设施的行为予以赔偿，其应当对该强制拆除行为给其造成的损害负有举证责任，但根据法院查明的事实，在强制拆除前，凯鸿公司已将能移动的大型设备设施自行运走，对需要拆除的设备有关行政机关在拆除过程中未进行损毁并予以妥善保存，凯鸿公司没有提供强制拆除行为对其造成损害的证据，应承担举证不能的后果。综上所述，行政赔偿不能依据行政行为违法与否机械判定，行政行为虽被确认违法，但未侵害原告合法权益，且原告不能证明行政行为对其造成损害的，应承担举证不能的不利后果。尤其近些年，在涉及环境资源破坏的案件中，要充分考虑生态环境功能遭到破坏后难以复原的因素，在司法审判中发挥利于生态环境和资源保护的指引和导向作用，在层出不穷的破坏生态环境和滥采自然资源的客观现实中，给监督管理此类问题的行政执法部门预留更多的执法空间和执法手段，以此确保生态环境和资源保护得到最大力度、最大限度的保护。

三、关于原告是否应当对行政行为与损害事实之间存在因果关系承担举证责任的问题

根据《行政诉讼法》和《国家赔偿法》的规定，对于行政赔偿责任应当满足以下几个要件：(1) 侵权行为主体是行政机关及其工作人员。(2) 行政机关及其工作人员在行使职权过程中实施的行为违法。(3) 受害人的合法权益遭受损害。(4) 行政机关及其工作人员的违法行为与受害人所受损害之间存在因果关系。行政行为被确认违法是请求行政赔偿的前置程序，在行政赔偿案件中，侵权行为主体是行政机关及其工作人员以及行政行为具有违法性这两项要件事实已被有权机关确认，损害事实一般由原告承担举证责任、特殊情况下由被告承担举证责任的规则也基本明确，但关于因果关系的举证责任问题则存在一定争议。已经废止的 2000 年《行政诉讼法解释》第二十七条第三

项规定，在一并提起的行政赔偿诉讼中，原告应当证明“因受被诉行为侵害而造成损失的事实”。其中的“因”字在司法实践中引起一些争议，按照字面解释，此时原告须对损害和因果关系负举证责任。但在司法实践中，某些特殊情形下要求原告证明因果关系的难度很大，一概让原告承担举证责任不仅有失公允，也不符合《行政诉讼法》和《国家赔偿法》的立法宗旨，考虑到行政赔偿案件中双方当事人主体地位的特殊性以及举证能力的天然差异，《行政诉讼证据规定》（法释〔2002〕21 号）第五条删去了“因”字，直接规定原告应当对被诉行政行为造成损害的事实提供证据。《行政赔偿司法解释》本条规定内容中也同样没有出现“因”字，而是表述为“行政行为造成的损害”。从字面意思看，该条规定看似免除了原告在行政赔偿诉讼中对因果关系的证明责任，只要求其对受到损害的事实举证，不再要求其对被诉行政行为与损害之间的因果关系承担举证责任。但我们认为，无论是《行政诉讼证据规定》，还是《行政赔偿司法解释》，均未排除行政赔偿诉讼的原告对损害事实与行政行为之间存在因果关系承担初步证明责任。行政赔偿诉讼不同于一般的行政诉讼，人民法院审查的是原告也即赔偿请求人的诉讼请求能否成立，而不是被诉行政行为，若原告提不出证据或者提供的证据不能证明自身所受损害与行政行为存在因果关系，则其提出的赔偿请求因缺乏事实根据可能无法得到支持。立法之所以作出上述规定，一是按照《国家赔偿法》第十五条第一款关于“人民法院审理行政赔偿案件，赔偿请求人和赔偿义务机关对自己提出的主张，应当提供证据”的规定，原告就其所主张的因果关系之存在负有举证责任本是题中应有之义，无须再行强调；二是出于时代背景和政策考量，突出强调赔偿义务机关的举证责任，以充分发挥行政赔偿制度的效果，切实维护受害人的合法权益，促使国家机关及其工作人员依法行使职权；三是给司法实务留有一定余地，因为现实中，除了《国家赔偿法》第十五条第二款所规定的受害人在被赔偿义务机关采取行政拘留或者限制人身自由的强制措施期间死亡或丧失行为能力与赔偿义务机关的违法行为之间的因果关系外，还有一些情形，赔偿请求人也是没有能力证明因果关系的，譬如受害人的伤害程度虽然没有达到丧失行为能力或死亡，但因人身自由被限制，也没有能力证明因果关系。立法不可能覆盖所有情形，实践中，法官要结合具体情况来酌定。例如，按照本解释第十二条规定，在行政赔偿诉讼中，原告主张限制人身自由期间受到身体伤害，被告否认负有行政赔偿责任的，对于原告损害与行政行为之间是否存在因果关系由被告提供相应的证据证明。换一种情形，原告主张行政机关工作人员在实施拆除行为的过程中对其身体进行了伤害，行政机关主张拆除时原告并不在场，也未对原告人身自由进行限制，此时原告则须对拆除行为与其人身损害之间存在因果关系作出合理说明。

四、关于行政赔偿诉讼中原、被告举证时限问题

在行政诉讼中，当事人履行举证责任不仅要遵循举证责任分配规则，还应受到举证责任履行规则的限制，如应当在法定时间内完成举证责任，否则将承担举证不能的法律后果。根据被告作出行政行为时必须有事实和法律依据的原则，《行政诉讼法》在举证时限上专门规定“被告应当在收到起诉状副本之日起十五日内向人民法院提交作出行政行为的证据和所依据的规范性文件”，对于原告的举证时限则没有作出规定。从当事人诉讼地位平等原则考虑，《行政诉讼证据规定》第七条对原告的举证时限作了明确规定，《行政诉讼法解释》对此予以吸收，在第三十五条第一款规定：“原告或者第三人应当在开庭审理前或者人民法院指定的交换证据清单之日提供证据。因正当事由申请延期提供证据的，经人民法院准许，可以在法庭调查中提供。逾期

提供证据的，人民法院应当责令其说明理由；拒不说明理由或者理由不成立的，视为放弃举证权利。”在行政赔偿诉讼中，考虑到原、被告的举证责任分配，为充分保障原告的合法权益，对原告的举证期限仍可适用《行政诉讼法解释》的规定，即在开庭审理前或者人民法院指定的交换证据清单之日提供证据，对被告关于“赔偿数额”的证据材料，则可以不受《行政诉讼法》关于被告举证时限规定的限制，但仍应在一审法庭庭审结束前提供。

（撰写人：徐小玉）

第十二条　原告主张其被限制人身自由期间受到身体伤害，被告否认相关损害事实或者损害与违法行政行为存在因果关系的，被告应当提供相应的证据证明。

【条文主旨】

本条是关于原告被限制人身自由人身损害行政赔偿举证责任倒置的特殊规定。

【起草背景】

2014 年修正的《行政诉讼法》除了继续规定“被告对所作行政行为负有举证责任”外，还就原告需要对某些特定事实承担举证责任作出了相应的补充性规定，从而澄清了以往行政法理论和实务上存在的行政诉讼举证责任一律由被告承担的认识误区。就行政赔偿案件而言，完整的行政赔偿责任构成要件主要包括三个方面，即违法行使行政职权行为的存在、合法权益受到损害的事实以及违法行为与权益受损之间存在因果关系。《行政诉讼法》第三十八条第二款规定：“在行政赔偿、补偿的案件中，原告应当对行政行为造成的损害提供证据。因被告的原因导致原告无法举证的，由被告承担举证责任。”该款规定对行政赔偿案件的举证责任确立了有别于一般行政案件的制度安排。[①]

在行政相对人人身权和财产权侵害引发的行政赔偿案件中，举证责任的具体分担存在差异。《国家赔偿法》第十五条规定："人民法院审理行政赔偿案件，赔偿请求人和赔偿义务机关对自己提出的主张，应当提供证据。赔偿义务机关采取行政拘留或者限制人身自由的强制措施期间，被限制人身自由的人死亡或者丧失行为能力的，赔偿义务机关的行为与被限制人身自由的人的死亡或者丧失行为能力是否存在因果关系，赔偿义务机关应当提供证据。"该条第一款确立了行政赔偿诉讼举证责任的一般原则，第二款则是行政赔偿案件中的举证责任倒置制度。在因果关系认定不清的情况下，应当由行政机关承担败诉的风险。尤其是受害人在限制人身自由期间受到身体伤害时，伤害与赔偿义务机关的行为之间是否存在因果关系，应当主要由赔偿义务机关提供相应的证据加以证明。与 1997 年《行政赔偿规定》第三十二条相比，本条系新增条款，对行政相对人在人身权侵害行政赔偿诉讼案件中的举证责任倒置作出了更为有利的规定。

【条文释义】

本条规定内容虽然篇幅不长，但意义十分重大，能够切实保护行政赔偿请求人的合法权益，体现公平、公正的法治理念。对本条规定基本精神的理解，需要着重从如下三个方面加以把握。

一、举证责任倒置范围扩大的成因

生命无价。死亡是被限制人身自由的人所受到的最严重伤害。当

① 对于这一条款规定的性质，行政法理论界及实务界还存在不少认识上的分歧，相关研究参见罗智敏：《行政赔偿案件中原被告举证责任辨析》，载《中国法学》2019 年第 6 期。

出现这种最极端情形时，无疑需要适用举证责任倒置原则。按照我国《民法典》第二十一条、第二十二条的规定，“不能辨认自己行为的成年人”为无民事行为能力人，“不能完全辨认自己行为的成年人”为限制民事行为能力人。丧失行为能力同样是被限制人身自由的人所受到的极为严重的伤害，也需要适用举证责任倒置原则。《国家赔偿法》第十五条第二款将这两种情形纳入举证责任倒置范围，充分体现了国家对公民生命和尊严的保护。与《国家赔偿法》第十五条第二款的规定相比，本条则以“原告限制人身自由期间受到身体伤害”取代“被限制人身自由的人死亡或者丧失行为能力”，使得举证责任倒置的适用范围拓宽至“身体伤害”的所有情形，改变了行政赔偿请求人与行政赔偿义务机关之间举证责任分配的不公现象，为行政赔偿请求人人身权受到侵犯获得赔偿提供了重要的制度性保障。本条的这一创新性规定，直接缘于如下两个方面的考虑：

（一）行政机关在限制公民人身自由的同时，负有保障被限制人身自由的公民人身安全的附随义务

当公民失去人身自由、服从于行政赔偿义务机关的管理和教育时，行政赔偿义务机关就应当对被限制人身自由的公民承担必要的保护责任，避免其身体遭受各种可能发生的非法侵害。大体上来说，这种附随性的保护义务主要包括四个方面：一是加强行政系统内部教育管理，避免出现工作人员殴打、虐待或者唆使、放纵他人殴打、虐待被限制人身自由公民的情形；二是规范武器、警械等行政执法工具的保管和使用，避免出现违法使用造成被限制人身自由公民身体伤害的情形；三是规范对被限制人身自由的公民的管理措施，避免出现采取不让睡觉等变相折磨方式造成被限制人身自由公民身体伤害的情形；四是加强被限制人身自由场所设备设施管理，避免出现设置管理不当造成被限制人身自由公民身体伤害的情形。当被限制人身自由的公民在失去

自由期间身体受到伤害时，行政赔偿义务机关就应当举证证明自身已经尽到必要的看管义务、被限制人身自由的公民在失去自由期间遭受的损害与其看管行为之间没有因果关系。否则，在法律上就应当推定行政赔偿义务机关的行为和被限制人身自由的公民在失去自由期间所受到的身体伤害之间具有因果关系，行政赔偿义务机关应当承担相应的赔偿责任。

（二）被限制人身自由的公民处于不利境地，客观上不具备相应的证明能力

公民的人身自由一旦受到国家公权力机关的限制，势必就处于一种十分不利的境地。在失去人身自由期间，公民的行动自由受到极大的限制，只能在极为有限的空间和时间范围内活动。同时，被限制人身自由的公民还要接受监管教育场所有关特殊管理规定的约束，精神上也会陷入紧张甚至恐惧境地。在传统行政法学理上，这种国家行政机关因对公民人身自由限制所形成的二者之间的关系一般被视为“特别权力关系”，“行政机关可以根据自己的权力发布调整特别权力关系所必需的规则；可以在没有法律授权的情况下实施侵害行为。”① 尽管特别权力关系理论已经逐渐式微，但公民被限制人身自由期间与监管教育机关之间地位的非对等性依旧存在。从被限制人身自由公民的现实处境来看，比正常情况下公民的举证能力更弱，尤其需要对其实行倾斜性保护。因此，对行政赔偿请求人因行政机关的行为导致举证不能的，应当相应免除或减少行政赔偿请求人的举证责任。如果还将举证责任倒置的情形限定在“被限制人身自由的人死亡或者丧失行为能力”方面，可能会造成特殊场景下行政赔偿请求人和行政赔偿义务机关举证责任分配上的不公，与人权保障的时代要求不相吻合。

① ［德］毛雷尔：《行政法学总论》，高家伟译，法律出版社2000年版，第169页。

二、原告主张的初步证明要求

受限制人身自由的特殊影响，对有关“赔偿请求人对自己提出的主张应当提供证据”的理解不能简单片面，而应根据证明事项的不同分别适用相应程度的证明标准。否则，就可能不适当地增加原告或者被告的证明负担。总体来说，原告主张的初步证明要求如下：

（一）身体伤害事实的客观存在

身体伤害事实的存在，是限制人身自由期间行政赔偿关系的首要构成要件。如果没有身体伤害事实的客观存在，就不会产生相应赔偿责任的分担。一般来说，身体伤害存在死亡、丧失行为能力和人体损伤三类。其中，死亡最为严重，伤害事实也最易判断；丧失行为能力的后果极端严重，伤害事实除肉眼所见外还需要借助专业机构的鉴定，如精神病医院出具的专业鉴定报告。在实践中，最为常见且最具争议的还是人体损伤的事实。人体损伤通常是指人的身体结构完整性遭受破坏或者功能（包括生理功能和心理功能）出现的差异或者丧失，按照人体损伤程度不同可以分为重伤、轻伤、轻微伤三等。人体损伤既可能表现为生理功能的损伤（如丧失听觉、视觉），也可能表现为心理功能的损伤（如经常出现幻觉、梦魇）；既可能表现为外表可视的损伤（如肿块、疤痕等），也可能表现为生命有机体内部的损伤（如颅脑损伤、听觉障碍等）。因此，人体损伤的事实更多需要依赖医院的诊断报告或专业机构的伤残鉴定。因此，对行政赔偿请求人而言，最重要的举证事项就是通过客观描述或者提供诊断鉴定报告，证明身体伤害事实的客观存在。相比较职权行使行为和因果关系的证明强度而言，身体伤害事实的证明要求最高。

（二）行政机关违法行使职权行为的存在

本条虽然只列明原告对限制人身自由期间身体受到伤害的主张，

但并不意味着原告不需要主张行政机关相应职权行为的存在，只不过这种证明事项的标准相对较低而已。按照《国家赔偿法》第五条的规定，行政机关工作人员与行使职权无关的个人行为或者因行政赔偿请求人自己的行为致使损害发生的，国家不承担赔偿责任。在实践中，限制人身自由期间身体伤害事实的发生，可能因当事人自己的行为所致，也可能属于意外事件，还可能因其先天性疾病猝发引起。因此，除了证明身体受到伤害之外，原告也要提供初步证据主张行政机关职权行为的存在。当然，受所处时空环境限制，这种证明要求很低，原告不需要也不应该承担过重的责任。

（三）职权行为与身体伤害事实之间的因果联系

同行政机关职权行为的存在一样，原告对职权行为与身体伤害事实之间因果联系的存在只需要提出主张即可。如果被告对此加以否认，就必须提供充分的证据进行反驳和证明。否则，就可以直接推定原告限制人身自由期间身体受到的伤害是行政机关的职权行为造成的。

三、被告否认相关损害事实及损害与违法行政行为存在因果关系的证明要求

本条虽然没有直接使用“由被告承担举证责任”的刚性表述，但“应当提供相应的证据证明”的措辞并没有降低对被告举证的任何要求。按照法体系解释的基本原理，《行政诉讼法》第三十八条第二款及《行政诉讼法解释》第四十七条第一款均使用了“被告承担举证责任”的明确表述，作为特别法的国家赔偿责任举证要求自然也需要纳入其中。在行政法理论界和实务界，围绕被告承担举证责任的性质归

属问题，还存在“举证责任倒置说”和“举证责任转移说”的争论。[①] 不过，鉴于被限制人身自由期间身体伤害的特殊性，处于明显劣势地位的原告只需要提供初步的证明责任，更多的说服责任和推进责任都需要处于明显强势地位的被告方承担。从行政赔偿责任攻防双方的证明要点上看，被告否认赔偿责任的证明要求也包括三个方面：

（一）否认身体伤害事实存在的证明

身体伤害事实是否存在既是原告主张行政赔偿的基础，也是被告予以否定进行举证的第一道防线。除了纯粹客观的死亡事实无可辩驳之外，对于原告主张的丧失行为能力和人体损伤，被告都可以通过提供相应的证据证明而予以否定。对于丧失行为能力的主张，被告可以从作出丧失行为能力认定的医院诊断是否准确、是全部丧失还是部分丧失、是否存在精神病史等方面提供证据加以证明；对于人体损伤的主张，被告可以从损伤鉴定结论是否科学、损伤等级是否夸大、有无既往病史等方面提供证据加以证明。如果被告确实能够提供扎实的证据推翻原告身体受到伤害的主张，就可以免于承担行政赔偿责任。

（二）否认违法行使职权行为的存在

当原告主张的限制人身自由期间受到身体伤害的事实客观存在时，被告可以转而提供没有违法行使职权行为的存在。如果被告能够提供身体伤害系被限制人身自由者自己的自残行为、个人疏忽大意行为（如不慎摔倒）所致，也能够达到免于承担行政赔偿责任的效果。一般来说，限制人身自由场所都设有监控，只要调出原始监控记录就能够还原事实真相。作为正规的限制人身自由场所，一般都具有完整的场所教育管理制度规定和相关工作规程，只要行政机关充分利用自身

① 《行政诉讼法及司法解释关联理解与适用》编委会编：《行政诉讼法及司法解释关联理解与适用》（上册），中国法制出版社2018年版，第319页。

的举证能力和手段优势，就能够提供出否认其负有行政赔偿责任的充分证据。

（三）否认职权行为与身体伤害事实之间的因果联系

因果联系是行政赔偿责任承担中最关键的构成要件，也是行政赔偿请求人和行政赔偿义务机关双方之间最核心的争议所在。因果联系具有明显的主观色彩，涉及不同证明事项之间证明标准要求的程度。同样是身体伤害事实，死亡、丧失行为能力和人体损伤等事实的证明标准都存在一定差异。就死亡事实和丧失行为能力的成因证明而言，就应当达到排除一切合理怀疑的程度；至于人体损伤事实，则可以根据损伤程度大小实行针对性、梯度式的证明要求。从实践来看，被限制人身自由的公民身体伤害的成因可能来自多个方面。就行政机关一方来说，至少包括是否存在行政机关工作人员的殴打、虐待等违法行为，是否存在行政机关工作人员唆使、放纵他人殴打、虐待等违法行为，是否存在行政机关工作人员违法使用行政执法工具行为，行政机关限制人身自由场所管理规范是否存在疏漏，行政机关限制人身自由场所设备设施是否存在安全隐患；就被限制人身自由的公民一方来说，至少包括是否存在既往病史，是否存在不服从、不配合限制人身自由场所教育管理措施，是否存在自残行为，是否发生意外。在这些复杂的原因与身体伤害结果之间，能否建立起令人信服的因果联系，取决于不同类型证据相互之间能否形成密切的印证。从这个意义上来说，因果联系存在与否也是本条规定能否获得有效实施的关键。

为了更具针对性地阐释本条规定的规范意旨和具体要求，以下通过对一起公安机关行政赔偿案件中举证责任具体分配的分析，论述举证责任倒置情形之下的证明要求。

本案的基本情况是：1995 年 7 月某日，S 省 R 县 W 乡村民汤某与本村村民胡某因琐事发生纠纷，胡某向 W 乡派出所报案，后汤某在其幺叔陪同下至W乡派出所接受传唤。在汤某接受派出所询问期间，其幺叔在W乡政府大门口等候。约十分钟后，派出所工作人员出来问其幺叔汤某是否有病，其幺叔随即到派出所办公室，见汤某右手抓住椅子边缘，左手发抖，脸色转青，眼睛发愣，呼吸困难，无法说话。在送往医院抢救途中，汤某死亡。在善后处理过程中，R县公安局以汤某曾患过肾病为由，认定汤某系肾病发作死亡，公安机关对此不负任何责任。汤某家属一再要求进行尸检，遭到R县公安局拒绝，并责成其家属将尸体送殡仪馆火化。汤某家属不服提出行政复议，复议机关认为R县公安局在未对汤某尸体进行尸检、法医鉴定的情况下认定汤某死于肾病依据不足，派出所依法传唤并无不当，调查中也未发现派出所民警有违法行为，也无证据证实汤某系被民警殴打致死。汤某家属对维持公安机关不负赔偿责任的复议决定不服，以汤某死亡前的症状符合电警棍电击特征、公安机关无证据证实汤某死亡不是民警行为所致为由提起行政诉讼。请求法院依法判决公安机关履行法定职责、查清汤某死亡真相并予以赔偿。法院在审理过程中，围绕“公安机关是否应承担赔偿责任”形成了“全部承担责任说”“部分承担责任说”“不承担责任说”三种不同的观点，最终判定被告“酌情赔偿”。①

撇开法院针对本案的最终裁判是否准确以及本案年代久远等因素不论，该案所呈现的场景对于分析本条规定的具体适用具有很好的样本意义。首先，汤某在短暂的询问期间突然死亡，已经成为不争的客观事实。汤某的家属认为汤某死亡前的症状符合电警棍电击特征，并提出强烈的尸检要求。就双方所处的实际地位来说，汤某家属已经全部完成了初步的证明要求。其次，就被告对其否认负有行政赔偿责任的举证活动而言，并未达到相应证明标准的内在要求。具体包括：

① 参见皮宗泰、洪其亚：《违法行为能否推定——对一起公安行政赔偿案件的分析》，载《行政法学研究》1998年第3期。

(1) 没有提供充分的证据表明派出所民警未实施违法使用电警棍的行为。考虑当时基层派出所可能没有安装监控设备的实际，行政机关也应当通过其他旁证（如电警棍存放管理规定、周边办公场所工作人员证言等）的提供，证明不存在行政机关违法行使职权的行为。(2) 没有提供充分的证据表明死亡是汤某疾病突发所致。汤某是否患有肾病，病情是否严重，正常传唤行为能否诱发或加剧肾病，肾病发作是否必然会在短时期内导致死亡，这些极为关键的待证事实都需要由公安机关提供一系列的证据材料加以佐证。(3) 没有回应家属关于尸检的请求。汤某死亡于派出所依法传唤期间，其所处环境封闭，缺乏监控和其他旁证。在双方关于汤某死因主张迥异的情况下，及时进行尸检和法医鉴定是查清死因的唯一途径，也是最后一线希望所在。对于被告而言，同样是否定其行为与死亡之间存在因果关系的最有效途径。公安机关无视汤某家属请求，拒绝尸检和责成火化的行为，直接导致汤某死因永远无法获得求证。在公安机关无法提供拒绝尸检正当理由的情况下，一切不利后果理应由其承担。在人权保障观念深入人心的当下，必须通过举证责任倒置制度的有效实施，努力实现行政赔偿争议的实质性化解。

【实务指导】

本条规定的文字篇幅虽然不长，但其实施意义重大。在行政审判实践中，需要将本条所规定的内容置于整个行政诉讼证据制度体系的框架之中加以理解，进而全面把握行政诉讼举证责任的一般规定和责任倒置的特殊要求。具体来说，实务操作中要防止陷入以下两方面的极端认识：

一、原告并非不承担证明义务

本条规定是行政诉讼举证责任倒置的特殊情形，并非原告不承担任何证明义务。即使原告因人身自由受到限制而处于孤立无援的境地，也需要按照行政诉讼举证责任分配的一般规定承担相应的证明义务。一方面，原告需要重点就身体受到伤害的事实进行充分举证，并就被告违法行使职权行为的存在及其与身体损害之间的因果联系提出主张；另一方面，当被告提供充足的证据否认其负有行政赔偿责任后，原告仍然需要提供相应的证据进行反驳。否则，面对被告所提供的充足证据，原告还将陷入不利境地。因此，在行政审判实践中，必须澄清举证责任倒置情形下原告可以不承担任何证明义务的认识误区。

二、被告举证的完整性要求

本条规定的亮点在于扩大了被告举证责任倒置情形的适用范围，对被告举证随之提出了更为完整性的要求。一方面，被告要针对原告是否存在身体伤害、行政机关自身是否存在违法行使职权的行为以及职权行为与身体伤害之间是否存在因果联系进行全方位举证；另一方面，被告需要针对原告身体伤害的具体程度大小，展开有针对性的、梯度式的举证，适应不同场景下证明标准的具体要求。因此，在行政审判实践中，不能仅从字面上理解被告的举证要求，需要在《行政诉讼法》《国家赔偿法》整体的制度框架下进行理解和适用，确保新增条款规范意旨的实现。

（撰写人：章志远）

四、起诉与受理

第十三条　行政行为未被确认为违法，公民、法人或者其他组织提起行政赔偿诉讼的，人民法院应当视为提起行政诉讼时一并提起行政赔偿诉讼。

行政行为已被确认为违法，并符合下列条件的，公民、法人或者其他组织可以单独提起行政赔偿诉讼：

（一）原告具有行政赔偿请求资格；

（二）有明确的被告；

（三）有具体的赔偿请求和受损害的事实根据；

（四）赔偿义务机关已先行处理或者超过法定期限不予处理；

（五）属于人民法院行政赔偿诉讼的受案范围和受诉人民法院管辖；

（六）在法律规定的起诉期限内提起诉讼。

【条文主旨】

本条是关于视为一并提起和单独提起行政赔偿诉讼的规定。

【起草背景】

《国家赔偿法》第九条规定，赔偿义务机关有本法第三条、第四条规定情形之一的，应当给予赔偿。赔偿请求人要求赔偿，应当先向赔偿义务机关提出，也可以在申请行政复议或者提起行政诉讼时一并提出。该条是关于行政赔偿义务机关的法定赔偿义务和赔偿请求人要求行政赔偿途径的规定。但是，该规定在司法实践中存在两个方面的问题：一方面，取消了违法确认前置程序，违法确认与赔偿合二为一，此原则在行政赔偿之诉是否要执行及如何执行；另一方面，"赔偿请求人要求赔偿，应当先向赔偿义务机关提出"体现出的行政先行处理原则，在赔偿请求人单独提起行政赔偿诉讼时，应当符合哪些条件及有哪些例外。本条是对1997年《行政赔偿规定》第三条、第十九条的增加和修改，对上述两个问题作出了规定。

【条文释义】

一、视为提起行政诉讼时一并提起行政赔偿诉讼

本条第一款是新增加的规定，规定了视为提起行政诉讼时一并提起行政赔偿诉讼制度。1994年《国家赔偿法》第九条第一款规定："赔偿义务机关对依法确认有本法第三条、第四条规定的情形之一的，应当给予赔偿。"但在实践中，原来规定的确认程序存在以下问题：（1）确认程序与赔偿决定程序分设不合理。确认程序实际上是国家赔偿程序的一个环节，确认前置造成了司法资源的浪费。（2）在《国家赔偿法》实施过程中，确认程序导致赔偿不畅，成为提起赔偿的障碍，主要体现为：第一，将违法行为的确认权赋予赔偿义务机关自身，很难保证结果的公正性。第二，确认程序缺乏规制。赔偿义务机关繁多，在申请确认的时限以及作出确认的时限、形式、内容以及逾期不确认的救济等方面没有统一的程序规则，易导致确认权的滥用。实践

中，有的赔偿义务机关收到确认申请后久拖不决，有的口头确认但不赔偿，或者拒不确认，致使当事人难以继续申请赔偿。第三，不予确认的法律责任不明确，赔偿义务机关由于不愿承担责任而不予确认。第四，确认程序阻延了当事人获得国家赔偿的时间，增加了当事人申请国家赔偿的难度，损害了国家赔偿法所追求的及时便民原则。行政赔偿确认程序的取消，有利于简化程序、节约行政资源，也在一定程度上缩短了赔偿请求人获得赔偿的期限。2010 年修正《国家赔偿法》时，取消了国家赔偿程序中的确认程序，相应地，也删去了第九条第一款中的“依法确认”，即赔偿义务机关有本法第三条、第四条规定情形之一的，应当给予赔偿。根据 2010 年《国家赔偿法》第九条第一款的规定，只要存在法定的赔偿情形，行政赔偿义务机关便应予以赔偿。赔偿请求人向赔偿义务机关请求赔偿的，赔偿义务机关直接作出是否赔偿的决定，而不再经过确认程序。赔偿义务机关作出赔偿决定的过程本身，实际上就是对赔偿请求人是否享有国家赔偿权利的依法确认。

具体到行政赔偿，有观点认为，修正后的《国家赔偿法》取消了违法确认前置程序，违法确认与赔偿合二为一，已无单独的行政赔偿之诉。这一修改从程序上简化了环节，提高了效率，保障了赔偿请求人申请国家赔偿的权利。因此，1997 年《行政赔偿规定》中涉及单独的行政赔偿诉讼的规定，均应进行修改。我们经研究认为，违法确认与行政赔偿确实是两个性质不同的诉讼，诉讼要件也不尽相同，如违法确认诉讼依法要收取诉讼费而行政赔偿不用，违法确认诉讼的起诉期限往往短于行政赔偿的时效，等等，但考虑到确赔合一原则已被国家赔偿法确立，本解释第十三条第一款规定，公民、法人或者其他组织提起行政赔偿诉讼时，行政行为未被确认为违法的，人民法院应视为提起行政诉讼时一并提起行政赔偿诉讼。

理解本条需要注意以下三个问题：（1）行政事实行为直接诉讼的存废问题。1997 年《行政赔偿规定》第三条规定，赔偿请求人认为行政机关及其工作人员实施了国家赔偿法第三条第三、四、五项和第四条第四项规定的非具体行政行为的行为侵犯其人身权、财产权并造成损失，赔偿义务机关拒不确认致害行为违法，赔偿请求人可直接向人民法院提起行政赔偿诉讼。本条第一款规定“视为提起行政诉讼时一并提起行政赔偿诉讼”，意味着从此不再区分行政法律行为和行政事实行为行政赔偿程序的不同，1997 年《行政赔偿规定》第三条规定已无存在的必要，本次修改对其予以删去，从而实现了法律行为和事实行为行政赔偿程序的统一，即“视为提起行政诉讼时一并提起行政赔偿诉讼”。（2）对确认违法之诉的审查问题。本条第一款虽然规定“视为提起行政诉讼时一并提起行政赔偿诉讼”，但考虑确认行为违法之诉和行政赔偿之诉是不同的两种诉讼，为避免误认为不再需要对违法确认诉讼起诉条件进行审查，需要强调的是人民法院即使将此情形视为提起行政诉讼时一并提起行政赔偿诉讼，也要依法对前述行政诉讼是否符合法定起诉条件进行审查。此外，1997 年《行政赔偿规定》第三十四条规定，“人民法院对赔偿请求人未经确认程序而直接提起行政赔偿诉讼的案件，在判决时应当对赔偿义务机关致害行为是否违法予以确认。”此条规定在本次修改中虽然删去，但是其精神和内容在以后的司法实践中仍要予以适用。也就是说，不管是提起行政诉讼时一并提起行政赔偿诉讼还是视为提起行政诉讼时一并提起行政赔偿诉讼，人民法院在判决时应当对赔偿义务机关致害行为是否违法予以确认。（3）立案问题。1997 年《行政赔偿规定》第二十八条规定，当事人在提起行政诉讼的同时一并提出行政赔偿请求，或者因具体行政行为和与行使行政职权有关的其他行为侵权造成损害一并提出行政赔偿请求的，人民法院应当分别立案，根据具体情况可以合并审理，也可以单独审理。本条第一款规定“视为提起行政诉讼时一并提起行政赔偿诉讼”实现了行政法律行为和行政事实行为行政赔偿程序的统一的同时，也因修正后的《国家赔偿法》取消了违法确认前置程序，违法确认与赔偿合二为一，已无分别立案的必要，且1997年《行政赔偿规定》第二十八条实践中做法不一，分歧较大，本次修改删去该规定，将行政赔偿之诉回归行政诉讼的本质属性。

二、单独提起行政赔偿诉讼的条件

从世界范围来看，对行政赔偿程序的规定大致分为以下几类：（1）没有规定行政先行处理程序，赔偿请求人可以直接通过诉讼请求国家赔偿，如英国和日本。在英国，行政赔偿可以直接通过行政赔偿诉讼来解决，该诉讼适用民事诉讼的规则。在日本，国家赔偿诉讼依民事诉讼程序进行，与一般的民事诉讼程序没有区别。对于某种行政活动的救济，原告可以在撤销诉讼和国家赔偿诉讼中进行选择，既可以提出其中任何一种请求，也可以同时提出两种请求。（2）规定行政先行处理程序是行政赔偿的必经程序和提起诉讼的前提，如美国和法国。1966年修改后的美国联邦侵权赔偿法规定，行政机关首先进行行政赔偿程序是法院受理赔偿请求的前提。在法国，当事人在向行政法院请求损害赔偿之前，必须先向行政机关请求赔偿，只有在行政机关作出拒绝全部或部分请求的行政决定后，才能向行政法院起诉。

2010年修正《国家赔偿法》时，保留了第九条第二款的规定，只在文字表述上稍作修改，即赔偿请求人要求赔偿，应当先向赔偿义务机关提出，也可以在申请行政复议或者提起行政诉讼时一并提出。换句话说，新旧《国家赔偿法》对此的规定是一致的。根据该款规定，赔偿请求人提起行政赔偿请求的途径有两种：一是赔偿请求人单独提出赔偿请求，此时应当先向赔偿义务机关提出；二是赔偿请求人可以在对行政行为提出行政复议或者行政诉讼的过程中，附带提出赔偿请求。

根据上述条文第二款的规定，对单独提出行政赔偿请求的，我国采用了行政先行处理程序。所谓先行处理程序，就是指受害人与侵权人之间先行协商和处理的程序。立法过程中，一种意见认为，不应设置行政先行处理程序。因为实践中，让赔偿义务机关自行纠正其违法行为并赔偿受害人的损失非常困难，其往往对赔偿请求置之不理，导致大量的赔偿案件难以进入赔偿程序。另一种意见认为，如果使赔偿请求人先通过非诉讼程序或其他较为简便的程序获得国家赔偿，可以在诉前对大量的赔偿案件进行消化处理。否则，大量的赔偿案件流向人民法院，不但浪费司法资源，而且降低了处理效率，不利于赔偿义务机关先行自我纠正。考虑到目前我国没有独立的国家赔偿诉讼程序，也没有规定国家赔偿可以适用民事诉讼程序，采用行政先行处理程序是比较适合我国国情的。此外，赔偿请求人仍然有一定的选择权，可以选择行政复议或行政诉讼时一并提出赔偿请求。对先行处理不服的，可以再向法院起诉，得到充分的救济。

经过慎重研究，立法机关最终采纳了第二种意见，在取消行政确认程序的同时，保留了原有的行政先行处理程序。主要考虑是：先行处理程序是行政赔偿程序中比较通用的程序，有利于简化诉讼程序和疏减诉源，由行政机关自行纠正错误，同时由于行政机关的专业性和行政程序的相对简便性，有利于提高行政赔偿的效率。目前行政先行处理程序中出现的问题，主要是有关规定不够完善的问题以及执行的问题。对于工作层面存在的问题，应当在工作中加以解决，关键在于对行政先行处理程序进行必要的规范。

如果赔偿请求人选择单独提出行政赔偿请求，原则上必须由行政机关先行处理，只有受害人对行政机关处理决定不服或行政机关逾期不作出赔偿决定的情况下，才能提起行政赔偿诉讼。赔偿申请是否被接受，需认定有关行政行为是否违法，以及该行为是否与当事人的损害存在因果关系等一系列问题，专业性比较强，且涉及相关证据的认定。此时赔偿义务机关进行先行处理，有助于查明事实。先行处理程序的优点在于快速便捷和节约行政、司法资源，但也有其缺点，即行政赔偿义务机关自己做自己的“法官”，如果不进行公正处理，反而会拖延赔偿申请人的时间。

为了贯彻《国家赔偿法》上述规定精神，1997 年《行政赔偿规定》针对行政行为已被确认为违法，赔偿请求人单独提起行政赔偿诉讼应当符合下列条件进行了规定。1997 年《行政赔偿规定》第二十一条赔偿请求人单独提起行政赔偿诉讼，应当符合下列条件：（1）原告具有请求资格；（2）有明确的被告；（3）有具体的赔偿请求和受损害的事实根据；（4）加害行为为具体行政行为的，该行为已被确认为违法；（5）赔偿义务机关已先行处理或超过法定期限不予处理；（6）属于人民法院行政赔偿诉讼的受案范围和受诉人民法院管辖；（7）符合法律规定的起诉期限。其中，第四项、第五项属于行政先行处理原则的集中体现。

司法实践中，1997 年《行政赔偿规定》上述规定在具体适用中争议不断，其中该规定第二十一条第四项和第三十四条规定的问题上即为一例。天津市高级人民法院受理一起杨某来诉天津市车辆购置附加费征收管理办公室行政赔偿上诉案。该案基本案情：本案上诉人杨某来用 50 万元购买案外人孙某男一辆凌志 400 型轿车，双方未办理车辆过户手续。1998 年 10 月 12 日杨的妻子（现已离婚）张某泉驾车时，因该车未缴纳购置附加费，被天津市车辆购置附加费征收办公室（以下简称车购办）扣留。20 日，上诉人持双方买卖时孙某男曾给其的缴费凭证，到车购办办理缴费事宜并领取被扣车辆时，又因缴费凭证是假证而被车购办扣留。上诉人因此同孙某男产生争议。于 1998 年 12 月 9 日向天津市塘沽区人民法院提起民事诉讼。塘沽区人民法院认定双方买卖行为无效，于 1999 年 3 月 9 日判决相互返还汽车和购车款。判决生效后，上诉人在孙不履行法院判决的情况下，向塘沽法院申请执行。塘沽区法院 1999 年 4 月 30 日到车购办执行被扣汽车时，被告知该车已于 1999 年 4 月 27 日被车主孙某男领走。上诉人再找孙时，孙已不知去向。在多方查找孙的下落未果的情况下，上诉人向车购办提出赔偿请求，车购办于 2000 年 9 月 27 日作出其放车行为合法不予赔偿的决定，上诉人不服向天津市第二中级人民法院提起行政赔偿诉讼，请求确认车购办放车行为违法，并返还其凌志 400 型汽车。第二中级人民法院判决驳回上诉人的诉讼请求。上诉人不服，上诉于该院。

天津市高级人民法院在审理中，因适用 1997 年《行政赔偿规定》第二十一条第四项和第三十四条规定的问题上，合议庭产生了两种意见：一种意见认为，根据 1997 年《行政赔偿规定》第二十一条第四项“加害行为为具体行政行为的，该行为已被确认为违法”的规定，即凡是单独提起行政赔偿诉讼的，其前提必须是具体行政行为已被确定为违法，这种确认可以是经司法确认，也可以是行政确认。如具体行政行为没有被确认为违法，即使符合 1997 年《行政赔偿规定》第二十一条规定中的其他条件，法院也不应受理。本案车购办的放车行为没有被确认为违法，不符合 1997 年《行政赔偿规定》第二十一条第四项的规定，法院不应当受理，一审进入实体审理错误，应撤销一审判决，驳回上诉人的起诉。另一种意见认为，根据 1997 年《行政赔偿规定》第三十四条“人民法院对赔偿请求人未经确认程序而直接提起行政赔偿诉讼的案件，在判决时应当对赔偿义务机关致害行为是否违法予以确认”，根据该条的规定，具体行政行为是否被确认为违法不是单独提起行政赔偿诉讼的必要条件，而赔偿义务机关先行处理则是必要条件，这符合《国家赔偿法》“赔偿请求人要求赔偿应当先向赔偿义务机关提出”的立法本意。此外，如果以具体行政行为已被确认为违法为单独提起行政赔偿诉讼的前提，那么，未经确认的违法的行政行为则永远得不到纠正，如错过行政诉讼，相对人则永远得不到司法救济，这无疑违背国家赔偿法的精神，不利于保护相对人的合法权益。因此，本案应进入实体审理，先对车购办的放车行为是否违法进行确认，然后决定是否赔偿，而不应在程序上予以驳回起诉。该院审判委员会2001年8月8日第27次会议讨论认为，1997年《行政赔偿规定》第二十一条第四项的内容与第三十四条规定的内容确有一定矛盾之处，这对受理和审理行政赔偿案件造成一定的困难。为了正确适用1997年《行政赔偿规定》，处理好本案有利于今后同类案件的受理和审理，特报请最高人民法院对1997年《行政赔偿规定》第二十一条第四项和第三十四条如何适用作具体解释。

对此，最高人民法院经研究，在2001年12月24日公布实施的《最高人民法院行政审判庭关于如何适用最高人民法院〈关于审理行政赔偿案件若干问题的规定〉》第二十一条第（四）项和第三十四条规定的答复（〔2001〕行他字第10号）中明确，根据1997年《行政赔偿规定》第二十一条第四项和第三十四条的规定，因行政机关的具体行政行为引起的行政赔偿，赔偿请求人单独提起行政赔偿诉讼的，应当符合第二十一条第四项规定的起诉条件；因行政机关的事实行为引起的行政赔偿，赔偿请求人单独提起行政赔偿的，应当适用第三十四条的规定。随着《国家赔偿法》的修改，特别是确认程序在新法中的取消，下级法院对此问题又出现了不同的认识，最高人民法院（2013）行他字第4号《关于单独提起行政赔偿诉讼应以具体行政行为被确认违法为前提的电话答复》再次重申，根据《行政诉讼法》《国家赔偿法》及相关司法解释的有关规定，当事人因具体行政行为单独提起行政赔偿诉讼，应当以行政行为被确认违法为前置条件，但事实行为除外。我们认为，这是在 1997 年《行政赔偿规定》实施过程中出现的问题，此问题不仅涉及《国家赔偿法》第二十一条第四项和第三十四条规定，还涉及 1997 年《行政赔偿规定》第三条规定，得出上述结论是此三个条文体系解释的必然结果。1997 年《行政赔偿规定》第三条规定，赔偿请求人认为行政机关及其工作人员实施了国家赔偿法第三条第三、四、五项和第四条第四项规定的非具体行政行为的行为侵犯其人身权、财产权并造成损失，赔偿义务机关拒不确认致害行为违法，赔偿请求人可直接向人民法院提起行政赔偿诉讼。此规定是针对事实行为未经合法性确认直接提出行政赔偿诉讼而言的，而第三十四条“人民法院对赔偿请求人未经确认程序而直接提起行政赔偿诉讼的案件，在判决时应当对赔偿义务机关致害行为是否违法予以确认”是对第三条规定的事实行为赔偿在审判阶段如何进行审理的规定，因此，依据《国家赔偿法》和 1997 年《行政赔偿规定》相关规定，当事人因行政法律行为单独提起行政赔偿诉讼，应当以该行政法律行为被确认违法为前置条件，而事实行为则不需要。在此需要指出的是，随着本次修改后的司法解释规定的实施，特别是本条第一款“公民、法人或者其他组织提起行政赔偿诉讼时，行政行为未被确认为违法的，人民法院应视为提起行政诉讼时一并提起行政赔偿诉讼”的落地，从此不再区分法律行为和事实行为行政赔偿程序的不同，行政行为未被确认为违法而提起行政赔偿诉讼，依法视为提起行政诉讼时一并提起行政赔偿诉讼的，在判决时应当对赔偿义务机关致害行为是否违法予以确认，而一般来说，行政行为已被确认为违法的，赔偿请求人单独提起行政赔偿诉讼，则要遵循行政先行处理原则。

因此，本条第二款系对 1997 年《行政赔偿规定》第二十一条规定的修改。该款系行政行为已被确认为违法的，赔偿请求人单独提起行政赔偿诉讼，应当符合下列条件：（1）原告具有行政赔偿请求资格；（2）有明确的被告；（3）有具体的赔偿请求和受损害的事实根据；（4）赔偿义务机关已先行处理或者超过法定期限不予处理；（5）属于人民法院行政赔偿诉讼的受案范围和受诉人民法院管辖；（6）在法律规定的起诉期限内提起诉讼。本次修改仅将第四项“具体行政行为”修改为“行政行为”，以此和2014年修正的《行政诉讼法》保持一致。

【实务指导】

在司法解释起草过程中，有一种意见建议第四项在“赔偿义务机关已先行处理或超过法定期限不予处理”的基础上增加“但行政行为已经由行政诉讼程序确认违法的除外”。我们经认真研究认为，相关做法得到有关部门认可的也有不少案例支持，且有利于提高行政赔偿效率，以后实践中要积极倡导此做法。主要理由如下：

1. 2017年9月4日，全国人民代表大会常务委员会法制工作委员会法工办法〔2017〕224号《对国家赔偿法第九条第二款理解与适用问题的意见》认为，《国家赔偿法》第九条第二款规定：“赔偿请求人要求赔偿，应当先向赔偿义务机关提出，也可以在申请行政复议或者提起行政诉讼时一并提出。”对于这两种途径，赔偿请求人可以自行选择。赔偿请求人先提起行政诉讼，之后又提起行政赔偿诉讼，这表明其没有选择向行政机关直接提出赔偿的途径，而是选择人民法院解决其行政赔偿问题。对这种特殊情况如何处理，《国家赔偿法》没有作出明确规定。在这种情况下，如要求其再向赔偿义务机关提出赔偿请求方可提出行政赔偿诉讼，实际上取消了赔偿请求人在赔偿程序上的选择权，增加了赔偿程序的复杂性，不利于畅通赔偿渠道，也不符合制定和修改《国家赔偿法》的立法目的。因此，对于已通过行政诉讼程序确认行政行为违法，后续提出行政赔偿诉讼的，人民法院可视为提起行政诉讼时一并提出赔偿请求的情形予以处理。

《最高人民法院行政法官专业会议纪要（一）（行政赔偿领域）》认为，已通过行政诉讼程序确认行政行为违法的，当事人再行提起行政赔偿诉讼无须经赔偿义务机关先行处理程序。理由：《国家赔偿法》第九条第二款规定，赔偿请求人要求赔偿，应当先向赔偿义务机关提出，也可以在申请行政复议或者提起行政诉讼时一并提出。对于这两种途径，赔偿请求人可以自行选择。赔偿请求人先提起行政诉讼，之后又提起行政赔偿诉讼，这表明其没有选择向行政机关直接提出赔偿的途径，而是选择人民法院解决其行政赔偿问题。对这种特殊情况如何处理，国家赔偿法没有做出明确规定。在这种情况下，如果要求赔偿请求人再向赔偿义务机关提出赔偿请求方可提出行政赔偿诉讼，实际上剥夺了赔偿请求人在赔偿程序上的选择权，增加了赔偿程序的复杂性，不利于畅通赔偿渠道，也不符合制定和修改国家赔偿法的立法目的。

可见，不管是有关部门还是《最高人民法院行政法官专业会议纪要（一）（行政赔偿领域）》均明确“已通过行政诉讼程序确认行政行为违法的，当事人再行提起行政赔偿诉讼无须经过赔偿义务机关先行处理程序”。此共识不仅尊重了行政赔偿请求人的选择权，体现了以人民为中心的政治承诺，也有利于畅通赔偿渠道，符合制定和修改《国家赔偿法》的立法目的。

2. 实践中，最高人民法院已经在多起案件中阐明这样的裁判要旨，当事人提起行政诉讼并经法院判决确认行政行为违法的，当事人单独提起行政赔偿诉讼应视为一并提出行政赔偿诉讼，无须先向赔偿义务机关提出行政赔偿申请，其可以直接向法院起诉，法院应当予以受理。这一观点符合《国家赔偿法》确赔合一的制度设计，也与《行政赔偿司法解释》第十三条第一款规定的视为一并提起行政赔偿诉讼和第十四条规定的引导当事人一并提起行政赔偿诉讼的精神一致。

（撰写人：杨科雄）

第十四条　原告提起行政诉讼时未一并提起行政赔偿诉讼，人民法院审查认为可能存在行政赔偿的，应当告知原告可以一并提起行政赔偿诉讼。

原告在第一审庭审终结前提起行政赔偿诉讼，符合起诉条件的，人民法院应当依法受理；原告在第一审庭审终结后、宣判前提起行政赔偿诉讼的，是否准许由人民法院决定。

原告在第二审程序或者再审程序中提出行政赔偿请求的，人民法院可以组织各方调解；调解不成的，告知其另行起诉。

【条文主旨】

本条是关于一并提起行政赔偿诉讼释明制度和提出时机及处理的规定。

【起草背景】

本条是对《行政诉讼法解释》第一百零九条的补充和1997年《行政赔偿规定》第二十三条第二款的修改。

关于第一款，知情权是民主与法治发展的产物。随着社会的进步，越来越多的国家以法律保证公民实现该权利。公民、法人或者其他组织因受到违法行政行为的损害而获得求偿索赔权，在其向法院提出告诉时，法院有义务就其享有的求偿索赔权向其进行释明。法官行使释明权，是指为了防止极端对抗主义对诉讼的公正性所造成的损害，法官在遇到当事人对诉讼上的声明、陈述或举证上存在不明确、不充分、不适当等情形时，向当事人作出解释、引导和释明的一种职权和职责。释明权既是法官的一种权利，也是法官的一种义务。法官释明权行使的效果能够克服对抗主义的弊端，使有关当事人在遇到特定情形时获得司法上的必要救济，让诉讼双方力量在实体上更趋于对等，从而实现诉讼效益的最大化。在公民、法人或者其他组织提起行政诉讼时，其未一并提起行政赔偿诉讼，若人民法院经审查认为可能存在行政赔偿的，应当释明原告一并提起行政赔偿诉讼。

关于第二款，1997 年《行政赔偿规定》第二十三条第二款规定，行政案件的原告可以在提起行政诉讼后至人民法院一审庭审结束前，提出行政赔偿请求。本次修改过程中，我们进一步明确了两个方面的内容：一是原告在一审行政案件庭审终结前提起行政赔偿诉讼，要符合法定受理条件；二是原告在一审庭审终结后、宣判前提出行政赔偿诉讼的，是否准许由人民法院结合案件审理的具体情况予以决定。

关于第三款，是对《行政诉讼法解释》第一百零九条①第六款的重申。在第二审程序中，一审原告提出行政赔偿请求的，属于增加独

① 第一百零九条　第二审人民法院经审理认为原审人民法院不予立案或者驳回起诉的裁定确有错误且当事人的起诉符合起诉条件的，应当裁定撤销原审人民法院的裁定，指令原审人民法院依法立案或者继续审理。

第二审人民法院裁定发回原审人民法院重新审理的行政案件，原审人民法院应当另行组成合议庭进行审理。

原审判决遗漏了必须参加诉讼的当事人或者诉讼请求的，第二审人民法院应当裁定撤销原审判决，发回重审。

原审判决遗漏行政赔偿请求，第二审人民法院经审查认为依法不应当予以赔偿的，应当判决驳回行政赔偿请求。

原审判决遗漏行政赔偿请求，第二审人民法院经审理认为依法应当予以赔偿的，在确认被诉行政行为违法的同时，可以就行政赔偿问题进行调解；调解不成的，应当就行政赔偿部分发回重审。

当事人在第二审期间提出行政赔偿请求的，第二审人民法院可以进行调解；调解不成的，应当告知当事人另行起诉。

立的诉讼请求。第二审人民法院可以根据当事人自愿的原则就新增加的诉讼请求进行调解，调解不成的，告知当事人另行起诉。如此规定，是出于对两审终审制以及当事人审级利益的维护，也体现了对当事人权利处分和程序选择的尊重，既有利于及时解决行政纠纷，也有利于节省司法资源，提高诉讼效率。

【条文释义】

一、可能存在行政赔偿的情形

公民、法人和其他组织取得行政赔偿需具备三个条件：一是行政机关及其工作人员存在违法行使职权的行为；二是该行使职权的行为侵犯公民、法人和其他组织的合法权益；三是行使职权的行为与公民、法人和其他组织的合法权益受损之间存在因果关系。根据《行政诉讼法》的相关规定，人民法院经过审理认为行政行为违法，可能存在行政赔偿的，具体包括以下情形：

（一）行政行为可能被撤销或者部分撤销

根据《行政诉讼法》第七十条的规定，行政行为有六种情形的，人民法院判决撤销或者部分撤销，并可以判决被告重新作出行政行为。[①] 一是主要证据不足的。这是指行政机关作出的行政行为缺乏事

---

① 第七十条　行政行为有六种情形的，人民法院判决撤销或者部分撤销，并可以判决被告重新作出行政行为：

（一）主要证据不足的；

（二）适用法律、法规错误的；

（三）违反法定程序的；

（四）超越职权的；

（五）滥用职权的；

（六）明显不当的。

实根据，导致认定的事实错误或者基本事实不清楚。二是适用法律、法规错误的。这主要包括以下几种情形：应当适用甲法，却适用了乙法；应当适用上位法、特别法、新法，却适用了下位法、一般法、旧法；应当适用某法甲条款，却适用了该法的乙条款；适用了尚未生效或者已经失效、废止的法律、法规等。三是违反法定程序的。根据修正后《行政诉讼法》的规定，违反法定程序一般属于该行政行为需要被撤销的情形的，但是程序轻微违法情形下对原告权利不产生实际影响的，人民法院应当确认该行政行为违法。四是超越职权的。这是指行政机关作出行政行为超过法定职权范围，使得行政行为的作出没有法律依据。这里的超越职权包括行政机关没有行政主体资格、行政机关超越了其事务管辖权、地域管辖权、级别管辖权等。五是滥用职权的。滥用职权针对的是行政自由裁量权，其表面上合法但实质极不合理，因此，亦属于行政行为作出不合法。六是明显不当的。这是《行政诉讼法》修正过程中增加的内容，明显不当与滥用职权，都针对行政自由裁量权，但规范角度不同，明显不当是从客观结果角度提出的，滥用职权则是从主观角度提出的。全国人大常委会法工委编著的《行政诉讼法释义》一书中明确，“对明显不当不能作过宽理解，界定为被诉行政行为结果的畸轻畸重为宜。”

（二）行政行为可能被变更

根据《行政诉讼法》第七十七条第一款的规定，行政处罚明显不当，或者其他行政行为涉及对款额的确定、认定确有错误的，人民法院可以判决变更。修正后的《行政诉讼法》扩大了变更判决的适用范围，增加了行政处罚以外的行政行为中对款额的确定或认定确有错误的，可以对原行政行为进行变更。

（三）行政行为可能被确认违法或者无效的

根据《行政诉讼法》第七十六条之规定，人民法院判决确认违法或者无效的，可以同时判决责令被告采取补救措施；给原告造成损失的，依法判决被告承担赔偿责任。司法实践中，为了应对一些被诉行政行为违法但不宜或者不能适用撤销、履行职责等判决的情形，创设了确认违法判决。《行政诉讼法》第七十四条[①]规定的确认违法判决分为两款，虽然同为确认违法判决，但效果不同。第一款中的确认违法判决，又称为情况判决，被诉行政行为虽然违法，但是考虑到需要保护其他的利益，如国家利益和社会公共利益等，该行政行为不予撤销，而仅确认该行政行为违法。或者该行政行为的程序存在轻微违法情形，但对原告的权益不产生实际影响。确认行政行为违法，可以保留行政行为的效力。第七十四条第二款的确认违法判决中被诉行政行为虽然违法，但客观上不需要撤销的，只需宣告该行政行为违法。作为修法过程中增加的一种判决方式，确认违法判决是撤销判决、履责判决的补充，在适用的过程中，要严格依照法律的规定。

根据《行政诉讼法》第七十五条的规定，[②] 行政行为有实施主体不具有行政主体资格或者没有依据等重大且明显违法情形的，应当判决确认无效。在《行政诉讼法》修改过程中增加确认无效判决，改变了之前用撤销判决统一评价无效行政行为和一般违法的行政行为，有利于我国行政诉讼制度的发展完善。“重大且明显的违法行为”的界定是大陆法系国家和地区的通说，无效行政行为具有外在的“明显违

---

① 第七十四条 行政行为有下列情形之一的，人民法院判决确认违法，但不撤销行政行为：

（一）行政行为依法应当撤销，但撤销会给国家利益、社会公共利益造成重大损害的；

（二）行政行为程序轻微违法，但对原告权利不产生实际影响的。

行政行为有下列情形之一，不需要撤销或者判决履行的，人民法院判决确认违法：

（一）行政行为违法，但不具有可撤销内容的；

（二）被告改变原违法行政行为，原告仍要求确认原行政行为违法的；

（三）被告不履行或者拖延履行法定职责，判决履行没有意义的。

② 第七十五条 行政行为有实施主体不具有行政主体资格或者没有依据等重大且明显违法情形，原告申请确认行政行为无效的，人民法院判决确认无效。

法性”和内在的“重大违法性”，前者指凭借一般的理性和经验就能判断出该行政行为存在违法性，而后者指该行政行为违反了重要的法律法规。无效行政行为在效力上表现为自始无效和当然无效。

（四）行政机关可能存在不依法履行、未按照约定履行或者违法变更、解除行政协议的

不依法履行主要是指行政机关不履行即拒绝履行行政协议。未按照约定履行是指行政机关未按照行政协议约定，或者未完全按照行政协议的约定履行协议义务。违法变更、解除主要是指行政机关违法单方变更、解除行政协议。人民法院在审查行政协议争议的过程中，不仅要审查行政协议的合约性，更要审查其合法性。合法性要审查行政主体是否具有签订相关行政协议的职权依据，其签订的行政协议是否有法定的撤销情形等。

在公民、法人或者其他组织提起行政诉讼后，人民法院经过审查，认为行政行为可能存在上述情形的，可以作出相关行政争议存在行政赔偿可能的判断。为了便捷地解决行政纠纷，高效地化解行政争议，法官应当行使释明权，告知当事人一并提起行政赔偿诉讼。这涉及人民法院释明权在行政诉讼中的行使，原告诉讼请求的确立是司法审查的出发点与落脚点。《行政诉讼法》第五十一条第三款规定，起诉状内容欠缺或者有其他错误的，应当给予指导和释明。《行政诉讼法解释》也规定，对于原告未能正确表达诉讼请求的，人民法院应当予以释明。实践中，由于行政诉讼原告作为普通公民一般缺乏专业法律思维，不能正确表达其诉求。因此，通过法官行使释明权，引导原告明晰其诉讼请求是正确有效进行司法审查的前提和关键，也是最终针对原告诉求作出相应行政裁判的依据之一。

法官行使释明权，是指为了防止极端对抗主义对诉讼的公正性造成的损害。在对诉讼功能的研究过程中，自由诉讼观被社会诉讼观所

代替，这种观点认为司法制度应当承载社会职能，法官的指挥职能得到强化，其中就包含程序意义上的释明权。最早规定具体法官释明权的是1877年德国的《民事诉讼法》，其在第130条第1项规定：审判长应当向当事人发问，阐明不明确的声明，促使当事人补充陈述不充分的事实，声明证据，进行其他与确定事实关系必要的陈述。该条第2项规定：审判长应当依照职权要求当事人对应当斟酌，并尚存疑点的事项加以注意。该法1898年修改时保留并调整了法官释明权的内容，现行的《德国民事诉讼法》第139条也作出了上述规定。继德国之后，日本在1890年的《民事诉讼法》中规定了与德国相类似的法官释明制度，其在二战之前对相关释明制度有过修改，变为职权释明的原则，即必须释明。二战之后，受美国法的影响，法官的消极性增加，对释明权实施消极的态度。法国的《民事诉讼法》也在第442条规定了法官释明制度。我国台湾地区在2000年修订的民事诉讼相关规定中规定，审判长应向当事人发问或晓谕，令其陈述事实、声明证据或为其他必要之声明及陈述，其所声明或陈述有不明了或不完足者，令其述明或补充之。从英美法系上看，虽然没有明确的释明制度，但是规定了保证诉讼程序的公正、公平的机制，也对法官的职权进行了一定的强化，具体来说就是强化法官对实际诉讼程序的掌控和管理。

二、一并提起行政赔偿诉讼特殊情形的处理

根据《国家赔偿法》第九条第二款规定，赔偿请求人要求赔偿，应当先向赔偿义务机关提出，也可以在申请行政复议或者提起行政诉讼时一并提出。本解释第十三条第一款规定，公民、法人或者其他组织提起行政赔偿诉讼时，行政行为未被确认为违法的，人民法院应视为提起行政诉讼时一并提起行政赔偿诉讼。考虑到行政诉讼与行政赔偿诉讼之间的不同，为避免实践中可能产生的不再需要对违法确认诉

讼起诉条件进行审查的情形，规定了人民法院即使将此情形视为提起行政诉讼时一并提起行政赔偿诉讼，也要依法对前述行政诉讼是否符合法定起诉条件进行审查。

一并提出行政赔偿诉讼，是公民、法人和其他组织，认为行政机关的行政行为对其合法权益造成了损害，并基于此向法院提起行政诉讼要求撤销、变更、确认行政行为违法或无效，同时就造成的损害要求行政机关予以赔偿的诉讼。一并提出行政赔偿诉讼的前提是必须有一个行政行为存在，且该行为的合法性处于待评判状态。在此，也可以看出一并提出行政赔偿请求属于当事人的权利，如果当事人提起了“一并提出行政赔偿请求诉讼”，则法院需要一并对其确认的诉求和赔偿的诉请进行处理并作出裁判。因为一并提出行政赔偿诉讼的前提条件不需要先行解决行政行为合法性问题，因此，对于案件的最终裁判，也与单独提起行政赔偿诉讼的处理方式有很大的区别。在当事人一并提出的行政赔偿诉讼中，因为被诉行为的合法性还处于待定状态，因此，判断行为是否合法就成为此类案件裁判的基础。合法性问题的判断，应当遵循确认之诉或撤销之诉的一般规则，法院应当对原告诉讼的起诉条件依职权进行审查，符合起诉条件的，则进一步对被诉行政行为合法性进行全面审查。

一并提起行政赔偿诉讼的起诉条件包括：（1）原告是认为行政机关行使职权侵害其权益的公民、法人或者其他组织。公民、法人或者其他组织只要认为自己受到了行政机关违法行政行为的侵害，就可以提起行政赔偿诉讼，至于其是否真正受到了损害，要由人民法院经审理依法确定。根据《行政诉讼法》第二十五条的规定，行政行为的相对人以及其他与行政行为有利害关系的公民、法人或者其他组织，有权提起诉讼。有权提起诉讼的公民死亡，其近亲属可以提起诉讼。有权提起诉讼的法人或者其他组织终止，承受其权利的法人或者其他组织可以提起诉讼。（2）有明确的被告。原告起诉时必须明确指出侵犯其合法权益的行政主体，当然，原告起诉时指明的被告不一定是法律上的真正被告，人民法院收到起诉状后要进行审查，以确定适格的被告。行政赔偿诉讼的被告必须是行政机关或法律、法规、规章授权的组织。行政机关工作人员根据法律规定同样不能成为行政赔偿诉讼的被告，行政机关工作人员在行使行政职权过程中违法造成他人损害的，由其所在的行政机关作被告。此外，根据《国家赔偿法》第七条的规定，行政机关及其工作人员行使行政职权侵犯公民、法人和其他组织的合法权益造成损害的，该行政机关为赔偿义务机关。两个以上行政机关共同行使行政职权时侵犯公民、法人和其他组织的合法权益造成损害的，共同行使行政职权的行政机关为共同赔偿义务机关。法律、法规授权的组织在行使授予的行政权力时侵犯公民、法人和其他组织的合法权益造成损害的，被授权的组织为赔偿义务机关。受行政机关委托的组织或者个人在行使受委托的行政权力时侵犯公民、法人和其他组织的合法权益造成损害的，委托的行政机关为赔偿义务机关。赔偿义务机关被撤销的，继续行使其职权的行政机关为赔偿义务机关；没有继续行使其职权的行政机关的，撤销该赔偿义务机关的行政机关为赔偿义务机关。第八条规定，经复议机关复议的，最初造成侵权行为的行政机关为赔偿义务机关，但复议机关的复议决定加重损害的，复议机关对加重的部分履行赔偿义务。（3）有具体的赔偿请求和事实根据。根据《国家赔偿法》第三十二条的规定，行政赔偿的方式包括支付赔偿金、返还财产和恢复原状。赔偿请求人根据受到的不同损害，可以同时提出数项赔偿要求。原告起诉时应明确自己所要求的赔偿范围、赔偿方式和赔偿数额，并附有相应的事实根据以支持自己的赔偿要求。（4）属于人民法院的受案范围和受诉法院管辖。行政赔偿诉讼的受案范围即《国家赔偿法》第二章第一节所规定的行政赔偿的范围。只有属于受案范围的行政赔偿请求，法院才可能受理。此外，起诉还必须是向有管辖权的人民法院提出。行政赔偿诉讼的管辖，应当符合《行政诉讼法》及其相关司法解释中关于管辖的相关规定。(5) 在法定起诉期限内提起诉讼。根据《国家赔偿法》第三十九条第一款的规定，在申请行政复议或者提起行政诉讼时一并提出赔偿请求的，适用《行政复议法》《行政诉讼法》有关时效的规定。因此，根据《行政诉讼法》第四十六条的规定，公民、法人或者其他组织应当自知道或者应当知道作出行政行为之日起六个月内提起行政诉讼。因不动产提起诉讼的案件自行政行为作出之日起超过二十年，其他案件自行政行为作出之日起超过五年提起诉讼的，人民法院不予受理。根据《行政诉讼法》第四十五条的规定，公民、法人或者其他组织不服复议决定的，可以在收到复议决定书之日起十五日内向人民法院提起诉讼。复议机关逾期不作决定的，申请人可以在复议期满之日起十五日内向人民法院提起诉讼。

如果原告在一审行政案件庭审终结前提起行政赔偿诉讼，符合上述起诉条件的，人民法院应当依法立案。但原告在一审庭审终结后、宣判前提出行政赔偿诉讼的，要由人民法院结合案件审理情况决定是否一并审理。

三、上诉变化时调解的应用

当事人在上诉过程中增加诉讼请求，在学理上称为“上诉变化”。《民事诉讼法解释》第三百二十六条中规定，在第二审程序中，原审原告增加独立的诉讼请求或者原审被告提出反诉的，第二审人民法院可以根据当事人自愿的原则就新增加的诉讼请求或者反诉进行调解；调解不成的，告知当事人另行起诉。双方当事人同意由第二审人民法院一并审理的，第二审人民法院可以一并裁判。作这样的规定，一方面是出于对两审终审制以及当事人审级利益的维护，另一方面也赋予当事人程序选择权。体现了对当事人处分权和程序选择权的尊重，也有利于及时解决纠纷，提高诉讼效率，节省司法资源，实现程序安定。因此，我们在起草《行政诉讼法解释》的过程中，对该规定进行吸收，并在本解释修改的过程中，对此进行重申，力图能够实质性化解行政争议。行政争议实质性解决的关键在于，通过司法审查权的行使最大限度地将处于争议状态的法律关系终局性地予以确定，定分止争。在行政案件的办理过程中，审判人员要不囿于对行政行为合法性的审查，而是深入最初的行政纠纷，重新确定甚至分配行政机关与相对人之间行政法上的权利义务关系，不仅强调行政诉讼的客观诉讼的性质，更要认真对待与回应当事人的诉讼请求，充分尊重当事人的处分权，以实现权利救济的针对性和彻底性。

本解释规定原告在第二审程序或者再审程序中提出行政赔偿请求的，人民法院可以组织各方调解；调解不成的，告知其另行起诉。行政诉讼中的调解是指当事人在人民法院的主持下，自愿达成协议，解决纠纷的行为。根据《行政诉讼法》的规定，人民法院可以在办理行政赔偿案件的过程中，依法行使调解权。行政赔偿作为国家赔偿的种类之一，虽然有法定的计算标准，但并不妨碍赔偿义务机关与赔偿请求人之间就赔偿方式等进行协商、调解。在 1997 年《行政赔偿规定》中就明确，人民法院审理行政赔偿案件在坚持合法、自愿的前提下，可以就赔偿范围、赔偿方式和赔偿数额进行调解。调解成立的，应当制作行政赔偿调解书。2010 年，《国家赔偿法》修正时也增加规定，赔偿义务机关作出赔偿决定，应当充分听取赔偿请求人的意见，并可以与赔偿请求人就赔偿方式、赔偿项目和赔偿数额进行协商。这一规定从法律上明确了行政机关对行政赔偿有一定的裁量权，为行政诉讼中的调解提供了实体法的基础。

同时，在行政诉讼中适用调解应当遵循自愿、合法原则，不得损害国家利益、社会公共利益和他人合法权益。自愿原则包括程序和实体两个方面。在程序方面，当事人有权决定是否调解、有权选择调解开始时间、有权选择调解方式。在实体方面，调解达成的协议内容必须反映双方当事人的真实意思；对有关实体权利进行处分，必须双方自愿，不能强迫。

【实务指导】

一、行政诉讼中释明权的行使

2014 年第十二届全国人民代表大会常务委员会修改《行政诉讼法》，增加专款对释明权进行了规定。即第五十一条第三款规定，原告起诉状内容欠缺或者有其他错误的，人民法院应当给予指导和释明，并一次性告知当事人需要补正的内容，不得未经指导和释明即以起诉不符合条件为由不接收起诉状。2018 年颁布的《行政诉讼法解释》第五十五条第二款规定，起诉状内容或者材料欠缺的，人民法院应当给予指导和释明，并一次性全面告知当事人需要补正的内容、补充的材料及期限，在制定期限内补正并符合起诉条件的，应当登记立案。至此，我国行政诉讼法官释明权的行使有了明确的依据，但值得注意的是，我国《行政诉讼法》及司法解释中对于法官释明权的规定还比较简单，有时无法应对司法实务中纷繁复杂的需要。

在司法实践中，法官被允许进行消极释明基本已达成共识，现在争议较大的是积极释明。因为积极释明突破了当事人主义所主张的辩论原则，介入了当事人诉讼权利处分范围，对此法官能否行使存有分歧。从其他国家和地区情况来看，德国多鼓励法官积极释明，而美国则因其当事人发达的法律意识、完善的律师制度、陪审团制度的采用等原因而持否定观点。对比我国国情，行政诉讼中原、被告无论是在诉讼中掌握的信息，还是具备的诉讼能力，均存在明显差距。因此，在行政诉讼中，强调法官应当积极释明是行政诉讼释明权行使的特殊需要。我国行政诉讼目的在于保护公民、法人和其他组织的合法权益以及维护和监督行政机关依法行政，我国行政诉讼审查核心是对行政行为的合法性进行审查，这些规定使行政诉讼不能仅局限于当事人主义诉讼模式，也决定了行政诉讼中法官释明不应局限于消极释明。①

一般来说，释明权的行使客体只能是原被告，但鉴于行政诉讼双方诉讼能力的差异性，在行政诉讼中，法官行使释明权主要针对原告，即行政相对人。在内容上，主要涉及当事人资格、诉讼请求、当事人陈述及举证等法律及事实进行释明。在目的上，释明权的行使不仅仅是为了使当事人对相关事项达到清晰明了的程度，还需要当事人在清晰明了之后作出回应和诉讼行为的调整，最终达到诉讼能力的实质对等。因此，在行使方式上，释明权中的告知和发问也应区别于法院一般的告知和质询行为。具体来说，释明权中的告知和发问本质上是法官与当事人的一种双向沟通。因此，行政诉讼法官释明权的行使，一方面是为了维护当事人的合法诉讼权益，体现程序价值；另一方面，释明权的行使也符合效率价值，保障双方的诉讼权益实质对等，有效减少因不服而上诉、申请再审的过程，从而提升法律在民众心中的权威性。

相较于民事诉讼，我国行政诉讼具有更加浓厚的职权主义色彩，因此，在设定释明权界限时应作出适合于此制度的调整。举例来说，行政诉讼中诉讼标的的确定就属于法院职权主义的范畴，并不以当事

① 刘泉：《行政诉讼释明程度探析》，载《广东社会科学》2013 年第 3 期。

人主张的内容为限，行政诉讼中法官如果发现当事人的诉讼请求并不适当，可以在向当事人作出合法释明后根据职权来确定具体的审查对象。因此，法官应该适当发挥主动性，以帮助诉讼效果顺利达成。此外，由于行政诉讼中的行政相对人的诉讼地位相对较弱，法官在适用释明权时对于行政诉讼中的行政相对人的诉讼能力补偿到一个适当水平，以达到实质公平。我国行政诉讼中，当事人双方诉讼能力悬殊，原告方在法律知识及诉讼经验方面处于弱势地位，因此，对法官的释明需求更大，在实践中也确实是绝大多数释明行为都是针对原告进行，对被告释明的情形较为少见。对原告进行更多的释明是基于案件审理的需要，并不是对原告一方的偏袒，法官通过释明，可以纠正当事人之间的诉讼角力对比关系。释明权的适度行使要求法官不得违背当事人的处分权利。在释明权行使的过程中还应注意的是，法官只能对当事人的诉讼行为进行引导和启发、解释，以及对于诉讼行为可能产生的影响进行说明。在行政诉讼法官本着合法、中立的立场对有关事项作出了充要释明之后，就应该对自己的行为有所收敛和保留，而不能“越俎代庖”替当事人作出陈述和主张，不能代替当事人处分其权利，只能由当事人自己决定采取何种诉讼行为。毕竟诉讼当事人是诉讼中的两造，他们具有完整的诉讼权利，可以作出任何合法的诉讼行为，即便明知后果对自身不利。例如，在当事人所列被告不适格或者其提出的诉讼请求存在明显不当时，法官只能告知其适格的被告，或者告知其适当的诉讼请求内容，并告知如果坚持以不适格的主体作为被告或者提出错误的诉讼请求将导致的不利后果，而最终要不要变更被告或者变更诉讼请求则完全应当由当事人自己决定。

二、单独提起行政赔偿诉讼与一并提出行政赔偿请求的区别

行政行为的违法确认和赔偿处理是否在一个诉讼程序中予以解决

是单独提起行政赔偿诉讼与一并提出行政赔偿请求的区别。

（一）行政行为是否已被确认违法

行政行为具有违法性是承担赔偿责任的前提。本解释第十三条第二款规定，行政行为被确认违法的，在符合相关起诉条件的情况下，赔偿请求人可以单独提起行政赔偿诉讼。如果行政行为未被确认为违法，赔偿请求人在向人民法院对该行政行为提起形成之诉或者确认之诉的同时，提出赔偿请求的，则属于一并提出赔偿请求。

（二）起诉期限不同

法律对单独提起行政赔偿诉讼和一并提出赔偿请求分别规定了不同的起诉期限。

1. 单独提出行政赔偿诉讼的时效

向赔偿义务机关提出赔偿的期限：单独提出赔偿请求的，必须经过赔偿义务机关的先行处理，这是提起行政赔偿诉讼的前提条件。根据《国家赔偿法》的规定，当事人提出赔偿请求的时效为两年，从侵害行为被确认为违法之日起计算。《国家赔偿法》第十四条第二款规定："赔偿请求人对赔偿的方式、项目、数额有异议的，或者赔偿义务机关作出不予赔偿决定的，赔偿请求人可以自赔偿义务机关作出赔偿或者不予赔偿决定之日起三个月内，向人民法院提起诉讼。"该条款是关于单独提起行政赔偿诉讼的时效规定。

2. 一并提出行政赔偿诉讼的起诉期限

当事人也可以直接提起行政赔偿诉讼，要求确认行政行为的违法性，同时提出赔偿请求。《国家赔偿法》第三十九条第一款中规定："在申请行政复议或者提起行政诉讼时一并提出赔偿请求的，适用行政复议法、行政诉讼法有关时效的规定。"本解释第十六条也规定："公民、法人或者其他组织提起行政诉讼时一并提出行政赔偿请求的，适用行政诉讼法有关起诉期限的规定。"《行政诉讼法》第四十五条规定，公民、法人或者其他组织不服复议决定的，可以在收到复议决定书之日起十五日内向人民法院提起诉讼。复议机关逾期不作决定的，申请人可以在复议期满之日起十五日内向人民法院提起诉讼。法律另有规定的除外。第四十六条规定，公民、法人或者其他组织直接向人民法院提起诉讼的，应当自知道或者应当知道作出行政行为之日起六个月内提出。法律另有规定的除外。公民、法人或者其他组织不知道行政机关作出的具体行政行为内容的，其起诉期限从知道或者应当知道该具体行政行为内容之日起计算。对涉及不动产的具体行政行为从作出之日起超过二十年、其他具体行政行为从作出之日起超过五年提起诉讼的，人民法院不予受理。据此，对涉及不动产之外的其他行政行为提起诉讼的起诉期限，自作出之日起最长不得超过五年。

三、提起诉讼后一并提出赔偿请求的处理

（一）一审中提出行政赔偿请求

行政诉讼当事人可以在提起行政诉讼的同时一并提出行政赔偿的请求，也可以在提起行政诉讼后提出行政赔偿请求。不同的是，到人民法院一审庭审终结前提出行政赔偿请求的，如果符合相关起诉条件，人民法院应当受理其起诉并作出裁判。这是为了便捷诉讼当事人，可以通过一个审判组织对行政行为的合法性以及是否符合行政赔偿的条件进行综合判断，并作出是否予以赔偿的裁判。如果当事人在一审庭审结束后宣判之前提出行政赔偿请求的，人民法院并不当然对其起诉予以立案，而是综合案件具体情形决定是否受理并作出裁判。行政诉讼当事人在一审期间没有提出行政赔偿请求的，根据本解释第十四条第一款的规定，人民法院应当行使释明权，但是经过人民法院释明后，当事人仍未一并提出行政赔偿请求的，根据“不告不理”原则，人民法院无权主动作出是否予以赔偿的判决。

（二）二审和再审中提出行政赔偿请求

行政诉讼当事人在二审或者再审期间提出行政赔偿请求的，人民法院可以就行政赔偿问题进行调解，调解不成的，告知当事人另行起诉。当事人之间可就行政赔偿问题进行调解的规定是出于尊重当事人的处分权，并可以实质性化解行政争议的考虑。但是行政诉讼中的调解要充分尊重当事人的意愿，同时也要符合法律法规的相关规定。如果有一方当事人提出不同意调解，或者提出在二审或者再审程序中对行政赔偿事项进行确认违背诉讼程序利益的话，人民法院就不能再对赔偿事项继续调解或者作出裁判，而应当告知赔偿请求人另行提起行政赔偿诉讼。

值得注意的是，如果当事人在一审中提出了行政赔偿请求，只是在判决中遗漏行政赔偿请求的，二审人民法院应当分情况处理：经审查认为依法应当给予赔偿的，在确认具体行政行为违法的同时，可以就行政赔偿问题进行调解，调解不成的将行政赔偿部分发回重审；经审查认为依法不应当予以赔偿的，应当驳回赔偿请求。这种区分处理的法律依据是《行政诉讼法解释》第一百零九条第三款、第四款、第五款的规定。即原审判决遗漏了必须参加诉讼的当事人或者诉讼请求的，第二审人民法院应当裁定撤销原审判决，发回重审。原审判决遗漏行政赔偿请求，第二审人民法院经审查认为依法不应当予以赔偿的，应当判决驳回行政赔偿请求。原审判决遗漏行政赔偿请求，第二审人民法院经审理认为依法应当予以赔偿的，在确认被诉行政行为违法的同时，可以就行政赔偿问题进行调解；调解不成的，应当就行政赔偿部分发回重审。

（撰写人：李小梅）

第十五条　公民、法人或者其他组织应当自知道或者应当知道行政行为侵犯其合法权益之日起两年内，向赔偿义务机关申请行政赔偿。赔偿义务机关在收到赔偿申请之日起两个月内未作出赔偿决定的，公民、法人或者其他组织可以依照行政诉讼法有关规定提起行政赔偿诉讼。

【条文主旨】

本条是关于行政赔偿请求时效及相关期限衔接的规定。

【起草背景】

本条是本次修改司法解释时新增的条款。《国家赔偿法》第三十九条第一款规定："赔偿请求人请求国家赔偿的时效为两年，自其知道或者应当知道国家机关及其工作人员行使职权时的行为侵犯其人身权、财产权之日起计算，但被羁押等限制人身自由期间不计算在内。在申请行政复议或者提起行政诉讼时一并提出赔偿请求的，适用行政复议法、行政诉讼法有关时效的规定。"该法第十四条第一款规定："赔偿义务机关在规定期限内未作出是否赔偿的决定，赔偿请求人可以自期限届满之日起三个月内，向人民法院提起诉讼。"1997 年《行政赔偿规定》第二十二条规定："赔偿请求人单独提起行政赔偿诉讼，可以在向赔偿义务机关递交赔偿申请后的两个月届满之日起三个月内提出。"上述法律和司法解释对申请国家赔偿、提起行政赔偿诉讼等规定了相应的时效和期限，但实践中对如何理解“两年”“两个月”“三个月”等规定的起算、衔接关系，存在一定争议。本条以《国家赔偿法》和《行政诉讼法》的相关规定为基础，理顺逻辑关系、统一裁判尺度，进一步明确规定赔偿请求人向赔偿义务机关申请行政赔偿的相关期限。即申请行政赔偿时效为《国家赔偿法》第三十九条规定的两年；赔偿义务机关在收到赔偿申请后，应依法及时作出决定；如其已在法定期限内作出赔偿或者不予赔偿的决定，赔偿请求人不服的，可针对该决定依法提起诉讼；如其超过两个月未作出赔偿决定的，赔偿请求人可单独提起行政赔偿诉讼，该诉讼的实质是行政诉讼，可以适用《行政诉讼法》及其司法解释关于起诉期限的规定。

【条文释义】

就行政赔偿而言，根据《国家赔偿法》第九条第二款之规定，赔偿请求人要求赔偿，应当先向赔偿义务机关提出，也可以在申请行政复议或者提起行政诉讼时一并提出。据此，当实践中发生足以引起行政赔偿责任的行政侵权行为后，赔偿请求人欲申请行政赔偿，存在向赔偿义务机关提出或在申请行政复议、提起行政诉讼时一并提出两条路径。另一方面，法律并不保护权利上的睡眠者。对赔偿请求人而言，无论选择哪一种救济途径，均应该在合理的时间段内行使自己的权利，以及时调整各方之间的权利义务关系，并维护和保障社会稳定，否则其即应承担一定的不利法律后果。而为促进实现这一目的，《国家赔偿法》对两种救济途径均设定了相应的配套制度，即时效制度。这里首先对时效制度的一般理论作一简要介绍，在此基础上进一步阐释本条对时效制度的具体规定。

一、时效制度的一般理论

此处介绍的时效制度的一般理论，主要包括时效的概念、客体、效力和功能等内容。

（一）时效的概念

时效制度起源于古罗马的《十二铜表法》，该法为了补救罗马法中财产转让过于烦琐的缺陷，创设了取得时效制度。到公元5世纪，时效制度又延伸成为诉讼消灭的原因之一，即不在法定期限内起诉的，则失去诉讼救济，但并不丧失权利。近代以来，时效制度在实体法（占有时效）和程序法（诉讼时效）中均逐渐成为重要内容之一。

所谓时效，一般是指当一定事实经过一定的法定期间，发生一定法律效果的制度。这一概念包含以下三方面因素。一是时效制度要求一定事实状态的存续。对于权利人而言，一定事实状态的存续是指权利尚未取得或者尚未消灭这一事实状态的存续；对于与权利人相对的一方而言，一定事实状态的存续则是指相对方怠于履行义务或者不主张相应的权利。二是时效制度要求一定时间的流逝。即时效的取得或者消灭并非即时实现，而必须满足一定时间的持续这一条件。三是时效制度产生一定的法律后果。一定的法律后果是指特定权利的取得或者消灭。在权利时效取得的情形下，法律后果是当事人取得了特定的权利；在权利时效消灭的情形下，法律后果是当事人特定的权利消灭，当事人不能再依据权利提出请求。

在种类划分上，时效一般可分为取得实效和消灭时效两种。顾名思义，取得时效是指一定的事实状态经过一定期间的持续而产生取得某种权利的法律后果，消灭时效是指一定的事实状态经过一定的期间而使权利主体丧失某种权利。

（二）时效的客体

在国家赔偿的制度语境下，不论是取得时效还是消灭时效，其针对的客体均是请求权。所谓请求权，是指通过特定程序要求他人为一定行为或不为一定行为的权利。请求权是以权利的作用为划分标准的，与之对应的权利是支配权、抗辩权和形成权，后三者均不是时效所针对的客体。需要特别说明的是，请求权包括了诉权，诉权仅仅是请求权的一种。比如，在国家赔偿领域，请求权不仅包括诉权，还包括请求赔偿义务机关赔偿、请求确认行政行为违法等权利。故不能仅把诉权作为时效的客体，诉权只是诉讼时效的客体，而将请求权列为时效制度的客体可以涵盖绝大多数情况。当然，并非所有的请求权均能成为时效制度的客体。部分类型的请求权根据其性质和考虑时效制度的功能，不应适用时效制度。对此一般认为，基于物权产生的停止侵害请求权、排除妨害请求权、消除危险请求权，以及基于侵害人身权产生的停止侵害请求权、消除危险请求权、消除影响请求权等，不应当适用时效制度的规定。

（三）时效的效力

时效的效力是指时效完成后在法律上产生的后果。时效的效力直接反映着时效的社会价值功能和法律特性，界定着法律通过时效制度对请求权进行赋予或者限制的程度和范围。换言之，时效效力主要明确时效时点来临时，将对权利义务产生何种影响。对此，一般存在三种观点：一是实体权利取得或者消灭主义，即时效的经过导致实体权利的取得或者消灭，时效的效力直接及于实体权利。二是请求权取得或者消灭主义，即时效届满仅产生取得请求权或者消灭请求权的效果，实体权利并不消灭。三是抗辩权取得或者消灭主义，即时效届满产生抗辩权消灭或者取得抗辩权的效果。上述三种观点在不同的立法例中均有体现，故可以认为并无绝对的优劣之分，而需要结合相应立法的功能定位、价值取向等进行判断和取舍。

（四）时效的功能

时效制度广泛存在于实体法和程序法中。在国家赔偿领域设立时效制度，也是各个国家和地区的通例。就制度功能而言，国家赔偿领域的时效制度至少具有以下几方面功能：一是促进增强赔偿请求人对于权利的自我保护意识，促使其及时行使权利；二是敦促赔偿义务机关提高工作效率，自觉履行赔偿义务，从而保障赔偿请求人及时兑现权利；三是有助于使国家赔偿争议及早暴露，从而有利于双方当事人收集、提供证据，便于有权机关在查清事实的基础上作出正确的处理；四是对于部分年代久远的案件，如因证据材料缺失而难以查明事实，时效制度可以起到替代相应证据的作用，即对于时效已经届满的案件，确认其请求权消灭或者取得，从而降低纠纷处理难度；五是有助于尽快消除赔偿请求人和赔偿义务机关之间的纷争，使法律关系尽快趋于稳定，使“官民关系”进一步趋于和谐。

二、作为消灭时效的“两年”规定

本条第一句以《国家赔偿法》第三十九条第一款为依据，规定公民、法人或者其他组织应当自知道或者应当知道行政行为侵犯其合法权益之日起两年内，向赔偿义务机关申请行政赔偿。对本条关于行政赔偿请求时效的理解，需要注意以下几个方面。

（一）请求时效的性质

请求时效又称请求权时效，对此可以从两个方面定义：一是指赔偿请求人行使请求权的期间。根据请求时效制度，赔偿请求人需要在法定期间内行使请求权，以此督促赔偿请求人及时行使权利。二是指赔偿请求人向赔偿义务机关请求或者不请求的法律后果。赔偿请求人在法定期间内向赔偿义务机关提出赔偿请求，赔偿义务机关即有及时予以处理的义务；赔偿请求人未在法定期间内向赔偿义务机关提出赔偿请求的，须承担相应的不利法律后果。

根据上述阐述可知，请求时效属于消灭时效。如果赔偿请求人在法定期间内不依法行使请求权，其不利法律后果表现在以下三个方面：第一，赔偿请求人在法定期间内未向赔偿义务机关请求赔偿的，即于期间届满之时丧失请求赔偿的权利。换言之，赔偿请求人超期提出赔偿请求对赔偿义务机关没有约束力，赔偿请求人也不能要求其他有权机关强制赔偿义务机关履行赔偿义务。赔偿义务机关此时取得赔偿义务的时效经过的抗辩权。当然，对于此抗辩权，赔偿义务机关可以行使，也可以抛弃。第二，赔偿请求人在法定期间不行使赔偿请求权，所丧失的是程序上的权利，而非实体上的权利。也即赔偿请求人的实体权利仍然存在，法律只是拟制其失去了请求赔偿义务机关予以赔偿的权利。第三，赔偿请求人因超过法定期间而丧失请求权以后，赔偿义务机关如放弃时效经过的抗辩权，转而自动履行赔偿义务的，赔偿请求人所获得的赔偿不构成不当得利，赔偿义务机关亦不得以赔偿请求人超过法定期间未提出请求为抗辩理由而要求返还。

（二）请求时效的起算点

根据本条规定，赔偿请求人向赔偿义务机关申请行政赔偿的期间为两年，该“两年”的起算点为知道或者应当知道行政行为侵犯其合法权益之日起。

1. 关于“合法权益”的理解

《国家赔偿法》将申请行政赔偿的范围限定为侵犯人身权、财产权的范畴，相应地，该法第三十九条第一款将知道或者应当知道的内容规定为“国家机关及其工作人员行使职权时的行为侵犯其人身权、财产权”。2014 年修正《行政诉讼法》时，在扩大行政诉讼受案范围这一立法共识的推动下，修正后的《行政诉讼法》明确规定“侵犯其他人身权、财产权等合法权益”的属于行政诉讼受案范围，由此大大扩展了行政诉讼的监督和保护范围。在此基础上，本解释在第二条中依法扩大了行政赔偿的范围。对本条中“合法权益”的理解与第二条相一致，在此不再赘述。

2. 关于“知道或者应当知道”的理解

“知道或者应当知道”的表述虽在《国家赔偿法》《行政诉讼法》等多部法律中均有规定，但目前而言仍无关于二者区分的明确法律解释，实践中时常将二者混合使用，或者将二者区分使用但难以充分说明法理。对本条中“知道或者应当知道”的理解，至少需要把握以下几点：其一，“知道”包括赔偿请求人主动承认知道合法权益受侵害或者在事实面前被动承认知道，故对“知道”的判断一般应以赔偿请求人的明确意思表示为准。其二，“应当知道”是赔偿请求人明确表示不知道，但通过有效证据能够推定其属于“知道”的情形。比如，赔偿请求人已经收到行政机关作出的撤销、变更原行政行为的决定，或者收到生效的行政复议决定或行政裁判，此时即使赔偿请求人否认“知道”合法权益受侵害，亦足以推定其属于“应当知道”。当然，实践中赔偿义务机关如认为赔偿请求人属于“应当知道”的情形，其对此应承担相应的举证责任。其三，知道或者应当知道的内容系自身合法权益遭受行政行为的侵犯。在行政赔偿中，通常以赔偿请求人收到行政机关作出的撤销、变更原行政行为的决定之日，或者赔偿请求人收到生效的行政复议决定或行政判决、裁定之日，作为确定其知道或者应当知道自身权益遭受侵犯的时间点。一般情况下，赔偿请求人知道行政行为的内容在先，收到确认违法的文书在后，虽然说赔偿请求人在知道行政行为的内容时往往即已可以对自身合法权益是否遭受该行政行为侵犯作出基本判断，但出于更好保护赔偿请求人合法权益考虑，可以将收到确认违法文书的时间认定为赔偿请求人知道或者应当知道权益遭受侵犯的时间点。

（三）“两年”期间的设定

从时效制度产生的民法渊源看，资本主义国家比较重视对私有财产的权利保护，因而在最初规定时效制度的民法领域，对消灭时效的期间规定较长，如法国和德国的民法典规定为三十年，日本民法典规定为二十年。但是，现代各国的立法趋势在这个问题上已有所变化，随着科学技术和生产力的发展，经济建设步伐加快，公众的时间观念越来越强，社会生活的节奏越来越快，相应地，国家行政管理活动中也更加需要尽快结束不确定的权利义务状态，因而消灭时效的期间规定日趋缩短。特别是国家赔偿立法活动是近现代国家才开始出现，国家赔偿法并非民法、商法等私法规范，它涉及社会管理秩序的稳定，涉及国家机关的工作效率和有效运转，因此，各国家和地区对国家赔偿请求时效期间的规定，都会更多地考虑社会关系的发展变化和政局的稳定。虽然有的国家如日本、韩国等规定了请求时效可以适用民法的规定，但更多的国家和地区对请求时效期间作了专门的、相对较短的规定，这也成了赔偿立法的一个趋势。

请求时效期间届满后，赔偿请求人请求赔偿义务机关保护其赔偿权的权利即告消灭，权利人的赔偿虽得不到法律的保护，却可以使当事人之间不确定的关系确定下来，进而稳定社会生活和国家管理秩序，因此，确定国家赔偿请求时效的期间应当从保护权利人的利益和稳定社会政治、经济和生活秩序这两个方面来考虑。根据我国实际情况，“两年”的时效期间对赔偿请求人向赔偿义务机关提出赔偿请求是适当的，既不会造成权利长期不行使的状态，也不会使赔偿请求人来不及提出赔偿请求。而如果将时效期间设定得过长，则会使国家机关因赔偿问题长期处于受牵制状态，从而影响正常的行政管理质效。

(四)期间扣除事由

一般说来,请求时效期间自赔偿请求人知道或者应当知道其合法权益遭受行政行为侵犯时起算,是指在法律层面赔偿请求人从这时开始就可以向赔偿义务机关行使赔偿请求权,但是,赔偿请求人此刻在事实上能否行使请求权,还需考虑客观方面的制约因素。例如,赔偿请求人因为丧失人身自由不能行使请求权的,就是较为典型的状况。所以,《国家赔偿法》第三十九条第一款中明确规定“被羁押等限制人身自由期间不计算在内”。据此,赔偿请求人被羁押等限制人身自由的期间不计算在请求时效的持续范围内,请求赔偿的时效应以赔偿请求人的人身自由不受限制,客观上能够行使请求权的状态为准。这里的“羁押”既包括执行剥夺人身自由的刑罚措施,也包括剥夺人身自由的行政和司法措施。在一定程度上,如果公权力机关的限制人身自由的行为导致赔偿请求人认为案件仍然处于处理过程中而未及时提起赔偿请求的,亦可视为属于“被羁押等限制人身自由”的情形。

(五)时效中止

根据《国家赔偿法》第三十九条第二款之规定,请求时效还存在中止的情形,即赔偿请求人在赔偿请求时效的最后六个月内,因不可抗力或者其他障碍不能行使请求权的,时效中止。从中止时效的原因消除之日起,赔偿请求时效期间继续计算。时效中止,其已经经过的期间仍然有效,待阻碍时效进行的法定障碍消除后,时效继续计算。时效中止的功能是将导致请求权人不能行使权利的法定障碍经过的期间排除于时效期间之外,避免由于非请求权人自身原因而导致时效期间缩短。

根据上述法律规定,我国国家赔偿请求时效的中止条件包括两方面:(1)发生了因不可抗力或者其他障碍不能行使请求权的情况。这里的“不可抗力”是指不能预见、不能避免并不能克服的客观情况。

例如，自然灾害、战争、疫情等。“其他障碍”是指足以阻碍请求权人行使请求权的困难局面。例如，法定代理人没有确定、法定代理人丧失行为能力等。由于法律并没有具体列举各种中止时效计算的事由，在实践中，只要是属于无法预知的阻碍权利人行使权利的客观情况，都可以导致时效的中止。（2）障碍发生或者持续在请求时效的最后六个月。这么规定的理由是，在请求时效的最后六个月以前发生及结束中止时效的事由，虽然会减少赔偿请求人的时效期间，但在中止时效事由消灭之后，赔偿请求人仍然有至少六个月的时效期间。根据我国目前的通讯、交通以及国家机关的设置情况，这一时间是足够赔偿请求人向赔偿义务机关提出赔偿请求的，故无中止时效的必要。规定中止事由发生或者继续存在于请求时效的最后六个月内，始能发生时效中止的后果，这既有利于保障赔偿请求人的合法权益，也有利于督促赔偿请求人及时行使权利，避免法律关系的复杂化，从而也符合设立消灭时效制度的目的。需要强调的是，如果在最后六个月前发生法定中止事由，该中止时效计算的障碍一直继续到最后六个月内仍然存在，则如同在最后六个月内发生中止时效计算的事由一样。

三、作为取得时效的“两个月”规定

本条第二句以《国家赔偿法》第十三条、第十四条的相关规定为依据，规定赔偿义务机关在收到赔偿申请之日起两个月内未作出赔偿决定的，赔偿请求人可以依照行政诉讼法的规定提起行政赔偿诉讼。对本条中针对赔偿义务机关“两个月”的规定的理解，需要注意以下几个方面：

（一）国家赔偿法中的取得时效

传统意义上的取得时效主要针对物权的占有，因而将取得时效直接等同于占有时效，而将争讼时效局限于消灭时效。随着时效制度的自身发展，特别是当时效制度被运用于国家法或者其他法领域时，取得时效便具有了全新的意义。取得时效不仅可以取得物权，而且还可以取得其他一些权利，其中包括程序上的权利。《国家赔偿法》中的取得时效也是取得程序上权利的时效制度，即赔偿义务机关在法定期间内不履行赔偿义务或者特定机关不履行裁决权，而使赔偿请求人获得特定请求救济权利的情况。

一般而言，《国家赔偿法》中的取得时效制度具有以下三方面功能：第一，督促赔偿义务机关尽快履行赔偿义务，防止赔偿义务机关以不作为的方式逃避法律责任。国家赔偿法上的取得时效是由于公权力机关漠视时效义务而被法律赋予赔偿请求人的拟制的权利，如果赔偿义务机关拒绝履行赔偿义务或者采取推诿等方式怠于履行赔偿义务的，赔偿请求人就获得向赔偿义务机关以外的其他公权力机关提交国家赔偿争议的权利，这极有可能使得赔偿义务机关承担较大的经济和政治成本。因此，取得时效制度有利于防止赔偿义务机关的不作为。第二，促使赔偿义务机关及时处理赔偿争议，降低处理难度。如果赔偿义务机关在法定期间内不能及时处理国家赔偿争议，便可能加大今后处理赔偿争议的工作难度。盖国家赔偿争议时间越长，有关证据的取得就越困难，所花费的成本也会越高，取得时效实际上是为赔偿义务机关划定了一条在本机关解决国家赔偿争议的期限。第三，监督赔偿义务机关提高工作效率，防止官僚主义。取得时效制度是一个监督赔偿义务机关的制度，如果赔偿义务机关不在法定期间内履行赔偿义务的，则赔偿请求人有权将该争议提交第三方居中解决，这有助于防止赔偿义务机关的官僚主义。

我国《国家赔偿法》关于取得时效的规定主要包括三个方面：(1) 该法第十四条规定的赔偿义务机关在法定期间内未作出是否赔偿的决定，赔偿请求人取得提起赔偿诉讼的权利。本条第二句即主要是对该规定的解释。（2）该法第二十四条规定的申请复议权的取得。（3）该法第二十五条规定的申请赔偿委员会作出赔偿决定权的取得。

（二）“两个月”取得时效的条件

本条中“两个月”取得时效欲发生相应的法律效力，需满足以下几个条件：

1. 赔偿义务机关已收到赔偿申请

赔偿义务机关“收到赔偿申请之日”的确定，与赔偿请求人的“递交”行为关系密切。《国家赔偿法》第十二条规定：“要求赔偿应当递交申请书……赔偿请求人当面递交申请书的，赔偿义务机关应当当场出具加盖本行政机关专用印章并注明收讫日期的书面凭证。申请材料不齐全的，赔偿义务机关应当当场或者在五日内一次性告知赔偿请求人需要补正的全部内容。”显然，该条法律仅明确了以下两种情形，即赔偿请求人当面递交申请书且申请材料齐全的，递交之日即为收到之日；赔偿请求人当面递交申请书但申请材料不齐全，经赔偿义务机关当场或五日内一次性告知补正内容后，递交补正材料之日即为收到之日，补正所用时间不计入期限。然而，赔偿请求人递交申请书或经告知补正后递交补正材料时，也可以采用邮寄、电报、电传、传真或电子邮件等非当面方式，另外，赔偿义务机关也可能未当场或五日内一次性告知补正内容。对于这些情形下如何确定“收到赔偿申请之日”，该条法律规定显然并不明确。对此，可以参照以下补充规则予以处理：其一，赔偿请求人递交申请书或经告知补正后递交补正材料时，没有采用当面方式而是采用邮寄方式的，应当以赔偿义务机关工作人员签收申请书或补正材料之日为收到之日。赔偿义务机关工作人员无正当理由拒绝签收的，以有证据证明的申请书或补正材料到达赔偿义务机关之日或者发出之后的合理日期为收到之日。例如，邮寄送达的，应以邮局或快递公司人员投递之日，或者经公证的投递之日后的合理日期为收到之日。对于采用数据电文形式的，应当参照《民法典》及《电子签名法》中的有关规定，确认赔偿义务机关收到申请书或补正材料的日期。其二，对于赔偿请求人当面或以其他方式递交申请书但申请材料不齐全的，只要赔偿义务机关未当场或五日内一次性告知补正内容的，不论此后赔偿义务机关是否予以告知补正，均应以赔偿请求人首次递交行为发生之日作为收到之日。但需要注意的是，该规则仅用于确定“收到赔偿申请之日”，对于赔偿义务机关超出规定期限才告知补正的，赔偿请求人仍应当积极配合补正，否则可能影响赔偿处理结果。此外，倘若赔偿义务机关在当场或五日内一次性告知补正内容的同时，已经限定了合理的补正期限，而赔偿请求人逾期未予补正的，应视为未申请或者放弃申请。

2. 赔偿义务机关在两个月内未作出赔偿决定

所谓“未作出赔偿决定”，实践中主要包括以下情形：赔偿义务机关在两个月内针对赔偿申请未作出任何回应；赔偿义务机关口头表示赔偿，但未在两个月内制作赔偿决定书；赔偿义务机关口头表示不予赔偿，但未制作书面通知等。这里需要注意的是，如果赔偿义务机关已经依照《国家赔偿法》第十三条第三款的规定，向赔偿请求人制作了不予赔偿的书面通知，则不属于“未作出赔偿决定”的范畴，赔偿请求人可针对该书面通知行为寻求法律救济。

3. “两个月”的期间包括赔偿义务机关对赔偿申请的审查时间

实践中，一些赔偿义务机关认为，既然《国家赔偿法》对行政机关审查赔偿请求没有规定法定期限，这段审查时间就不应当包括在“两个月”处理期限之内。个别赔偿义务机关甚至借此拖延先行处理程序的时间。应该认为，这种认识是错误的，“收到赔偿申请之日起两个月”就是整个先行处理程序的总期限，任何赔偿义务机关不得借机拖延。赔偿请求人如果发现赔偿义务机关在两个月内没有作出是否赔偿的决定，就可以依法提起行政赔偿诉讼。另外需要强调的是，法律并未对该“两个月”的期间规定法定中止事由，故赔偿义务机关无权裁定或决定中止先行处理程序。

（三）单独提起行政赔偿诉讼的起诉期限

《国家赔偿法》第十四条第一款规定：“赔偿义务机关在规定期限内未作出是否赔偿的决定，赔偿请求人可以自期限届满之日起三个月内，向人民法院提起诉讼。”1997 年《行政赔偿规定》第二十二条规定：“赔偿请求人单独提起行政赔偿诉讼，可以在向赔偿义务机关递交赔偿申请后的两个月届满之日起三个月内提出。”根据上述法律及司法解释之规定，针对赔偿义务机关超期未作出赔偿决定的情形，赔偿请求人提起赔偿诉讼的起诉期限为先行处理期限届满之日起三个月。本条第二句则规定，赔偿义务机关超期未作出赔偿决定的，赔偿请求人可以依照行政诉讼法的规定提起行政赔偿诉讼。单独提起的行政赔偿诉讼实质仍属于行政诉讼，所谓“依照行政诉讼法的规定”，即指赔偿请求人提起的行政赔偿诉讼必须符合《行政诉讼法》所规定的起诉条件，这其中必然包括对起诉期限规定的适用。《行政诉讼法》第四十七条第一款规定：“公民、法人或者其他组织申请行政机关履行保护其人身权、财产权等合法权益的法定职责，行政机关在接到申请之日起两个月内不履行的，公民、法人或者其他组织可以向人民法院提起诉讼。法律、法规对行政机关履行职责的期限另有规定的，从其规定。”《行政诉讼法解释》第六十六条规定：“公民、法人或者其他组织依照行政诉讼法第四十七条第一款的规定，对行政机关不履行法定职责提起诉讼的，应当在行政机关履行法定职责期限届满之日起六个月内提出。”据此，当事人针对行政机关不履行法定职责提起的行政诉讼，起诉期限为履责期限届满之日起六个月。

通过上述对比不难发现，针对赔偿义务机关超期未作出赔偿决定的情形，即存在“三个月”和“六个月”两种起诉期限的规定。在司法实践中，赔偿请求人在三个月内单独提起行政赔偿诉讼，当然于法有据；另一方面，赔偿请求人如在六个月内单独提起行政赔偿诉讼，亦应认为该起诉未超期。司法解释之所以作出这种调整，主要原因包括以下几方面：

1. 具备相应依据

在2014年修正前，《行政诉讼法》关于起诉期限的一般规定与《国家赔偿法》第十四条第一款的规定相同，即均为三个月。如上所述，修正后的《行政诉讼法》将起诉期限的一般规定扩展至六个月，相关司法解释亦明确规定不履行法定职责之诉的起诉期限为六个月。赔偿请求人针对赔偿义务机关超期未作出行政赔偿决定而提起的行政赔偿之诉，在本质上也属于行政诉讼。随着《行政诉讼法》对起诉期限制度的调整，本条第二句规定“依照行政诉讼法的规定提起行政赔偿诉讼”，符合新法优于旧法原则。另一方面，可以预见的是，在未来再次修改《国家赔偿法》时，对起诉期限的规定也会作出相应调整，故可以认为适用六个月的起诉期限亦符合立法发展预期。

2. 更加有利于保护赔偿请求人的合法权益

毋庸置疑，法律对起诉期限的规定越长，对赔偿请求人而言更为有利。在《行政诉讼法》已经将起诉期限的一般规定从三个月修改为六个月的背景下，规定赔偿请求人针对赔偿义务机关超期未作出赔偿决定提起行政赔偿诉讼时适用六个月的起诉期限，有利于更好地保护赔偿请求人获得赔偿的权利，也更加符合《国家赔偿法》的立法宗旨。

3. 与一并提起行政赔偿之诉保持一致

《国家赔偿法》第三十九条第一款规定，赔偿请求人在提起行政诉讼时一并提出赔偿请求的，适用行政复议法、行政诉讼法有关时效的规定。目前《行政诉讼法》规定的起诉期限为六个月，故一并提起行政赔偿之诉适用六个月的起诉期限。如果对单独提起行政赔偿之诉仍延续适用三个月起诉期限的规定，既缺乏法理上的科学性、合理性，也会造成《国家赔偿法》体系内的矛盾，有损法律权威。

【实务指导】

在司法实践中适用本条之规定，有必要注意以下几个方面的问题。

一、请求时效利益的抛弃

作为消灭时效的请求时效届满后，赔偿请求人即丧失向赔偿义务机关申请行政赔偿的请求权，赔偿义务机关则相应取得请求时效利益，即时效届满的抗辩权。而所谓请求时效利益的抛弃，即是指在请求时效届满后，作为享受时效利益主体的赔偿义务机关不以时效届满为抗辩，主动履行赔偿义务。对此，由于请求时效届满的法律后果仅限于赔偿请求人丧失赔偿请求权，相应的实体权利仍然存在，故当赔偿义务机关抛弃请求时效利益，主动处分自身权利向赔偿请求人予以赔偿时，赔偿请求人的被动受偿应属有效。

请求时效利益的抛弃属于单方意思表示，且赔偿义务机关应明知请求时效已届满，抛弃的方式既可以是明示，也可以是默示。但是，请求时效利益不能预先抛弃。盖法律设立时效制度的重要考量之一乃在于维护社会管理秩序之稳定，如果允许请求时效利益预先抛弃，则难免产生架空时效制度之虞，此外，在时效完成之前，请求时效利益尚未产生，此时亦尚无可供抛弃的标的。对此，《民法典》第一百九十七条第二款亦明确规定“当事人对诉讼时效利益的预先放弃无效”。

目前，《国家赔偿法》并没有对请求时效利益的抛弃作出专门规定。《民法典》第一百九十二条第二款规定："诉讼时效期间届满后，义务人同意履行的，不得以诉讼时效期间届满为由抗辩；义务人已经自愿履行的，不得请求返还。"《民法典》的此条规定在行政赔偿领域可同样适用。对此需要注意的是，请求时效届满后，赔偿义务机关以口头或者书面方式承认赔偿义务的存在，即使尚未实际履行赔偿义务，亦得认定构成请求时效利益的抛弃，即请求时效利益的抛弃不以赔偿义务机关实际履行为标准。如果赔偿义务机关以实际履行的方式抛弃请求时效利益的，赔偿请求人的受领行为并不构成不当得利，赔偿义务机关无权要求返还。

二、人民法院对请求时效的审查权限

在赔偿义务机关未提出请求时效届满抗辩的情况下，人民法院在行政赔偿诉讼中是否有权主动审查适用请求时效，现行《国家赔偿法》并未作出规定。另一方面，《民法典》第一百九十三条规定："人民法院不得主动适用诉讼时效的规定。"《民法典》此条规定的精神在行政赔偿诉讼中应可同样适用。盖请求时效届满后，赔偿义务机关是否同意履行已过时效的债务，是否行使时效已过的抗辩权，应当由其自身作出处分，人民法院对此应当保持中立。如果允许人民法院主动审查适用请求时效，则等同于由人民法院代替赔偿义务机关行使请求时效届满抗辩权，有违司法中立原则。

三、"两年"消灭时效的效力范围

"两年"的消灭时效届满后，赔偿请求人即丧失申请赔偿的请求权，而这里所丧失的请求权的效力范围，既包括赔偿义务机关，也包括复议机关、人民法院等第三方主体。换言之，当"两年"时效届满后，赔偿请求人既无权向赔偿义务机关主张赔偿，亦无权要求复议机关、人民法院强制赔偿义务机关履行赔偿义务。盖复议机关、人民法院作为第三方机关，其强制赔偿义务机关履行赔偿义务的基础在于赔偿义务机关依法应当履行而未履行。如果请求时效已经届满，赔偿义务机关以此进行抗辩，赔偿请求人便已丧失请求赔偿义务机关予以赔偿的请求权，而作为基础的请求权一旦丧失，赔偿请求人当然不再享有要求第三方机关强制赔偿义务机关履行赔偿义务的请求权。

实践中，部分赔偿请求人在明知已经超过请求时效的情况下，仍向赔偿义务机关申请赔偿，在赔偿义务机关超过两个月未作出赔偿决定后，又旋即单独提起行政赔偿之诉，并主张该诉讼并未超过起诉期限。对此类案件而言，由于人民法院无权主动审查请求时效，故在立案审查阶段即使可以明确认定赔偿请求人存在超过请求时效的情形，亦不得以此为由裁定驳回起诉。换言之，未超过请求时效并非单独提起行政赔偿之诉的法定起诉条件，人民法院在审查单独提起行政赔偿之诉的起诉条件时，在时效方面仍仅限于审查赔偿请求人的起诉是否超过了《行政诉讼法》所规定的六个月的起诉期限。而在诉讼程序中，如果赔偿义务机关以超过请求时效为由进行抗辩，经查证属实的，则人民法院应不予支持赔偿请求人的诉讼请求。

四、超过两个月作出赔偿决定的认定

根据本条规定，赔偿义务机关应当在两个月内作出赔偿决定，否则赔偿请求人即获得单独提起行政赔偿之诉的权利。实践中，存在赔偿义务机关虽然作出了赔偿决定，但确已超过两个月期限的情形。对此类赔偿决定，如果赔偿请求人提起了行政诉讼，人民法院在审查认定方面应注意三个问题：（1）如果该赔偿决定未严重超期，即超期时间较短，一般可以认定为属于程序瑕疵，不构成程序违法，不宜仅据此判决确认违法乃至撤销，而是对其程序合法性予以认可。（2）如果

该赔偿决定虽已严重超期，但尚未影响赔偿请求人的实体权益，执行该赔偿决定能够较好保护赔偿请求人的赔偿权利，出于减轻诉累、节约有效的司法和行政资源考虑，可以判决确认违法，保留其效力。（3）如果该赔偿决定严重超期，并已影响到对赔偿请求人实体权益的保障（比如，在此期间房价已大幅上涨，按照赔偿决定的赔偿标准已不足以保障赔偿请求人的居住权），则出于司法终局、减轻诉累等考量，应依法判决撤销，并对赔偿内容作出判决。

（撰写人：蒋蔚）

第十六条　公民、法人或者其他组织提起行政诉讼时一并请求行政赔偿的，适用行政诉讼法有关起诉期限的规定。

【条文主旨】

本条是关于一并提出行政赔偿诉讼的起诉期限的规定。

【起草背景】

1994 年《国家赔偿法》第三十二条第一款仅规定“赔偿请求人请求国家赔偿的时效为两年，自国家机关及其工作人员行使职权时的行为被依法确认为违法之日起计算，但被羁押期间不计算在内”，而未对公民、法人或者其他组织在提起行政诉讼的同时一并提出行政赔偿请求如何适用时效制度作出规制。1997 年《行政赔偿规定》第二十三条第一款对此予以明确：“公民、法人或者其他组织在提起行政诉讼的同时一并提出行政赔偿请求的，其起诉期限按照行政诉讼起诉期限的规定执行。”修正后的《国家赔偿法》第三十九条第一款规定：“赔偿请求人请求国家赔偿的时效为两年，自其知道或者应当知道国家机关及其工作人员行使职权时的行为侵犯其人身权、财产权之日起计算，但被羁押等限制人身自由期间不计算在内。在申请行政复议或者提起行政诉讼时一并提出赔偿请求的，适用行政复议法、行政诉讼法有关时效的规定。”本条是对 1997 年《行政赔偿规定》第二十三条第一款的修改，以及对修正后的《国家赔偿法》第三十九条第一款有关规定在行政赔偿诉讼中的重申。

【条文释义】

一并提出行政赔偿诉讼时如何适用时效制度，是本条所需解决的问题。时效制度最早起源于古罗马法。国家赔偿法上的时效制度，是指一定事实状态经过一定的法定期间，发生一定法律效果的制度，一般可划分为取得时效和消灭时效。取得时效是指一定的事实状态经过一定期间的持续而取得某种权利，如赔偿义务机关逾期不予赔偿，赔偿请求人即可获得向人民法院提起诉讼的请求权；消灭时效则是指一定事实状态经过一定的期间而使权利主体丧失某种权利，如赔偿请求人怠于申请赔偿超过一定期限，其赔偿请求权即归于消灭。[①] 修正后的《国家赔偿法》第三十九条第一款所规定的赔偿请求人在提起行政诉讼时一并提出赔偿请求所适用的时效乃是消灭时效。设定此种时效制度的目的在于督促请求权人尽快依法行使权利，及时解决赔偿义务机关与赔偿请求人之间的行政争议，以稳定行政法律关系。

准确理解和把握本条内容，需要注意以下几点：

一、请求时效、诉讼时效和起诉期限概念辨析及制度差异

在司法实践中，对于公民、法人或者其他组织提起行政诉讼时一并提出行政赔偿请求的，人民法院须依职权主动审查其起诉是否超过法定起诉期限，被告亦常以原告起诉超过诉讼时效或者起诉期限为由进行抗辩，而原告则以修正后的《国家赔偿法》第三十九条第一款规定为据主张其起诉未超过请求赔偿时效或者诉讼时效。对此，有必要

---

① 江必新、梁凤云、梁清：《国家赔偿法理论与实务》（下卷），中国社会科学出版社2010年版，第989～991、1024～1025页。

进一步厘清请求时效、诉讼时效和起诉期限的概念及制度差异。

请求时效制度，是国家赔偿法中主要的或者基本的时效制度。国家赔偿法中的请求时效，又称请求权时效，可以从以下两个角度予以定义：一是指请求权人行使请求权期间。根据请求时效制度，如果请求权人在法定期间内不请求赔偿，即丧失依照法定程序获得赔偿的权利。二是指向赔偿义务机关请求赔偿的法定期间及其请求或者不请求的法律后果。但是，如果法律规定可以不以向赔偿义务机关先行请求赔偿为前置条件，则请求时效指向特定的国家赔偿争议处理机关提出争讼请求的法定期间及相应的法律后果。[①] 诉讼时效制度，是民商法中的一项基本制度，指权利人不行使权利的事实状态持续经过法定时间，其权利即发生效力减损。[②]《民法典》总则编专设第九章对此予以规定。我国《行政诉讼法》并未规定行政诉讼时效，而仅规定起诉期限制度。起诉期限是当事人向人民法院提起诉讼并获法院受理的期间，是起诉条件之一，起诉如无正当事由超过起诉期限，当事人则丧失诉权，法院将不再受理。[③]

请求时效、诉讼时效和起诉期限三者并不等同。《国家赔偿法》中的请求时效，既包含赔偿请求人求助于司法程序要求国家赔偿的时效，也包含赔偿请求人向赔偿义务机关申请国家赔偿的时效。有观点认为，诉讼时效是请求时效的一种，因为提起诉讼的权利属于请求权的一种，而请求权包括请求复议、请求仲裁、请求确认违法、提起诉

① 江必新、梁凤云、梁清：《国家赔偿法理论与实务》（下卷），中国社会科学出版社 2010 年版，第 1001 页。

② 最高人民法院民事审判庭第二庭编著：《最高人民法院关于民事案件适用诉讼时效司法解释理解与适用》，人民法院出版社 2015 年版，第 19 页。

③ 全国人大常委会法制工作委员会行政法室编著：《中华人民共和国行政诉讼法解读》，中国法制出版社 2014 年版，第 127 页。

讼等在内。[①] 修正后的《国家赔偿法》第三十九条第一款在规定公民、法人或者其他组织向赔偿义务机关请求国家赔偿的一般请求时效为两年的同时，对在申请行政复议或者提起行政诉讼时一并提出赔偿请求情况下的时效亦予以规制，即适用《行政诉讼法》有关起诉期限的规定，此时并不适用两年的一般时效。当事人主张其一并提出的行政赔偿请求，未超过两年请求时效或者诉讼时效，乃是对上述法律规定之误解。

起诉期限和诉讼时效的相同之处在于，二者均设定一定的期间，且期间经过后均会对原告产生某种不利后果，以督促权利人及时行使权利，但二者同时存在较大的制度差异，主要体现在：（1）立法目的不同。设置起诉期限制度的目的和功能，在于维护行政行为的效力，以确保行政法律关系的尽早安定；[②] 诉讼时效期间的立法目的则是督促权利人行使权利、维护稳定的交易秩序。（2）法律性质不同。起诉期限是诉之合法性要件，即起诉能被法院受理的法定条件，规定在《行政诉讼法》中，系诉讼程序法律制度；诉讼时效是诉之有理由的要件，关系到权利人的权利是否为完全权利的认定问题，是民事实体法中的一项制度。（3）作用的权利不同。起诉期间适用的权利为行政诉讼中的诉权；诉讼时效主要适用于债权请求权。（4）可变性不同。起诉期限为不变期间，不能中断或者中止，特殊情况下方可申请延长或者扣除被耽误的时间，可称之为“行政法的除斥期间”；而诉讼时效则非固定不变，可以依法中断、中止或者延长。（5）产生的法律后果不同。起诉期限无正当理由届满后，当事人丧失诉权，人民法院将不再受理其起诉；而诉讼时效期间届满将导致义务人产生拒绝履行抗

① 江必新、梁凤云、梁清：《国家赔偿法理论与实务》（下卷），中国社会科学出版社 2010 年版，第 1007 页。

② 李广宇：《行政诉讼法逐条注释》，法律出版社 2015 年版，第 370 页。

辩权，权利人的实体权利与诉权均不发生消灭，仅使其权利效力减弱。(6) 司法审查的主动性不同。起诉期限作为法定起诉条件之一，无论当事人是否提出抗辩，人民法院均应依职权主动审查。诉讼时效则采取当事人主义，时效利益是否抛弃系义务人的利益，按照意思自治原则，应由义务人自行决断。根据《民法典》第一百九十三条规定："人民法院不得主动适用诉讼时效的规定。"《最高人民法院关于审理民事案件适用诉讼时效制度若干问题的规定》第二条则规定："当事人未提出诉讼时效抗辩，人民法院不应对诉讼时效问题进行释明。"(7) 当事人提出抗辩或者司法审查的时间限制不同。人民法院在任何审理阶段均有权利和义务对起诉期限进行审查，被告亦可以在任何一个阶段就原告的起诉超过起诉期限提出抗辩。但如果任由义务人在任何阶段均可行使诉讼时效抗辩权，则将出现法院无法在一审审理阶段固定争议焦点，无法有效发挥一审事实审的功能，使审级功能流于形式，产生损害司法程序的安定性、司法裁决的权威性、社会秩序等问题，故而有必要加以规制。《最高人民法院关于审理民事案件适用诉讼时效制度若干问题的规定》第三条规定："当事人在一审期间未提出诉讼时效抗辩，在二审期间提出的，人民法院不予支持，但其基于新的证据能够证明对方当事人的请求权已过诉讼时效期间的情形除外。当事人未按照前款规定提出诉讼时效抗辩，以诉讼时效期间届满为由申请再审或者提出再审抗辩的，人民法院不予支持。"①

二、准确理解与适用行政诉讼起诉期限规定

修正后的《国家赔偿法》第九条第二款规定："赔偿请求人要求赔偿，应当先向赔偿义务机关提出，也可以在申请行政复议或者提起

① 最高人民法院行政审判庭编著：《最高人民法院关于审理行政协议案件若干问题的规定理解与适用》，人民法院出版社2020年版，第347~349页。

行政诉讼时一并提出。”基于上述规定，赔偿请求人可以选择以下三种途径主张权利：一是先行向赔偿义务机关提出行政赔偿申请，嗣后如不服赔偿义务机关作出的赔偿决定书、不予赔偿决定书或者在规定期限内未作出是否赔偿的决定的行为，可另行单独起诉；二是在申请行政复议时一并提出行政赔偿请求；三是本条所涉在提起行政诉讼时一并提出行政赔偿请求。赔偿请求人向人民法院请求行政赔偿时，可以单独提起行政赔偿诉讼或者在提起行政诉讼的同时一并提出赔偿请求。单独提起行政赔偿诉讼与一并提出行政赔偿请求的区别在于，行政行为的违法确认和赔偿处理是否在一个诉讼程序中予以解决。赔偿请求人选择的权利救济路径不同，所适用的时效制度亦不相同。

公民、法人或者其他组织在提起行政诉讼的同时一并提出赔偿请求，此时针对行政行为之诉系主诉，而一并提出的行政赔偿请求系从诉。根据《行政诉讼法》之规定，主诉适用起诉期限制度，基于从诉的从属性，以及特别规定优于一般规定的法律适用原则，一并提出的行政赔偿请求亦须适用行政诉讼起诉期限的规定，而不适用修正后的《国家赔偿法》第三十九条第一款规定的两年的一般时效。关于起诉期限，《行政诉讼法》第四十五条、第四十六条、第四十七条、第四十八条专门予以规制。准确理解与适用上述规定，需注意以下几点：

（一）对《行政诉讼法》规定的三种起诉期限的理解

《行政诉讼法》规定了以下三种起诉期限：一是直接起诉的起诉期限。《行政诉讼法》第四十六条规定：“公民、法人或者其他组织直接向人民法院提起诉讼的，应当自知道或者应当知道作出行政行为之日起六个月内提出。法律另有规定的除外。因不动产提起诉讼的案件自行政行为作出之日起超过二十年，其他案件自行政行为作出之日起超过五年提起诉讼的，人民法院不予受理。”一般而言，如果法律对于起诉期限未作特别规定的，应当按照六个月计算。此处强调从知道或者应当知道作出行政行为之日起算。司法实践中，如果行政机关为规避行政诉讼，在应当作出书面决定的场合，先作出口头通知，之后迟延送达书面决定，行政相对人主张以书面决定收到之日起算起诉期限的，人民法院应予支持。二是经复议程序不服复议决定的起诉期限。《行政诉讼法》第四十五条规定："公民、法人或者其他组织不服复议决定的，可以在收到复议决定书之日起十五日内向人民法院提起诉讼。复议机关逾期不作决定的，申请人可以在复议期满之日起十五日内向人民法院提起诉讼。法律另有规定的除外。"此处需要注意的是，针对复议机关逾期不作决定情形，公民、法人或者其他组织既可以起诉复议机关不作为违法，也可以起诉原行政行为，择一进行，如其选择起诉原行政行为，应当适用《行政诉讼法》第四十六条之规定。三是不履行法定职责的起诉期限。《行政诉讼法》第四十七条规定："公民、法人或者其他组织申请行政机关履行保护其人身权、财产权等合法权益的法定职责，行政机关在接到申请之日起两个月内不履行的，公民、法人或者其他组织可以向人民法院提起诉讼。法律、法规对行政机关履行职责的期限另有规定的，从其规定。公民、法人或者其他组织在紧急情况下请求行政机关履行保护其人身权、财产权等合法权益的法定职责，行政机关不履行的，提起诉讼不受前款规定期限的限制。"需要注意的是，如果行政机关在履责期限内针对当事人的申请明确作出拒绝决定，则不适用该条规定，而应当适用《行政诉讼法》第四十六条规定的一般起诉期限。另需注意的是，《行政诉讼法》第四十七条系对依申请情形下行政不作为的起诉期限所作规定，但对于行政机关依职权履行法定职责情形下的起诉期限问题，现行法律、司法解释尚无明确规定。一般情况下，只要行政机关依职权应履行的法定职责仍然合法有效存在，行政机关即持续负担作为义务，该作为义务不因行政机关怠于履行而消灭。特别是在行政相对人已向行政机关提出履行申请时，行政机关更应及时有效履行。此外，行政机关对其依职权应履行的法定职责，亦不因行政相对人的履行申请而转变为依申请应履行的法定职责，亦即此种情形并不适用《行政诉讼法》第四十七条所规定的起诉期限。还需注意的是，2015 年《行政诉讼法解释》第六十六条进一步明确公民、法人或者其他组织对行政机关不履行法定职责提起诉讼的，应当在行政机关履行法定职责期间届满之日起六个月内提出。由此涉及起诉时机是否成熟的问题。“法律不保护权利上的睡眠者”，过于迟延地请求法律救济将不受法律保护，同理，过早地请求法律救济亦不为法律所允许。如果行政机关履行法定职责的期限尚未届满，当事人即提起诉讼，即属于起诉时机不成熟，人民法院应当不予立案或者裁定驳回起诉。

（二）对最长起诉期限的理解

根据正当程序的要求，行政机关作成行政决定时应当履行告知行政决定内容并教示救济方法、期间及其受理机关的义务，当行政机关违反上述义务，就会导致行政相对人不知道行政行为的内容，此外，多数情况下，行政决定只是送达直接行政相对人，而其他因该行政决定受到不利影响的人未必能够及时得知，以上均会导致当事人错过法定起诉期限。[①] 对于行政相对人始终不知道行政行为的内容情形，修正后的《行政诉讼法》第四十六条第二款规定了最长起诉期限，即因不动产提起诉讼的案件自行政行为作出之日起二十年，其他案件自行政行为作出之日起五年，超过上述期限，人民法院不予受理。此前，2000 年《行政诉讼法解释》第四十二条已参照当时有效的《民法通则》第一百三十七条“诉讼时效期间从知道或者应当知道权利被侵害时起计算。但是，从权利被侵害之日起超过二十年的，人民法院不予

① 李广宇：《行政诉讼法逐条注释》，法律出版社 2015 年版，第 377 页。

保护。有特殊情况的，人民法院可以延长诉讼时效期间”之规定，规定二十年最长起诉期限，五年最长起诉期限则系根据行政审判司法实践需要创制，2014年《行政诉讼法》修正时吸纳为法律层面的规定，进一步强化其适用效力。最长起诉期限为不变期间，即无论行政相对人何时知道被诉行政行为的内容，从该行政行为作出之日起超过二十年或者五年，均不能再寻求司法救济，对其起诉人民法院应不予受理。司法实践中对涉不动产案件如何适用二十年起诉期限，争议较大。我们认为，必须是因不动产直接受到行政行为的影响，并以此为由提起行政诉讼以消除或改变此种影响，即行政行为对不动产具有直接处分性、导致不动产物权发生变动方可适用二十年最长起诉期限，对此应当注意区分，严格把握。对于公有房屋承租人变更行为是否产生物权效力，最高人民法院所作（2017）最高法行申2591号行政裁定即认为：“产生本案争议的背景是北京市的城市公有房屋管理制度。《北京市人民政府关于城市公有房屋管理的若干规定》第十六条规定：‘本规定执行中的具体问题，由市房屋土地管理局负责解释。’北京市房地产管理局根据该规定，统一制定了《北京市公有住宅租赁合同》。该合同虽属示范性的合同文本，但实践中北京市各区县房地产管理局、自管房单位、房产经营单位均依据该合同中的相关条款进行公有住宅的管理，已经成为一种惯例。《北京市公有住宅租赁合同》第七条规定：‘租赁期限内，乙方外迁或死亡，乙方同一户籍共同居住两年以上又无其他住房的家庭成员愿意继续履行原合同，其他家庭成员又无异议的，可以办理更名手续。’从该条规定的适用情况以及公有房屋承租实践看，公有房屋承租人变更行为涉及原承租人家庭成员的重大居住权益，其实际效果与导致不动产物权变动的行政行为性质类似。案涉公有房屋原承租人为刘某会。原北京市崇文区房屋土地管理局天坛管理所于2002年4月23日将案涉公有房屋承租人变更为王某。再审申请人对该变更行为不服提起行政诉讼，故应适用《行政诉讼法》第四十六条第二款规定的二十年的起诉期限。一、二审裁定适用该款规定的五年的起诉期限确有错误，应予纠正。”①

（三）对未告知诉权和起诉期限时如何适用起诉期限的理解

行政机关作出行政行为时，应当告知相对人诉权和起诉期限。如果行政机关未告知相对人诉权和起诉期限的，起诉期限应自何时起算，1989 年《行政诉讼法》未作规定，当时有效的 2000 年《行政诉讼法解释》第四十一条则规定：“行政机关作出具体行政行为时，未告知公民、法人或者其他组织诉权或者起诉期限的，起诉期限从公民、法人或者其他组织知道或者应当知道诉权或者起诉期限之日起计算，但从知道或者应当知道具体行政行为内容之日起最长不得超过 2 年。复议决定未告知公民、法人或者其他组织诉权或者法定起诉期限的，适用前款规定。”2014 年修正后的《行政诉讼法》亦未将未告知诉权或者起诉期限的情形规定入内。在《行政诉讼法》修正之后，行政主体未告知诉权或者起诉期限，具体应如何计算起诉期限，实践中开始出现认识上的分歧。对此，2018 年 2 月 8 日起施行的《行政诉讼法解释》第六十四条明确规定此种情形仍应延长起诉期限，但为保障行政效率及法的安定性，将逾期的期限由原司法解释规定的最长不得超过两年调整为一年。司法实践中，对发生在 2018 年 2 月 8 日之前的行政行为，且当事人未被告知诉权和起诉期限，当事人于 2018 年 2 月 8 日之后针对该行政行为提起行政诉讼的，起诉期限如何确定问题产生较大争议。目前主要有以下两种观点：一种观点认为应当适用被诉行为发生时有效的 2000 年《行政诉讼法解释》第四十一条第一款规定的“从知道或者应当知道具体行政行为内容之日起最长不得超过 2 年”

① 参见最高人民法院（2017）最高法行申 2591 号行政裁定书。

的期限，其主要理由是：（1）起诉期限关系到案件能否进入实体审理，涉及当事人实体权益的救济，实际上属于实体权利的范畴；（2）在新司法解释出台前，当事人根据当时有效的司法解释规定，对于在二年内提起行政诉讼享有信赖利益，且新司法解释关于起诉期限的规定对于当事人提起诉讼予以不利限缩，从保护当事人合法权益角度考量，也应当适用当时规定适用二年期限的司法解释。（3）算法简单清晰，便于适用。另一种观点则认为，公民、法人或者其他组织在 2018 年 2 月 8 日前知道或者应当知道行政行为内容的，人民法院一般应按照 2000 年《行政诉讼法解释》第四十一条规定的二年确定起诉期限。2018 年 2 月 8 日《行政诉讼法解释》施行时，原起诉期限的剩余时长超过一年的，仅计算一年，即最长起诉期限截至 2019 年 2 月 8 日；原起诉期限的剩余时长不足一年的，起诉期限至期满之日止。其主要理由是：起诉期限问题不宜作为实体问题，而更具有程序属性，应按照“实体从旧，程序从新”原则来对待，同时要兼顾当事人依据旧法已经形成的信赖利益保护问题和新法价值目标的实现问题。[①] 针对这一问题，学术界和实务界争议较大，有待继续研究、继续实践，逐步统一各方意见。

（四）对无效行政行为的起诉期限的理解

基于行政法一般法理，无效行政行为自始无效、绝对无效。修正后的《行政诉讼法》第七十五条首次明确确认无效判决制度：“行政行为有实施主体不具有行政主体资格或者没有依据等重大且明显违法情形，原告申请确认行政行为无效的，人民法院判决确认无效。”对行政行为提起确认无效之诉是否要受起诉期限的限制，修正后的《行

---

① 最高人民法院行政审判庭编著：《最高人民法院关于审理行政协议案件若干问题的规定理解与适用》，人民法院出版社 2020 年版，第 351 页。

政诉讼法》及相关司法解释均未予以明确，实践中产生了三种不同观点：第一种观点认为，无效诉讼应当适用行政诉讼法规定的六个月、五年和二十年的起诉期限；第二种观点认为，无效诉讼不应受起诉期限限制；第三种观点认为，对修正后的《行政诉讼法》实施以后的行政行为，即 2015 年 5 月 1 日以后实施的行为，方不受起诉期限之限制。[①] 2018 年最高人民法院在对十三届全国人大一次会议第 2452 号《关于完善确认行政行为无效案件制度设计破解审理困境的建议》所作的答复中清楚完整地阐述对此问题所持的观点及其理由，该答复称："我们倾向于认为提起确认行政行为无效之诉不受起诉期限的限制，行政相对人可以在任何时候请求有权国家机关确认该行为无效。这也与我院出台的司法解释的观点立场一致。根据《行政诉讼法解释》第一百六十二条的规定，公民、法人或者其他组织对 2015 年 5 月 1 日之前作出的行政行为提出诉讼，请求确认行政行为无效的，人民法院不予立案。行政行为无效属于实体法规则，按照实体从旧原则，该无效规定不具有溯及力，只有行政诉讼法修法颁布施行后发生的行政行为，才适用无效的规定。因此，行政相对人提起确认无效诉讼只能针对 2015 年 5 月 1 日之后作出的行政行为提出。上述司法解释第九十四条第二款还规定，公民、法人或者其他组织起诉请求确认行政行为无效，人民法院审查认为行政行为不属于无效情形，经释明，原告请求撤销行政行为的，应当继续审理并依法作出相应判决；原告请求撤销行政行为但超过法定起诉期限的，裁定驳回起诉；原告拒绝变更诉讼请求的，判决驳回其诉讼请求。法院审理行政案件遵循先程序后实体原则。先审查起诉是否符合法定条件，再进行合法性审查。在法院裁判之前，行政行为的效力实际上是待定的。行政相对人针对一个行政行为提起

① 江必新、梁凤云：《最高人民法院新行政诉讼法司法解释理解与适用》，中国法制出版社 2015 年版，第 53～55 页。

确认无效之诉，人民法院应当以确认无效之诉不受起诉期限限制为前提，直接进入实体审理，如果出现最终认定行政行为并非无效的情况，不再以超过起诉期限为由裁定驳回当事人的起诉，而应当判决驳回当事人的诉讼请求。无效行政行为的根本特征是自始无效，这就决定了在任何情况下，一个自始无效的行政行为都不可能通过期限被耽误，而获得一种'确定力'。相对人请求法院确认行政行为无效，也须在起诉期限内向法院提出，这实际上是混淆了'重大且明显违法'的无效行为与一般违法行为。"司法实践中，为维护法律秩序之安定，避免当事人滥用确认无效请求以规避起诉期限制度，原告一方应当对行政行为符合无效的情形承担举证责任，被告一方亦可提出证据否定对方主张。人民法院应当审查行政行为是否属于无效情形，并针对不同情形分别予以处理。

（五）对扣除和延长起诉期限的理解

前已述及，行政诉讼起诉期限系客观期间，不适用诉讼时效中止、中断之规定。在特定情形下，若当事人未在法定起诉期限内提起行政诉讼非因主观原因，而系自身意志以外的客观原因造成，此时法律应当具备一定的灵活性，赋予补救措施，以体现对效率和公平的兼顾与平衡。对此，修正后的《行政诉讼法》第四十八条规定："公民、法人或者其他组织因不可抗力或者其他不属于其自身的原因耽误起诉期限的，被耽误的时间不计算在起诉期限内。公民、法人或者其他组织因前款规定以外的其他特殊情况耽误起诉期限的，在障碍消除后十日内，可以申请延长期限，是否准许由人民法院决定。"法律规定的"不可抗力"，是指当事人不能预见、不能避免且不能克服的客观情况，如自然灾害、疫情、战争等自然现象和社会现象。"其他不属于其自身的原因"，是指除不可抗力以外不能归责于起诉人自身的正当事由。比如，当事人被限制人身自由而无法行使诉权。又比如，当作为被诉行政行为基础的买卖、共有、赠与、抵押、婚姻、继承等民事诉讼尚处于持续状态，被诉行政行为是否对起诉人的权利义务造成实际影响，需以民事诉讼的裁判结果为前提时，起诉人不可能在当时就对被诉行政行为提起行政诉讼。此时，等待民事诉讼生效裁判结果，即可构成该条规定的耽误起诉期限的正当事由。法律规定的“扣除”，是指被耽误的时间不计入起诉期限，但如果被耽误的时间扣除之后仍超过起诉期限，人民法院应不予受理其起诉。“前款规定以外的其他特殊情况”，一般认为包括因交通断绝、生病以及未成年人因其法定代理人未确定而不能起诉等。[①] 对于是否属于正当事由以及是否准许，交由法院在个案中具体认定。起诉人在提出延长期限申请时，应当提供相应证据予以证明。人民法院对此进行审查，应首先确定是否存在延长期限的正当事由，如果确定存在，尚需进一步确定该正当事由是否必然影响起诉人提起诉讼；如果确实影响起诉人起诉的，应当准许延长。判断起诉人的起诉是否超过起诉期限以及超过起诉期限是否具备正当事由，应当充分考虑起诉人是否已经积极行使诉权，是否存在因正当事由而耽误起诉期限的情形。如果起诉人已积极行使诉权，在现行法律规范未对正当事由作出相对明确规定的情况下，人民法院对超过起诉期限但有正当事由的判断，一般应按照有利于起诉人的原则进行。

【实务指导】

一、准确识别单独提起行政赔偿诉讼和一并提出赔偿请求

因法律对单独提起行政赔偿诉讼和一并提出赔偿请求分别规定了

① 黄杰主编:《中华人民共和国行政诉讼法诠释》，人民法院出版社1994年版，第128页。

不同的起诉期限，故应当先行确定当事人提出的起诉属于单独提起行政赔偿诉讼还是一并提出赔偿请求。司法实践中，对于当事人针对行政机关作出的不予赔偿决定提出的起诉，属于单独提起的行政赔偿诉讼还是一并提出的赔偿请求，此前认识不一，裁判规则亦不统一。一般而言，不予赔偿决定作为先行处理行政赔偿请求的程序性行为，不具有脱离行政赔偿请求的独立可诉性，即使在诉讼请求中提出撤销不予赔偿决定，其实质仍是申请行政赔偿。本解释第十三条对此予以明确规定："行政行为未被确认为违法，公民、法人或者其他组织提起行政赔偿诉讼的，人民法院应当视为提起行政诉讼时一并提起行政赔偿诉讼。"最高人民法院所作（2016）最高法行赔申69号行政裁定即认为："张某贤在一审起诉时提出两项诉讼请求，即请求确认1998年政府会议纪要第二条第二款和不予赔偿决定书违法并予以撤销；判决汕头市政府赔偿经济补偿金（以工龄计算基数）及利息。根据对该诉讼请求的文意理解，应当认定其系一并提出行政赔偿请求。况且，本案不符合单独提起行政赔偿诉讼的起诉条件。本案被诉1998年会议纪要为具体行政行为，在张某贤向人民法院起诉前，曾以该会议纪要违法侵犯其合法权益为由向汕头市政府提出赔偿请求，汕头市政府认为该会议纪要合法有据，作出了不予赔偿决定，说明赔偿义务机关否认被诉会议纪要违法，亦无证据证明该会议纪要已经其他程序确认违法，故本案不符合单独提起行政赔偿诉讼的起诉条件。综上，再审申请人的起诉应当认定为提起行政诉讼的同时一并提出赔偿请求。"①

二、公民、法人或者其他组织提起行政诉讼时一并提出行政赔偿请求的，人民法院应主动审查起诉是否超过起诉期限

我们认为，起诉期限系行政诉讼法定起诉条件之一。如果起诉超

① 参见最高人民法院（2016）最高法行赔申69号行政裁定书。

过起诉期限且无正当事由，当事人将因起诉期限的经过而丧失诉权。与诉讼时效不同，起诉期限是法院应当依职权主动调查的程序性事项，并非基于当事人的申请，亦非基于当事人的抗辩，在当事人没有提交相关证据的情况下法院亦可主动调取相关证据。如前所述，公民、法人或者其他组织提起行政诉讼时一并提出行政赔偿请求的，行政行为诉讼系主诉，人民法院得依职权主动审查主诉是否超过法定起诉期限。鉴于一并提起的行政赔偿诉讼的起诉期限与行政行为诉讼的起诉期限应保持一致，如果行政行为诉讼超过起诉期限，不符合法定起诉条件，则一并提起的行政赔偿诉讼亦超过起诉期限，亦不符合法定起诉条件。结合本解释第十九条“公民、法人或者其他组织一并提起行政赔偿诉讼，人民法院经审查认为行政诉讼不符合起诉条件的，对一并提起的行政赔偿诉讼，裁定不予立案；已经立案的，裁定驳回起诉”之规定，此时人民法院应当不予立案；已经立案的，应当裁定驳回起诉。最高人民法院所作（2020）最高法行申 12613 号行政裁定即认为：“本案的争议焦点为德卡公司提起本案诉讼是否超过法定起诉期限。本案属于提起行政诉讼的同时一并提出行政赔偿请求的情形，根据《最高人民法院关于审理行政赔偿案件若干问题的规定》第二十三条第一款‘公民、法人或者其他组织在提起行政诉讼的同时一并提出行政赔偿请求的，其起诉期限按照行政诉讼起诉期限的规定执行’之规定，赔偿诉讼起诉期限应当与相应的确认扶余市政府对德卡城市花园小区建设项目实行限价销售行为违法诉讼的起诉期限一致。《行政诉讼法》规定起诉期限之立法目的，是为了促使行政诉讼当事人尽快行使诉权，借以通过司法审查获得救济，维护自身合法权益；同时，有助于行政机关及时发现和纠正问题，提高行政效率，实现公共利益，保障社会公共秩序和法律关系的稳定性，使公平正义及时获得实现。对于行政机关作出行政行为时未告知公民、法人或者其他组织诉权或者起诉期限的情形，当时有效的2000年《行政诉讼法解释》第四十一条第一款规定，行政机关作出具体行政行为时，未告知公民、法人或者其他组织诉权或者起诉期限的，起诉期限从公民、法人或者其他组织知道或者应当知道诉权或者起诉期限之日起计算，但从知道或者应当知道具体行政行为内容之日起最长不得超过两年。本案中，德卡公司要求确认扶余市政府对德卡城市花园小区建设项目实行限价销售行为违法，其自2010年向扶余市政府反映限价问题，扶余市政府于2015年8月10日出具答复意见，而德卡公司于2019年1月10日才向一审法院提起本案诉讼，明显超过法定起诉期限，一并提起的本案行政赔偿诉讼亦已超过起诉期限。"①

三、公民、法人或者其他组织一并提起行政赔偿诉讼超过起诉期限，仅丧失诉权，但不丧失获得行政赔偿实体权利

起诉期限是法律规定的当事人不服某项行政行为时向法院请求司法救济的时间限制。公民、法人或者其他组织一并提起行政赔偿诉讼超过起诉期限的，其所丧失的仅是进入实体审理的程序权利，而非实体上的权利。亦即赔偿请求人的实体权利依然存在，法律只是拟制其失去了请求人民法院判令赔偿义务机关予以赔偿的权利。② 根据修正后的《国家赔偿法》第九条第二款之规定，赔偿请求人要求赔偿可以选择三条不同路径，一并提起行政赔偿诉讼仅是路径之一。一并提起行政赔偿诉讼超过起诉期限，并不代表申请行政复议时一并提出赔偿请求一定超过申请复议期限。此外，对于赔偿请求人而言，一并提起行政赔偿诉讼超过起诉期限的，其虽不能再通过诉讼途径请求确认行

① 参见最高人民法院（2020）最高法行申12613号行政裁定书。

② 江必新、梁凤云、梁清：《国家赔偿法理论与实务》（下卷），中国社会科学出版社2010年版，第1002页。

政行为无效、违法或撤销、废止行政行为，却可以请求行政机关重开行政程序。对于赔偿义务人而言，行政行为一旦作出，即具有确定力及执行力，行政机关虽然受行政行为的约束，但对于违法或者不当的行政行为以及由于事实和法律变迁而不宜存续的行政行为，行政机关亦具有自我纠错的职权和职责，在特定条件下可以自行纠错，在法律救济程序之外自行撤销或者废止行政行为，进而予以赔偿。基于上述分析，鉴于赔偿请求人的实体权利并未丧失，在一并提起行政赔偿诉讼超过起诉期限被裁定不予立案或者驳回起诉之后，其仍可向赔偿义务机关要求赔偿，赔偿义务机关主动履行赔偿义务的，其有权领受。嗣后，如果赔偿义务机关以时效期限已经届满为由要求赔偿请求人返还赔偿金的，人民法院应不予支持。

（撰写人：易旺）

第十七条　公民、法人或者其他组织仅对行政复议决定中的行政赔偿部分有异议，自复议决定书送达之日起十五日内提起行政赔偿诉讼的，人民法院应当依法受理。

行政机关作出有赔偿内容的行政复议决定时，未告知公民、法人或者其他组织起诉期限的，起诉期限从公民、法人或者其他组织知道或者应当知道起诉期限之日起计算，但从知道或者应当知道行政复议决定内容之日起最长不得超过一年。

【条文主旨】

本条是关于不服复议决定中的赔偿部分提起行政赔偿诉讼起诉期限的规定。

【起草背景】

长期以来，在行政赔偿诉讼司法实践中，对于赔偿争议的解决路径及程序设置出现了一些混乱认识。比如，先申请复议再提起诉讼的，如何识别或判断行政赔偿诉讼类型？对于未经法定程序确认被诉行政行为违法的，原告起诉时仅提出赔偿请求如何处理？复议机关已经确认原行政行为违法但作出不予赔偿决定的，或者作出赔偿决定但申请人对赔偿的项目、数额、方式不服的，提起诉讼后是否应当对原行政行为的违法性重新进行审查？等等。上述问题的出现，使得有关行政赔偿诉讼的裁判依据、审理标准、甚至裁判结果不统一，行政赔偿诉讼不仅未能实质解决赔偿争议，而且存在大量程序空转、循环诉讼的情况，确有必要予以明确。

《国家赔偿法》第九条第二款规定："赔偿请求人要求赔偿，应当先向赔偿义务机关提出，也可以在申请行政复议或者提起行政诉讼时一并提出。"上述规定说明，赔偿请求人申请行政赔偿有两种模式，即单独或一并提出赔偿请求。所谓"单独"提起行政赔偿诉讼是指，赔偿请求人向人民法院提起行政赔偿诉讼，请求作出违法行政行为的行政机关对该行为造成的损害后果给予赔偿。其最突出的特点是，违法确认和赔偿处理"分段作业"。[①] 也就是说，确认行政行为违法和作出赔偿不是同时进行或在同一个程序中解决的。一般情况下，根据行政相对人或利害关系人的申请，人民法院或复议机关可以撤销或确认被诉（被申请）的行政行为违法。除此之外，作出行政行为的行政机关也可以自行撤销或变更原行政行为。在行政行为的违法性已经法定程序确认或自认后，申请人另行向人民法院提起的赔偿诉讼，均属于单独提起的行政赔偿诉讼。所谓"一并"提起行政赔偿诉讼是指，赔偿请求人在申请行政复议或者提起行政诉讼时一并提出赔偿请求。其最大的特点是，确认行政行为违法和解决赔偿争议是在同一个程序中同时进行的。在一并提起的行政赔偿诉讼中，实际上同时存在两个诉，即撤销或确认行政行为违法之诉与赔偿之诉。人民法院应当一并审理，在作出撤销或确认被诉行政行为违法判决的同时，若原告的赔偿请求成立，应当一并就赔偿问题作出相应判决。

在一并提出赔偿请求时，赔偿请求人既可以向行政复议机关提出申请，也可以向人民法院提起诉讼。《行政复议法》第二十九条第一

---

① 参见江必新主编、最高人民法院赔偿委员会办公室编著：《〈中华人民共和国国家赔偿法〉条文理解与适用》，人民法院出版社2010年版，第122页。

款规定："申请人在申请行政复议时可以一并提出行政赔偿请求，行政复议机关对符合国家赔偿法的有关规定应当给予赔偿的，在决定撤销、变更具体行政行为或者确认具体行政行为违法时，应当同时决定被申请人依法给予赔偿。"该条第二款规定："申请人在申请行政复议时没有提出行政赔偿请求的，行政复议机关在依法决定撤销或者变更罚款、撤销违法集资、没收财物、征收财物、摊派费用以及对财产的查封、扣押、冻结等具体行政行为时，应当同时责令被申请人返还财产，解除对财产的查封、扣押、冻结措施，或者赔偿相应的价款。"上述规定说明，在行政复议程序中，复议机关对于申请人提出的赔偿请求应当进行审查，并在决定撤销、变更或确认原行政行为违法的同时，对于赔偿请求是否成立作出决定。在特定情形下，即使申请人在申请行政复议时没有提出赔偿请求，复议机关也可以责令被申请人及时给予赔偿。复议机关作为法定的受理行政复议申请的行政机关，其职能在于纠正违法或不当的行政行为、保护公民、法人和其他组织的合法权益、保障和监督行政机关依法行使职权。在被申请的行政行为违法并给申请人造成损害的情况下，复议机关应当在复议决定中对违法行政行为给申请人造成的损失依法作出决定。

在行政赔偿诉讼中，应当适用起诉期限制度还是时效制度，在理论界和实务中均存在争议。根据《国家赔偿法》的规定，在行政赔偿诉讼中既存在起诉期限也存在请求时效。但二者适用的条件和对象不同。如该法第十四条第一款规定："赔偿义务机关在规定期限内未作出是否赔偿的决定，赔偿请求人可以自期限届满之日起三个月内，向人民法院提起诉讼。"该条第二款规定："赔偿请求人对赔偿的方式、项目、数额有异议的，或者赔偿义务机关作出不予赔偿决定的，赔偿请求人可以自赔偿义务机关作出赔偿或者不予赔偿决定之日起三个月内，向人民法院提起诉讼。"上述规定即单独提起行政赔偿诉讼起诉期限的规定。该法第三十九条规定："赔偿请求人请求国家赔偿的时效为两年，自其知道或者应当知道国家机关及其工作人员行使职权时的行为侵犯其人身权、财产权之日起计算……"上述规定即国家赔偿请求时效的规定。

有观点认为，在行政赔偿诉讼中应当适用请求时效制度。理由是：第一，赔偿之诉与行为之诉的诉讼类型不同，不应当适用行为之诉中的起诉期限制度。行政赔偿责任与民事侵权责任并无本质区别，从有利于保护赔偿请求人合法权益的角度出发，应当适用时效制度。第二，在现行国家赔偿制度中，起诉期限和请求时效并存，[①] 尤其在赔偿请求人向赔偿义务机关提出赔偿请求的情况下，明确规定适用请求时效，故应当与国家赔偿法的规定保持一致。第三，适用起诉期限对于赔偿请求人的权益保护不利。起诉期限属于起诉条件之一，且人民法院可以依职权主动审查，若在行政赔偿诉讼中适用起诉期限，就要求原告必须在法定期限内提起诉讼，若无正当事由超过法定期限则丧失诉权，不利于充分保护赔偿请求人的合法权益。

另一种观点认为，在行政赔偿诉讼中应当适用起诉期限制度。理由是：第一，与行政诉讼法关于"经复议的案件"再提起行政诉讼的规定保持一致。根据《行政诉讼法》第四十五条的规定，行政行为经过复议的，对复议决定或复议机关不作为不服的起诉期限均为十五日，行政赔偿之诉应保持一致。第二，有利于行政诉讼与行政复议的衔接。行政复议法正在修改中，行政复议成为解决纠纷的主渠道将成为未来的发展趋势。经过复议的案件，若给予当事人较长的起诉期限，既不利于行政法律关系的稳定，也不利于行政赔偿争议的解决。第三，行政赔偿诉讼虽然具有给付诉讼的特点，但仍然属于行政诉讼的类型之

① 第三十九条第一款规定："赔偿请求人请求国家赔偿的时效为两年……在申请行政复议或者提起行政诉讼时一并提出赔偿请求的，适用行政复议法、行政诉讼法有关时效的规定。"

一，故应当适用起诉期限制度。赔偿请求人向赔偿义务机关提出赔偿请求，与申请复议机关解决赔偿争议不同，故国家赔偿法规定的请求时效不应适用于不服复议决定向人民法院起诉的情形，此种情况下仍应当适用起诉期限。

本规定采纳了第二种意见。

【条文释义】

本条是公民、法人或者其他组织不服复议决定中的赔偿部分，提起行政赔偿诉讼时关于起诉期限的规定。此时的赔偿诉讼类型为单独提起的行政赔偿之诉，故正确识别赔偿诉讼的类型是适用本条的前提条件。

《国家赔偿法》第九条第二款规定，赔偿请求人要求赔偿，应当先向赔偿义务机关提出，也可以在申请行政复议或者提起行政诉讼时一并提出。根据该款规定，提出赔偿请求有两种模式，即单独提起赔偿诉讼和一并提起赔偿诉讼。二者的区别在于，被诉行政行为是否已被法定程序撤销、变更或确认违法。根据国家赔偿法确立的违法归责原则，只有违法的行政行为才能导致行政赔偿责任，故确认行政行为违法是确定行政机关承担赔偿责任的基础。

公民、法人或者其他组织向行政复议机关提出复议申请，请求撤销原行政行为并赔偿损失，复议机关应当依法受理。根据《行政复议法》第二十八条的规定，行政行为存在下列情形时，复议机关应当作出撤销、变更或者确认该行政行为违法的复议决定：（1）主要事实不清、证据不足；（2）适用依据错误的；（3）违反法定程序的；（4）超越或者滥用职权的；（5）明显不当的。同时，复议机关应当根据申请人的请求，就是否应予赔偿依法作出决定。当然，行政复议机关既可能作出赔偿决定，也可能作出不予赔偿决定。作出不予赔偿决定的情形包括：(1) 申请人不存在损失；(2) 申请人要求赔偿的损失不属于国家赔偿法规定的人身权、财产权范畴；(3) 申请人主张的损害后果与侵权行为之间不存在因果关系。即使在复议机关作出赔偿决定的情况下，申请人仍然可能对赔偿决定所确定的赔偿项目、赔偿数额或者赔偿方式有异议，向人民法院单独提起行政赔偿诉讼，本条即规定了此种情形下原告提起赔偿诉讼的起诉期限。

本条分为两款，第一款是关于单独提起赔偿之诉起诉期限的规定，与《行政诉讼法》第四十五条关于不服复议决定的起诉期限保持一致。该条规定："公民、法人或者其他组织不服复议决定的，可以在收到复议决定书之日起十五日内向人民法院提起诉讼。复议机关逾期不作决定的，申请人可以在复议期满之日起十五日内向人民法院提起诉讼。法律另有规定的除外。"根据该条规定，在行为之诉中，申请人不服复议决定或者复议机关逾期不作为的，向人民法院提起行政诉讼的起诉期限均为十五日，但起算点稍有不同。根据本条规定，在行政赔偿诉讼中，原告不服复议决定中的行政赔偿部分，起诉期限为自复议决定书送达之日起十五日。

把握本条第一款应当注意的是，这里所说的"行政复议决定中的行政赔偿部分"，应当是指复议机关对申请人提出的赔偿请求进行的实体处理决定，如决定被申请人对申请人给予赔偿或决定不予赔偿。此外，此类诉讼的案件类型为单独赔偿案件，在立案阶段应当立行赔字案号，并以作出原行政行为的行政机关为适格被告；在审理阶段应当围绕争议焦点和赔偿诉讼的构成要件进行，重点在于查明原告是否存在人身权、财产权等损失以及该损害后果与行政机关侵权行为之间的因果关系，作出的判决书应当为行政赔偿判决书。

实务中容易出现的问题是，在原告仅对复议决定中的赔偿部分有异议向人民法院起诉时，应当如何判断案件类型并进行审理。例如，某公司向复议机关申请复议，请求撤销某行政机关作出的责令停产停业的行政处罚行为，并赔偿因此造成的损失。复议机关受理后，经审查作出复议决定：确认某行政机关作出的责令停产停业的处罚行为违法，同时决定不予赔偿。该公司不服复议决定中“不予赔偿”的部分，向人民法院提起诉讼，请求赔偿因停产停业造成的损失。此时，该案即属于单独提起的行政赔偿诉讼。因为原行政处罚行为的违法性已在复议程序中被复议决定确认，原告仅就复议决定中的“不予赔偿”部分提起诉讼，人民法院应当围绕争议焦点，就应否赔偿以及赔偿多少等问题进行审理并依法作出判决。

本条第二款与《行政诉讼法解释》第六十四条规定保持一致。该条第一款规定：“行政机关作出行政行为时，未告知公民、法人或者其他组织起诉期限的，起诉期限从公民、法人或者其他组织知道或者应当知道起诉期限之日起计算，但从知道或者应当知道行政行为内容之日起最长不得超过一年。”第二款规定：“复议决定未告知公民、法人或者其他组织起诉期限的，适用前款规定。”《行政诉讼法解释》第六十四条之所以分为两款，是将原行政机关与复议机关未告知起诉期限的情形分别规定，而本条仅针对复议机关作出的有赔偿内容的复议决定未告知起诉期限的情形，故只用一款与《行政诉讼法解释》第六十四条保持一致。把握本条第二款应当注意的是，这里的“行政机关”仅指行政复议机关，复议决定特指“有赔偿内容的行政复议决定”。

规定本条第二款的必要性在于，一般情况下，如果申请人向复议机关申请复议，请求撤销某行政机关作出的行政行为并赔偿该行为造成的损失，复议机关在作出复议决定时，应当同时对行政行为是否违法以及是否赔偿进行处理，即复议决定内容既包括对原行政行为是否合法的认定，也包括对赔偿请求是否支持的处理。此时，若复议决定没有告知起诉期限，申请人不服该复议决定向人民法院起诉的，依照《行政诉讼法解释》第六十四条第二款的规定，从知道或者应当知道起诉期限之日起计算，但从知道或者应当知道行政行为内容之日起最长不得超过一年。在特殊情形下，如申请人对复议决定中关于原行政行为违法的认定及处理不存异议，但对处理赔偿争议的部分有异议时，如何适用起诉期限，行政诉讼法及其司法解释并未明确规定。例如，复议机关认定被申请的行政行为主要事实不清、证据不足，决定依法予以撤销，但认为申请人没有损失，或者虽有损失但不是违法的行政行为造成的，故作出不予赔偿决定。此时，若申请人仅对复议决定中的赔偿部分单独提起诉讼，是否适用起诉期限以及如何适用缺乏法律依据，故本条对此问题予以明确。

【实务指导】

本条规定的目的，是为了解决赔偿请求人选择不同的路径解决行政赔偿争议时，行政复议与行政诉讼如何衔接的问题。虽然行政复议与行政诉讼都是法定的救济途径，但在解决行政赔偿争议方面，行政复议决定并非最终裁决，赔偿请求人对复议决定不服，仍可向人民法院提起行政赔偿诉讼。此时，应当设定一个合理的起诉期限，作为经复议后提起行政赔偿诉讼的法定起诉条件之一。

一、本条仅适用于赔偿请求人对复议决定中的赔偿部分不服提起的单独行政赔偿案件

公民、法人或者其他组织申请行政复议，若复议决定对被申请的行政行为予以撤销或确认违法，同时对赔偿请求作出决定，公民、法

人或者其他组织对复议决定中的赔偿部分有异议的，向人民法院提起行政赔偿诉讼时，适用本条规定。此时的赔偿诉讼类型为单独赔偿之诉，应当立行赔字案号，审理的重点为应否赔偿以及赔偿多少。反之，如果复议机关作出的复议决定中，对于赔偿请求决定不予赔偿，且理由为被申请的行政行为合法，则不适用本条规定。因为此时原行政行为的违法性不仅没有得到复议机关的确认，而且经复议机关审查，肯定了原行政行为的合法性。公民、法人或者其他组织不服复议决定，向人民法院起诉，其诉讼请求既包括对原行政行为、复议行为的违法性进行确认，也包括请求赔偿损失，此种情形应属于一并提起的行政赔偿诉讼。根据《国家赔偿法》第三十九条的规定，一并提出赔偿请求的适用行政诉讼法关于起诉期限的规定。经复议的案件，应当适用《行政诉讼法》第四十五条规定。

实务中，应当正确识别单独提起行政赔偿之诉。在夏某诉某市政府、第三人镇政府的行政复议一案①中，夏某向某市政府申请复议，请求确认某镇政府违法占用其两块承包地修建道路的行为违法，并赔偿相应的损失。市政府作出复议决定，确认镇政府的占地行为违法，驳回夏某的行政赔偿请求。夏某不服复议决定，向人民法院提起诉讼，请求撤销复议决定的第二项，即驳回其行政赔偿请求的部分，并判令市政府重新作出复议决定。一审法院认为，夏某对镇政府占用其享有承包经营权的一块承包地修路的行为有权申请复议，但对于占用另一块其不享有承包经营权的土地修路的行为不具有复议申请人资格，故判决撤销复议决定，并责令复议机关重作。二审法院维持一审判决。当事人不服，向最高人民法院申请再审。最高人民法院经审理认为："复议机关对被申请复议的行政行为的处理和对一并提出的行政赔偿

① 参见（2018）最高法行再128号行政裁定书。

请求的处理，虽可载明于同一行政复议决定中，但彼此可分。因为，这两种处理引起的诉讼相互独立，按照不告不理原则，当事人仅挑战其中之一时，人民法院不宜主动审理另外一个并作出裁判。一审法院对本案的处理，使再审申请人行使诉权的结果比不行使诉权更加不利，对诉权的充分行使和诉讼渠道的畅通产生阻碍效果，与行政诉讼制度的宗旨显有不和。”“《国家赔偿法》规定的救济方式是直接起诉赔偿义务机关，并不包括起诉复议机关，即不包括要求人民法院判决复议机关就行政赔偿问题作出处理或者重新处理的情形。以起诉复议机关履行法定职责的方式解决行政赔偿问题，与直接起诉赔偿义务机关相比，不仅程序更加繁琐，耗费更多的资源，而且难以直接解决赔偿问题，容易形成循环诉讼。”该案的裁判规则明确了，经复议机关确认原行政行为违法但驳回赔偿请求的情况下，当事人仅对复议决定中的行政赔偿部分有异议，向人民法院提起诉讼时，人民法院应当如何进行审理的问题。该案的裁判规则被司法解释所采纳。

二、与《国家赔偿法》第十四条的关系

《国家赔偿法》第九条第二款规定：“赔偿请求人要求赔偿，应当先向赔偿义务机关提出，也可以在申请行政复议或者提起行政诉讼时一并提出。”前述规定中的“先向赔偿义务机关提出”通常称为“行政先行处理原则”，即在赔偿请求人向人民法院提起行政赔偿诉讼之前，先向作出违法行为的行政机关请求赔偿，由其依法进行处理。对赔偿义务机关的处理结果不满意，或者赔偿义务机关逾期不予处理，赔偿请求人向行政复议机关申请复议，也可以向人民法院提起诉讼，根据该原则设计的程序为先行处理程序。行政先行处理是世界各国或

地区的通行做法，且具有极大的优越性。[①] 行政先行处理之后，赔偿请求人对赔偿义务机关的处理结果不服的，可以申请复议或提起诉讼，故应当设定一个合理期限。

《国家赔偿法》第十四条第一款规定："赔偿义务机关在规定期限内未作出是否赔偿的决定，赔偿请求人可以自期限届满之日起三个月内，向人民法院提起诉讼。"第二款规定："赔偿请求人对赔偿的方式、项目、数额有异议的，或者赔偿义务机关作出不予赔偿决定的，赔偿请求人可以自赔偿义务机关作出赔偿或者不予赔偿决定之日起三个月内，向人民法院提起诉讼。"该条是对单独提起行政赔偿诉讼的起诉期限的规定。

本条也是对单独提起赔偿诉讼的起诉期限的规定。二者的区别在于：《国家赔偿法》第十四条规定的情形是，在行政先行处理的情况下，赔偿请求人对赔偿义务机关的不作为、作出的赔偿决定或不予赔偿决定不服，向人民法院提起诉讼时的起诉期限；而本条规定则是赔偿请求人向复议机关申请复议后，复议机关作出的复议决定包含对赔偿请求的处理内容，赔偿请求人不服复议决定中的赔偿部分，向人民法院提起行政赔偿诉讼时的起诉期限。

基于上述分析可知，适用本条规定的前提是，在申请人提出复议请求时，复议机关对于被申请的行政行为是否违法、是否造成申请人的损失以及应否予以赔偿问题进行裁决。在作出的复议决定中，包含了对赔偿请求的处理内容，当事人对该部分不服。此时的复议机关仅作为解决行政争议的裁决机关，故排除了复议机关本身为赔偿义务机关的情形。

① 江必新主编、最高人民法院赔偿委员会办公室编著：《〈中华人民共和国国家赔偿法〉条文理解与适用》，人民法院出版社2010年版，第125页。

三、与本解释第十五条、第十六条的关系

本解释第十五条规定的是，赔偿请求人向赔偿义务机关提出赔偿请求的时效为，自知道或者应当知道行政行为侵犯其合法权益之日起两年内；赔偿义务机关在收到赔偿申请之日起两个月内未作出赔偿决定的，赔偿请求人可以提起行政赔偿诉讼。本解释第十六条规定的是，公民、法人或者其他组织提起行政诉讼时一并请求行政赔偿的，适用行政诉讼法有关起诉期限的规定。本条规定的是，赔偿请求人对复议决定中的行政赔偿部分有异议时，向人民法院提起单独赔偿诉讼的起诉期限。这三个条文共同构成赔偿请求人选择不同路径解决行政赔偿争议时应当遵守的时效或期限规定，即赔偿请求人分别向赔偿义务机关、人民法院、复议机关提出赔偿请求时，应当分别依照法律规定、按照不同程序、遵循相应规则所应受到的期限限制。本条规定侧重于，经复议机关处理赔偿争议后与诉讼程序衔接时，如何适用起诉期限。

依照《国家赔偿法》第三十九条的规定，当赔偿请求人选择先向赔偿义务机关申请赔偿时，其请求时效为两年，自知道或者应当知道行政行为侵犯其人身权、财产权之日起计算；当赔偿请求人选择向行政复议机关申请复议或者向人民法院提起行政诉讼时一并提出赔偿请求的，适用行政复议法或行政诉讼法关于起诉期限的规定。但是，由于行政复议机关就赔偿问题所作的决定并非终局裁决，在复议机关作出复议决定后，若赔偿请求人对复议决定中的赔偿部分不服，再向人民法院提起诉讼时，亦应受到起诉期限的限制。

之所以规定赔偿请求人向赔偿义务机关申请赔偿的请求时效为两年，是因为赔偿时效期间届满后，赔偿请求人请求赔偿义务机关和法院保护其合法权益的权利即告消灭。即使损失无法得到弥补，却可以使当事人之间不确定的法律关系确定下来，稳定社会生活和国家管理

秩序。因此，确定国家赔偿时效的期间应当从保护权利人的合法权益和稳定社会政治、经济和生活秩序这两个方面来考虑，赔偿的时效期间既不宜过短，也不能过长。若时效期间过短，不利于保护公民、法人的合法权益；若时效期间过长，则又不利于社会关系和国家管理秩序的稳定。[①]

公民、法人或者其他组织向复议机关提出申请，请求撤销或确认被申请的行政行为违法，并赔偿给其造成的损失。经复议机关处理，可能作出的复议决定内容包括：（1）撤销或确认被申请的行政行为违法，同时决定由被申请人对给申请人造成的损害予以赔偿；（2）撤销或确认被申请的行政行为违法，但由于被申请人不存在人身权、财产权等损害而决定不予赔偿；（3）撤销或确认被申请的行政行为违法，但申请人的损害不是被申请人造成的，故决定不予赔偿；（4）被申请人的行政行为合法，故驳回申请人的赔偿请求。在前三种情况下，复议机关均对被申请的行政行为作出了撤销或确认违法的决定，即确认了原行政行为的违法性，故公民、法人或者其他组织对复议决定中的赔偿部分不服，向人民法院提起行政赔偿诉讼。此时，不论原告是不服复议决定中关于赔偿部分的具体赔偿方式、赔偿项目、赔偿数额，还是不服复议决定中关于不予赔偿的内容部分，均属于单独提起的行政赔偿诉讼，应当受到本条规定的起诉期限的限制。

在上述第四种情况下，由于被申请的行政行为被复议机关确认合法并驳回申请人的赔偿请求，公民、法人或者其他组织不服复议决定，向人民法院提起的诉讼，则属于一并提出行政赔偿请求。在一并提出赔偿请求的情况下，实际上存在两个诉，即行为之诉与赔偿之诉，而行为之诉是赔偿之诉的基础。因为，根据国家赔偿法确立的违法归责

① 江必新主编、最高人民法院赔偿委员会办公室编著：《〈中华人民共和国国家赔偿法〉条文理解与适用》，人民法院出版社2010年版，第384页。

原则，行政行为被确认违法是确定行政机关承担赔偿责任的前提条件。换言之，只有在被诉行政行为被依法撤销或确认违法的情况下，才有必要进一步审理行政赔偿请求是否成立。在行为之诉中，当然适用《行政诉讼法》及其司法解释关于起诉期限的规定。若被诉行政行为因为超过法定起诉期限而不予受理或裁定驳回起诉，说明该行为的合法性问题已不受司法审查，可推定为合法，故赔偿请求明显缺乏构成行政赔偿责任的基础要件，赔偿之诉与行为之诉可一并裁定驳回起诉。

四、防止利用复议程序规避行政诉讼起诉期限

前文已述，行政赔偿诉讼分为单独与一并两种类型。之所以要区别一个具体的行政赔偿请求属于哪种赔偿诉讼类型，是因为二者从程序上到实体上均有不同，且这些区别对于赔偿请求人而言具有不同的意义和结果。从程序上看，二者起诉条件不同，如适用的起诉期限和起算点不同；从实体上看，二者的审理重点和裁判方式亦不同。

以起诉期限为例。《国家赔偿法》第三十九条规定："在申请行政复议或者提起行政诉讼时一并提出赔偿请求的，适用行政复议法、行政诉讼法有关时效的规定。"本解释第十六条规定："公民、法人或者其他组织提起行政诉讼时一并请求行政赔偿的，适用行政诉讼法有关起诉期限的规定。"上述规定的核心内容是，在一并提出赔偿请求的情况下，赔偿之诉的起诉期限与行为之诉的起诉期限是一致的，应当适用《行政诉讼法》第四十六条、《行政诉讼法解释》第六十四条的规定。即起诉期限为知道或者应当知道作出行政行为之日起六个月；未告知起诉期限的，从知道或者应当知道起诉期限之日起计算，但从知道或者应当知道行政行为内容之日起最长不得超过一年。而在单独提起赔偿之诉的情况下，起诉期限是从赔偿义务机关、复议机关就赔偿请求作出相应决定之日起计算，适用三个月或十五日的起诉期限。

实务中可能出现的情况是，在被诉行政行为已经超过法定起诉期限的情况下，赔偿请求人可能通过向原行政机关、复议机关提出赔偿申请，再对不予赔偿决定或原行政机关、复议机关的不作为提起诉讼的方式，试图将已过起诉期限的诉权“激活”。在林某等诉某市政府行政决定及行政赔偿一案①中，原告对某市政府 1998 年作出的会议纪要不服，于 2013 年向某市政府请求行政赔偿。某市政府以会议纪要属于内部指导行为且合法有据为由作出不予赔偿决定。林某等不服，在不予赔偿决定作出后三个月内向人民法院提起行政赔偿诉讼。在审理此类案件时，首先应当判断属于哪种赔偿诉讼类型，因为不同的赔偿诉讼类型适用不同的起诉期限。由于被诉行政行为未经法定程序确认违法，原告提出的行政赔偿请求应属于提起行政诉讼时一并提出赔偿请求，故应当适用行政诉讼法关于起诉期限的规定，因原告起诉时已经超过法定最长起诉期限，故应当裁定驳回起诉。换言之，在原告先向赔偿义务机关或复议机关提出赔偿请求，再向人民法院提起行政赔偿诉讼时，正确判断赔偿诉讼类型才能准确适用法律。若原告诉称的侵权行为未经法定程序确认违法，则属于一并提出的行政赔偿诉讼，应适用《行政诉讼法》及其司法解释规定的起诉期限。若人民法院经审查认为，行政诉讼案件已经超过法定起诉期限，对一并提起的行政赔偿诉讼，亦应一并裁定驳回起诉。

五、复议机关是否必须对赔偿请求作出处理

根据《行政复议法》第二十九条的规定，复议机关在两种情形下对赔偿争议作出决定：第一种情况，申请人在申请行政复议时一并提出行政赔偿请求，复议机关在决定撤销、变更行政行为或确认行政行

① 详见最高人民法院（2015）行监字第 1499 号裁定书。

为违法时，同时决定被申请人依法予以赔偿；第二种情况，申请人在申请行政复议时没有提出行政赔偿请求，复议机关在决定撤销或变更罚款、撤销违法集资、没收财物、征收财物、摊派费用以及对财产的查封、扣押、冻结等行政行为时，同时责令被申请人返还财产、解除对财产的强制措施或者赔偿相应的价款。该条两款规定说明，复议机关依据申请就赔偿争议作出决定是主要途径，在申请人未提出赔偿请求的情况下依据职权主动作出赔偿决定属于特定情形。故本条规定中的“复议决定中的行政赔偿部分”应当理解为，复议机关根据《行政复议法》第二十九条规定的两种情形，就被申请人给申请人造成的损失，依照《国家赔偿法》的规定应当给予赔偿的，在决定撤销、变更或确认被申请的行政行为违法的同时，依法作出有行政赔偿内容的复议决定。

那么是否可以理解为，复议机关必须对赔偿争议作出决定？如果复议机关没有就赔偿问题作出处理，人民法院是否受理？如果复议机关对赔偿问题处理错误，人民法院如何审理？首先，现行法律并不要求复议机关在确认原行政行为违法时必须一并作出赔偿决定或者不予赔偿决定。上文已述，复议程序的启动依据申请人的申请，复议机关就赔偿争议作出决定也要依据申请人的申请，复议机关依职权主动作出赔偿决定属于法律规定的特殊情形。申请人在复议程序中是否提出赔偿请求是申请人的选择，根据不告不理原则，复议机关一般不宜依职权主动作出是否赔偿的决定。其次，即使复议机关对申请人提出的赔偿请求处理错误，人民法院也不必判决复议机关就赔偿争议重新作出复议决定。因为复议机关所作的赔偿决定或者不予赔偿决定并不具有终局性，人民法院对赔偿争议则具有完全的管辖权。公民、法人或者其他组织不服复议机关就赔偿争议的处理决定的，可以向人民法院提起行政赔偿诉讼，人民法院应当受理并依法审理裁判。最后，在复议决定已经撤销、变更或确认被申请的行政行为违法的情况下，原告向人民法院提起的诉讼属于单独提起的行政赔偿诉讼，应当符合本解释第十三条第二款规定的起诉条件。

此外，还有一个问题需要明确，即已经人民法院判决确认行政行为违法的，是否仍需先向赔偿义务机关提出申请、由其先行处理赔偿争议？行政先行处理是世界各国或地区的普遍做法。2010 年《国家赔偿法》修改时，对于是否保留行政先行处理原则也有争论。主张取消的观点认为，让赔偿义务机关自行纠错、自觉赔偿非常困难，《国家赔偿法》实施以来的情况证明大量的赔偿案件难以获得及时赔偿。主张保留的观点则认为，如果赔偿请求人先通过非诉讼程序或其他较为简便的程序获得国家赔偿，可以在诉前对大量的赔偿案件进行消化处理，有利于节约司法资源，提高行政性能。立法机关最终采纳了第二种意见。理由是，采用行政先行处理程序比较适应我国国情，同时赋予赔偿请求人选择权，既可以选择先向赔偿义务机关提出赔偿请求，也可以选择申请行政复议或者提起行政诉讼时一并提出赔偿请求，赔偿请求人的合法权益能够得到充分救济。就此问题，全国人大常委会法制工作委员会办公室作出《对国家赔偿法第九条第二款理解与适用问题的意见》（法工办发〔2017〕224 号）。该意见指出："对于已通过行政诉讼程序确认行政行为违法，后续提起行政赔偿诉讼的，人民法院可视为提起行政诉讼时一并提出赔偿请求的情形予以处理。"该意见明确，经行政诉讼确认行政行为违法之后，赔偿请求人无需再向赔偿义务机关提出赔偿请求，可以直接向人民法院提起行政赔偿诉讼。

（撰写人：于泓）

第十八条　行政行为被有权机关依照法定程序撤销、变更、确认违法或无效，或者实施行政行为的行政机关工作人员因该行为被生效法律文书或监察机关政务处分确认为渎职、滥用职权的，属于本规定所称的行政行为被确认为违法的情形。

【条文主旨】

本条是关于行政行为被确认为违法情形的规定。

【起草背景】

此条为增加条款。主要是界定确认行政行为违法在司法实践中常见的几种情形。根据本解释第十三条的规定，公民、法人或者其他组织提起行政赔偿诉讼时，行政行为未被确认为违法的，人民法院应视为提起行政诉讼时一并提起行政赔偿诉讼。行政行为已被确认为违法的，赔偿请求人单独提起行政赔偿诉讼，应当符合相关起诉条件。因此，在单独提起行政赔偿诉讼时，并非不再需要对行为被确认违法的前置条件进行审查。赔偿请求人向人民法院请求行政赔偿时，既可以单独提起行政赔偿诉讼，又可以在提起行政诉讼的同时一并提出赔偿请求。单独提起行政赔偿诉讼与一并提出行政赔偿请求的区别在于，行政行为的违法确认和赔偿处理是否在一个诉讼程序中予以解决。行政行为具有违法性，且被有权机关确认为违法是单独提起行政赔偿诉讼的前提条件。本条就是对实践中存在的行政行为被确认违法情形的例举。通常情况下，行政行为被有权机关确认违法包括被行政行为的作出机关撤销、变更；行政行为被复议机关撤销、变更或者确认违法；行政行为被人民法院判决撤销、径行变更、确认违法或者无效等情形。对于上述列举，在司法审判中已有共识。在本次《行政赔偿司法解释》修改过程中，我们认为，行政机关工作人员因实施相关行政行为已被司法机关追究刑事责任，相应的司法文书中也确认其行为存在渎职或者滥用职权情形的，或者监察机关给予该行政机关工作人员的政务处分中也确认其存在渎职或者滥用职权情形的，可视为行政行为已被确认违法的情况。作如此规定，主要是考虑到《最高人民法院关于公安机关不履行、拖延履行法定职责如何承担行政赔偿责任问题的答复》（〔2011〕行他字第24号）中认为，公安机关不履行或者拖延履行保护公民、法人或者其他组织人身权、财产权法定职责，致使公民、法人或者其他组织人身、财产遭受损失的，应当承担相应的行政赔偿责任。而张某华等五人诉天水市公安局麦积分局行政赔偿案中，天水市公安局麦积分局相关工作人员因怠于履行职责已被追究刑事责任，在此种情况下，人民法院认为相关行政机关的工作人员已被追责的，可以视为行政行为被确认违法，当事人单独提起的行政赔偿诉讼符合起诉条件。这种程序设置有利于及时给予赔偿申请人司法救济，避免程序烦琐冗长，体现了权利保护的经济性。

【条文释义】

本条中所称的有权机关包括赔偿义务机关（行政行为作出机关）、行政复议机关、人民法院等，其按照法律规定，决定撤销、变更行政行为，或者确认行政行为违法或者无效的，属于行政行为已被确认为违法的情形。

一、行政行为被行政行为作出机关撤销或者变更

这种情况属于行政机关自我纠错的行为，是依法行政的应有之义。根据中共中央《法治中国建设规划（2020－2025 年）》的规定，法治中国建设要构建职责明确、依法行政的政府治理体系。各级政府必须坚持依法行政，恪守法定职责必须为、法无授权不可为，把政府活动全面纳入法治轨道。依法行政原则要求行政权必须在法律的框架内行使，对于行政机关作出的违法行为，其当然负有纠正的义务。因此，行政机关可以依照法律规定，依申请或者依职权主动撤销违法的行政行为，通过自行纠错，使法律关系恢复到合法的状态。

目前我国尚未制定行政程序法典，因此对于行政程序重开并未有统一的原则性规定，而是在行政许可法、行政处罚法等部门实体法中进行相关规定。以《行政许可法》为例，该法第四十九条规定，被许可人要求变更行政许可事项的，应当向作出行政许可决定的行政机关提出申请；符合法定条件、标准的，行政机关应当依法办理变更手续。第六十九条第一款规定，对于符合五种情形之一的，作出行政许可决定的行政机关或者上级行政机关，根据利害关系人的请求或者依据职权，可以撤销行政许可。① 第六十九条第四款规定，行政机关依照第一款的规定撤销行政许可，被许可人的合法权益受到损害的，行政机关应当依法给予赔偿。但是，被许可人取得行政许可，有本条第二款规定情形的，其基于行政许可取得的利益不受保护。根据行政许可法的规定，行政机关及其工作人员违法作出行政许可决定，应当予以撤

---

① 第六十九条　有下列情形之一的，作出行政许可决定的行政机关或者其上级行政机关，根据利害关系人的请求或者依据职权，可以撤销行政许可：（一）行政机关工作人员滥用职权、玩忽职守作出准予行政许可决定的；（二）超越法定职权作出准予行政许可决定的；（三）违反法定程序作出准予行政许可决定的；（四）对不具备申请资格或者不符合法定条件的申请人准予行政许可的；（五）依法可以撤销行政许可的其他情形。

销。但是，行政许可的撤销带来的直接后果就是影响被许可人的合法权益，而由行政机关及其工作人员违法行为给被许可人合法权益造成的损害，由被许可人承担是不公平的，按照行政法学上的信赖保护原则，由于行政机关的过错对被许可人造成损失的，行政机关应当给予赔偿。根据《行政许可法》第七条的规定，公民、法人或者其他组织的合法权益因行政机关违法实施行政许可受到损害的，有权依法要求赔偿。行政机关对被许可人的赔偿责任与对被许可人的补偿责任是有根本区别的。根据《行政许可法》第八条的规定，补偿责任是指行政许可决定所依据的法律、法规、规章修改或者废止，或者颁发许可证的情况发生了重大变化的，为了公共利益的需要，行政机关依法变更或者撤回已经生效的行政许可决定，而给公民、法人或者其他组织造成财产损失的，行政机关应当依法给予补偿。总之，补偿是适用于行政许可行为合法而因情势变化和公共利益需要被撤销或者变更的情形，而赔偿责任的构成包括：行政机关及其工作人员侵害了公民、法人或者其他组织的合法权益；行政机关实施的行政许可存在违法超越职权、违反法定程序等情形；行政机关撤销违法的行政许可给被许可人造成了实际损害；且行政机关违法实施的行政许可行为与被许可人受到的损害结果之间存在因果关系。

行政机关按照法律规定纠正自己作出的违法行为，相较于外力救济有很明显的优势。首先，行政机关在各自的行政管理领域具备相当专业知识，其根据当事人的申请或者依靠自身的甄别机制，可以迅速地对当事人异议是否成立作出判断。其次，这种纠错形式具有救济上的及时性，可以让当事人通过比较便利、直接的方式，获得比复议审查、司法审查等渠道更为快捷的救济。

二、行政行为被复议机关撤销、变更或者确认违法

根据《行政复议法》第二十八条第一款第三、四项的规定，具体

行政行为有五种情形之一的，行政复议决定可以撤销、变更或者确认该具体行政行为违法。[①] 撤销是指复议机关在复议程序中取消已经发生的行政行为。行政管理活动一般具有单方强制性的特点，一经作出即发生法律效力，因此行政行为被撤销的，自撤销决定作出后，该行政行为再无法律效力。变更是指复议机关在复议程序中，按照法律规定，全部或者部分改变原行政行为。变更从本质上说是复议机关按照《地方各级人民代表大会和地方各级人民政府组织法》第二条规定行使的行政权，用以改变下级行政机关的不当行为。变更与撤销的基本区别在于，变更是复议机关直接对原行政行为进行调整，变更后的复议决定不再接受复议机关的上级机关审查，而直接接受人民法院的司法监督。

根据《行政复议法》第二十八条第一款第三项的规定，撤销或者变更原行政行为的，包括五种情况：一是主要事实不清、证据不足的。主要事实不清、证据不足就无法证明该行政行为是正确有效的，主要事实应当理解为决定该行政行为性质的事实。二是适用依据错误的。这里的依据主要是指法律、法规和规章等法律规范。三是违反法定程序的。例如，对吊销许可证执照的行政处罚没有进行听证，直接剥夺了被处罚人了解决定和申辩的权利的。四是超越或者滥用职权的。超

---

① 第二十八条 行政复议机关负责法制工作的机构应当对被申请人作出的具体行政行为进行审查，提出意见，经行政复议机关的负责人同意或者集体讨论通过后，按照下列规定作出行政复议决定：（一）具体行政行为认定事实清楚，证据确凿，适用依据正确，程序合法，内容适当的，决定维持；（二）被申请人不履行法定职责的，决定其在一定期限内履行；（三）具体行政行为有下列情形之一的，决定撤销、变更或者确认该具体行政行为违法；决定撤销或者确认该具体行政行为违法的，可以责令被申请人在一定期限内重新作出具体行政行为：1. 主要事实不清、证据不足的；2. 适用依据错误的；3. 违反法定程序的；4. 超越或者滥用职权的；5. 具体行政行为明显不当的。（四）被申请人不按照本法第二十三条的规定提出书面答复、提交当初作出具体行政行为的证据、依据和其他有关材料的，视为该具体行政行为没有证据、依据，决定撤销该具体行政行为。行政复议机关责令被申请人重新作出具体行政行为的，被申请人不得以同一事实和理由作出与原具体行政行为相同或者基本相同的具体行政行为。

越职权是指作出原行政行为的机关超越其职权权限。滥用职权是指行政机关作出行政行为虽然在其权限范围内，但行政机关不正当行使职权，违反了法律授予这种权力的目的。超越职权和滥用职权行为都是侧重于行政机关本身运用权力能力方面的判断，不同于前三种是对行为内容是否合法的判断。五是行政行为明显不当。所谓适当是指行政行为合适、妥当，具有合理性，而明显不当的行政行为是不符合前述评价的行为。

此外，根据《行政复议法》第二十八条第一款第四项的规定，行政复议程序中，被申请人未能依照《行政复议法》第二十三条的规定提出书面答复及作出行政行为证据、依据的，视为没有证据、依据，应决定撤销该行政行为。根据本条规定，被申请人必须在法律规定的期限内提出书面答复及作出行政行为的证据、依据，以保证行政复议工作在法定的期限内完结。

三、行政行为被人民法院判决撤销、径行变更、确认违法或者无效

根据《行政诉讼法》第七十条的规定，行政行为有六种情形的，人民法院判决撤销或者部分撤销，并可以判决被告重新作出行政行为。[①] 撤销判决是行政诉讼中重要的判决形式，其法律后果是行政机关承担败诉责任，依照判决撤销被诉行政行为。被诉行政行为只要存在以下一类违法情形，就应当判决撤销：一是主要证据不足的。这是指行政机关作出的行政行为缺乏事实根据，导致认定的事实错误或者基本事实不清楚。行政诉讼的证明标准介于刑事诉讼和民事诉讼之间，

① 行政行为有六种情形的，人民法院判决撤销或者部分撤销，并可以判决被告重新作出行政行为：（一）主要证据不足的；（二）适用法律、法规错误的；（三）违反法定程序的；（四）超越职权的；（五）滥用职权的；（六）明显不当的。

比刑事诉讼中排除合理怀疑标准要低，比民事诉讼中优势证据标准要高，而主要证据不足在实践中包容性较强。二是适用法律、法规错误的。这主要包括以下几种情形：应当适用甲法，却适用了乙法；应当适用上位法、特别法、新法，却适用了下位法、一般法、旧法；应当适用某法甲条款，却适用了该法的乙条款；适用了尚未生效或者已经失效、废止的法律、法规等。三是违反法定程序的。根据修正后《行政诉讼法》的规定，违反法定程序一般属于该行政行为需被撤销的情形的，但是程序轻微违法情形下对原告权利不产生实际影响的，人民法院应当确认该行政行为违法。四是超越职权的。这是指行政机关作出行政行为超越法定职权范围，使得行政行为的作出没有法律依据。这里的超越职权包括行政机关没有行政主体资格、行政机关超越了其事务管辖权、地域管辖权、级别管辖权等。五是滥用职权的。滥用职权是一种严重的主观过错，针对的是行政自由裁量权，其表面上合法但实质极不合理，因此亦属于行政行为作出不合法。六是明显不当的。这是《行政诉讼法》修订过程中增加的内容，明显不当与滥用职权，都针对行政自由裁量权，但规范角度不同，明显不当是从客观结果角度提出的，滥用职权则是从主观角度提出的。根据全国人大常委会法工委编著的《行政诉讼法释义》："对明显不当不能作过宽理解，界定为被诉行政行为结果的畸轻畸重为宜。"

根据《行政诉讼法》第七十七条第一款的规定，行政处罚明显不当，或者其他行政行为涉及对款额的确定、认定确有错误的，人民法院可以判决变更。修正后的《行政诉讼法》扩大了变更判决的适用范围，增加了行政处罚以外的行政行为中对款额的确定或认定确有错误的，可以对原行政行为进行变更。对于变更判决的适用人民法院一般应当保持谦抑的态度，因为变更判决方式的运用涉及司法权与行政权的界限问题。但是为了实质性解决行政争议，对于变更判决的适用在修法过程中作了扩大修改。

司法实践中，为了应对一些被诉行政行为违法但不宜或者不能适用撤销、履行职责等判决的情形，创设了确认违法判决。《行政诉讼法》第七十四条[①]规定的确认违法判决分为两款，虽然同为确认违法判决，但效果不同。第一款中的确认违法判决，又称为情况判决，被诉行政行为虽然违法，但是考虑到需要保护其他的利益，如国家利益和社会公共利益等，该行政行为不予撤销，而仅确认该行政行为违法。或者该行政行为的程序存在轻微违法情形，但对原告的权益不产生实际影响。确认行政行为违法，可以保留行政行为的效力。第七十四条第二款的确认违法判决中被诉行政行为虽然违法，但客观上不需要撤销的，只需宣告该行政行为违法。作为修法过程中增加的一种判决方式，确认违法判决是撤销判决、履责判决的补充，在适用的过程中，要严格依照法律的规定。

根据《行政诉讼法》第七十五条[②]的规定，行政行为有实施主体不具有行政主体资格或者没有依据等重大且明显违法情形的，应当判决确认无效。这也是修法过程中新增加的内容。因为我国目前还没有关于行政行为无效的实体规定，在《行政诉讼法》修改过程中增加确认无效判决，具有很强的前瞻性和实践意义，也改变了之前用撤销判决统一评价无效行政行为和一般违法的行政行为，从而混淆无效和一般违法的界限，引入确认无效判决有利于我国行政诉讼制度的发展完

① 第七十四条 行政行为有下列情形之一的，人民法院判决确认违法，但不撤销行政行为：（一）行政行为依法应当撤销，但撤销会给国家利益、社会公共利益造成重大损害的；（二）行政行为程序轻微违法，但对原告权利不产生实际影响的。行政行为有下列情形之一，不需要撤销或者判决履行的，人民法院判决确认违法：（一）行政行为违法，但不具有可撤销内容的；（二）被告改变原违法行政行为，原告仍要求确认原行政行为违法的；（三）被告不履行或者拖延履行法定职责，判决履行没有意义的。

② 第七十五条 行政行为有实施主体不具有行政主体资格或者没有依据等重大且明显违法情形，原告申请确认行政行为无效的，人民法院判决确认无效。

善。“重大且明显的违法行为”的界定是大陆法系国家和地区的通说，无效行政行为具有外在的“明显违法性”和内在的“重大违法性”，前者指凭借一般的理性和经验就能判断出该行政行为存在违法性，而后者指该行政行为违反了重要的法律法规。无效行政行为在效力上表现为自始无效和当然无效。因为该行为的自始无效和当然无效，我们认为，在事后的救济手段中，对于无效行政行为的救济不受起诉期限的限制。《行政诉讼法解释》第九十四条规定，公民、法人或者其他组织起诉请求撤销行政行为，人民法院经审查认为行政行为无效的，应当作出确认无效的判决。公民、法人或者其他组织起诉请求确认行政行为无效，人民法院审查认为行政行为不属于无效情形，经释明，原告请求撤销行政行为的，应当继续审理并依法作出相应判决；原告请求撤销行政行为但超过法定起诉期限的，裁定驳回起诉；原告拒绝变更诉讼请求的，判决驳回其诉讼请求。第一百六十二条规定，公民、法人或者其他组织对 2015 年 5 月 1 日之前作出的行政行为提起诉讼，请求确认行政行为无效的，人民法院不予立案。从上述司法解释可以看出，重大且明显违法的行政行为即无效行政行为，自始、绝对无效，不因时间推移而具有合法效力。当事人对 2015 年 5 月 1 日之后作出的行政行为可以随时提起确认无效请求，不受起诉期限限制。同时，为避免出现当事人滥用确认无效诉讼请求以规避起诉期限制度的情况，原告一方应当对被诉行政行为属于无效情形进行举证，被告一方亦可提出证据否定对方主张。人民法院应当对行政行为是否属于无效情形进行审查，认为行政行为属于无效情形的，则不受起诉期限限制；认为行政行为不属于无效情形的，人民法院应当向原告予以释明。经释明，原告变更请求撤销行政行为的，人民法院应当继续审理并审查是否符合撤销之诉的起诉期限规定，超过法定起诉期限的，裁定驳回起诉；原告拒绝变更诉讼请求的，判决驳回其诉讼请求。

四、实施行政行为的行政机关工作人员因该行为被生效法律文书或监察机关政务处分确认为渎职、滥用职权

在行政行为作出的过程中，实施该行为的行政机关工作人员如果因存在渎职、滥用职权等情形，已被人民法院生效判决追究刑事责任的，或者被监察机关给予政务处分的，可以视为该行政行为被确认违法。全国人民代表大会常务委员会在关于《刑法》第九章渎职罪主体适用问题的立法解释中规定：在依照法律、法规规定行使国家行政管理职权的组织中从事公务的人员，或者在受国家机关委托代表国家机关行使职权的组织中从事公务的人员，或者虽未列入国家机关人员编制但在国家机关中从事公务的人员在代表国家机关行使职权时有渎职行为，构成犯罪的，依照刑法关于渎职罪的规定追究刑事责任。渎职犯罪主要有以下几个特点：（1）渎职罪的主体是国家机关工作人员；（2）客观方面表现为利用职务上的便利或者徇私舞弊、滥用职权、玩忽职守，致使国家和人民利益遭受重大损失的行为；（3）此类犯罪在实践中的具体表现是国家机关工作人员滥用国家权力或者不履行、不认真履行国家权力的违反自己职责的行为；（4）渎职罪侵犯的客体是国家机关的正常活动；（5）此类犯罪的主观方面大多数出于故意，少数出于过失。

2018 年 3 月，为了深化国家监察体制改革，加强对所有行使公权力的公职人员的监督，实现国家监察全面覆盖，深入开展反腐败工作，推进国家治理体系和治理能力现代化，《监察法》颁布实施。各级监察委员会是行使国家监察职能的专责机关，依照本法对所有行使公权力的公职人员（以下称公职人员）进行监察，调查职务违法和职务犯罪，开展廉政建设和反腐败工作。在《监察法》颁布之前，法律、法规、规章没有明确提出政务处分的概念，直到 2018 年 4 月施行的《公

职人员政务处分暂行规定》，明确了政务处分的概念及作出程序等。第十三届全国人民代表大会常务委员会第十九次会议于2020年6月20日通过《公职人员政务处分法》，该法于同年7月1日起实施。该法第二条规定："本法适用于监察机关对违法的公职人员给予政务处分的活动。本法第二章、第三章适用于公职人员任免机关、单位对违法的公职人员给予处分。处分的程序、申诉等适用其他法律、行政法规、国务院部门规章和国家有关规定。本法所称公职人员，是指《监察法》第十五条规定的人员。"该条确定了监察机关对政务处分的专属权，并明确了任免机关、单位对违法公职人员给予处分的"非政务处分性"，即任免机关、单位虽然可以依据《公职人员政务处分法》第二章、第三章的规定给予处分，但这种处分并不属于政务处分的范畴。因此，在监察部门给予行政机关工作人员政务处分时，已经确认该工作人员在作出行政行为时存在渎职或者滥用职权情形的，可视为行政行为被确认违法。

在司法实践中关于此类情形的法律适用，一定要注意行政机关工作人员因存在渎职情形被追究刑事责任与其履行或者怠于履行法定职责的行为高度关联，而不能作扩大解释。例如，上文中提到的张某华等五人诉天水市公安局麦积分局行政赔偿案中，张某华之夫被加害人刺伤后因失血过多死亡。虽然造成其夫死亡的主要原因是加害人的加害行为，但是该案中存在的特殊情况为，群众报警后，离事发现场仅几百米之遥的公安机关派出所在两个小时后出警，且120救护车辆亦救援不及时。因此，公安机关工作人员怠于履行职责的行为一定程度上对张某华之夫的死亡结果负有责任。因此，最高人民法院在针对该案作出的答复中认为，公安机关不履行或者拖延履行保护公民、法人或者其他组织人身权、财产权法定职责，致使公民、法人或者其他组织人身、财产遭受损失的，应当承担相应的行政赔偿责任。因该案中相关公安机关工作人员因怠于履行职责已被追究刑事责任，故该案中张某华等五人提起行政赔偿之诉具有事实根据，符合单独提起行政赔偿诉讼的起诉条件。

【实务指导】

一、政务处分

根据《公职人员政务处分法》第二条和《监察法》第十五条的规定，政务处分是指国家监察机关针对所有行使公权力的公职人员，包括行政机关的工作人员，审判机关、检察机关、事业单位以及基层群众自治组织的管理人员，企业的管理人员和其他的行使公权力的公职人员所给予的惩戒措施。政务处分分为：警告、记过、记大过、降级、撤职和开除。这些政务处分种类的期间不同，警告为六个月；记过为十二个月；记大过为十八个月；降级和撤职为二十四个月。根据《公职人员政务处分法》第九条、第十条的规定，公职人员二人以上共同违法，根据各自在违法行为中所起的作用和应当承担的法律责任，分别给予政务处分。有关机关、单位、组织集体作出的决定违法或者实施违法行为的，对负有责任的领导人员和直接责任人员中的公职人员依法给予政务处分。政务处分从作出主体来看是县级以上人民政府的监察机关，作出政务处分的主体为各级监察机关。因此，政务处分的对象比原来的行政处分的范围扩大了。在本条的适用过程中，需要注意的是，政务处分的对象仅是行政机关工作人员，或者是法律、法规、规章授权履行行政管理职责的组织中的工作人员。

二、行政机关工作人员渎职犯罪与行政行为被确认违法的关系

根据《行政诉讼法解释》第九十八条的规定，因行政机关不履

行、拖延履行法定职责，致使公民、法人或者其他组织的合法权益遭受损害时，人民法院应当判决行政机关承担行政赔偿责任。在确定赔偿数额时，应当考虑该不履行、拖延履行法定职责的行为在损害发生过程和结果中所起的作用等因素。在前述规定中，主要考虑是行政机关具有法定职责，合法正确地履行职责是行政机关的应尽义务。怠于履行职责具有明显的违法性，从依法行政的角度考虑，无论是何种性质的行为，行政机关都必须依法行使职权，违法行政给相对人带来的损害，国家应当承担相应的法律责任。行政机关及其工作人员怠于履行职责包括两种情形，一是不作为，如行政相对人申请公安机关履行法定职责，但是公安机关不履行保护公民生命、财产安全的职责；二是履行职责的行为未能防范风险的出现或扩大，如房屋登记部门未能谨慎审查，导致房屋登记行为侵犯了第三人的合法权益。在这些情形下，行政机关及其工作人员虽然不是直接的加害主体，但是其怠于履行职责的行为间接造成了当事人权益的损害。在前述的情形中，如果公安机关的工作人员因为不履行保护公民生命、财产安全的职责，已被追究刑事责任，或者是房屋登记部门的工作人员因未能谨慎审查，已被追究刑事责任的，可视为该不履行职责行为或房屋登记行为已被确认违法。

根据我国《刑法》分则第九章的规定，涉及渎职罪的罪名共有三十五个。根据该罪名的客观表现分为滥用职权型渎职罪、玩忽职守型渎职罪和徇私舞弊型渎职罪。其中，因实施行政行为的行政机关工作人员被追究以下刑事责任的，可视为该行政行为被确认违法。

（一）滥用职权罪

根据我国《刑法》第三百九十七条的规定，滥用职权罪是指国家机关工作人员故意逾越职权，不按或违反法律决定，处理其无权决定、处理的事项，或者违反规定处理公务，致使侵吞公共财产、国家和人民遭受重大财产损失等行为。

滥用职权罪侵犯的客体是国家机关的正常活动。由于国家机关工作人员故意逾越职权，致使国家机关的某项具体工作遭到破坏，给国家、集体和人民利益造成严重损害，从而危害了国家机关的正常活动。本罪侵犯的对象可以是公共财产或者公民的人身及其财产。

（二）玩忽职守罪

根据2006年7月26日最高人民检察院公布施行的《最高人民检察院关于渎职侵权犯罪案件立案标准的规定》（以下简称《渎职侵权犯罪规定》）的规定，玩忽职守罪是指国家机关工作人员严重不负责任，不履行或者不认真履行职责，致使公共财产、国家和人民利益遭受重大损失的行为。这个罪名在客观方面表现为国家机关工作人员违反工作纪律、规章制度，擅离职守，不尽职责义务或者不认真履行职责义务，致使公共财产、国家和人民利益遭受重大损失的行为。玩忽职守的行为，包括作为和不作为。所谓玩忽职守的作为，是指国家机关工作人员不认真履行职责义务的行为。所谓玩忽职守的不作为，是指国家机关工作人员不尽职责义务的行为。即对于自己应当履行的，而且也有条件履行的职责，不尽自己应尽的职责义务。

（三）私放在押人员罪

根据《刑法》第四百条第一款的规定，私放在押人员罪是指司法工作人员私放在押（包括在羁押场所和押解途中）的犯罪嫌疑人、被告人或者罪犯的行为。本罪侵犯的客体是国家司法管理机关的监管制度。由于本罪属于渎职类犯罪，所以它必然是利用职务上的便利来实施，如果没有利用职务之便或者依法释放罪犯的，均不构成本罪。所谓利用职务上的便利是指行为人利用自己看管、管教、押解、提审等便利条件，所谓私放，是指没有经过合法手续，而私自释放犯罪嫌疑人、被告人、罪犯，使其逃避关押。如果私放在押人员，致使其在逃避关押后另行实施了对第三人的加害行为，那么在司法管理过程中，因司法机关工作人员存在渎职行为，而要承担相应的法律责任。

（四）失职致使在押人员脱逃罪

根据《刑法》第四百条第二款的规定，失职致使在押人员脱逃罪是指司法工作人员由于严重不负责任，不履行或者不认真履行职责，致使在押（包括在羁押场所和押解途中）的犯罪嫌疑人、被告人、罪犯脱逃，造成严重后果的行为。根据《渎职侵权犯罪规定》，犯罪嫌疑人、被告人、罪犯脱逃以后，打击报复报案人、控告人、举报人、被害人、证人和司法工作人员等，或者继续犯罪的，犯有失职致使在押人员脱逃罪的行为人应当承担刑事责任。而因其被追究刑责，相应的司法管理行为应当视为存在违法情形。

（五）徇私舞弊减刑、假释、暂予监外执行罪

根据《刑法》第四百零一条的规定，徇私舞弊减刑、假释、暂予监外执行罪是指司法工作人员徇私舞弊，对不符合减刑、假释、暂予监外执行条件的罪犯予以减刑、假释、暂予监外执行的行为。根据《渎职侵权犯罪规定》："涉嫌下列情形之一的，应予立案：1. 刑罚执行机关的工作人员对不符合减刑、假释、暂予监外执行条件的罪犯，捏造事实，伪造材料，违法报请减刑、假释、暂予监外执行的；……3. 监狱管理机关、公安机关的工作人员对不符合暂予监外执行条件的罪犯，徇私舞弊，违法批准暂予监外执行的；4. 不具有报请、裁定、决定或者批准减刑、假释、暂予监外执行权的司法工作人员利用职务上的便利，伪造有关材料，导致不符合减刑、假释、暂予监外执行条件的罪犯被减刑、假释、暂予监外执行的"。

（六）徇私舞弊不移交刑事案件罪

根据《刑法》第四百零二条的规定，徇私舞弊不移交刑事案件罪

是指工商行政管理、税务、监察等行政执法人员，徇私舞弊，对依法应当移交司法机关追究刑事责任的案件不移交，情节严重的行为。这个罪名侵犯的客体是行政执法机关的正常执法活动。行政执法机关担负着执行法律、法规，维护国家安全、社会秩序、经济秩序的职责，享有法律授予的行政处罚权、行政裁决权等。行政执法机关的执法人员，是否依法行政、严格执法，直接关系到行政机关的形象，关系到国家和人民的利益。一旦行政执法人员违背职责，徇私舞弊，枉法行政，对依法应当移交司法机关追究刑事责任的案件不移交，必将给国家和人民利益造成重大损失，破坏国家机关的管理活动。如果相关行政执法人员因徇私舞弊被追究该罪名的刑事责任，那么其实施的行政行为也存在违法情形。

（七）滥用管理公司、证券职权罪

根据《刑法》第四百零三条的规定，滥用管理公司、证券职权罪是指工商行政管理、证券管理等国家有关主管部门的工作人员徇私舞弊，滥用职权，对不符合法律规定条件的公司设立、登记申请或者股票、债券发行、上市申请予以批准或者登记，致使公共财产、国家和人民利益遭受重大损失的行为，以及上级部门、当地政府强令登记机关及其工作人员实施上述行为的行为。这个罪名侵犯的客体是公司设立审批、登记机关和股票、债券发行、上市审批机关的正常活动。根据《民法典》《公司法》《证券法》《企业债券管理条例》等法律、法规，对公司的设立条件和申请登记程序、股票、债券发行、上市的条件和审批程序，都作出了明确具体的规定，并通过法律授权给国家有关行政主管部门。工商行政管理部门、证券管理部门对公司设立、登记申请或者股票、债券发行、上市申请依法进行审查、批准或者登记。负责审批或登记职责的上述国家机关工作人员，只有严格依法办事，按照法定条件进行审批或登记，才能保障国家对公司的正常监管活动，维护社会经济秩序，促进经济建设的顺利发展。若徇私舞弊，滥用职权，非法批准公司设立登记、股票、债券发行、上市申请，必将破坏国家对公司的正常监管活动，致使公共财产、国家和人民利益遭受重大损失。

（八）环境监管失职罪

根据《刑法》第四百零八条的规定，环境监管失职罪是指负有环境保护监督管理职责的国家机关工作人员严重不负责任，导致发生重大环境污染事故，致使公私财产遭受重大损失或者造成人身伤亡的严重后果的行为。严重不负责任是指环境保护部门监管工作人员不履行职责，工作极不负责的行为。实践中包括对不符合环境保护条件的企业、事业单位，发现污染隐患，不采取预防措施，不依法责令其整顿，以防止污染事故发生等。此外，严重不负责任的行为必须导致重大环境污染事故的发生致使公私财产遭受重大损失或者造成人身伤亡的严重后果。

（九）传染病防治失职罪

根据《刑法》第四百零九条的规定，传染病防治失职罪是指从事传染病防治的政府卫生行政部门的工作人员严重不负责任，导致传染病传播或者流行，情节严重的行为。本罪在主观方面，只能由过失构成。也就是行为人应当知道自己严重不负责任的行为，可能会导致传染病传播或者流行，但是他疏忽大意而没有预见，或者是虽然已经预见到可能会发生，但他凭借着自己的知识或者经验而轻信可以避免，以致发生了造成严重损失的危害结果。

（十）非法批准征收、征用、占用土地罪、非法低价出让国有土地使用权罪

根据《刑法》第四百一十条的规定，该罪是指国家机关工作人员

徇私舞弊，违反土地管理法规，滥用职权，非法批准征收、征用、占用土地，或者非法低价出让国有土地使用权，情节严重的行为。我国《土地管理法》《土地管理法实施条例》《城镇国有土地使用权出让和转让暂行条例》等法律、法规，对征收土地、出让国有土地使用权等程序和要求等都作了明确具体的规定，这对于合理开发、利用、经营土地，加强土地管理，促进城市建设和经济发展有着十分重要的作用。国家机关工作人员徇私舞弊，违反土地管理法规，滥用职权，非法低价出让国有土地使用权，就直接侵犯了国家对国有土地的使用管理制度，破坏了国有土地使用管理的正常活动，也侵害了国家利益和人民群众的合法权益。

（十一）动植物检疫徇私舞弊罪、动植物检疫失职罪

根据《刑法》第四百一十三条第一款的规定，动植物检疫徇私舞弊罪指动植物检疫机关检疫人员徇私舞弊，伪造检疫结果的行为。构成动植物检疫徇私舞弊罪，不要求造成严重后果；造成严重后果，是动植物检疫徇私舞弊罪的加重情节。动植物检疫徇私舞弊罪侵犯的客体是国家动植物检疫机关的正常活动。徇私舞弊行为使国家动植物检疫法律、法规的顺利实施受到严重干扰，损害了国家动植物检疫机关的威信，影响国家动植物检疫机关的正常活动。

根据《刑法》第四百一十三条第二款规定，动植物检疫失职罪是指动植物检疫机关的检疫人员严重不负责任，对应当检疫的物品不检疫或者延误检疫出证、错误出证，致使国家遭受重大损失的行为。动植物检疫失职罪在客观方面表现为动植物检疫机关的检疫人员严重不负责任，对应当检疫的物品不检疫，或者延误检疫出证、错误出证。根据1999年9月16日最高人民检察院发布施行的《关于人民检察院直接受理立案侦查案件立案标准的规定（试行）》的规定，涉嫌因不检疫或者延误检疫出证、错误出证，导致重大疫情发生、传播或者流

行的；或者因不检疫或者延误检疫出证、错误出证，导致疫情发生造成人员死亡或者残疾的，应当追究相关责任人刑事责任。

（十二）放纵制售伪劣商品犯罪行为罪

根据《刑法》第四百一十四条规定，放纵制售伪劣商品犯罪行为罪是指对生产、销售伪劣商品犯罪行为负有追究责任的国家机关工作人员，徇私舞弊，不履行法律规定的追究职责，情节严重的行为。本罪的主体为特殊主体，即负有追究责任的国家机关工作人员。主要是指负有法律规定的查处生产、销售伪劣商品的违法犯罪行为的义务的国家工作人员。

行政机关的工作人员如果亵渎其应当履行的法定职责，从而妨害了国家正常管理活动，致使国家和人民利益遭受重大损失的，如果依照《刑法》和相关司法解释已被追究刑事责任的，可以推断其在作出相应行政行为的过程中存在违法之处。从各地查办的渎职犯罪案件来看，征地补偿、房屋拆迁安置、惠农补贴发放等领域较为集中，在安全生产、食品药品监管、行政执法等领域该类案件也较为多见。

（撰写人：李小梅）

第十九条　公民、法人或者其他组织一并提起行政赔偿诉讼，人民法院经审查认为行政诉讼不符合起诉条件的，对一并提起的行政赔偿诉讼，裁定不予立案；已经立案的，裁定驳回起诉。

【条文主旨】

本条是关于行政诉讼不成立，一并提起的行政赔偿诉讼如何裁判的规定。

【起草背景】

根据本条规定，行政行为案件作为主诉依法不能成立，一并提起的行政赔偿诉讼也不符合法定起诉条件，人民法院应当裁定不予立案；已经立案的，裁定驳回起诉。本条规定统一了此前司法实践中对于主诉和从诉存在裁驳和判驳两种不同做法并存的矛盾局面，有利于裁判尺度的统一和节约有限的司法资源。

本条规定在起草时曾经历过几次修改。最先拟定的条文内容为："公民、法人或者其他组织在提起行政诉讼时一并提起行政赔偿诉讼，行政案件因不符合法定起诉条件而裁定不予立案或者驳回起诉的，人民法院对行政赔偿诉讼应当依法裁定不予立案或者驳回起诉；对行政案件经过审理依照《行政诉讼法》第六十九条的规定判决驳回诉讼请求的，对行政赔偿诉讼应当依法裁定驳回起诉（另一种意见认为，判决驳回原告诉讼请求）。公民、法人或者其他组织单独提起的行政赔偿诉讼不符合法定起诉条件的，人民法院裁定不予立案；已经立案的，裁定驳回起诉。”后经数次修改，简化为：“公民、法人和其他组织一并提起行政赔偿诉讼，经审查侵权行政行为案件不符合法定起诉条件的，人民法院对一并提起的行政赔偿诉讼亦应裁定不予立案；已经立案的，裁定驳回起诉。”

在对本条内容征求意见时，有部门提出：“该条文使用了‘公民、法人和其他组织’，这与《行政诉讼法》的用法相同（该法于2017年6月修正，早于民法总则施行时间）。《民法典》将民事主体分为‘自然人、法人和非法人组织’，根据习近平总书记关于‘切实实施民法典’的重要讲话精神，同《民法典》不一致的国家有关规定都要对标《民法典》的规定清理修改。是否将‘公民、法人和其他组织’修改为‘公民、法人和非法人组织’。”有学者提出，行政案件经过审理后不一定只有依照《行政诉讼法》第六十九条的规定判决驳回诉讼请求的情形，还有经审理后认为当事人起诉依然不符合起诉条件应当驳回起诉的情形，只规定一种情形似乎不严谨。有的部门提出，“主诉”的概念在现有的法律法规体系中几乎没有出现过，更多的是学术概念，建议慎用。有的学者提出，“侵权行政行为”的用法不够规范，系学术用语，建议参照《国家赔偿法》和《行政诉讼法》的用语对该提法进行修改，以符合司法解释的规范要求。

经研究，本条内容最终确定为：公民、法人或者其他组织一并提起行政赔偿诉讼，人民法院经审查认为行政诉讼不符合起诉条件的，对一并提起的行政赔偿诉讼，裁定不予立案；已经立案的，裁定驳回起诉。本条内容的最终确定主要基于以下几点考虑：第一，《国家赔偿法》和《行政诉讼法》均使用“公民、法人和其他组织”或者“公民、法人或者其他组织”，该术语属于法律术语，且在公法领域已经广为接受，《民法典》虽将民事主体分为“自然人、法人和非法人组织”，原则上仅适用于私法领域。如果按照《民法典》进行修改，也不属于司法解释的权限范围，属于全国人大的立法权限，而且这样的修改容易造成司法实践的混乱，故保留了原有规定。另外，《国家赔偿法》使用的是“公民、法人和其他组织”，《行政诉讼法》使用的是“公民、法人或者其他组织”，为与最新修改的《行政诉讼法》用法保持一致，故将“公民、法人和其他组织”修改为“公民、法人或者其他组织”。第二，由于行政诉讼经过审理后依然存在裁驳和判驳两种可能，司法实践中，对一并提起的行政赔偿诉讼应当裁定驳回起诉还是判决驳回诉讼请求做法不一，造成了裁判方式的混乱。出于简化裁判方式、统一司法实践的需要，同时也为了节约有限的司法资源，避免给当事人造成不必要的讼累，故统一规定“行政诉讼不符合起诉条件的，对一并提起的行政赔偿诉讼，裁定不予立案；已经立案的，裁定驳回起诉”。也就是说，行政诉讼作为主诉不符合起诉条件的，一并提起的行政赔偿从诉也因不符合起诉条件，应当一并不予立案或驳回起诉。第三，“主诉”一词具有明显的学术性，更多用于学术研究，少见于立法实践，故将其删除。

【条文释义】

根据《国家赔偿法》第二条的规定，国家机关和国家机关工作人员行使职权，有本法规定的侵犯公民、法人和其他组织合法权益的情形，造成损害的，受害人有依照本法取得国家赔偿的权利。因此，在我国，公民、法人或者其他组织的合法权益受到行政机关或者行政机关工作人员作出的行政行为侵犯造成损害的，有权请求国家赔偿。《国家赔偿法》第九条规定：“赔偿义务机关有本法第三条、第四条规定情形之一的，应当给予赔偿。赔偿请求人要求赔偿，应当先向赔偿义务机关提出，也可以在申请行政复议或者提起行政诉讼时一并提出。”根据该规定，赔偿请求人提起行政赔偿请求的途径有两种：一是赔偿请求人单独提出行政赔偿请求，应当先向赔偿义务机关提出；二是在对行政行为提出行政复议或者行政诉讼的过程中，附带提出赔偿请求。①

目前，除了《国家赔偿法》以外，《行政诉讼法》及其司法解释包括本解释在内，对提起行政诉讼时一并提起行政赔偿诉讼的情形作出了较为明确的规定。例如，《行政诉讼法》第七十六条规定：“人民法院判决确认违法或者无效的，可以同时判决责令被告采取补救措施；给原告造成损失的，依法判决被告承担赔偿责任。”《行政诉讼法解释》第六十八条第二款规定：当事人单独或者一并提起行政赔偿、补偿诉讼的，应当有具体的赔偿、补偿事项以及数额。该解释第九十五条规定：“人民法院经审理认为被诉行政行为违法或者无效，可能给原告造成损失，经释明，原告请求一并解决行政赔偿争议的，人民法院可以就赔偿事项进行调解；调解不成的，应当一并判决。人民法院也可以告知其就赔偿事项另行提起诉讼。”1997 年《行政赔偿规定》第二十八条规定：“当事人在提起行政诉讼的同时一并提出行政赔偿请求，或者因具体行政行为和与行使行政职权有关的其他行为侵权造成损害一并提出行政赔偿请求的，人民法院应当分别立案，根据具体情况可以合并审理，也可以单独审理。”本解释对提起行政诉讼时一并提起行政赔偿诉讼的情形作出了更为具体的规定。例如，本解释第六条规定：“公民、法人或者其他组织一并提起行政赔偿诉讼中的当事人地位，按照其在行政诉讼中的地位确定，行政诉讼与行政赔偿诉讼当事人不一致的除外。”第十三条第一款规定：“行政行为未被确认

---

① 许安标、武增主编：《中华人民共和国国家赔偿法解读》，中国法制出版社 2010 年版，第 50 页。

为违法，公民、法人或者其他组织提起行政赔偿诉讼的，人民法院应当视为提起行政诉讼时一并提起行政赔偿诉讼。”第十四条第一款、第二款规定：“原告提起行政诉讼时未一并提起行政赔偿诉讼，人民法院审查认为可能存在行政赔偿的，应当告知原告可以一并提起行政赔偿诉讼。”“原告在第一审庭审终结前提起行政赔偿诉讼，符合起诉条件的，人民法院应当依法受理；原告在第一审庭审终结后、宣判前提起行政赔偿诉讼的，是否准许由人民法院决定。”第十六条规定：“公民、法人或者其他组织提起行政诉讼时一并请求行政赔偿的，适用行政诉讼法有关起诉期限的规定。”

从上述规定来看，“一并提起行政赔偿诉讼”，是公民、法人或者其他组织认为行政机关的行政行为对其合法权益造成了损害，向法院提起行政诉讼要求撤销行政行为或确认行政行为违法的同时，就行政行为造成的损害要求予以赔偿而提起的诉讼。“一并提起行政赔偿诉讼”的前提是必须要有一个行政行为存在，且该行政行为的合法性处于待评判状态。从现有规定来看，一并提起行政赔偿诉讼属于当事人的权利，其既可以单独提起确认行政行为违法之诉，也可以在提起确认之诉的同时要求对其损失给予行政赔偿。如果当事人“一并提起行政赔偿诉讼”，则法院需要对其确认行政行为违法的诉求和行政赔偿的诉请一并进行处理并作出裁判。

1997 年《行政赔偿规定》第二十八条规定：“当事人在提起行政诉讼的同时一并提出行政赔偿请求，或者因具体行政行为和与行使行政职权有关的其他行为侵权造成损害一并提出行政赔偿请求的，人民法院应当分别立案，根据具体情况可以合并审理，也可以单独审理。”从目前的司法实践来看，对一并提起的行政赔偿诉讼有的采取分别立案的方式，有的采取合并立案的方式。在合并立案情形下，行政诉讼与行政赔偿诉讼属于一个案件。如果行政诉讼被裁驳，一并提起的行政赔偿诉讼也会被一并裁驳，一般不会出现裁判方式不统一的问题。在分别立案情形下，虽然分别立案有利于分清举证责任，在审理过程中可以灵活决定是分别审理还是合并审理等，但是由于认识上的不统一，有时会造成裁判方式上的不统一。特别是对于行政诉讼案件被裁驳后，对一并提起的行政赔偿诉讼案件应当如何裁判，做法不一。有的观点认为，行政诉讼案件作为主诉被裁驳后，行政赔偿诉讼案件作为从诉亦应被裁驳；有的观点认为，行政诉讼案件被裁驳后，行政赔偿诉讼案件不一定一概采用裁驳的方式，因为两诉的构成要件不同，应当分别进行审查。行政诉讼被裁驳后，说明被诉行政行为未被确认违法，而行政行为被确认违法属于行政赔偿诉讼成立的构成要件，对构成要件进行的是实体审查，行政赔偿诉讼不符合构成要件，应当采用判驳的方式更为合适。经研究，最终本条规定采用了第一种观点。理由是：第一，基于主诉与从诉的原理，一律采用裁驳的方式，可以大大简化裁判方式，统一司法实践，节约有限的司法资源。第二，一并提起的行政赔偿诉讼采用裁驳的方式，而不是判驳的方式，更有利于保障原告的赔偿权益。因为，行政诉讼案件被裁驳的情形很多，其在被裁驳后，有可能会因法定条件的再次具备而被重新起诉，比如原告因未预缴案件受理费会按自动撤诉处理，在缴纳诉讼费后再次起诉；原告因选择管辖法院错误被裁驳后，向有管辖权的法院再次起诉，等等。如果行政赔偿请求已被判驳的，可能会影响赔偿请求人再次主张其赔偿权益。

在行政诉讼中一并提起行政赔偿诉讼，一般被称为行政附带赔偿诉讼。从前述规定可以看出，行政诉讼的有效成立是行政附带赔偿诉讼成立的前提。附带赔偿诉讼作为从诉讼，依附于行政诉讼这个主诉讼。附带赔偿诉讼可以和行政诉讼同时提起，也可以在一审行政诉讼进行过程中提起。如果行政诉讼因为不符合起诉条件不予立案或被驳回起诉，将自然导致附带赔偿诉讼的不予立案或被驳回起诉。当然，附带赔偿诉讼的原告仍然有可能提起单独的行政赔偿诉讼来主张自身权益。

起诉权是程序意义上的诉权，即当事人向法院提起诉讼的权利。起诉权是法律赋予公民、法人和其他组织的一项重要的诉讼权利，包括人民法院在内的任何国家机关都无权限制或者剥夺。同时，起诉权的享有者也不能任意滥用这一权利。任何诉讼权利的行使都必须符合《行政诉讼法》规定的条件。为了使真正应当或者能够解决的争议进入诉讼程序，从而使法院的审理成为可能，使诉讼富有成效，就有必要设定起诉条件，将那些不必要的或者通过特定诉讼难以解决的争议过滤出来，以减少不必要的浪费。这是诉讼制度设定起诉条件的基本意图。①

目前，法律及司法解释对于单独提起的行政赔偿诉讼与一并提起的行政赔偿诉讼规定了不同的起诉条件。关于单独提起行政赔偿诉讼的起诉条件，1997 年《行政赔偿规定》第二十一条规定："赔偿请求人单独提起行政赔偿诉讼，应当符合下列条件：（1）原告具有请求资格；（2）有明确的被告；（3）有具体的赔偿请求和受损害的事实根据；（4）加害行为为具体行政行为的，该行为已被确认为违法；（5）赔偿义务机关已先行处理或超过法定期限不予处理；（6）属于人民法院行政赔偿诉讼的受案范围和受诉人民法院管辖；（7）符合法律规定的起诉期限。"其中，第（4）（5）（7）项是单独提起行政赔偿诉讼区别于一并提起行政赔偿诉讼的主要方面。本解释保留了该规定，并作出了进一步修改。本解释第十三条规定："行政行为未被确认为违法，公民、法人或者其他组织提起行政赔偿诉讼的，人民法院应当视为提起行政诉讼时一并提起行政赔偿诉讼。""行政行为已被确认为违法，并符合下列条件的，公民、法人或者其他组织可以单独提起行政赔偿诉

① 梁凤云编著：《新行政诉讼法逐条注释》，中国法制出版社 2017 年版，第 344 页。

讼：（一）原告具有行政赔偿请求资格；（二）有明确的被告；（三）有具体的赔偿请求和受损害的事实根据；（四）赔偿义务机关已先行处理或者超过法定期限不予处理；（五）属于人民法院行政赔偿诉讼的受案范围和受诉人民法院管辖；（六）在法律规定的起诉期限内提起诉讼。”其中，第（四）（六）项是单独提起行政赔偿诉讼区别于一并提起行政赔偿诉讼的主要方面。

附带提起的行政赔偿诉讼能否被立案受理，首先应当看作为主诉的行政诉讼是否符合起诉条件。《行政诉讼法》及其司法解释对行政诉讼的起诉条件作出了明确详尽的规定。《行政诉讼法》第四十九条规定：“提起诉讼应当符合下列条件：（一）原告是符合本法第二十五条规定的公民、法人或者其他组织；（二）有明确的被告；（三）有具体的诉讼请求和事实根据；（四）属于人民法院受案范围和受诉人民法院管辖。”该条是关于行政诉讼起诉条件的一般规定。另外，《行政诉讼法解释》第六十九条第一款对不符合法定起诉条件应当裁定驳回起诉的十种情形进行了列举：“有下列情形之一，已经立案的，应当裁定驳回起诉：（一）不符合行政诉讼法第四十九条规定的；（二）超过法定起诉期限且无行政诉讼法第四十八条规定情形的；（三）错列被告且拒绝变更的；（四）未按照法律规定由法定代理人、指定代理人、代表人为诉讼行为的；（五）未按照法律、法规规定先向行政机关申请复议的；（六）重复起诉的；（七）撤回起诉后无正当理由再行起诉的；（八）行政行为对其合法权益明显不产生实际影响的；（九）诉讼标的已为生效裁判或者调解书所羁束的；（十）其他不符合法定起诉条件的情形。”

综合《行政诉讼法》《行政诉讼法解释》等法律和司法解释的规定，目前，对行政诉讼的立案审查主要从以下几个方面进行：

一、原告必须与被诉行政行为之间具有利害关系

《行政诉讼法》第二十五条第一款规定："行政行为的相对人以及其他与行政行为有利害关系的公民、法人或者其他组织，有权提起诉讼。"该条对于行政诉讼的原告资格明确了"有利害关系"的原则。该条实际把适格原告分为两大类，一类是行政相对人；一类是行政相关人。行政相对人是指行政行为直接针对的公民、法人或者其他组织。例如，行政许可行为中的被许可人。行政相关人，即"其他与行政行为有利害关系的公民、法人或者其他组织"，是指因行政行为受到不利影响的除行政相对人之外的公民、法人或者其他组织。例如，行政处罚程序中的受害人。"行政相关人"虽然不是行政行为直接针对的对象，但行政行为会影响到权利义务。因此，一个行政行为在作出时，不仅要考虑行政相对人的合法权益，也要考虑行政相关人的合法权益。最高人民法院在（2016）最高法行申2560号臧某凤诉安徽省宿州市砀山县人民政府土地行政登记一案裁定中对"利害关系"问题进行了详细论述，该裁定指出："该条（行政诉讼法第二十五条第一款）虽然看似将适格原告区分为两大类，但事实上适用了一个相同的标准，这就是'利害关系'。通常情况下，行政行为的相对人总是有诉权的，因为一个不利行政行为给他造成的权利侵害之可能显而易见。因而，有人把行政相对人称为'明显的当事人'。但是，可能受到行政行为侵害的绝不仅仅限于直接相对人。为了保证直接相对人以外的公民、法人或者其他组织的诉权，而又不使这种诉权的行使'失控'，法律才限定了一个'利害关系'的标准。所谓'利害关系'，也就是有可能受到行政行为的不利影响。具体要考虑以下三个要素：是否存在一项权利；该权利是否属于原告的主观权利；该权利是否可能受到了被诉行政行为的侵害。"

二、有明确的被告

《行政诉讼法》第二十六条第一款规定："公民、法人或者其他组织直接向人民法院提起诉讼的，作出行政行为的行政机关是被告。"《行政诉讼法解释》第六十七条规定："原告提供被告的名称等信息足以使被告与其他行政机关相区别的，可以认定为行政诉讼法第四十九条第二项规定的'有明确的被告'。起诉状列写被告信息不足以认定明确的被告的，人民法院可以告知原告补正；原告补正后仍不能确定明确的被告的，人民法院裁定不予立案。"根据《行政诉讼法》的规定，行政诉讼的被告必须是行政机关或者是法律、法规、规章授权的组织。这里的"明确"是指起诉人所诉对象必须是一个具体的行政主体，有具体的名称，而不能将"国家""政府"等作为被告提起行政诉讼。通常情况下，确定行政诉讼的被告较为容易，即行政行为的作出主体即为被告。但在某些特殊情况下，如行政机关被撤销或者职权变更、不明主体实施强制拆除等情形，则较难确定被告。尽管如此，为了保障当事人诉权的行使，这里的"明确"并非"准确"之意。在立案环节，起诉人只要能明确指称其所诉的对象即可，是否准确，应当由人民法院判断。

三、有具体的诉讼请求和事实根据

诉讼请求是原告通过人民法院对被告提出的要求保护的实体权利的要求。"有具体的诉讼请求"是指原告提出的要求保护的实体权利请求应当具体和明确。任何一个起诉，都应当有明确的诉讼请求，否则不仅被告无法有效应诉，法院也无法确定具体的审理和裁判对象。一般来说，有具体的诉讼请求是指要有明确的被诉行政行为。《行政诉讼法解释》第六十八条对"有具体的诉讼请求"之情形进行了诉讼类型化的详细列举。该条规定："行政诉讼法第四十九条第三项规定的‘有具体的诉讼请求’是指：（一）请求判决撤销或者变更行政行为；（二）请求判决行政机关履行特定法定职责或者给付义务；（三）请求判决确认行政行为违法；（四）请求判决确认行政行为无效；（五）请求判决行政机关予以赔偿或者补偿；（六）请求解决行政协议争议；（七）请求一并审查规章以下规范性文件；（八）请求一并解决相关民事争议；（九）其他诉讼请求。当事人单独或者一并提起行政赔偿、补偿诉讼的，应当有具体的赔偿、补偿事项以及数额；请求一并审查规章以下规范性文件的，应当提供明确的文件名称或者审查对象；请求一并解决相关民事争议的，应当有具体的民事诉讼请求。当事人未能正确表达诉讼请求的，人民法院应当要求其明确诉讼请求。”所谓“事实根据”是指起诉人要求人民法院予以保护的行政行为影响的合法权益所依据的案件事实、证据事实和法律根据。案件事实是指争议事实发生的全部经过；证据事实是证明案件事实存在的必要证据；法律根据是指行政争议发生的事实以及主张该种请求的法律依据。[①] 对于“事实根据”，最高人民法院（2016）最高法行申 2301 号杨某奎诉天津市津南区政府、津南区咸水沽镇政府房屋行政强制一案裁定指出：“通常认为，所谓‘事实根据’，是指一种‘原因事实’，也就是能使诉讼标的特定化或者能被识别所需的最低限度的事实。通俗地说，是指至少能够证明所争议的行政法上的权利义务关系客观存在。例如，如果请求撤销一个行政决定，就要附具该行政决定；如果起诉一个事实行为，则要初步证明是被告实施了所指控的事实行为。”一般来说，事实根据就是原告要对起诉的事实和理由承担初步证明责任。需要注意的是，诉讼请求和事实根据要求具体，但不是要求必须“正确”。在立案阶段，当事人只要能够确定确切的对象或内容即可。对于不具

① 梁凤云编著：《新行政诉讼法逐条注释》，中国法制出版社 2017 年版，第 345 页。

体的情形，法院应当给予释明和指导，如果起诉人坚持不改，法院可以不接收起诉材料或者裁定不予立案。

四、属于人民法院受案范围

关于受案范围，《行政诉讼法》第二条、第十二条、第十三条从不同角度作了概括加肯定列举、否定列举方式予以规定。《行政诉讼法》第二条规定："公民、法人或者其他组织认为行政机关和行政机关工作人员的行政行为侵犯其合法权益，有权依照本法向人民法院提起诉讼。前款所称行政行为，包括法律、法规、规章授权的组织作出的行政行为。"《行政诉讼法》第十二条进行了肯定式列举。其中第一款采用不完全列举方式列举了十一种可诉行政行为及兜底条款；第二款则列举了单行法律、法规"规定可以提起诉讼的其他行政案件"。第十三条进行了否定式列举，排除了四种行为：一是国防、外交等国家行为；二是制定发布行政法规、规章或者其他具有普遍约束力的决定、命令的行为；三是行政机关对其工作人员的奖惩、任免等行为；四是法律规定由行政机关最终裁决的行政行为。《行政诉讼法解释》第一条第二款对行政诉讼的受案范围作了进一步明确，规定了十种不属于人民法院行政诉讼受案范围的行为：即"（一）公安、国家安全等机关依照刑事诉讼法的明确授权实施的行为；（二）调解行为以及法律规定的仲裁行为；（三）行政指导行为；（四）驳回当事人对行政行为提起申诉的重复处理行为；（五）行政机关作出的不产生外部法律效力的行为；（六）行政机关为作出行政行为而实施的准备、论证、研究、层报、咨询等过程性行为；（七）行政机关根据人民法院的生效裁判、协助执行通知书作出的执行行为，但行政机关扩大执行范围或者采取违法方式实施的除外；（八）上级行政机关基于内部层级监督关系对下级行政机关作出的听取报告、执法检查、督促履责等行为；

（九）行政机关针对信访事项作出的登记、受理、交办、转送、复查、复核意见等行为；（十）对公民、法人或者其他组织权利义务不产生实际影响的行为。”行政诉讼的受案范围是一个较为复杂的问题，虽然《行政诉讼法》《行政诉讼法解释》对行政诉讼的受案范围作出了较为明确的规定，但在实践中，特别是立案环节，有时难以作出准确判断，甚至出现当事人告法院、法官、行政判决的，有的法院甚至以立案登记制为由予以立案的情况。

五、属于受诉人民法院管辖

所谓“受诉人民法院管辖”是指依照《行政诉讼法》关于管辖的规定，接受起诉人起诉的人民法院应当对该行政案件具有管辖权。《行政诉讼法》第三章第十四条至第二十四条对行政诉讼的地域管辖和级别管辖作出了具体规定，并对共同管辖、选择管辖、移送管辖、指定管辖以及管辖权转移等情形予以明确。这里需要注意的是关于特殊管辖、专门管辖、集中管辖的规定。《行政诉讼法》规定了两种特殊的地域管辖：一是对限制人身自由的行政强制措施不服而提起的诉讼，由被告所在地或者原告所在地人民法院管辖；二是因不动产而提起的诉讼，由不动产所在地的人民法院管辖。另外，还需注意其他一些特殊管辖情形，如海关处理的案件，只能向具有管辖权的中级人民法院起诉等。关于专门管辖，《行政诉讼法》第四条二款规定：“人民法院设行政审判庭，审理行政案件。”《行政诉讼法》第十八条第二款规定：“经最高人民法院批准，高级人民法院可以根据审判工作的实际情况，确定若干人民法院跨行政区域管辖行政案件。”《行政诉讼法解释》第三条规定：“各级人民法院行政审判庭审理行政案件和审查行政机关申请执行其行政行为的案件。专门人民法院、人民法庭不审理行政案件，也不审查和执行行政机关申请执行其行政行为的案件。

铁路运输法院等专门人民法院审理行政案件，应当执行《行政诉讼法》第十八条第二款的规定。”根据上述规定，专门人民法院只有经过授权，才能审理行政案件。目前，除知识产权法院和海事法院经授权可以审理行政案件外，其他专门人民法院经授权也可以审理行政案件，但应当执行《行政诉讼法》第十八条第二款的规定。实践中，全国不少省份的铁路运输法院经报最高人民法院批准，已经跨行政区划管辖行政案件。关于集中管辖，2015年6月17日，最高人民法院印发《关于人民法院跨行政区域集中管辖行政案件的指导意见》（法发〔2015〕8号），对全国各级人民法院跨行政区划集中管辖行政案件提出了具体指导意见和要求。截至目前，全国有近一半的中基层人民法院实施了集中管辖或交叉管辖。当事人在起诉时也应当遵守各地发布的集中或交叉管辖规定。

六、在法定起诉期限内提起诉讼

行政诉讼的起诉期限，是指公民、法人或者其他组织因不服行政机关作出的行政行为向人民法院提起行政诉讼，其起诉可由人民法院立案受理的法定期限。行政诉讼起诉期限是法律设定的起诉条件之一，解决的是行政起诉能否进入司法实体审查的问题。《行政诉讼法》第四十六条第一款规定：“公民、法人或者其他组织直接向人民法院提起诉讼的，应当自知道或者应当知道作出行政行为之日起六个月内提出。法律另有规定的除外。”本条是关于起诉期限的一般规定，起算点为“知道或者应当知道作出行政行为之日起”，采用的是相对客观的标准。“法律另有规定的除外”的“法律”应为全国人民代表大会及其常委会制定的基本法律。有的法律规定的起诉期限为十五日，如《行政诉讼法》第四十五条规定：“公民、法人或者其他组织不服复议决定的，可以在收到复议决定书之日起十五日内向人民法院提起诉讼。

复议机关逾期不作决定的，申请人可以在复议期满之日起十五日内向人民法院提起诉讼。法律另有规定的除外。”再如，《邮政法》等法律规定的起诉期限为十五日；《森林法》等法律规定的起诉期限为三十日。《行政诉讼法》第四十六条第二款规定：“因不动产提起诉讼的案件自行政行为作出之日起超过二十年，其他案件自行政行为作出之日起超过五年提起诉讼的，人民法院不予受理。”本条是关于最长起诉期限的规定。分为两种情形：一是关于不动产案件，由于不动产往往涉及的财产价值巨大，应当在起诉期限上给予特殊保护，另外不动产案件往往涉及人数众多，关系复杂，历史因素较多，故特别规定了二十年的最长起诉期限；二是不动产以外的其他案件，适用五年的最长起诉期限。与一般起诉期限的起算点不同，最长起诉期限采用绝对客观标准，起算点为“自行政行为作出之日”，不以相对人“知道或者应对知道”作为标准。另外，《行政诉讼法解释》第六十四条规定：“行政机关作出行政行为时，未告知公民、法人或者其他组织起诉期限的，起诉期限从公民、法人或者其他组织知道或者应当知道起诉期限之日起计算，但从知道或者应当知道行政行为内容之日起最长不得超过一年。复议决定未告知公民、法人或者其他组织起诉期限的，适用前款规定。”这是就行政机关未告知诉权和起诉期限时如何计算起诉期限以及最长起诉期限的规定。同时，对于行政不作为案件的起诉期限，《行政诉讼法》及其司法解释亦作出明确规定。《行政诉讼法》第四十七条规定：“公民、法人或者其他组织申请行政机关履行保护其人身权、财产权等合法权益的法定职责，行政机关在接到申请之日起两个月内不履行的，公民、法人或者其他组织可以向人民法院提起诉讼。法律、法规对行政机关履行职责的期限另有规定的，从其规定。公民、法人或者其他组织在紧急情况下请求行政机关履行保护其人身权、财产权等合法权益的法定职责，行政机关不履行的，提起诉讼不受前款规定期限的限制。”《行政诉讼法解释》第六十六条规定：“公民、法人或者其他组织依照行政诉讼法第四十七条第一款的规定，对行政机关不履行法定职责提起诉讼的，应当在行政机关履行法定职责期限届满之日起六个月内提出。”根据上述规定，对行政机关不履行法定职责提起诉讼的，起诉期限是从行政机关履行法定职责期限届满之日起开始计算，以六个月为限。起算时点分为两种情形：一是法律、法规对行政机关履行职责的期限作出过专门规定的，依照法律、法规的规定确定履行职责的期限；二是法律、法规对行政机关履行职责的期限未作专门规定的，根据《行政诉讼法》第四十七条第一款的规定，统一确定为两个月的期限，即行政机关在接到申请之日起两个月内不履行的，公民、法人或者其他组织才可以提起不履责之诉。对于“紧急情况下”的不作为案件的起诉期限和起算时点较为特殊。由于在紧急情况下，行政相对人的人身和财产安全面临着迫在眉睫的威胁，如果行政机关不能即时保护，行政相对人无须等待行政机关是否履行法定职责，可以立即提起行政诉讼。此时，期限的计算时点为提出申请时，计算终点为不履行保护职责必将或已经给合法权益造成损害之时。关于“紧急情况”的确定，应以明确的法律规定为原则，比如《环境保护法》第四十七条规定的“突发环境事件”等。最后，起诉期限还有扣除和延长的情形。《行政诉讼法》第四十八条规定：“公民、法人或者其他组织因不可抗力或者其他不属于其自身的原因耽误起诉期限的，被耽误的时间不计算在起诉期限内。公民、法人或者其他组织因前款规定以外的其他特殊情况耽误起诉期限的，在障碍消除后十日内，可以申请延长期限，是否准许由人民法院决定。”起诉期限的扣除与延长属于计算起诉期限的特殊情形，二者都会导致实际经历的起诉期限要长于一般规定的起诉期限。但需要注意的是，二者的适用导致的最后期限都不能超过《行政诉讼法》第四十六条第二款规定的最长起诉期限。

七、按照法律、法规规定已进行复议、裁决、处理前置的

这里涉及的是行政复议、行政裁决、行政处理与行政诉讼的衔接问题。如果法律、法规规定应当先向行政机关申请复议、裁决或处理，原告未经前述程序径行提起行政诉讼，即属欠缺诉讼要件，应当不予立案；已经立案的，应当裁定驳回起诉。关于复议前置，《行政诉讼法》第四十四条第二款规定："法律、法规规定应当先向行政机关申请复议，对复议决定不服再向人民法院提起诉讼的，依照法律、法规的规定。"《行政复议法》第三十条第一款规定："公民、法人或者其他组织认为行政机关的具体行政行为侵犯其已经依法取得的土地、矿藏、水流、森林、山岭、草原、荒地、滩涂、海域等自然资源的所有权或者使用权的，应当先申请行政复议；对行政复议决定不服的，可以依法向人民法院提起行政诉讼。"根据该规定，对于土地确权类案件应当先行复议，对复议决定不服的，才可以提起行政诉讼。关于裁决前置，2014 年《土地管理法实施条例》第二十五条第三款规定："对补偿标准有争议的，由县级以上地方人民政府协调；协调不成的，由批准征收土地的人民政府裁决。征地补偿、安置争议不影响征收土地方案的实施。"《国务院法制办公室关于依法做好征地补偿安置争议行政复议工作的通知》（国法〔2011〕35 号）规定："被征地集体经济组织和农民对有关市、县人民政府批准的征地补偿、安置方案不服要求裁决的，应当依照行政复议法律、法规的规定向上一级地方人民政府提出申请。"本解释第四条则对裁决行为被确认违法后能否单独提起行政赔偿诉讼给予了明确，该条规定："法律规定由行政机关最终裁决的行政行为被确认违法后，赔偿请求人可以单独提起行政赔偿诉讼。"关于处理，《国家赔偿法》第九条第二款规定："赔偿请求人要求赔偿，应当先向赔偿义务机关提出，也可以在申请行政复议或者

提起行政诉讼时一并提出。”根据该规定，赔偿请求人单独提出赔偿请求的，应当先向赔偿义务机关提出，由赔偿义务机关先行处理。只有赔偿请求人对行政机关的处理决定不服或者行政机关逾期不作赔偿决定的情况下，才能提起行政赔偿诉讼。

八、不属于重复起诉

重复起诉是指起诉人基于同一行政行为重复提起诉讼，包括向同一法院，也包括向不同法院起诉的情况。禁止重复起诉主要基于“一事不再理”原则，“其目的在于避免同一事件重复审判，造成前后判决之矛盾及诉讼之不经济”。[①] 对于重复起诉的认定，《行政诉讼法解释》第一百零六条作出了明确规定：“当事人就已经提起诉讼的事项在诉讼过程中或者裁判生效后再次起诉，同时具有下列情形的，构成重复起诉：（一）后诉与前诉的当事人相同；（二）后诉与前诉的诉讼标的相同；（三）后诉与前诉的诉讼请求相同，或者后诉的诉讼请求被前诉裁判所包含。”

九、诉讼标的尚未有生效裁判或者调解书所羁束

诉讼标的是诉讼中予以审理和判断的对象，简单来讲就是诉讼的对象。通常是指当事人主张或否认的一种权利或法律关系。在行政诉讼中，诉讼标的一般是指行政行为的合法性。所谓“诉讼标的”受生效裁判羁束，是指起诉人在起诉时，其所诉的被诉行政行为的法律效力已被生效裁判或调解书的主文或者裁判主文主要说理部分所约束。此种情形下，对被诉行政行为的合法性的审查只能通过审判监督程序来实现。这一规定的理论基础来自于既判力理论。最高人民法院在

① 徐瑞晃：《行政诉讼法》，我国台湾地区五南图书出版股份有限公司2012年版，第291页。

（2017）最高法行申 411 号张某诉武昌区政府一案的裁定中对这一问题进行了详细阐释，该裁定指出："所谓既判力，是指已经发生法律效力的判决、裁定对后诉的羁束力。其作用体现在消极和积极两个方面。消极作用是指，基于国家司法权的威信以及诉讼经济，在人民法院作出生效判决、裁定后，不准对同一事件再次进行诉讼。既判力的消极作用体现的是'一事不再理'，就此而言，与禁止重复起诉属于同一原理。……既判力的积极作用是指，人民法院不得在其后的诉讼中作出与该判决、裁定内容相抵触的新的判决、裁定。这是法的安定性所决定的。但既判力只对与生效裁判当事人相同的后诉产生诉权的遮断效果，对于第三者而言，只是禁止作出与生效裁判内容相抵触的新的判决、裁定，而不是就此剥夺其诉权。"

十、其他需要审查的情形

除上述情形以外，在对行政诉讼案件进行立案审查时，还应注意其他一些不符合起诉条件的情形。《行政诉讼法》第十三条规定："人民法院不受理公民、法人或者其他组织对下列事项提起的诉讼：（一）国防、外交等国家行为；（二）行政法规、规章或者行政机关制定、发布的具有普遍约束力的决定、命令；（三）行政机关对行政机关工作人员的奖惩、任免等决定；（四）法律规定由行政机关最终裁决的行政行为。"《行政诉讼法解释》第一条第二款规定："下列行为不属于人民法院行政诉讼的受案范围：（一）公安、国家安全等机关依照刑事诉讼法的明确授权实施的行为；（二）调解行为以及法律规定的仲裁行为；（三）行政指导行为；（四）驳回当事人对行政行为提起申诉的重复处理行为；（五）行政机关作出的不产生外部法律效力的行为；（六）行政机关为作出行政行为而实施的准备、论证、研究、层报、咨询等过程性行为；（七）行政机关根据人民法院的生效裁判、协助执行通知书作出的执行行为，但行政机关扩大执行范围或者采取违法方式实施的除外；（八）上级行政机关基于内部层级监督关系对下级行政机关作出的听取报告、执法检查、督促履责等行为；（九）行政机关针对信访事项作出的登记、受理、交办、转送、复查、复核意见等行为；（十）对公民、法人或者其他组织权利义务不产生实际影响的行为。”上述规定的事项及行为因不属于行政诉讼的受案范围，故对其提起的诉讼均不符合起诉条件，应不予立案；已经立案的，也应当驳回起诉。另外，根据《行政诉讼法解释》第六十九条的规定，未按照法律规定由法定代理人、指定代理人、代表人为诉讼行为的，撤回起诉后无正当理由再行起诉的，行政行为对其合法权益明显不产生实际影响的，也不符合起诉条件，已经立案的，应当裁定驳回起诉。

【实务指导】

关于一并赔偿之诉中行政诉讼超过起诉期限后赔偿请求人能否再次提起单独赔偿之诉的问题。法律对于单独提起的行政赔偿诉讼和一并提出的行政赔偿诉讼分别规定了不同的起诉期限。关于单独提起的行政赔偿诉讼的起诉期限。《国家赔偿法》第十三条规定：“赔偿义务机关应当自收到申请之日起两个月内，作出是否赔偿的决定。……”第十四条规定：“赔偿义务机关在规定期限内未作出是否赔偿的决定，赔偿请求人可以自期限届满之日起三个月内，向人民法院提起诉讼。赔偿请求人对赔偿的方式、项目、数额有异议的，或者赔偿义务机关作出不予赔偿决定的，赔偿请求人可以自赔偿义务机关作出赔偿或者不予赔偿决定之日起三个月内，向人民法院提起诉讼。”第三十九条第一款规定：“赔偿请求人请求国家赔偿的时效为两年，自其知道或者应当知道国家机关及其工作人员行使职权时的行为侵犯其人身权、财产权之日起计算，但被羁押等限制人身自由期间不计算在内。”……本解释第十五条规定：“公民、法人或者其他组织应当自知道或者应当知道行政行为侵犯其合法权益之日起两年内，向赔偿义务机关申请行政赔偿。赔偿义务机关在收到赔偿申请之日起两个月内未作出赔偿决定的，公民、法人或者其他组织可以依照行政诉讼法有关规定提起行政赔偿诉讼。”

根据上述规定，单独提起行政赔偿诉讼的程序是行政行为被确认违法后，赔偿请求人在两年内向赔偿义务机关提出赔偿请求，赔偿义务机关在两个月内不作答复或者虽作出答复但赔偿请求人不服的，在三个月内向人民法院提起行政赔偿诉讼。对于一并提起行政赔偿诉讼的起诉期限。《国家赔偿法》第三十九条第一款规定：“……在申请行政复议或者提起行政诉讼时一并提出赔偿请求的，适用行政复议法、行政诉讼法有关时效的规定。”本解释第十六条亦规定：“公民、法人或者其他组织提起行政诉讼时一并请求行政赔偿的，适用行政诉讼法有关起诉期限的规定。”因此，在提起行政诉讼时一并提出行政赔偿请求的，适用《行政诉讼法》有关起诉期限的规定。

从上述规定看，选择不同的请求赔偿的救济途径，对于赔偿请求人的起诉期限的保护是不一样的。这样就产生了一个司法实践中比较典型的问题，即对行政行为的合法性的起诉已超过起诉期限，但没有超过《国家赔偿法》规定的两年的请求时效，此时，赔偿请求人在提起一并赔偿之诉被驳回后，能否再行提起单独赔偿之诉。比如，在一并提起的行政赔偿诉讼中，行政行为因超过六个月起诉期限而丧失诉权，一并提起的行政赔偿诉讼也一并会丧失诉权。但如果赔偿请求人在两年内又向行政机关提出赔偿请求，然后针对行政机关的赔偿处理决定在三个月内再行提起行政赔偿诉讼，此时法院应当如何处理？有的观点认为，如果允许赔偿请求人单独提起行政赔偿诉讼，则意味着受害人可能对行政行为的合法性再次提出异议，从而将会使《行政诉讼法》关于行政诉讼起诉期限的规定失去意义。也有观点认为，在行政诉讼的起诉期限届满后，只要赔偿请求人在国家赔偿请求时效内启动国家赔偿程序，主张行政行为违法并提出赔偿请求，法院就应当对行政行为的违法性进行审查认定，并对赔偿请求作出相应的处理。其实，对于这个问题，本解释在起草时也进行了认真考虑，甚至在征求意见稿中单独拟定过一条："人民法院对公民、法人或者其他组织一并或者单独提起的行政赔偿诉讼裁定不予立案或者驳回起诉，公民、法人或者其他组织再次单独提起行政赔偿诉讼，符合法定起诉条件的，人民法院应当依法立案。人民法院对公民、法人或者其他组织单独提起的行政赔偿诉讼裁定准予撤诉或者按撤诉处理后，公民、法人或者其他组织以同一诉讼请求再次起诉，符合法定起诉条件且具有正当理由的，人民法院应当依法立案。"虽然本条最终没有保留，但对司法实践中处理此类问题具有一定借鉴意义。对于该问题可以分为两种情形予以考虑：一种情形是如果赔偿义务机关承认其行政行为的违法性，则只要赔偿申请人的起诉符合单独提起行政赔偿诉讼的条件，法院就应当予以受理。另一种情形是，如果赔偿义务机关否认其行政行为的违法性，根据现行法律及司法解释的规定，在单独提起行政赔偿诉讼的程序中，若双方一致认为应当赔偿而仅对数额或方式有争议，基于当事人自认，法院无需对行政行为合法性进行审查，只需审查争议即可；若双方无法就行政行为的违法性达成一致，则法院无法回避对行政行为合法性的审查，应当本着实质解决行政争议的原则，根据个案的具体情况综合考虑并予以裁量。①

（撰写人：张雪明）

---

① 于泓：《选择不同路径请求行政赔偿对赔偿请求人权利的影响》，载中华人民共和国最高人民法院行政审判庭编：《行政执法与行政审判（总第71集）》，中国法制出版社2018年版。

第二十条　在涉及行政许可、登记、征收、征用和行政机关对民事争议所作的裁决的行政案件中，原告提起行政赔偿诉讼的同时，有关当事人申请一并解决相关民事争议的，人民法院可以一并审理。

【条文主旨】

本条是关于行政赔偿诉讼中一并解决民事侵权诉讼的规定。

【起草背景】

本条为新增条款。法律依据源于《行政诉讼法》第六十一条第一款“在涉及行政许可、登记、征收、征用和行政机关对民事争议所作的裁决的行政诉讼中，当事人申请一并解决相关民事争议的，人民法院可以一并审理”，在涉及行政许可、登记、征收、征用和行政裁决等类型的行政赔偿案件中，通常系行政机关及其工作人员与民事第三人作出违法行为，共同造成公民、法人或者其他组织人身权、财产权等合法权益损失，即行政机关与第三人共同侵权。行政赔偿案件如涉及民事赔偿，是否应在民事赔偿终结后才可以受理行政赔偿案件。在以往的司法实践中，因没有相关规定，有的法院要求民事执行终结后，才认为受害者有实际损失，行政赔偿案件方可受理。本解释对此明确规定，行政机关与第三人共同侵权对相对人合法权益造成损失，人民法院可以一并审理，无需等待民事执行终结。为了更好地区分两者之间的法律责任和一体化解行政和民事责任争议，有必要规定行政赔偿诉讼一并解决民事诉讼，畅通行政赔偿和民事赔偿救济程序，实现公私法司法裁判的统一。

【条文释义】

在一并提起的行政赔偿诉讼中设立“一并解决民事争议”制度，主要目的在于实质性化解争议和防止出现矛盾的司法裁判。一方面，“一并解决民事争议”有助于实质性化解争议。行政争议的实质性解决，要求人民法院在办案过程中着眼于当事人的实质诉求，以践行能动司法为手段，以实现案结事了为目标，力求实质正义与形式正义的统一。2014年《行政诉讼法》修改时，将“解决行政争议”置于行政审判的目标首位，充分说明了“解决行政争议”在行政诉讼中的重要性。“化解行政争议是行政诉讼的最终目的，一个诉讼制度如果不能够定分止争，这个制度注定是不能走远的。”[①] 毛雷尔在《行政法学总论》中提及：“法官应当像医生那样，及时处理病理事件，努力平息争议。”通过在审理行政许可、登记、征收、征用和行政机关对民事争议所作的裁决等行政赔偿案件时，一并审理相关民事争议，有助于在同一个诉讼程序中，将行政行为、赔偿请求与相关民事争议共同解决，提高争议解决的效率，降低争议解决的成本。通过这一制度，当事人无需在对行政行为和赔偿请求进行审理的过程中或者结束后另行就相关民事争议提起诉讼，不但可以减轻当事人的讼累，也便于当事人的合法权益及时获得实现。另一方面，“一并解决民事争议”也可以防止出现相互矛盾的司法裁判。人民法院的生效裁判具备既判力，相应的裁判结果和事实认定对于相关法律事实具有约束作用。《行政

① 郭修江：《监督权力 保护权利 实质化解行政争议——以行政诉讼法立法目的为导向的行政案件审判思路》，载《法律适用》2017年第23期。

诉讼法解释》第六十九条第九项规定，诉讼标的已为生效裁判或者调解书所羁束的情况下应当裁定驳回当事人的起诉。《行政诉讼证据规定》第七十条规定，生效的人民法院裁判文书确认的事实，可以作为定案依据。由于行政行为诉讼、行政赔偿诉讼和相关民事争议之间存在案情上的关联，由同一个合议庭进行审理，有利于对案件事实和法律适用进行总体把握，作出逻辑清晰、相辅相成的裁判。若相关当事人另行提起民事诉讼，可能导致基于同一事实而产生的两个案件分属不同合议庭甚至不同法院审理，不同的审判组织可能对同一案件事实作出不同的认定，从而作出相互矛盾的裁判，使得法院的裁判缺乏稳定性和严肃性。由同一个合议庭对行政行为诉讼、行政赔偿诉讼和相关民事争议一并审理，有利于对认定的事实保持一致，适用的法律保持统一，裁判的结果不相冲突，防止人民法院的公正性、权威性发生减损，加强法院司法裁判的确定性和严肃性。

一、相关民事争议一并审理的适用范围

本条的适用范围与《行政诉讼法》第六十一条一并解决相关民事争议适用的案件类型范围相同，主要包括行政许可、登记、征收、征用和行政机关对民事争议所作的裁决的行政诉讼。行政许可，是指行政机关根据公民、法人或者其他组织的申请，经依法审查，准予其从事特定活动的行为。行政登记，是指行政机关依照当事人的申请，对当事人之间的民事法律关系状态加以记载，予以认可和证明的行政行为。行政征收和征用，是指行政主体凭借国家行政权，根据国家和社会公共利益的需要，依法向行政相对人强制性征集一定数额金钱和实物的行政行为，二者的区别在于所有权是否发生移转。行政裁决，是依法由行政机关依照法律授权，对当事人之间发生的与行政管理活动密切相关的民事纠纷进行审查并作出裁决的活动。

首先，一并审理相关民事争议必须以行政诉讼案件的成立为前提，如果没有这个前提，相关民事诉讼将成为无源之水、无本之木，只能成为独立的民事诉讼。因此，只有在当事人提起行政诉讼时，才具备请求一并解决与前述行政行为共同造成损害结果的相关民事争议的条件。

其次，解决行政争议的范围主要包括行政许可、登记、征收、征用和行政机关对民事争议所作的裁决。在这些纠纷类型中，通常存在与之相关的民事纠纷。例如，《最高人民法院关于审理行政许可案件若干问题的规定》第十三条规定："被告在实施行政许可过程中，与他人恶意串通共同违法侵犯原告合法权益的，应当承担连带赔偿责任；被告与他人违法侵犯原告合法权益的，应当根据其违法行为在损害发生过程和结果中所起作用等因素，确定被告的行政赔偿责任；被告已经依照法定程序履行审慎合理的审查职责，因他人行为导致行政许可决定违法的，不承担赔偿责任。在行政许可案件中，当事人请求一并解决有关民事赔偿问题的，人民法院可以合并审理。"原告对行政机关的行政许可行为不服提起行政诉讼，其中涉及第三人应当承担的连带或者按份赔偿责任，属于民事责任，人民法院可以一并审理。《国家赔偿法》第九条第二款规定："赔偿请求人要求赔偿，应当先向赔偿义务机关提出，也可以在申请行政复议或者提起行政诉讼时一并提出。"在行政机关和他人恶意串通共同违法侵犯原告合法权益的情形下，因为行政许可行为给原告造成损害，原告可以在行政诉讼中一并提起行政赔偿诉讼；而且，由于损害是行政机关和他人恶意串通共同违法所造成，因此原告也可以要求他人承担民事责任，从而满足行政赔偿诉讼中一并审理相关民事争议的适用条件。

在行政登记案件中也存在一并审理相关民事争议的情形。《最高人民法院关于审理房屋登记案件若干问题的规定》（以下简称《房屋登记案件规定》）第十二条规定：“申请人提供虚假材料办理房屋登记，给原告造成损害，房屋登记机构未尽合理审慎职责的，应当根据其过错程度及其在损害发生中所起作用承担相应的赔偿责任。”第十三条规定：“房屋登记机构工作人员与第三人恶意串通违法登记，侵犯原告合法权益的，房屋登记机构与第三人承担连带赔偿责任。”因此，行政登记案件也可能存在申请人与房屋登记机构，以及房屋登记机构与第三人共同侵权给原告合法权益带来损害的行政赔偿和民事赔偿并存的情形。人民法院应当对案件的基础事实进行查明，如申请人是否提供虚假材料办理房屋登记，房屋登记机构是否未尽合理审慎职责，是否存在房屋登记机构及其工作人员与第三人恶意串通违法登记的情形。在此基础上，才能在行政赔偿诉讼中明确作为被告的房屋登记机构应当承担的行政赔偿责任的多少。而在查清事实的过程中，需要民事侵权主体的参与，对于民事侵权主体的行为和责任也应当有准确的定性和判断。因此，一并解决民事争议对于处理此类案件，实质性化解争议，具有相当重要的作用。此外，预决性行政登记中也存在类似问题。例如，甲、乙二人为房屋所有权产生争议，甲向人民法院提起民事诉讼，乙则以房管部门颁发的房屋所有权证为依据，证明自己拥有房屋所有权。此时，如果甲向人民法院对房管部门颁发房屋所有权证的行为提起诉讼，并提出行政赔偿请求，那么人民法院可以对甲和乙之间的民事争议予以处理。

行政裁决案件中，人民法院也可以一并审理相关民事争议。例如，《土地管理法》第十四条规定：“土地所有权和使用权争议，由当事人协商解决；协商不成的，由人民政府处理。单位之间的争议，由县级以上人民政府处理；个人之间、个人与单位之间的争议，由乡级人民政府或者县级以上人民政府处理。”行政裁决不同于一般的行政行为，其内容系为解决民事争议而作出的决定，具有民事性、居间性和准司法性的特征。当事人就行政裁决提起行政诉讼，请求人民法院对行政裁决进行审查，实质上系要求人民法院解决当事人之间的民事争议。因此，在处理行政裁决案件时，可以一并解决相关民事争议。

再次，对于本条的适用范围是否局限于列明的五种案件类型，我们认为，除上述五种情形之外，在其他类型的行政案件中也可以一并审理相关民事争议。理由如下：（1）《行政诉讼法》第六十一条规定的五种案件类型是例示性规定，并不表示涵盖了一并审理相关民事争议的所有情形。且《行政诉讼法解释》第一百三十九条规定了不予准许一并审理民事争议的情形，也就是说，在这些明确禁止的情形之外，人民法院对于是否一并审理相关民事争议具有裁量权。（2）除了行政先行处理的事项之外，人民法院对一并审理的民事争议本身就具有直接的管辖权。因此，一并审理民事争议的范围并不限于“行政许可、登记、征收、征用和行政机关对民事争议所作的裁决”的情形，还包括其他类型的案件，如行政确认、行政处罚等。行政确认是指行政机关对民事争议当事人的民事法律地位、民事权利义务给予确定、认可、证明的行政行为。当事人认为行政确认行为给其造成损害，且行政确认与损害之间具备因果关系时，可以在对该行政确认行为提起行政诉讼时，一并提出行政赔偿请求。由于行政确认涉及民事主体间权利义务关系，故就相关民事争议也可以申请人民法院一并解决，请求人民法院对当事人之间的民事权利义务重新予以确定、认可。行政机关在对民事纠纷的当事人作出行政处罚时，对当事人之间的民事争议未作处理，民事纠纷中的当事人如对该行政处罚行为不服，提起行政诉讼，请求撤销或变更该行政处罚，并对行政处罚给其造成的合法权益损害提起赔偿请求，此时也可请求人民法院一并解决相关民事争议。

二、需要在原告提起行政赔偿诉讼的同时提出请求

原告提起行政赔偿诉讼有两种情形：（1）在提起行政诉讼时一并

提出。原告一并提起行政赔偿诉讼，又包括两种情况：原告在提起行政诉讼时主动提起行政赔偿诉讼，与视为一并提起行政赔偿诉讼。《国家赔偿法》第九条第二款规定："赔偿请求人要求赔偿，应当先向赔偿义务机关提出，也可以在申请行政复议或者提起行政诉讼时一并提出。"据此，原告在对行政许可、行政裁决、征收、征用等行政行为提起行政诉讼时，可以一并提出行政赔偿诉讼。同时，本解释第十三条第一款规定，行政行为未被确认为违法，公民、法人或者其他组织提起行政赔偿诉讼的，人民法院应当视为提起行政诉讼时一并提起行政赔偿诉讼。也即在侵权行政行为未被确认违法时，原告仅提起行政赔偿诉讼，人民法院应当视为提起行政诉讼时一并提起行政赔偿之诉，亦满足本条申请一并解决相关民事争议的前提条件。（2）单独提起行政赔偿诉讼。根据本解释第十三条第二款的规定，在行政行为已被确认违法，并符合一定条件的情况下，公民、法人或者其他组织可以单独提起行政赔偿诉讼。有观点认为，在单独提起的行政赔偿诉讼中，行政行为已被确认违法，行政机关的侵权行为已通过法律程序予以认定，没有必要再将民事争议引入到单独提起的行政赔偿诉讼中，导致法律关系混乱，当事人完全可以通过另行提起民事诉讼主张权利。对此我们认为，单独提起行政赔偿的诉讼中，虽然行政机关的侵权事实已为法律所确定，但其是否需要承担赔偿责任、应当承担的责任大小并未明确。赔偿请求人因对赔偿义务机关所确定的赔偿方式、项目、数额等，或者不予赔偿决定不服提起行政赔偿诉讼，如涉及相关民事争议，很可能是由行政机关与第三人共同作出侵权行为，此时一并审理相关民事争议，有利于分清权责，明确赔偿责任的承担方式和各方所应承担的赔偿责任大小，有利于纠纷的实质性化解。

关于请求一并解决相关民事争议的时点。《行政诉讼法解释》第一百三十七条规定："公民、法人或者其他组织请求一并审理行政诉讼法第六十一条规定的相关民事争议，应当在第一审开庭审理前提出；有正当理由的，也可以在法庭调查中提出。”本解释第十四条第二款规定：“原告在第一审庭审终结前提起行政赔偿诉讼，符合起诉条件的，人民法院应当依法受理；原告在第一审庭审终结后、宣判前提出行政赔偿诉讼的，是否准许由人民法院决定。”对于提出行政赔偿请求的时间，1997 年《行政赔偿规定》第二十三条第二款规定行政案件的原告可以在提起行政诉讼后至人民法院一审庭审结束前，提出行政赔偿请求。本解释在沿用这一条的前提下，进一步明确了两方面的内容，一是需要符合起诉条件；二是在一审庭审终结后、宣判前提出行政赔偿诉讼的，是否准许由人民法院结合案件审理的具体情况予以决定。在行政赔偿诉讼中，请求一并解决相关民事争议的时间，亦应与行政诉讼中允许提出行政赔偿请求的时间相一致。这是因为，限定请求一并解决相关民事争议的时间，除了为避免过度延长诉讼程序，影响诉讼经济和诉讼效益，使当事人之间的纠纷久拖不决之外，也是促使各方当事人尽快了解对方的诉讼请求、明确案件的争议焦点。如果人民法院同意当事人在行政诉讼过程中提起的行政赔偿诉讼，那么也没有理由拒绝其一并解决相关民事争议的请求。因此，行政赔偿诉讼中请求一并解决相关民事争议的时间应当限定在一审行政案件庭审终结前；当事人在一审庭审后、宣判前请求一并解决相关民事争议的，是否准许由人民法院结合案件审理情况决定。对于单独提起的行政赔偿诉讼，虽然不存在诉讼过程中提起行政赔偿诉讼的情况，但为了实质解决争议、保持法律适用的统一，也应当参照上述时点进行。

此外，要求一并审理民事争议应当在一审中提出。一旦进入二审，当事人一般不得再提出一并解决相关民事争议的请求，否则二审法院对相关民事争议进行实体审理并作出裁判将侵犯当事人的上诉权，违反两审终审原则。本解释第十四条第三款规定，原告在第二审程序或者再审程序提出行政赔偿请求的，人民法院可以组织各方调解；调解不成的，告知其另行起诉。对于当事人一并审理相关民事争议的请求，也应当据此处理。一概否定当事人在二审、再审期间请求一并审理相关民事争议的权利，不利于实质性化解争议，也不利于诉讼经济。《民事诉讼法解释》第三百二十八条规定："在第二审程序中，原审原告增加独立的诉讼请求或者原审被告提出反诉的，第二审人民法院可以根据当事人自愿的原则就新增加的诉讼请求或者反诉进行调解；调解不成的，告知当事人另行起诉。双方当事人同意由第二审人民法院一并审理的，第二审人民法院可以一并裁判。"该条创设了二审中增加诉讼请求的例外情形，即双方当事人同意的情况下可以由二审法院一并审理。本规定是处分原则的体现，在民事诉讼制度中，当事人可以对自己的民事权利进行处分。故，在双方当事人都选择放弃对民事纠纷进行两次审判，要求二审法院对相关民事争议予以一并解决时，二审法院可以尊重当事人的选择权，一并解决相关民事争议，从而实现争议的实质性化解。

三、应当由有关当事人提出请求

（一）一并解决相关民事争议的请求应当由当事人提出

行政诉讼与民事诉讼存在很大的不同。行政诉讼制度要求人民法院审理行政案件时，对行政行为的合法性进行全面审查。即便原告的诉讼请求系确认行政行为程序违法、适用法律错误等具体情形，人民法院也应当对行政行为认定的事实，适用的法律，是否存在滥用职权、超越职权等情形，以及是否存在明显不当等进行全面审查。同时，为实质性化解行政争议，在全面审查被诉行政行为合法性的基础上，人民法院还需要对原告的诉讼请求和理由作出回应。民事诉讼制度则坚持绝对的不告不理原则，不告不理具体包括两层含义：一方面，没有原告的起诉，法院不得启动审判程序，即原告的起诉是法院启动审判程序的先决条件；另一方面，法院审判的范围应与原告起诉的范围相一致，法院不得对原告未提出诉讼请求的事项进行审判。因此，在行政赔偿诉讼中，只有有关当事人请求一并解决相关民事争议，人民法院才可以对相关民事争议进行审理并作出裁判。否则，将超越人民法院司法权的行使范围。此外，人民法院审理的相关民事争议应当是当事人请求解决的民事争议。如果客观上同时存在多个民事争议符合立案条件，而当事人仅请求对部分民事争议进行解决，人民法院不能对其他当事人没有请求的民事争议进行审理并作出裁判。这一特点与行政诉讼的全面审查原则存在较大不同，人民法院在行政诉讼中一并解决相关民事争议时，应当明确当事人的请求内容，不超越当事人的请求，也不遗漏当事人的请求，有针对性地解决相关民事争议。

（二）可以提出请求的当事人范围

行政诉讼中只有行政主体才能作为行政诉讼的被告，但在民事诉讼中并没有这一要求。因此，不限于行政诉讼的原告可以请求一并解决相关民事争议，行政诉讼的第三人（民事主体）也可以要求人民法院解决其与原告之间的民事争议。一并解决相关民事争议中的原告是民事纠纷的一方当事人，其可以是行政行为所确定的承担民事义务或享有民事权利的公民、法人和其他组织，也可以是在引发行政争议的民事纠纷中认为受到损失的一方。一并解决民事争议中的被告只能是民事纠纷中的对方当事人，而不能是行政机关。行政诉讼中的被告虽是特定的行政机关，但行政机关不能成为相关民事争议中的被告，也不能作为原告请求一并解决相关民事争议。

由于双方当事人同时提起一并审理相关民事争议请求的情形是极少的，且在民事诉讼制度中，一方当事人即可启动诉讼，要求双方当事人同时提起一并审理相关民事争议请求有违民事诉讼制度的要求。

故只要一方当事人提出一并解决相关民事争议的请求，在其他条件均符合的情况下，人民法院便可以一并审理，无需征得相关民事争议中对方当事人的同意。

四、民事争议与行政行为之间具有关联性

关联性是在行政诉讼中一并解决民事争议的前提条件。民事争议与行政行为之间的关联程度直接关系到两个诉讼是否适合一并审理。如果民事争议与行政行为之间不存在任何关联，或者关联性并不紧密，都没有一并进行审理的必要。这就意味着并非所有民事争议都应当纳入行政诉讼中一并解决的范围。判断二者是否有关联，要看行政行为内容的不同是否会使民事案件的结果发生实质性的变化。一般来说，与行政行为有关联的民事争议，包括受到行政行为影响的后续民事权利义务关系的争议，以及作为行政行为基础的买卖、共有、赠与、抵押、婚姻、继承等民事权利义务争议。当事人申请一并解决此类民事争议，人民法院经审查认为民事争议与被诉行政行为之间具有关联性，则可以决定一并审理。

在行政赔偿诉讼中，最常见的“相关民事争议”之一，即由行政机关及其工作人员与第三人（民事主体）作出的违法行为，共同造成公民、法人或者其他组织人身权、财产权等合法权益损失的情形。具体来说，可以根据行政机关及其工作人员的主观过错分为以下几种情况：（1）故意。行政机关及其工作人员与第三人恶意串通作出违法行政行为，造成公民、法人或者其他组织人身权、财产权等合法权益实际损失的。如房屋登记机构工作人员与第三人恶意串通违法登记，侵犯原告合法权益；[①] 行政机关在实施行政许可过程中，与他人恶意串

① 《房屋登记案件规定》（法释〔2010〕15号）第十三条。

通共同违法侵犯原告合法权益。[①]（2）过失。第三人作出违法行为，行政机关未尽合理审慎职责或者因过失导致其作出的行政行为违法，造成公民、法人或者其他组织损害的。如甲提供虚假材料办理房屋转移登记，房屋登记机关未尽合理审查职责，在出卖人乙未到场的情况下为甲办理了房屋转移登记。后甲以该房为抵押向银行贷款，因到期无力偿还致该房被法院依法拍卖用于还贷。房屋登记机关对于乙的房屋被拍卖造成的损失负有赔偿责任。再如，甲在自家开荒的农地里烧秸秆，随后引发火灾，林业局防火办接警后立即组织人员前往灭火，明火很快被扑灭。在清理余火期间，林业局防火办指定四名工作人员看守火场，其余人员赶往邻镇救火。大约过了十分钟，留守人员给森保大队打电话让其带走甲，森保大队人员问明情况并简单看了火场后，带甲离开，四名留守人员也同时离开。当日下午，林业局防火办又接到该地火警电话。后经鉴定，第二次起火是由于第一次明火扑灭后，火场无人看守，余火死灰复燃引起，第二次火灾烧毁乙承包果园中的1000余棵果树。第二次火灾显然系上述行政机关履行职责不当导致。（3）不作为。第三人行为造成公民、法人或者其他组织损害，行政机关未尽保护、监管、救助等法定义务的。如甲对乙造成人身伤害，公安机关接到乙的报警电话后不履行或者拖延履行保护公民、法人或者其他组织人身权、财产权法定职责，致使乙身亡。再如，甲酒后无证驾驶摩托车，途中撞上乙堆放在公路边用于修缮公墓的石子，致甲死亡。乙未经许可在公路边堆放石子，且未设置警示标志，该公路管理段作为道路管理养护的职能单位，对乙在公路边随意堆放沙石不及时制止，其对于甲的死亡亦应承担一定的责任。在上述情况下，损害后果均系行政机关及其工作人员与第三人共同造成，民事争议与被诉行

① 《最高人民法院关于审理行政许可案件若干问题的规定》（法释〔2009〕20号）第十三条。

政行为关联紧密，有必要在行政赔偿诉讼中一并审理相关民事争议，有利于更好地区分两者之间的法律责任和一体化解行政和民事责任争议。

除了关联性，一并审理的相关民事争议还应当符合其他条件。《行政诉讼法解释》第一百三十九条规定："有下列情形之一的，人民法院应当作出不予准许一并审理民事争议的决定，并告知当事人可以依法通过其他渠道主张权利：（一）法律规定应当由行政机关先行处理的；（二）违反民事诉讼法专属管辖规定或者协议管辖约定的；（三）约定仲裁或者已经提起民事诉讼的；（四）其他不宜一并审理民事争议的情形。对不予准许的决定可以申请复议一次。"该条规定对一并审理相关民事争议的范围作了排除性规定。（1）法律规定应当由行政机关先行处理的。一些法律规定，对于涉及土地、山林、草原等自然资源所有权以及使用权等依法应当由行政机关先行处理。对于这些民事争议，应当先由行政机关处理。例如，《土地管理法》第十四条第一款到第三款规定："土地所有权和使用权争议，由当事人协商解决；协商不成的，由人民政府处理。单位之间的争议，由县级以上人民政府处理；个人之间、个人与单位之间的争议，由乡级人民政府或者县级以上人民政府处理。当事人对有关人民政府的处理决定不服的，可以自接到处理决定通知之日起三十日内，向人民法院起诉。"《森林法》第十七条第一款到第三款规定："单位之间发生的林木、林地所有权和使用权争议，由县级以上人民政府依法处理。个人之间、个人与单位之间发生的林木所有权和林地使用权争议，由当地县级或者乡级人民政府依法处理。当事人对人民政府的处理决定不服的，可以在接到通知之日起一个月内，向人民法院起诉。"《草原法》第十六条第一款到第三款规定："草原所有权、使用权的争议，由当事人协商解决；协商不成的，由有关人民政府处理。单位之间的争议，由县级以上人民政府处理；个人之间、个人与单位之间的争议，由乡（镇）人民政府或者县级以上人民政府处理。当事人对有关人民政府的处理决定不服的，可以依法向人民法院起诉。”《矿产资源法》第四十九条规定：“矿产企业之间的矿区范围的争议，由当事人协商解决，协商不成的，由有关县级以上地方人民政府根据依法核定的矿区范围处理；跨省、自治区、直辖市的矿区范围的争议，由有关省、自治区、直辖市人民政府协商解决，协商不成的，由国务院处理。”在行政机关作出处理决定之前，人民法院不得在行政诉讼中一并审理相关民事争议。（2）违反民事诉讼法专属管辖规定或者协议管辖约定的。《行政诉讼法解释》第一百四十条第一款规定：“人民法院在行政诉讼中一并审理相关民事争议的，民事争议应当单独立案，由同一审判组织审理。”也就是说，行政诉讼、行政赔偿诉讼和相关民事争议必须在同一个人民法院立案并解决。如果对相关民事争议一并受理违反专属管辖规定或者协议管辖约定，那么人民法院不能对相关民事争议进行一并审理。（3）约定仲裁或者已经提起民事诉讼的。有效的仲裁条款将发生排除人民法院对民事争议的管辖权，因此即使一方当事人请求一并解决相关民事争议，在存在有效仲裁条款的情况下，人民法院也不能在行政赔偿诉讼中对相关民事争议一并审理。而对于已经提起民事诉讼的，当事人已经行使了程序选择权，诉讼已经开始进行，对双方当事人具备拘束力，当事人请求一并解决民事争议属于重复起诉，不应再通过在行政诉讼程序中一并审理民事争议予以解决。例外的情况是，提起民事诉讼的当事人撤回起诉，各方同意在行政诉讼程序中一并审理相关民事争议的，人民法院可予以准许。（4）其他不宜一并审理民事争议的情形。对于兜底条款，不宜作扩大解释，应当将其限定在人民法院一并审理相关民事纠纷将会违反法律规定的情形下。

【实务指导】

一、对于“可以一并审理”的理解

《行政诉讼法》六十一条第一款规定：“在涉及行政许可、登记、征收、征用和行政机关对民事争议所作的裁决的行政诉讼中，当事人申请一并解决相关民事争议的，人民法院可以一并审理。”即赋予了人民法院决定是否一并审理相关民事争议的权利，对于当事人提出的请求，人民法院可以根据具体情况决定是否一并审理。本解释基本延续了这一规定。那么，哪些情况应当一并审理，哪些情况下不适合合并审理呢？一般来说，人民法院在决定是否允许当事人提出的一并审理相关民事争议请求时，首要考虑的因素当然是关联性。如前所述，一并审理民事争议的关键是民事争议与被诉行政行为之间具有关联性，也就是两类争议在法律上的紧密程度。考虑到当事人对于关联程度的把握未必准确，为了争取自己的权益，有可能将并不相关的民事争议请求一并审理，此时，不论从诉讼效率还是避免当事人的诉累方面考虑，赋予人民法院决定是否一并审理的权利都有一定意义。其次，对于相关民事争议是否一并审理还需要依赖对参加者的需要或者权益与既有当事人的可能性负担之间的权衡。如果一并审理相关民事争议会造成已有的行政诉讼程序过度迟延，人民法院也有权利不予准许当事人提起的一并审理相关民事诉讼请求。

但是，我们也看到，司法实践中一并审理民事争议的情形并不多见，更加常见的情况是人民法院过度关注一并审理民事争议会造成已有的行政诉讼程序过度迟延，而忽略了一并解决民事争议所具备的实质性化解争议以及防止人民法院司法裁判间出现冲突的功能。尤其是在行政赔偿诉讼中，因可能涉及共同侵权赔偿责任的分担，对于具有高度关联性的民事案件一并审理，还有利于节约诉讼成本、保证司法救济的及时性，有利于人民群众在个案中感受到司法正义，实现案结事了，防止程序空转，同时维护司法公信力和裁判的严肃性。除此之外，对相关民事争议一并审理，还可以节约诉讼资源，通过在同一诉讼过程中将行政行为、行政赔偿请求以及相关民事争议进行审理，可以避免对案件的重复审查，从而提高诉讼效率，降低诉讼成本。

因此，虽然本解释为了保持表述的一致性，与《行政诉讼法》作了类似的规定，但在司法实践中，只要当事人申请一并解决的民事争议与行政赔偿诉讼具有关联性，人民法院就应当一并审理，破除实践中少用甚至不用该制度所存在的各种障碍，真正激活"一并解决相关民事争议"制度，真正实现制度设计所追求的实质性化解纠纷与防止出现矛盾的司法裁判的功能。

二、行政赔偿诉讼的起诉期限和一并审理民事争议的诉讼时效

在行政赔偿诉讼中请求一并解决相关民事争议，应当分别适用各自的起诉期限和诉讼时效的规定。本解释第16条规定："公民、法人或者其他组织提起行政诉讼时一并提出行政赔偿请求的，适用行政诉讼法有关起诉期限的规定。"第十三条第二款中规定："行政行为已被确认为违法，并符合下列条件的，公民、法人或者其他组织可以单独提起行政赔偿诉讼：（六）在法律规定的起诉期限内提起诉讼。"《民法典》第一百八十八条第一款规定："向人民法院请求保护民事权利的诉讼时效期间为三年。法律另有规定的，依照其规定。"因《行政诉讼法》规定的起诉期限较短，一般来说，如果行政诉讼符合起诉条件，相关的民事争议应该也未过诉讼时效，可以一并审理。如果行政诉讼已经超过起诉期限，不符合起诉条件，而相关民事争议未过诉讼

时效的情况下，民事诉讼当事人可以另行提起民事诉讼。如果行政诉讼未超过起诉期限，且符合立案条件，但当事人请求一并解决的民事争议已经超过诉讼时效，此时民事诉讼中的诉讼时效不应成为人民法院一并受理民事争议的障碍。因为与行政诉讼中人民法院可以主动审查起诉期限不同，民事诉讼中法院不得依照职权主动适用诉讼时效，诉讼时效届满后，权利人仅丧失实体意义上的胜诉权，权利本身及请求权并不消灭。故当事人请求一并解决的民事争议已经超过诉讼时效的，人民法院亦应当受理。受理后，如对方当事人提出诉讼时效抗辩且经审查抗辩成立的，判决驳回诉讼请求。如果对方当事人未提出诉讼时效抗辩，则视为其自动放弃该权利，法院不得以超过诉讼时效为由驳回诉讼请求。

三、充分发挥调解的作用

《行政诉讼法》第六十条规定了可以适用调解的行政案件类型，第一类就是行政赔偿案件。行政赔偿作为国家赔偿的种类之一，虽然有法定的计算标准，但并不妨碍赔偿义务机关与赔偿请求人之间就赔偿方式进行协商、调解。《国家赔偿法》也规定赔偿义务机关可以与赔偿请求人就赔偿方式、赔偿项目和赔偿数额进行协商，从而为行政赔偿诉讼中的调解提供了实体法基础。同时，《行政诉讼法解释》第一百四十一条规定，人民法院一并审理相关民事争议，适用民事法律规范的相关规定，法律另有规定的除外。而调解正是民事诉讼制度的原则之一。在行政赔偿诉讼中一并解决相关民事争议，主要目的之一就是实质性化解争议，这也正是调解的主要功能。在法律允许的范围内，充分发挥调解的作用，对于及时化解行政和民事争议，真正做到定分止争，具有积极意义。但同时应当注意，“当事人在调解中对民事权益的处分，不能作为审查被诉行政行为合法性的根据”。所谓调解，就是允许当事人在互谅互让的基础上，对自己的权益作出相应的处分，这种处分行为，实际上是互谅互让的结果，很可能与客观事实不一致。因此，当事人在调解中的处分行为不能作为认定客观事实的依据，更不应当作为审查被诉行政行为合法性的根据。

（撰写人：刘滥）

五、审理和判决

第二十一条　两个以上行政机关共同实施违法行政行为，或者行政机关及其工作人员与第三人恶意串通作出的违法行政行为，造成公民、法人或者其他组织人身权、财产权等合法权益实际损害的，应当承担连带赔偿责任。

一方承担连带赔偿责任后，对于超出其应当承担部分，可以向其他连带责任人追偿。

【条文主旨】

本条是关于行政共同侵权的构成要件和责任承担方式的规定。

【起草背景】

本条是新增条款。1997 年《行政赔偿规定》第十七条从诉讼当事人的角度对行政机关共同侵权情形下的法律适用作了规定，但共同侵权情形下各方责任如何承担的问题，该司法解释没有作出规定。

随着经济的发展和社会的进步，行政机关的职能也在不断发生转变。行政管理模式由传统的指令型向现代的服务型转变，行政机关通过行政登记、行政指导、行政协议等柔性手段，更加积极主动地参与社会经济管理和公共服务活动，不断推动市场和政府的有机结合。行政管理活动的广覆盖以及多重主体因素的加入，使得民事活动中的混合侵权情形在行政活动中也成为现实。一方面，随着部门分工的不断细化，为了提高行政管理的效率，多个部门联合执法的情况越来越多，两个或两个以上的行政执法部门，按照各自的职责范围，在实施行政执法时进行联合行动。例如，市场监督管理、公安、城管、环保等部门联合对无证无照经营者的经营摊点进行查处，如果上述机关共同决定对商户进行处罚，商户不服，提起行政诉讼，处罚行为一旦被确认违法，就涉及多个赔偿主体问题。按照《国家赔偿法》和 1997 年《行政赔偿规定》的规定，共同行使行政职权的行政机关为共同赔偿义务机关，赔偿请求人可以向共同赔偿义务机关中的任何一个赔偿义务机关要求赔偿，该赔偿义务机关应当先予赔偿。但各个行政机关之间是承担连带责任还是按份责任，无论是《国家赔偿法》还是 1997 年《行政赔偿规定》都没有作出明确规定。

另一方面，在行政程序中，除行政机关和相对人外，有时候会有第三人的参与，导致最终损害结果的原因也会更加复杂。例如，房屋登记程序中，产权人将房屋的相关证件交由第三人保管，第三人持相关证件和伪造的委托代理手续到房屋登记部门办理变更登记，登记机关的工作人员未仔细审查就为第三人办理了变更登记手续。原产权人对房屋变更登记结果不服，提起行政及赔偿诉讼。又如，房屋登记机关的工作人员已经发现变更登记的申请材料不符合要求，但在第三人允诺给其一定好处的情况下，还是决定为第三人办理变更登记。实际上，多个主体共同作用造成损害结果的情形早已不是执法实践中的个别现象。司法实践中，法院针对具体个案也进行了探索裁判。如范某运、范某动诉某县建设局规划许可暨行政赔偿一案中，原告范某运、范某动在未获得经贸部门审批手续的情况下建设加油站并对外经营加油业务，因此该加油站被邹平县工商行政管理局处罚并加以取缔。经法院查明，原告是在仅有规划许可，而未办理合法用地手续，未申请施工许可，属于在手续不全的情况下施工建设加油站。但是，原告的上述建设行为是基于对被告邹平县建设局和魏桥镇政府的信赖而展开的。根据规定，新建加油站的规划许可应当以省级经贸委的核准为前置条件。在原告前置条件未达成的情况下，魏桥镇政府的职能部门收取了原告的土地审批费和规服费，邹平县建设局则为原告办理了规划许可证。至此，法院判定原告加油站被取缔的损失是由原告违法建设和被告违法审批行为共同造成的，各方根据其过错程度承担责任。[①]再如，黄某河诉图门市林业局行政赔偿一案中，第三人董某臣违法用火和被告图门市林业局擅自撤离导致火场死灰复燃的行为最终造成原告黄某河果园的损失，法院根据被告与第三人对造成原告财产损失的过错程度、赔偿能力，并结合原告生产、生活等实际情况，确定被告承担原告直接财产损失 80% 的国家赔偿责任。上述两个案例均纳入最高人民法院行政审判庭编的《中国行政审判指导案例》中。在总结实践经验的基础上，最高人民法院陆续出台一些司法解释，对行政程序中混合侵权情况的审理问题进行规定。关于行政机关与行政相对人均有过错的情况下，《行政诉讼法解释》第九十七条规定："原告或者第三人的损失系由其自身过错和行政机关的违法行政行为共同造成的，人民法院应当依据各方行为与损害结果之间有无因果关系以及在损害发生和结果中作用力的大小，确定行政机关相应的赔偿责任。"关于行政机关与其他加害行为人共同侵权的责任分担问题。《房屋登记案件规定》（法释〔2010〕15 号）第十三条规定："房屋登记机构工作人员与第三人恶意串通违法登记，侵犯原告合法权益的，房屋登记机构与第三人承担连带赔偿责任。"《最高人民法院关于审理行政许可案

① 参见最高人民法院行政审判庭编：《中国行政审判指导案例（第 1 卷）》，中国法制出版社 2010 年版，第 151～155 页。

件若干问题的规定》（法释〔2009〕20号）第十三条规定："被告在实施行政许可过程中，与他人恶意串通共同违法侵犯原告合法权益的，应当承担连带赔偿责任；被告与他人违法侵犯原告合法权益的，应当根据其违法行为在损害发生过程和结果中所起作用等因素，确定被告的行政赔偿责任；被告已经依照法定程序履行审慎合理的审查职责，因他人行为导致行政许可决定违法的，不承担赔偿责任。在行政许可案件中，当事人请求一并解决有关民事赔偿问题的，人民法院可以合并审理。"至于因公民、法人和其他组织自己的行为致使损害发生的，《国家赔偿法》第五条明确规定国家不承担赔偿责任。

行政机关及其工作人员在行使行政职权时，侵犯公民、法人或者其他组织人身权、财产权等合法权益的，应当承担行政赔偿责任，这一点毋庸置疑。但是在多个主体多重因素作用下导致同一损害结果的情况下，赔偿主体及赔偿责任的认定，尤其是人民法院如何判决行政机关承担行政赔偿责任问题，一直是审判实践不断探索的问题。本次司法解释修订，在总结行政赔偿司法实践经验的基础上，参照《民法典》第一千一百六十八条关于"二人以上共同实施侵权行为，造成他人损害的，应当承担连带责任"的规定，对行政赔偿诉讼中行政共同侵权的赔偿责任问题进行了规定，以充分发挥行政审判职能作用，更好地保护公民、法人和其他组织的合法权益

【条文释义】

一、行政赔偿诉讼中共同侵权的构成要件

行政共同侵权的构成要件，是指在何种情况下，具备何种条件，才能认定成立行政共同侵权。是否满足行政共同侵权构成要件，是决

定行政机关是否承担连带赔偿责任的前提和基础。

（一）主体要件

共同侵权，顾名思义，至少是二人以上共同实施侵害行为。单个主体无论实施了几个行为，都不构成共同侵权。在行政赔偿诉讼中，要构成共同侵权，至少有一方行为主体为行政机关。具体包括两种情形：

1. 两个以上行政机关

两个以上行政机关共同实施违法行政行为，造成公民、法人或者其他组织人身权、财产权等合法权益实际损害的，属于标准的行政共同侵权。所谓“两个以上行政机关”，是指两个以上具有独立主体资格的行政机关，不包括同一行政机关内部的两个以上部门，也不包括同一行政机关内部具有从属关系的两个以上行政机构和组织。例如，某市某局在行使职权过程中，该局两个处室共同实施违法行为造成公民、法人或者其他组织的合法权益受到损害，赔偿责任主体只能是该局，而不是由该局所属的处室作为共同赔偿责任主体。

2. 行政机关及其工作人员与第三人

第三人是指除受害人之外的主体，必须是能够独立承担民事赔偿责任的自然人、法人和其他组织。行政机关工作人员，是指在行政机关内行使国家法律赋予的公务职责、从事公务活动的人员。需要注意的是，此处所称之主体是侵权行为主体，而非赔偿责任主体。这一点与民事赔偿存在区别。通常民事赔偿中的赔偿责任主体即是侵权行为主体或其法定代理人，而在行政赔偿中，赔偿责任主体是行政机关，侵权行为主体则是具体实施侵权行为的行政机关及其工作人员。

（二）行为要件

1. 行政行为违法

被诉行政行为违法是承担行政赔偿责任的前提和必要条件，只有行政行为违法，才承担行政赔偿责任。行政行为违法，包含两层含义。

一是该行为首先是行政行为，行政机关作为机关法人在履行民事权利义务过程中作出的民事行为，承担的是机关法人的民事责任，不产生行政赔偿责任；二是要求该行为违法。根据《行政诉讼法》第七十条规定，被诉行政行为存在主要证据不足的、适用法律法规错误、违反法定程序、超越职权、滥用职权、明显不当下列情形之一的，可以认定行政行为违法。除了《国家赔偿法》第三条、第四条所规定的行政机关及其工作人员在行使行政职权时侵犯公民、法人和其他组织人身权、财产权的具体情形之外，根据本解释，还包括不履行法定职责行为以及行政事实行为等，具体可见本解释第一条、第二条释义，此处不作赘述。

2. 共同性的界定

行政赔偿诉讼中，共同侵权区别于一般侵权的重大特征就在于“共同性”。关于共同侵权中“共同性”的界定，民法上有主观说、客观说、折中说等不同观点。主观说认为，共同侵权的各个行为人主观上必须具有共同的意思联络，既包括数个行为人在主观上具有共同故意，也包括数个行为人在主观上具有共同过失。客观说认为，认定共同侵权行为不需要考虑共同侵权人在实施侵权行为时有没有共同故意或共同过失（有无意思联络），只要数个侵权行为直接结合，发生了同一个损害后果，就构成共同侵权。折中说认为，是否构成共同侵权，既要考量主观状态，又要注重其客观结果。客观上，数个侵权人实施的行为直接结合在一起发生了同一个不可分割的损害后果；主观上，数个侵权人具有共同故意或共同过失，但并不要求他们属于相同的故意或者过失，只有他们过错的内容相似即可。我们认为，行政活动有其不同于民事活动的特点，对于混合侵权情形下“共同性”的认定，不能完全照搬民事上的理论。在行政赔偿诉讼中，对于行政共同侵权的认定，主观共同说过于谨慎，会导致受损害一方的权益难以得到保护，尤其是要认定两个以上行政机关存在共同故意或过失，难度较大；客观共同说不符合行政活动的实际，因为行政行为只有行政机关才能作出，持此说则必然将除行政机关之外的第三人侵权情形排除在外；折中说虽然在一定程序上弥补了主观说和客观说二者的缺陷，但会使得问题变得复杂，操作性不强。在认定行政共同侵权时，应当结合立法的价值导向和行政赔偿的功能作用。行政赔偿立法规定共同侵权，不仅要充分保护受损害一方的合法权益，也要遵循侵权人为自己的行为负责的原则，同时兼顾公共利益和个人利益。本次司法解释修改，正是区分了两种情形对行政共同侵权行为规定了不同标准。

第一种即侵权主体只有行政机关的情形下，认定和把握共同侵权行为，原则上应当以行政机关是否共同实施了违法行为为标准。司法解释如此规定，不仅符合国家赔偿法确立的以违法原则为主、以过错及无过错原则为补充的归责原则，也更符合行政活动实际。以是否共同实施违法行为作为认定行政机关共同侵权的主要标准，避免了对主观方面认定的困难，便于受损害一方及时获得行政赔偿，简单明了，可操作性强，同时该标准以行政行为违法作为承担赔偿责任的前提，排除了对合法行为造成的损害给予赔偿的可能，有效地区分了行政赔偿责任与行政补偿责任。在我国，各行政机关的分工是明确的，其职权范围各不相同，因此，一般不会发生行政机关之间相互越权的问题。但是，出于行政管理的需要，两个以上行政机关共同行使职权的情况也是经常发生的。行政机关共同实施，是指两个以上行政机关共同对同一事实共同实施同一行政行为，即两个以上行政机关各自以自己的名义共同签署、署名行使职权。实践中，两个以上行政机关共同行使职权的情况主要有两种情形：一是横向的行政机关之间共同行使职权，即同级行政机关共同行使职权。例如，公安、市场监督管理等部门联合对不符合经营条件的商户进行执法，交通、环境、水务、城市管理等行政机关联合查处生态环境污染违法行为，等等。如果这些行政机关共同行使职权违法并造成行政管理相对人合法权益的损害，共同行使职权的行政机关即构成共同侵权。二是纵向的行政机关之间共同行使职权，即上下级行政机关之间共同行使职权。有学者认为，参照《行政复议法实施条例》第 13 条关于“下级行政机关依照法律、法规、规章规定，经上级行政机关批准作出具体行政行为的，批准机关为被申请人”的规定，上下级之间不存在共同行使职权的问题，应当以批准机关为侵权主体。但实践中，上下级行政机关之间是存在共同行使职权的可能的。例如，上级公安机关工作人员和下级公安机关工作人员共同殴打违法嫌疑人员，此时上级机关和下级机关构成共同侵权主体。需要注意的是，如果下级行政机关经请示上级行政机关后作出决定，而实施行为时是以下级行政机关自己的名义进行的，则不能认定为该行为系上级行政机关与下级行政机关共同实施的，侵权主体只能是下级行政机关。如果下级行政机关请示上级行政机关后，双方共同签署决定，则上下级行政机关同为侵权主体。在原行政机关与复议机关作共同被告的情形下，根据《行政诉讼法解释》第一百三十六条第六款的规定，原行政行为被撤销、确认违法或者无效，给原告造成损失的，应当由作出原行政行为的行政机关承担赔偿责任；因复议决定加重损害的，由复议机关对加重部分承担赔偿责任。

第二种即侵权主体除行政机关外，还包含第三人，该种情形下，认定和把握共同侵权行为，应当以主观上是否存在共同故意为主，也即本条所规定的“恶意串通”。正如前文中所举房屋登记程序中的两个例子，前者行政机关与第三人并无通谋，但各方因素共同作用下导致损害结果的发生，后者行政机关工作人员与第三人存在通谋，即达成了共同致人损害的故意并且实际上造成了损害结果。两种情形造成的损害结果是一样的，但过错大小和主观恶意程度是不一样的，前者显然行政机关的过错程度更低。客观地说，造成最后房屋原权利人损害的直接因素是违法登记行为，又因为包括行政赔偿在内的行政诉讼被告只能是行政机关，受损害一方起诉时可能只列上行政机关，在行政机关只存在过失的情况下，认定行政机关与第三人存在共同侵权行为并承担连带赔偿责任，显然对行政机关是不公平的，也有损社会公共利益，毕竟行政赔偿的经费源于财政，归根结底是用纳税人的钱进行赔偿，如果任何情形下都要求行政机关承担连带赔偿责任，相当于用财政资金来托底，不应予以提倡。人民法院应当根据各侵权行为在损害发生过程和结果中所起作用等因素，判决各侵权主体所应承担的责任。后者行政机关工作人员与第三人存在共同故意的情形下，因工作人员行使职权的行为代表着行政机关，基于过错程度要求行政机关承担连带赔偿责任是公平合理的，当然，这类主观上能明确“恶意”的连带责任，按照《国家赔偿法》的规定，行政机关承担赔偿责任之后，应当向有关工作人员追偿部分或者全部赔偿费用。

恶意串通包含两个层面的含义：一是双方均有损害公民、法人或者其他组织人身权、财产权等合法权益的意图，即“恶意”；二是就此意图双方存在“通谋”，折中通谋既可以表现在双方事先达成协议，也可以表现为一方作出某一意思表示，对方明知其目的违法，仍予以接受。实践中，不仅包括房屋登记机关工作人员与申请人恶意串通主动作为的情形，像《国家赔偿法》第三条第三项规定中的“唆使、放纵他人以殴打、虐待等行为造成公民身体伤害或者死亡的”，也可认定为共同侵权。

3. 损害结果要件

行政赔偿的前提是有实际的损害存在。确定行政机关承担赔偿责任的主要目的是对受损害一方的损失进行赔偿，要赔偿就必须要有损害结果存在。损害结果是侵权主体违法行政行为所造成的客观后果，是行政赔偿责任构成的必要条件。如果侵权主体虽然实施了违法行政行为，但并未造成任何损害结果，则不产生赔偿责任。且损害之客体须为合法权益，换言之，该侵权行为是对法律保护的法律关系、法律秩序正常状态之破坏，而对于非法利益之损害，行政机关不承担赔偿责任。

4. 因果关系要件

尽管侵权主体是复数，但受害人一方的损失是因违法行政行为造成的，即行政行为违法是因，损害结果为果，二者之间的因果关系是联结责任主体与损害结果之间的纽带。行政行为虽然违法，但受损害一方的损失却并不是因为违法行政行为造成的，行政机关并不因此而产生赔偿责任。

二、行政共同侵权情形下的责任承担规则

对于共同侵权行为，其责任承担要区分外部责任和内部责任。

（一）对外承担连带责任

连带责任对外是一个整体责任，无论受损害方向其中一个或者数个连带责任人请求承担责任，都不影响被请求的连带责任人对受损害方承担全部责任。共同侵权行为人对受害人负连带责任，这是共同侵权不同于一般侵权的最基本的特点。所谓连带责任，是指依照法律的直接规定或者当事人的约定，两个以上的责任主体向权利人连带承担全部赔偿责任，权利人有权要求连带责任人中的一人或数人承担全部责任，而一人或数人在承担全部赔偿责任后，将免除其他责任人的赔偿责任的民事责任形态。其具有以下几个特征：（1）数个行为人对受害人要共同承担责任。也就是说，这种责任不同于分别责任，它意味着每个人都有义务向受害人负全部赔偿责任，至于各加害人在实施共同侵权行为过程中对损害结果所起的作用、过错的程度是否相同，并不影响他们对受害人应负的连带责任。同时，共同侵权行为人内部的

责任分担，也不影响他们在外部对受害人所负的责任。(2) 每一个行为人都有义务对受害人承担全部责任，受害人有权请求任何一个或数个共同侵权行为人负全部责任。(3) 行为人中的某一个人进行了全部赔偿后，其他行为人对受害人的赔偿义务因给付目的实现而归于消灭。(4) 共同侵权行为产生的连带责任是法定责任，不因加害人内部的约定而改变。加害人之间基于共同协议免除某个或某些行为人责任，对受害人不产生效力，也不影响连带责任的适用。我国《民法典》第一千一百六十八条明确规定，二人以上共同实施侵权行为，造成他人损害的，应当承担连带责任。

有观点认为，判令共同侵权行为人承担连带责任，将会使赔偿重任压在经济能力强的侵权人身上，而不是过错程度更重的人，尤其是要求对共同侵权后果的发生只起到了细微作用的行为人承担全额赔偿责任，在全部侵权人之间是明显不公平的，连带责任与对自己行为负责之间存在矛盾。我们认为，对共同侵权行为规定连带责任，有其必然性。从受损害一方的角度，权利遭受侵害的被侵权人往往处于弱势地位，要求其一个一个地向侵权方主张相应份额的赔偿，而各个责任人只需依照自己的过错责任承担按份责任，对受害方来说是不公平的。从保护社会弱势群体权益出发，要求共同侵权主体承担连带赔偿责任，可以避免共同赔偿义务机关之间互相扯皮、推诿责任，使赔偿请求人迅速得到赔偿，达到实质上的公平。从共同侵权主体一方的角度，如前所述，只有符合一定条件才能构成共同侵权，共同侵权人的行为具有共同性，正是各个侵权行为的有机结合才导致损害结果的发生，因而判令他们对共同行为造成的损害承担连带责任无可厚非。此外，立法亦有规定，共同侵权人承担连带赔偿责任后有权向其他侵权人进行追偿，而非让受损害方向所有侵权人追偿，更符合立法衡平取舍的价值理念。从诉讼程序来说，要求受损害方分别对侵权人提起诉讼，不仅会造成当事人和法院的负担，甚至可能因裁判尺度掌握不一而导致裁判结果不一致。立法上，《国家赔偿法》明确规定，赔偿请求人可以向共同赔偿义务机关中的任何一个赔偿义务机关要求赔偿，该赔偿义务机关应当先予赔偿。本次司法解释修订，虽然没有直接在法条中对“先予赔偿”进行表述，但本条即蕴含着相关含义。

（二）对内承担按份责任

连带责任人对外承担了赔偿责任后，并不意味着就由该赔偿义务机关承担全部赔偿责任，免除其他侵权主体的赔偿责任。其他造成侵权损害的主体仍然是赔偿主体，共同承担行政违法行为造成的损害。因此，需要在连带责任人内部确定各自的责任，明确相应的追偿权行使规则。对此可通过比较过错和原因力来确定。如果根据过错和原因力难以确定连带责任人责任大小的，可以视为各连带责任人的过错程度和原因力大小是相当的，在这种情况下应当在数个连带责任人之间平均分配责任份额。正如《民法典》第一百七十八条第二款、第三款的规定，连带责任人的责任份额根据各自责任大小确定；难以确定责任大小的，平均承担责任。实际承担责任超过自己责任份额的连带责任人，有权向其他连带责任人追偿。连带责任，由法律规定或者当事人约定。需要注意的是，追偿责任不是连带责任，赔偿义务机关不能向一个或者一部分被追偿人追偿全部应被追偿的金额。而只能分别向各个被追偿人追偿其应当承担的份额。

【实务指导】

一、关于对共同侵权人的起诉问题

连带责任制度，本为便利赔偿请求人求偿而设。但在诉讼程序上，受损害方对共同侵权人应当一并起诉还是可以分别起诉，以及受损害方坚持只对其中部分连带责任人起诉的情况下，人民法院应当如何处理，实体法和程序法上颇有争论。民事上，民法与民事诉讼法的观点并不完全一致。民法理论认为，根据民法连带债务的性质，债权人也即赔偿权利人有权就一部或者全部债权向全体或者部分债务人也即赔偿义务人请求赔偿。换言之，债权人在诉讼主体和诉讼标的上具有选择权，可以对部分债务人就全部债务或者部分债务起诉，也可以向全部债务人就全部或者部分债务起诉。《侵权责任法》第十三条规定："法律规定承担连带责任的，被侵权人有权请求部分或者全部连带责任人承担责任。"《民法典》第一百七十八条第一款规定："二人以上依法承担连带责任的，权利人有权请求部分或者全部连带责任人承担责任。"按照该条规定的文义解释，因共同侵权致人损害，被侵权人可以请求部分连带责任人承担责任，也可以请求全部连带责任人承担责任，则程序上应为可分之诉。民事诉讼法理论则认为对于共同侵权人提起损害赔偿诉讼属于必要的共同诉讼，即不可分之诉。因此，当受害人仅对部分侵权人提起诉讼时，程序法学者认为人民法院应当依照《民事诉讼法》第一百一十九条的规定，通知其他共同侵权人参加诉讼。诉讼法学者认为，一方面，对共同侵权在程序上按必要的共同诉讼处理，符合共同诉讼原理和诉讼标的理论；判决既判力的主观效力也有利于防止受害人对不同的侵权人分别起诉，获得不当利益。另一方面，共同侵权未经诉讼，事实尚未确定，承担连带责任与否及债权人的选择权亦无从谈起；共同侵权成立与否经诉讼确定之后，方可言及是否有连带责任之承担。因此，受害人可在执行阶段选择共同侵权人之一人、数人或全体承担责任，这与连带债务理论并无不合，只不过将其选择权的实现后置到连带债务经诉讼确定后的执行阶段而已，对债权人有益无害。上述争论各有所据。在最高人民法院起草《人身损害赔偿解释》的过程中曾就此反复征求意见。为避免重复诉讼、降低司法成本，2003年《人身损害赔偿解释》第五条最终采纳了民事诉讼法学者关于共同侵权诉讼为必要共同诉讼的观点，规定赔偿权利人仅就部分共同侵权人提起诉讼的，人民法院应依职权通知未被诉的其他共同侵权人作为共同被告参加诉讼。债权人放弃对部分共同侵权人的请求权的，可以在判决书事实查明部分叙明，同时在赔偿总额中扣除被放弃请求权的该部分共同侵权人应当承担的赔偿份额，以昭公平。2020年《人身损害赔偿解释》进行了修正，在修正后的司法解释第二条规定，赔偿权利人起诉部分共同侵权人的，人民法院应当追加其他共同侵权人作为共同被告。赔偿权利人在诉讼中放弃对部分共同侵权人的诉讼请求的，其他共同侵权人对被放弃诉讼请求的被告应当承担的赔偿份额不承担连带责任。责任范围难以确定的，推定各共同侵权人承担同等责任。人民法院应当将放弃诉讼请求的法律后果告知赔偿权利人，并将放弃诉讼请求的情况在法律文书中叙明。2022年4月24日第二次修正的《人身损害赔偿解释》就此未作变化。

在行政赔偿诉讼上，1997年《行政赔偿规定》第十七条规定："两个以上行政机关共同侵权，赔偿请求人对其中一个或者数个侵权机关提起行政赔偿诉讼，若诉讼请求系可分之诉，被诉的一个或者数个侵权机关被告；若诉讼请求系不可分之诉，由人民法院依法追加其他侵权机关为共同被告。"本次司法解释修改删除了该规定，在第八条作出明确规定，两个以上行政机关共同实施侵权行政行为造成损害的，共同侵权行政机关为共同被告。赔偿请求人坚持对其中一个或者几个侵权机关提起行政赔偿诉讼，以被起诉的机关为被告，未被起诉的机关追加为第三人。

关于行政共同侵权中的第二种情形，即行政机关及其工作人员与第三人恶意串通作出的违法行政行为，造成公民、法人或者其他组织人身权、财产权等合法权益实际损害的，赔偿请求人坚持对其中一个主体提起诉讼，人民法院是否应当追加连带责任人的问题。在行政赔偿诉讼中，这个问题倒也不难解决，因为行政赔偿案件的被告只能为行政机关。如果受害方当事人仅就行政机关一方提出行政赔偿诉讼，人民法院应当将行政机关列为行政赔偿案件的被告，同时根据修订后的司法解释第二十条的规定，在涉及行政许可、登记、征收、征用和行政机关对民事争议所作的裁决的行政案件中，行政机关可以申请人民法院一并解决与前述行政行为共同造成损害结果的相关民事争议问题，实施侵权的第三人就作为相关民事诉讼的被告。如果受害方当事人就行政机关、实施侵权行为的第三人要求承担民事赔偿责任的，人民法院应当将他们作为共同被告，被判决两被告对全部损失承担连带民事赔偿责任；如果受害方当事人仅就实施侵害的第三人提起民事侵权赔偿诉讼的，人民法院应当将行政机关追加为第三人，判决被告实施侵权行为的第三人承担全部损失的民事赔偿责任，同时判决行政机关承担连带赔偿责任。

二、行政行为违法与他人民事侵权交叉混合致使当事人合法权益受损时，行政机关赔偿责任的承担以及分摊原则

首先需要明确的是，行政行为违法并不必然导致行政机关承担行政赔偿责任。行政机关承担赔偿责任除了行政行为违法之外，还需满足损害结果、因果关系等构成要件。尤其是在行政行为违法与他人民事侵权交叉混合致使当事人合法权益受损的情况下，行政机关是否承担赔偿责任以及如何承担赔偿责任，根据《行政诉讼法》《国家赔偿法》以及本解释等，应当区分情况分别对待。第一，行政机关及其工作人员与第三人恶意串通的情况下，行政机关承担连带赔偿责任。原告有权请求行政机关、第三人或者两者承担全部责任。由于判断行政

机关“恶意串通”的主观状态比较困难，法院可以通过对行政机关工作人员的行为是否符合常理等综合予以判断。第二，行政机关与第三人分别违法的情况下，行政机关承担按份责任。由于第三人提供虚假材料，导致行政机关作出的行政行为违法，造成公民、法人或者其他组织损害的，人民法院应当根据违法行政行为在损害发生和结果中的作用大小，确定行政机关承担相应的行政赔偿责任。第三，行政机关已经尽到审慎审查义务的，不承担行政赔偿责任。

三、行政混合侵权情形下的审理路径

共同侵权是行政混合侵权之一种。除本条所列的两种情形外，《行政诉讼法解释》还规定了行政机关违法与原告自身存在过错并存情形下，人民法院如何确定赔偿责任的问题。《行政诉讼法解释》第九十七条规定，原告或者第三人的损失系由其自身过错和行政机关的违法行政行为共同造成的，人民法院应当依据各方行为与损害结果之间有无因果关系以及在损害发生和结果中作用力的大小，确定行政机关相应的赔偿责任。在一起行政赔偿案件中，如果同时存在行政机关、第三人共同侵权以及当事人自身也存在过错的情况下，首先，应当区分侵权方与受损害方，根据侵权行为与受损害方的过错程度，确定共同侵权人应当承担的赔偿责任比例；其次，在共同侵权人应当承担的赔偿责任比例中，判令行政机关承担连带赔偿责任。行政机关不得以受损害方存在过错为由拒绝承担赔偿责任，有过错的当事人也不能以行政机关与第三人恶意串通为由要求行政机关承担全部赔偿责任。

（撰写人：梁凤云）

第二十二条　两个以上行政机关分别实施违法行政行为造成同一损害，每个行政机关的违法行为都足以造成全部损害的，各个行政机关承担连带赔偿责任。

两个以上行政机关分别实施违法行政行为造成同一损害的，人民法院应当根据其违法行政行为在损害发生和结果中的作用大小，确定各自承担相应的行政赔偿责任；难以确定责任大小的，平均承担责任。

【条文主旨】

本条是关于行政机关分别侵权承担连带责任和按份责任的规定。

【起草背景】

本条为新增条款。第一款是参照《民法典》第一千一百七十一条“二人以上分别实施侵权行为造成同一损害，每个人的侵权行为都足以造成全部损害的，行为人承担连带责任”，对特定条件下行政机关分别侵权承担连带责任作出的规定；第二款是参照《民法典》第一千一百七十二条和以往最高人民法院相关司法解释，对行政机关分别侵权承担按份责任作出的规定。本条规定的情形在行政赔偿诉讼司法实践中长期存在，有必要进行规范。

【条文释义】

一、"行政分别侵权承担连带责任或按份责任"的制度缘起与功能

（一）制度缘起

分别实施违法行政行为造成同一损害的情形，在民法学理论上被称为无意思联络的数人侵权，属于多数人侵权的一种。多数人侵权产生共同责任。共同责任所表述的，就是在侵权人是多人的情况下，侵权责任在不同的当事人之间进行分担的不同形态。这个概念，与大陆法系侵权法中的多数人之债概念，以及英美侵权法特别是美国侵权法的责任分担概念，是基本相同的。[①]

对于客观关联的多数侵权人导致同一不可分损害者应如何分担责任，大陆法系各国和地区通过立法或者判例，基本形成一致的规则。"《德国民法第一草案》第714条第2项对此种情形原设有明文，规定：'多数人之行为导致损害，虽无意思联络，若各人对损害所生之部分，无法确定者，负连带赔偿责任。'"作为《德国民法典》第840条规定的连带债务人之一种，多数侵权人"可以是共同侵权人，也可以是分别的竞合侵权人……所有这些人都要对受害人的全部损失负责"。不论每个侵权人的行为单独足以还是不足以造成全部损害，多数侵权人都可能承担连带责任，只不过两者适用的法律条文不同而已。《法国民法典》未就客观关联的多数人侵权责任作出明确规定，但法国法院在处理这类案件时的立场早已明确，即如果能够很容易地确定

① 杨立新：《论竞合侵权行为》，载《清华法学》2013年第1期。

每一个人的责任范围，则其各自对受害人的赔偿责任仍相互区分，否则法院将适用连带责任。受害人唯一要做的是证明每一个侵权人都参与了损害的制造。法国最高法院在这类案件中经常使用的表述是“参与全部损害制造的共同制造者必须承担全部补偿责任”，或者“对一个单一损害负有责任的每一个人必须就其全额予以补救，法官所作的责任分配仅仅针对侵权人之间的关系，而不能影响他们对受害人的责任”。①

在我国，2003 年《人身损害赔偿解释》的颁布，提出了多数人侵权行为的新规则。该解释第三条第一款规定：“二人以上共同故意或者共同过失致人损害，或者虽无共同故意、共同过失，但其侵害行为直接结合发生同一损害后果的，构成共同侵权，应当依照民法通则第一百三十条规定承担连带责任。”第二款规定：“二人以上没有共同故意或者共同过失，但其分别实施的数个行为间接结合发生同一损害后果的，应当根据过失大小或者原因力比例各自承担相应的赔偿责任。”从立法安排上看，该条实际上规定了两种多数人侵权情形：（1）第一款规定的共同加害行为，又称为“真正的共同侵权行为”，行为人承担连带责任。按该司法解释的规定，除按“主观过错说”将二人以上共同故意或者共同过失致人损害归属为共同侵权行为以外，二人以上没有共同故意或者共同过失，但其行为“直接”结合导致发生同一损害后果的，也被纳入共同侵权行为规制范畴，进而承担连带责任；（2）第二款规定的“多因一果”侵权行为。所谓“多因一果”侵权行为，指的是数个行为人无共同过错，但其行为“间接”结合导致同一损害后果发生的侵权行为。“多因一果”行为通常是几个与损害后果有间接因果关系的行为与一个同损害后果有着直接因果关系的行为

① 参见魏森：《客观关联的多数人侵权责任研究——以比较法考察为中心》，载《法商研究》2014 年第 1 期。

间接结合导致同一损害后果的发生。[①]

2010年实施的《侵权责任法》则以有无意思联络为标准，对多数人侵权的分类体系进行了完全的立法重构，首次对分别侵权行为人承担连带责任和按份责任作出明确表述。该法第十一条规定，“二人以上分别实施侵权行为造成同一损害，每个人的侵权行为都足以造成全部损害的，行为人承担连带责任。”第十二条规定，“二人以上分别实施侵权行为造成同一损害，能够确定责任大小的，各自承担相应的责任；难以确定责任大小的，平均承担赔偿责任。”此后，分别侵权行为人的责任承担方式作为民事侵权责任的基本制度之一，在诸多司法解释中都得以重申，例如《最高人民法院关于审理道路交通事故损害赔偿案件适用法律若干问题的解释》（法释〔2012〕19号）、《最高人民法院关于审理环境侵权责任纠纷案件适用法律若干问题的解释》（法释〔2015〕12号）、《最高人民法院关于审理医疗损害责任纠纷案件适用法律若干问题的解释》（法释〔2017〕20号）等。

随着《民法典》的实施，相关规定得以延续。《民法典》第一千一百七十一条规定，“二人以上分别实施侵权行为造成同一损害，每个人的侵权行为都足以造成全部损害的，行为人承担连带责任。”《民法典》第一千一百七十二条规定，“二人以上分别实施侵权行为造成同一损害，能够确定责任大小的，各自承担相应的责任；难以确定责任大小的，平均承担责任。”由此可见，民事法律制度对于分别侵权行为人责任承担的相关规定保持相对稳定，没有出现较大的理论争议和规范内容的变化。

在行政赔偿制度中，我国采用的是以违法责任原则为主要归责原

---

① 曹险峰：《论“多因一果”的侵权行为——兼论多数人侵权行为体系之建构》，载《法律科学》2007年第5期。

则的多元化归责体系[①]，责任承担也包括连带责任和按份责任。早在1995年实施的《国家赔偿法》第十条就规定："赔偿请求人可以向共同赔偿义务机关中的任何一个赔偿义务机关要求赔偿，该赔偿义务机关应当先予赔偿。"这条规定实际上确立了行政机关共同侵权承担连带责任的原则。按份责任则最早出现在《房屋登记案件规定》（法释〔2010〕15号），该司法解释第十二条规定："申请人提供虚假材料办理房屋登记，给原告造成损害，房屋登记机构未尽合理审慎职责的，应当根据其过错程度及其在损害发生中所起作用承担相应的赔偿责任。"2018年实施的《行政诉讼法解释》第九十七条在总结和吸收上述规定的基础上，规定"原告或者第三人的损失系由其自身过错和行政机关的违法行政行为共同造成的，人民法院应当依据各方行为与损害结果之间有无因果关系以及在损害发生和结果中作用力的大小，确定行政机关相应的赔偿责任。"[②] 至此，确立了在混合过错的情形下，行政机关承担按份赔偿责任的原则。

考虑到《侵权责任法》和《民法典》中以"有无意思联络"为标准划分的多数人侵权的相关规定已趋成熟，本条规定参照其相关内容，同时结合行政赔偿制度中已经确立的归责原则，形成本条规定。

（二）制度功能

首先，本条规定设立了行政机关分别侵权的责任承担方式，即数个侵权的行政机关之间无意思联络，在适用时应当区别于本司法解释上一条规定的数个行政机关共同侵权。

分别侵权与共同侵权的根本区别在于数个行政机关之间没有主观

① 江必新、梁凤云、梁清：《国家赔偿法理论与实务》，中国社会科学出版社2010年版，第599页。

② 最高人民法院行政审判庭编著：《最高人民法院行政诉讼法司法解释理解与适用》，人民法院出版社2018年版，第447页。

上的意思联络，也不存在共同过失，而是分别按照各自的意思实施了侵权行为，但造成了同一个损害后果。把有无意思联络作为基本的价值判断的依据在于，现代侵权法理论遵循理性原则，认为侵权人的责任承担应当与其理性预期相一致。故，有无合理的理性预期就成了有无意思联络的多数人侵权在责任承担方式上的分水岭，立法上也采用了这一标准。如数个行政机关之间存在意思联络，共同作出行政行为对行政相对人造成损害的，属于共同侵权；如数个行政机关之间无意思联络，分别作出行政行为，即便对行政相对人造成了同一损害后果，也属于分别侵权而非共同侵权。

其次，本条规定的行政机关分别侵权的责任划分要求必须给受害人造成的是同一损害后果，相较于共同侵权而言，强调损害的同一性。如果能够区分出各个行政机关造成的损害后果并不相同，就不是同一损害，而是不同损害，应当各自按照过错责任、过错推定责任或者无过错责任原则的规定确定各自的赔偿责任。

再次，分别侵权与共同侵权的责任承担方式不同。一旦认定为共同侵权，数个侵权的行政机关就应当对损害后果承担连带责任，而不论其在实施行政行为过程中的过错大小。分别侵权则不同，即使造成的是同一损害后果，也可能根据其所实施的行政行为在损害发生和结果中的作用大小而承担不同的赔偿责任。

二、“行政分别侵权承担连带责任或按份责任”的构成要件

适用本条规定应当符合下列构成要件：

（一）两个以上行政机关实施的违法行为均符合国家赔偿的赔偿范围

两个以上行政机关分别实施违法行政行为，行政机关的复数性是最基本的条件，同时每个行政机关分别实施的违法行政行为都应当造

成损害，也即每个违法行政行为分别都符合国家赔偿的构成要件。例如，《国家赔偿法》第三条规定，行政机关及其工作人员在行使行政职权时有下列侵犯人身权情形之一的，受害人有取得赔偿的权利：（1）违法拘留或者违法采取限制公民人身自由的行政强制措施的；（2）非法拘禁或者以其他方法非法剥夺公民人身自由的；（3）以殴打、虐待等行为或者唆使、放纵他人以殴打、虐待等行为造成公民身体伤害或者死亡的；（4）违法使用武器、警械造成公民身体伤害或者死亡的；（5）造成公民身体伤害或者死亡的其他违法行为。《国家赔偿法》第四条规定，行政机关及其工作人员在行使行政职权时有下列侵犯财产权情形之一的，受害人有取得赔偿的权利：（1）违法实施罚款、吊销许可证和执照、责令停产停业、没收财物等行政处罚的；（2）违法对财产采取查封、扣押、冻结等行政强制措施的；（3）违法征收、征用财产的；（4）造成财产损害的其他违法行为。

本条规定并非独立的请求权基础，应当根据《国家赔偿法》第三条、第四条等的规定，逐个判断各行政机关实施的违法行政行为是否属于《国家赔偿法》规定的范围，是否应当承担赔偿责任。同时，《国家赔偿法》第五条规定的国家不承担赔偿责任的情形，也应当注意从中排除。总之，在判断各个违法行政行为是否属于国家赔偿范围时，所有确认是否属于国家赔偿范围的规定都应当加以适用。如果其中一个行政机关实施的行政行为不属于国家赔偿范围，则无须承担本条规定的侵权责任。只有各个行政机关分别实施的行政行为都属于国家赔偿范围，才符合本条适用的条件。

（二）两个以上行政机关分别实施侵权行为

分别侵权，民法学上也称为无意思联络的数人侵权，是指数个行为人事先没有共同故意，也没有共同过失，只是由于他们各自的行为与损害后果之间存在客观上的联系，造成了同一个损害后果的侵权行为类型。本条要求“两个以上行政机关分别实施违法行政行为造成同一损害”，也即违法行政行为是由两个以上行政机关分别实施的，而不是共同实施的。所谓“分别”，是指数个实施违法行政行为的行政机关之间不具有主观上的关联性，各个违法行政行为都是相互独立的。每个行政机关在实施违法行政行为之前以及实施违法行政行为的过程中，与其他行政机关无意思联络，也没有认识到还有其他行政机关也在实施类似的违法行政行为。如果各个行政机关在主观上具有意思联络，存在共同故意或者共同过失，则应当适用共同侵权的规定，即本司法解释的上一条规定。

（三）造成同一损害后果

无意思联络的数人侵权和数个侵权行为并存的重要区别在于，前者要求数个行为人造成同一损害后果，而后者则是分别造成了不同的损害后果。民法学界对于何为“同一损害后果”存在争议。有观点认为，“应当从各个侵权人的侵权行为与受害人损害之间的责任成立因果关系的角度上理解‘同一损害’。申言之，同一损害既不是指仅给受害人造成了一个损害或造成同一性质的损害，也不意味着受害人遭受的损害是不可分割的。它是指各个侵权人分别实施的加害行为均与受害人的权益被侵害之间存在因果关系。一方面，如果受害人仅遭受了一个损害，则每个侵权人的行为都和这个损害具有责任成立上的因果关系。例如，张某骑摩托车撞伤了李某，李某被送到 A 医院治疗，因 A 医院的医疗过失，李某死亡。另一方面，如果受害人遭受了多个损害，则各个侵权人的行为与该多个损害之间都具有责任成立的因果关系。例如，甲驾驶的 A 车与乙驾驶的 B 车相撞，致使 A 车内的乘客丙受伤，其手上的手表毁损。如果数人的侵权行为分别侵害了受害人的不同权益，造成了不同的损害，则属于数个侵权行为的并存，并非无意思联络的数人侵权。例如，某日，窃贼张三将房地产开发商李四汽车上的名画偷走，数分钟后对李四不满的业主王五将李四的汽车烧毁。张三和王五也是分别实施了侵权行为，给李四造成了损害，且性质相同都是财产损害。但是，他们造成的并非同一损害，不属于无意思联络的数人侵权。因此，张三和王五应当分别在各自行为的因果关系范围内承担损害赔偿责任。”[①]

也有观点认为，“《侵权责任法》第 11 条、第 12 条将每一个侵权人的行为都是损害发生的充分原因作为多数侵权人承担连带责任的条件，已导致对受害人不公平的后果，不具有正当性，应改采世界多数国家和地区通行做法，以损害的同一且不可分作为确定客观关联的多数侵权人承担连带责任的标准。”[②] 主要理由包括：（1）从因果关系的角度看，损害的同一且不可分意味着每个侵权人的行为都是全部损害的原因而不仅仅是部分损害的原因，因而令侵权人对全部损害承担连带责任并无不公。（2）从伦理规范角度看，在损害同一且不可分时，令侵权人对全部损害承担连带责任更符合伦理规范。（3）从受害人保护角度看，现行标准已导致对受害人严重不公。（4）从司法实践效果看，现行标准已导致同类案件法律适用的不确定和不统一。[③]

我们认为，对于如何构成“同一损害后果”应当进行宽泛的理解，即各个侵权人分别实施的加害行为均与受害人的权益被侵害之间存在因果关系即可。同时排除数人的侵权行为分别侵害受害人的不同权益，造成了不同的损害，即数个侵权行为并存的情形。第一，损害后果可以是可分的，例如两个以上行政机关的行为给行政相对人同时造成人身损害和财产损害，即便人身损害和财产损害是可以区分的，也应当适用本条规定，而不限于两个以上行政机关的行为都只造成了

① 程啸：《侵权责任法》，法律出版社 2015 年版，第 381 页。

②③ 魏森：《客观关联的多数人侵权责任研究——以比较法考察为中心》，载《法商研究》2014 年第 1 期。

同一人身损害或同一财产损害的情形。第二，尽管损害后果是可分的，但要求每个行政机关的违法行为都与损害后果具有因果关系，从而排除掉数个侵权行为并存分别追究责任的情形。

三、“行政分别侵权”的责任承担方式

这里所称的“行政分别侵权”，是以两个以上行政机关分别实施违法行政行为造成同一损害为前提，如其分别实施的行政行为造成了不同的损害后果，则应当分别承担相应的责任，不存在本条规定的责任划分问题。

本条第一款和第二款分别规定了分别侵权的情况下，各个行政机关是承担连带赔偿责任还是按份赔偿责任的情形。连带赔偿责任要求各个行政机关在面对行政相对人时，对损害后果都应当承担全部责任，相对人可以要求其中一个或者几个行政机关对损害后果承担全部责任。而按份责任则需要人民法院根据每个行政机关的违法行政行为在损害发生和结果中的作用大小，确定各自承担相应的行政赔偿责任；难以确定责任大小的，平均承担责任。行政相对人只能要求各个行政机关就违法行为造成损害后果的作用大小，承担其相应范围的责任，不能要求每个行政机关就损害后果承担全部责任。两种不同的责任承担方式无论是对行政机关还是行政相对人，都有重大影响，因此有必要对两种情形加以区别。

（一）行政机关承担连带赔偿责任的情形

本条第一款规定：“两个以上行政机关分别实施违法行政行为造成同一损害，每个行政机关的违法行为都足以造成全部损害的，各个行政机关承担连带赔偿责任。”从条文表述来看，只有当分别实施侵权行为的数个行政机关“每个行政机关的违法行为都足以造成全部损害的”，才能适用本款规定承担连带赔偿责任。应如何理解“每个行

政机关的违法行为都足以造成全部损害的”呢？有观点认为，所谓“足以”，并不是指每个侵权行为都实际上造成了全部损害，而是指即便没有其他的侵权行为的共同作用，独立的单个的侵权行为也有可能造成全部损害。[①] 也有观点认为，应当从因果关系的角度来考察，即：（1）各侵权人的行为均为发生损害后果的直接原因；（2）每一个独立的侵权行为均具有造成全部损害后果的原因力；（3）各原因力可以互相替代，而损害后果的同一性不因此发生改变。[②] 还有观点认为，“首先，每个人的侵权行为‘足以’造成全部损害意味着各个侵权行为都与损害具有相当因果关系且原因力是相同的。它们中的任何一个单独出现的话，在法律上都与全部的损害具有相当因果关系。其次，足以并不意味着每个侵权行为都实际造成损害。”[③]

我们认为，“每个行政机关的违法行为都足以造成全部损害的”情形应当作如下认定：（1）各个行政机关的违法行为均为发生损害后果的直接原因，如果违法行为引起的其他后续行为间接导致损害后果发生的，不属于本规范所应当调整的情形。（2）每一个独立的违法行为均具有造成全部损害后果的原因力的可能性。即从现实情况来分析，并不一定是数个违法行政行为中的每个行为都事实上导致了侵权行为损害后果的发生，这里规定的“足以”，强调的是每个违法行政行为都有单独导致损害后果发生的可能性，也就是具备充分的原因力。换句话说，每个违法行政行为都是损害后果发生的充分条件，尽管事实上不一定每个违法行政行为都导致了损害后果的发生。如果各原因力可以互相替代，而损害后果的同一性不因此发生改变，那么，我们就

① 王胜明主编：《中华人民共和国侵权责任法解读》，中国法制出版社 2010 年版，第 54 页。

② 最高人民法院侵权责任法研究小组编著：《〈中华人民共和国侵权责任法〉条文理解与适用》，人民法院出版社 2010 年版，第 92 页。

③ 程啸：《侵权责任法》，法律出版社 2015 年版，第 383 页。

可以判断每个行政违法行为都可能是损害后果发生的充分条件。(3)这里的"足以"也体现在因果关系的判断上，有学者称之为叠加的因果关系。两个以上的行政机关分别实施违法行政行为，已经确定其为各个独立的侵权行为，应当由各行政机关各自承担赔偿责任。但本款所规定的情形下的每一个行政机关对于损害后果的发生都具有全部的原因力，故每个行政机关都应当承担全部赔偿责任。[①] 之所以对此作出严格限制，就是因为行政机关承担的是连带赔偿责任，为了防止滥科连带责任，必须从因果关系的角度加以限制。否则，在各个行政机关没有意思联络的情况下，仅仅是为了行政相对人的赔偿更有保障而要求各行政机关承担连带赔偿责任，理由不充分。[②]

(二)行政机关承担按份赔偿责任的情形

本条第二款规定："两个以上行政机关分别实施违法行政行为造成同一损害的，人民法院应当根据其违法行政行为在损害发生和结果中的作用大小，确定各自承担相应的行政赔偿责任；难以确定责任大小的，平均承担责任。"本款规定与第一款规定的区别在于，没有规定"每个行政机关的违法行为都足以造成全部损害的"情形，即可反推出，至少有一个行政机关的违法行为不足以造成全部损害。具体来看，可以分为两个情形：一是两个以上行政机关分别实施了违法行政行为，每一个行政机关的违法行为都不足以造成全部损害；二是两个以上行政机关分别实施了违法行为，部分行政机关的违法行为可能造成全部损害，但部分行政机关的违法行为不足以造成全部损害。总之，一个以上行政机关的违法行政行为不足以造成全部损害。此时应当由人民法院根据各行政机关的违法行政行为在损害发生和结果中的作用

① 杨立新：《侵权法论(第五版)》，人民法院出版社2013年版，第925页。

② 程啸：《侵权责任法》，法律出版社2019年版，第383页。

大小，确定各自承担相应的行政赔偿责任。这里面又分为两种情形：

1. 能够确定行政赔偿责任的大小

行政赔偿责任份额的确定，有两个基本的考虑因素：一是过错，因为过错乃是确定损害赔偿责任的法理依据。对两个以上行政机关造成同一损害的情形，应当斟酌数个行政机关的过错大小，按照比例过错原则确定各自的行政赔偿责任份额。二是原因力的大小。损害后果的发生，须违法行政行为对于行政相对人的人身或者财产发生原因力，通过斟酌原因力的比例，并结合各行政机关的主观过错比例，确定各自应承担的行政赔偿责任份额。① 对于比较过错和比较原因力的具体做法，目前较为普遍的是以过错程度比较为主，原因力比较为辅的方法。在数种原因造成损害后果的侵权行为中，确定各个主体的赔偿份额的主要因素，是过错程度的轻重；而原因力的大小尽管也影响各自的赔偿责任份额，但要受过错程度因素的约束和制约，原因力对于赔偿份额的确定具有相对性。② 在过错责任中更多是根据过错程度来决定责任范围，在过错推定或者无过错责任这样无法进行过错比较的情况下，则主要采用原因力的比较。以过错程度比较为主的做法，就是通过将过错划分为故意、重大过失、一般过失和轻微过失来明确行为人的责任范围。

2. 难以确定行政赔偿责任的大小

本款后半部分规定："难以确定责任大小的，平均承担责任。"难以确定责任大小，是指损害原因、损害后果虽然明确，但当事人的主观过错大小及原因力比例无法查明。责任分配的尺度很难有一个可以数量化的标准，在某些情形下，由于案情复杂，很难分清每个侵权行

① 最高人民法院侵权责任法研究小组编著：《〈中华人民共和国侵权责任法〉条文理解与适用》，人民法院出版社2010年版，第98页。

② 杨立新：《侵权损害赔偿（第五版）》，法律出版社2010年版，第107页。

为对损害后果的作用力究竟有多大。此时可以借鉴其他国家和地区在确定各个连带责任人内部份额时的做法，如《俄罗斯民法典》第1081条第2款中规定，当过错程度不能确定时，份额应均等；《意大利民法典》第2055第3款规定，在有疑问的情况下，推定所有人的责任相同。在责任大小难以确定的情况下，法律推定各行政机关对损害后果的发生负同等的过错及同等的原因力，由各行政机关平均承担赔偿责任。

（三）行政机关承担连带赔偿责任与按份赔偿责任的联系与区别

从规则体系上讲，本条第一款规定的承担连带赔偿责任的情形与第二款规定的承担按份赔偿责任的情形属于无意思联络的数人侵权行为类型中特殊与一般的关系。也就是说，两个以上行政机关无意思联络的情况下分别实施违法行政行为造成同一损害的，应当承担按份赔偿责任，只有在符合法定构成要件的情况下，即“每个行政机关的违法行为都足以造成全部损害”时，各行政机关才承担连带赔偿责任。

【实务指导】

一、行政机关分别侵权的情况下，一方承担连带赔偿责任后也可以向其他连带责任人追偿

根据本解释第二十一条的规定，两个以上行政机关共同侵权，一方承担连带赔偿责任后，对于超出其应当承担的部分，可以向其他连带责任人追偿。那么，在本条规定的两个以上行政机关分别侵权，但应当承担连带赔偿责任的条件下，一方承担全部连带赔偿责任后，对于其他侵权的行政机关是否有追偿权？对此，实践中存有一定争议。《民法典》第一百七十八条第二款规定：“连带责任人的责任份额根据

各自责任大小确定；难以确定责任大小的，平均承担责任。实际承担责任超过自己责任份额的连带责任人，有权向其他连带责任人追偿。”由于本司法解释的此条规定源于《民法典》，在赔偿责任的分配上也可以参考《民法典》的相关规定。我们认为，既然法律已经明确规定了有关连带责任承担后内部责任如何划分及追偿的规则，就应当适用这一规定，不必再区分是何种原因或者何种侵权行为类型导致的连带责任。换言之，本条规定从外部责任上讲，当然具有充分救济行政相对人的价值导向和政策判断，但从内部责任上看，并不意味着其中一个或者部分行政机关承担了全部责任后，其他侵权的行政机关责任即告消灭，它们仍应依照上述规定承担相应责任。

二、两个以上行政机关分别侵权造成同一损害的，实施侵权行为的行政机关是否属于共同赔偿义务机关

《国家赔偿法》第七条第二款规定：“两个以上行政机关共同行使行政职权时侵犯公民、法人和其他组织的合法权益造成损害的，共同行使行政职权的行政机关为共同赔偿义务机关。”第十条规定：“赔偿请求人可以向共同赔偿义务机关中的任何一个赔偿义务机关要求赔偿，该赔偿义务机关应当先予赔偿。”根据上述规定，两个以上行政机关共同侵权时，为共同赔偿义务机关，这点没有争议。但是，两个以上行政机关分别侵权造成同一损害的，实施侵权行为的行政机关是否属于共同赔偿义务机关，则需要根据具体情形进行判断。

一般来说，认定为共同赔偿义务机关，需要满足以下几个条件：一是作为共同赔偿义务机关的每个行政机关必须具有独立主体资格；二是各个行政机关行使职权的行为都是损害发生的原因，即各个行政机关的职权行为都与损害后果之间存在因果关系；三是各个行政机关共同承担连带赔偿责任。我们认为，在本条第一款规定的“每个行政

机关的违法行为都足以造成全部损害的”情形下，各行政机关的行为必然是损害发生的原因，且各个行政机关都承担连带赔偿责任，可以视为共同赔偿义务机关，赔偿请求人可以根据《国家赔偿法》第十条的规定向实施侵权行为的任何一个赔偿义务机关要求赔偿，该赔偿义务机关应当先予赔偿。当然，赔偿请求人也可以向数个赔偿义务机关要求共同赔偿。在本条第二款规定的“两个以上行政机关分别实施违法行政行为造成同一损害后果的”情形下，数个侵权机关之间承担的是按份责任，不构成共同赔偿义务机关。赔偿请求人应当就其受到的损害分别向各赔偿义务机关提出赔偿申请，其可以向一个或数个赔偿义务机关要求赔偿，但此时各赔偿义务机关只在相应的责任份额内承担赔偿责任。如果赔偿请求人对赔偿义务机关的赔偿数额不服，可以提起行政赔偿诉讼，由人民法院根据其违法行政行为在损害发生和结果中的作用大小，确定各侵权行政机关承担相应的行政赔偿责任；难以确定责任大小的，平均承担责任。

三、关于共同被告的问题

对于本条的适用，还要注意与行政诉讼中的共同被告制度相衔接。

（一）行政机关承担连带赔偿责任的情形

本解释第八条规定：“两个以上行政机关共同实施侵权行政行为造成损害的，共同侵权行政机关为共同被告。赔偿请求人坚持对其中一个或者几个侵权机关提起行政赔偿诉讼，以被起诉的机关为被告，未被起诉的机关追加为第三人。”该条规定的是两个以上行政机关共同侵权需要承担连带赔偿责任的情形。那么，在两个以上行政机关分别实施违法行政行为造成同一损害，每个行政机关的违法行为都足以造成全部损害，各个行政机关需要承担连带赔偿责任时，是否也适用行政诉讼中关于共同被告的规定呢？让行政机关承担连带赔偿责任，实际上赋予了行政相对人要求追究国家赔偿责任的选择权，有助于其合法权益的维护。从行政相对人的角度出发，其可以选择只要求一个行政机关承担责任，也可以要求数个行政机关共同承担责任。我们认为，考虑到两个以上行政机关造成的是同一损害后果，且需要承担连带赔偿责任，无论从损害后果的同一性上，还是赔偿责任的承担上来看，数个侵权机关的行为之间都存在着密切联系，为了查清案件事实的需要，也为了更好地保护赔偿请求人的合法权益，有必要适用共同诉讼制度，且是必要的共同诉讼。不能因为每个行政机关的行为都“足以”造成全部损害，就认为是可分的共同诉讼。

至于法律适用，则可以依据《行政诉讼法》第二十七条“当事人一方或者双方为二人以上，因同一行政行为发生的行政案件，或者因同类行政行为发生的行政案件、人民法院认为可以合并审理并经当事人同意的，为共同诉讼”以及《行政诉讼法解释》第二十七条第一款“必须共同进行诉讼的当事人没有参加诉讼的，人民法院应当依法通知其参加；当事人也可以向人民法院申请参加”的规定，将侵权的数个行政机关列为共同被告。对于赔偿请求人坚持对其中一个或者几个侵权机关提起行政赔偿诉讼，可以参照本司法解释第八条的规定，将未被起诉的行政机关追加为第三人。需要指出的是，此处的第三人系可以承担赔偿责任的第三人，人民法院根据案件查明的事实，可以判决第三人承担连带赔偿责任。根据《行政诉讼法》第二十九条第二款的规定，人民法院判决第三人承担义务或者减损第三人权益的，第三人有权依法提起上诉。

（二）行政机关承担按份赔偿责任的情形

在两个以上行政机关分别侵权承担按份赔偿责任的案件中，赔偿请求人可以单独起诉其中某一个行政机关，也可以将侵权的行政机关作为共同被告起诉，人民法院根据赔偿请求人所列被告和诉讼请求进行审理和裁判。这是对赔偿请求人处分权的尊重，一般来说没有争议。但是，对于按份赔偿责任是否属于必要共同诉讼，是否需要适用必要共同诉讼的规则，则存在争议。我们认为，对于按份责任是否构成必要共同诉讼，不能仅从数个实施侵权行为的行政机关在实体上承担的责任具有相对独立性来判断，而仍应回归程序法上关于必要共同诉讼的要求来认定。如果属于诉讼标的同一，当事人具有共同权利义务的情形，也应属于必要共同诉讼。即使不属于必要共同诉讼的情形，行政相对人主张将未被诉的、承担按份赔偿责任的行政机关追加为共同被告，也未尝不可。此外，如果行政相对人的诉讼请求并未针对未被诉的、承担按份赔偿责任的行政机关，基于查明案件事实的需要，为查明各个行政机关的责任份额大小，人民法院也可以追加该未被诉的行政机关为第三人参加诉讼。尤其是在诉讼初期，人民法院难以判断每个实施违法行政行为的行政机关是否都“足以”造成行政相对人起诉的损害后果，此时追加未被起诉的行政机关参加诉讼也有一定的必要性。当然，如果行政相对人坚持只对其中一个或者几个行政机关提起行政赔偿诉讼，人民法院即使依职权追加了参加诉讼的其他行政机关，也不得判决未被起诉的行政机关承担赔偿责任，而只能根据当事人的诉请，判决被起诉的行政机关在各自责任范围内承担相应的赔偿责任。

四、关于举证责任的分配

《行政诉讼法》第三十四条第一款规定：“被告对作出的行政行为负有举证责任，应当提供作出该行政行为的证据和所依据的规范性文件。”本解释第十一条第一款规定：“行政赔偿诉讼中，原告应当对行政行为造成的损害提供证据；因被告的原因导致原告无法举证的，由被告承担举证责任。”根据上述规定，在适用本条规定进行共同诉讼时，原告应当就行政行为造成的损害后果、损害后果与行政行为之间具有因果关系负证明责任，而对于行政行为是否合法，仍应当由作为被告的行政机关承担举证责任，被告不提供或者无正当理由逾期提供证据的，视为没有相应证据。这是对本条规定构成要件的举证责任分配。具体到各个侵权行政机关所应当承担的赔偿责任大小，还要根据不同情形进行区分：

（一）行政机关承担连带赔偿责任的情形

对于“每个行政机关的违法行为都足以造成全部损害的”情形，如原告方主张各行政机关承担连带赔偿，则应当由原告对每个违法行为都“足以”造成全部损害承担举证责任；如原告方主张仅由其中一个或者几个行政机关承担全部责任，而其他行政机关认为其不应当承担连带赔偿责任时，则应当由其就不承担连带赔偿责任或者不符合本条构成要件的事实承担相应的举证责任。

（二）行政机关承担按份赔偿责任的情形

在两个以上行政机关分别侵权造成同一损害后果，需承担按份赔偿责任时，作为被告的行政机关可以证明自己所实施的违法行政行为在损害发生和结果中的作用大小，从而明确自身的责任份额。行政机关认为自己不应当承担赔偿责任的，还可以就其实施的行为与损害后果之间没有因果关系或者不符合本条构成要件的事实进行举证。根据各方提交的证据，如果人民法院仍不能查明相关事实，或者相关结论难以判断的，则推定各个被告承担同等责任。

（撰写人：梁凤云）

第二十三条　由于第三人提供虚假材料，导致行政机关作出的行政行为违法，造成公民、法人或者其他组织损害的，人民法院应当根据违法行政行为在损害发生和结果中的作用大小，确定行政机关承担相应的行政赔偿责任；行政机关已经尽到审慎审查义务的，不承担行政赔偿责任。

【条文主旨】

本条是关于因第三人提供虚假材料导致行政机关作出违法的行政行为时，人民法院如何确定行政机关应承担的赔偿责任以及行政机关尽到审慎审查义务后即不承担赔偿责任的规定。

【起草背景】

此次《行政赔偿司法解释》的修改，主要从两个方向着力：一是与《国家赔偿法》及其司法解释相契合。《行政赔偿规定》是1997年发布施行的，到今已经跨越了二十多年的漫长时光，尤其是随着《国家赔偿法》的修正，关于行政赔偿领域的理念、规则等确实发生了较大变化。而且，行政管理及执法实践和相关法律法规及规章等也在不断完善和发展，《行政赔偿司法解释》修改也要将《国家赔偿法》及其司法解释的精神和规则融入其中，同时需要紧密结合行政管理及执法实践的具体情况以及行政审判工作的实际需要等，为行政审判提供规范的指引。二是结合行政审判实践，将司法解释精细化。法律的作用在于为社会生活提供明确的规范指引，而司法解释的功能就在于“精耕细作”——将法律未能具体规定的问题进行细化，以解决司法实践中出现的难点问题或填补法律尚未规定的“空白地带”。本条立足于解决行政审判工作中遇到的实际问题，站在客观理性的角度区分行政机关应负有的行政赔偿责任。

本条主要适用于依申请作出的行政行为等领域。在此领域，行政机关作出的行政登记、行政许可、行政裁决等行政行为涉及公民、法人或者其他组织提交的各种申请材料等。行政机关负有对提出申请的公民、法人或者其他组织提交的材料进行审查审核的义务，对于该项审查审核义务究竟应当如何理解一直都是行政审判实践中存在争议之处。有的观点认为，行政机关应当对公民、法人或者其他组织提交材料的真实性和准确性予以全面审查，全面审查是行政机关的义务；有的观点则认为，行政机关客观上很难对公民、法人或者其他组织提交材料的真实性和准确性进行全面彻底审查，全面彻底审查已超出了行政机关的法定义务，实践中也无法做到，因此，行政机关只需对公民、法人或者其他组织所提申请及申请材料尽到审慎审查义务即视为已履行法定职责。行政机关在履行法定职责时，其尽责的程度或义务的普遍性标准应如何确认直接影响其须承担的法定责任的大小。对于行政赔偿诉讼而言，人民法院需要确认行政机关是否尽到审慎审查义务以及行政机关行使行政职权与公民、法人或者其他组织合法权益受到损害之间的因果关系等。本条就是为了解决此类问题而设置。

以往在行政赔偿诉讼中，我们更多关注的是行政机关所实施的行政行为是否违法，即从行政机关是否享有实施该行政行为的法定职权、行政机关是否是按照法律法规等的规定行使的职责、是否是依照法定程序实施的行政行为以及是否对公民、法人或者其他组织的合法权益造成了侵害等方面进行审查。在行政管理过程中，各种因素往往交织在一起，都会影响行政机关的决策及执行效果。在行政管理或执法实践中，还有一种情形会对行政机关实施行政行为造成重要影响，当行政机关的判断大部分取决于第三人提供的相关资料时，在这种情况下，第三人提供资料的真伪、是否全面客观等因素就至关重要。此次《行政赔偿司法解释》根据行政审判工作中遇到的实际情况，对于涉及第三人提供虚假材料造成行政机关所作行政行为违法这一特殊情形进行了专门的规定，弥补了过往司法解释的空白，为解决此类问题提供了明确的指引。

行政机关承担行政赔偿责任需要具备若干条件，如有的时候需要承担全部赔偿责任，而有的时候则只需承担部分赔偿责任。1997 年《行政赔偿规定》主要是从行政机关承担全部赔偿责任的角度去进行规定，并没有将行政机关承担部分赔偿责任的各种具体情形都考虑进来。此次修订司法解释时，结合行政管理及执法实践的实际情况以及行政审判的工作需要，条文规定得更加全面，把实践中经常出现的情况予以规范，对行政机关承担行政赔偿责任的情形以及实际应承担的赔偿责任等均加以区分，增强了对行政审判工作的指导性，更有利于行政审判工作人员规范地审理相关类型案件。

【条文释义】

本条共包括两种情形：第一种规定了当行政机关作出的行政行为违法主要是由于第三人提供了虚假材料导致的，且给公民、法人或者其他组织造成了损害的情形下，人民法院如何确定行政机关的行政赔偿责任；第二种规定了行政机关不承担行政赔偿责任的例外情形，即当行政机关负有的是审核义务之时，如果行政机关已经尽到了审慎审查义务的，就不承担行政赔偿责任。

一、由于第三人提供虚假材料，导致行政机关作出的行政行为违法，造成公民、法人或者其他组织损害的

行政机关在作出行政行为之前，需要搜集相关的各类信息、查阅相关的法律法规等，并需要查明相关事实。行政机关的信息来源大致分为三类：第一类是自有信息，此类信息要么是行政机关从对于类似情形的惯例做法中积累的信息，要么是行政机关查询到的规范相关事项的法律法规等信息。第二类是向外部搜集获取的信息，如行政机关通过对行政相对人的调查询问等获得的信息，还有就是向与实施行政行为相关的人员等调查获取的信息。第三类是公民、法人或者其他组织向行政机关提出申请时提交的相关信息。信息的准确性和完整性决定着行政机关所作行政行为的准确性，如果获取的信息出现虚假或偏差，而且该信息恰恰是关键性信息的时候，行政机关依据此种信息作出的行政行为势必会存在偏误之处。如甲因日常琐事对乙不满，在与乙发生口角后先动手打了乙，然后甲乙双方相互殴打，乙设法伪造了其病历和医学诊断材料等资料，使其伤情达到了较严重的程度，在公安机关处理这起治安事件时，由于没有更多的证据佐证，就采信了乙提供的虚假医学诊断资料等，从而对甲作出了较重的行政处罚。在这一行政处罚中，尽管甲实施了违法行为，但乙也提供了伪造的资料，而公安机关作为专业的行政管理机关，也未能辨认或者全面准确地认定相关事实和证据，三方各自均负有责任。但就行政行为而言，由于公安机关对甲作出了较重的行政处罚，对甲的合法权益造成了损害，公安机关应当承担相应的行政赔偿责任。

在适用本条时，需要注意的是，此处的“第三人”不仅仅是指与行政机关行使职权实施的行政行为相关的人员，如行政机关作出的行政行为实际影响到的公民、法人或者其他组织，还包括制作或保存行

政机关行使职权所依据或者需要参考的相关信息资料等的人员，如负责管理某类档案信息的工作人员或者提供专业技术服务的人员等。

由于行政机关是代表国家行使行政职权，因此其承担行政赔偿责任的条件比一般民事侵权赔偿略微严苛一些。行政机关承担行政赔偿责任须具备以下几个条件：

（一）行政机关实施的行政行为违法

行政行为违法要素很多，主要包括主体违法、职权依据违法、行使职权方式违法以及行政行为的作出程序违法等。（1）主体违法：不同行政机关所负有的行政职责互不相同，从不同的领域合力治理国家与社会、推动国家与社会平稳运行。每个行政机关均有自身特定的管理领域，不得逾越与其他行政机关职权范围的边界，去代行其他行政机关的职权。当一个行政机关越权行使了其他行政机关的职权时，即构成违法行使行政行为。之所以如此定性是基于两个因素：其一，术业有专攻。由于每个行政管理领域都需要专门的技术及专业知识支持，因此，各个行政管理机关均配备了具备相应专业技术知识且有一定处理相关事项经验的工作人员。既然不是法定的管理该行政管理领域的行政机关，其被默认为并不具备作出与该行政管理领域相关的行政行为的专业知识和能力，那么极易导致实施了错误的行政行为。其二，维持有序的治理架构。设置不同职能的行政机关就是为了维护国家和社会的有序运转，如果允许各个行政机关随意僭越职责，行使其他行政机关的职权，则必然会造成国家治理及社会生活的混乱。正是由于上述两个主要因素，行政机关行使行政职权必须在法定或法律、法规、规章授权的范围内进行。如果超过法定职权则会被认定为违法实施行政行为。（2）职权依据违法：行政机关针对公民、法人或者其他组织作出行政行为，必须依据相关的法律、法规、规章等的明确规定，实际上就是适用法律的问题。行政机关适用法律的准确与否直接关系到对于作为行政相对人或者利害关系人的公民、法人或者其他组织的权利义务的设置或处置等。(3) 行使职权方式违法：为了完成一个行政管理目标，行政机关大多数情况下可以采取多种方式进行，在多种方式之中，行政机关应当结合行政管理目标的内容、社会实际情况及公民、法人或者其他组织的协助度等因素采用社会成本最低，对公民、法人或者其他组织权益影响最小且能够顺利完成行政管理目标的方式方法。行政机关代表国家固然需要行使行政职权，但行政职权的行使必须依法行使，不能因行使行政职权而损害公民、法人或者其他组织的合法权益，国家利益、社会公共利益与个人利益是一体的。(4) 行政行为的作出程序违法：程序与实体是相融的，程序的违法直接影响到实体内容的正确性，从而对公民、法人或者其他组织的合法权益产生影响。行政机关按照法定的程序规定实施行政行为也是依法行政的重要要求。行政机关违反法定程序实施行政行为或者未遵循正当程序作出行政行为的，均属于违法实施行政行为的情形。

(二) 对公民、法人或者其他组织造成了实际影响

有损害则有救济。无论是向行政机关提出行政赔偿请求还是向人民法院提起行政赔偿诉讼，都需要占用国家的资源，而国家资源毕竟有限，只有当行政行为给公民、法人或者其他组织的合法权益造成了实际损失之时，行政机关才承担行政赔偿责任。

(三) 属于《国家赔偿法》规定的赔偿项目或者内容

行政赔偿是国家赔偿的一种，也须严格遵循《国家赔偿法》及其司法解释的相关规定。目前，国家赔偿层面仅对于给公民、法人或者其他组织造成的直接损失予以赔偿，对于间接损失不予赔偿。这种思路和处理方式与国家赔偿的性质和定位有关。公民、法人或者其他组织向行政机关申请行政赔偿或者向人民法院提起行政赔偿诉讼、请求判令行政机关承担行政赔偿责任也应当依照《国家赔偿法》及其司法

解释以及本解释等的规定进行。

行政机关实施行政行为的表现形式也可分为较多层面，有的行政行为尽管违法但并未对公民、法人或者其他组织的实体权益造成损害，在此种情况下，行政机关会确认其作出的行政行为的违法性，但不会对公民、法人或者其他组织予以实体上的行政赔偿。而有的行政行为违法且对公民、法人或者其他组织的实体权益造成了损害，则必须对公民、法人或者其他组织予以实体上的行政赔偿。

二、人民法院应当根据违法行政行为在损害发生和结果中的作用大小，确定行政机关承担相应的行政赔偿责任

由于第三人提供虚假材料，导致行政机关作出违法行政行为从而损害公民、法人或者其他组织合法权益时，尽管是由于行政机关实施的行政行为存在违法情形导致公民、法人或者其他组织的合法权益受到损害，但实际情况纷繁复杂，我们仍需对发生损害的原因进行具体分析。

同其他主体相同，行政机关承担行政赔偿责任也需要根据其过错大小以及行政行为与损害结果之间的关系等因素进行认定。一般确定行政机关承担的行政赔偿责任须考虑以下两个因素：（1）行政行为的实施与公民、法人或者其他组织受到损害情形之间的因果关系。行政行为尽管存在违法情形，但并未对该公民、法人或者其他组织的合法权益造成损害，行政机关也无须对该公民、法人或者其他组织承担行政赔偿责任，要么是对其他受到损害的公民、法人或者其他组织予以赔偿，要么是通过其他程序确认违法等。因此，只有当公民、法人或者其他组织合法权益受到损害是由于行政机关实施行政行为导致的，行政机关才承担具体的行政赔偿责任。这里强调了行政行为与损害结果的直接对应性，这点也是我们在审理案件时需要注意的地方。（2）行

政行为在损害发生和结果中的作用。对于公民、法人或者其他组织合法权益损害的发生，有的时候是多种因素共同作用导致的。对于因行政行为的作出导致公民、法人或者其他组织合法权益受到损害的情况，行政机关需要承担行政赔偿责任，如果行政机关作出的违法行政行为是由于第三人的原因导致的，则需要分清行政机关是否尽到其法定职责以及行政行为对损害的发生起到了什么样的作用，还需要审查客观条件上行政机关是否通过审查审核工作能够发现第三人提供的材料是虚假的材料等，也就是说，凭借行政机关及其工作人员的技术条件及审查规范要求是否足以具备鉴别真伪的能力。

在行政管理实践中，根据社会生活的不同需要，行政机关被细分为多种多样，其承担的管理职能也各不相同，行政机关工作人员也都是根据不同行政机关管理职能及具体工作需要予以配备，不同的行政机关均有自身的工作流程和工作规范要求，因此，很多情况下，以行政机关现有条件是无法对公民、法人或者其他组织提供的相关材料的真实性和准确性同时加以一一核查的，如果要求行政机关对公民、法人或者其他组织提交的所有材料的真实性和准确性全部予以核实后才能作出行政行为，一方面在现实中很难做到，另一方面也会严重影响行政效率，进而影响到社会秩序的稳定，同时也极易造成各个行政机关之间职责的交叉重叠与行使的混乱和无边界。因此，从整体效果看，强求行政机关对公民、法人或者其他组织提交的相关全部材料的真实性和准确性进行全面不遗漏的核实并不能更好地达成行政管理目标。从行政管理学的角度来看，国家若想实现较为有序的社会治理，须遵循“宜细则细、宜粗则粗”的基本原则，并不是管得越细越好。社会共同体有其自发形成的秩序与规律，各个行政机关都有明确的法定职责范围，依法行使行政职权可以保障社会秩序的平稳运行。

三、行政机关已经尽到审慎审查义务的，不承担行政赔偿责任

行政机关作出行政行为分为很多类型，包括依申请作出的行政行为和依职权主动作出的行政行为、授益性行政行为和损益性行政行为，等等。在行政管理实践中，有很多行政行为是需要公民、法人或者其他组织向行政机关提出相关申请后才作出的，比如房屋所有权登记、婚姻登记等。在公民、法人或者其他组织向有关行政机关提出申请时，需要根据法律法规或者规章等的要求，向行政机关提供相关申请材料，以证明其所提申请的真实性以及申请符合法定条件等。行政机关在收到公民、法人或者其他组织提交的申请材料后要依据程序进行审查或者审核，这里实际上包含了双重义务，即提出申请的公民、法人或者其他组织负有确保其所提交各种申请材料真实性的义务，受理公民、法人或者其他组织申请的行政机关则负有依法进行审查审核并作出相应行政行为的义务。

对于公民、法人或者其他组织提交的申请材料等，行政机关的审查审核义务是有限的。一般来说，公民、法人或者其他组织应当对其提交的各种材料的真实性和准确性承担责任，毕竟行政程序是由其启动的，这也是对公民、法人或者其他组织作为社会主体的诚信要求。对于行政机关而言，其须对公民、法人或者其他组织提交的各种材料认真审核，即材料是否已经全部齐备、每一份材料是否具备法定的要求形式（比如是否有签章、是否载明了要求的内容、是否采用了规范的格式等）以及每一份材料的具体内容等。如果行政机关工作人员已经尽职尽责地履行了认真细致的审查义务，即使依据该材料作出的行政行为违法，行政机关也不承担行政赔偿责任。

本条第二款主要适用于负有审核义务的行政机关，并不能推而广之。此处行政机关作出对公民、法人或者其他组织权利义务有影响的

行政行为主要是基于对公民、法人或者其他组织的申请，需要对公民、法人或者其他组织提交的申请材料进行审核审查之后，才能够对其申请作出准许或者不准许的处理决定。因此，根据行政机关履行该项行政职责的特点和要求，行政机关作出行政行为主要立基于公民、法人或者其他组织所提的申请，行政机关的决策很大程度上也取决于作为申请人的公民、法人或者其他组织提供申请材料的具体情况。在此种特殊情形之下，公民、法人或者其他组织的自身行为对行政机关作出的行政行为的影响是直接的，与一般行政行为的作出不同。一般的行政行为主要是行政机关根据行政管理需要及调查获取的信息等作出，公民、法人或者其他组织在行政行为作出过程中的参与程度并不高，有的甚至完全没有参与。而本条规定的情形中，公民、法人或者其他组织绝大多数情况下不仅充分参与了行政机关行政行为的作出过程，而且还是整个行政程序的启动者。因此，在不同种类的行政程序之中，公民、法人或者其他组织对于行政机关进行决策判断及最终作出行政行为的影响力是不同的，行政机关行使行政职责对于公民、法人或者其他组织的依赖程度亦是不相同的。

【实务指导】

在行政管理实践中，行政机关作出的行政行为对公民、法人或者其他组织的影响是多方面的，当行政机关作出的行政行为违法时，则极有可能会对公民、法人或者其他组织的合法权益造成损害，而行政机关作出的行政行为对公民、法人或者其他组织造成损害的情况也是多种多样的，有的行政行为是行政机关及其工作人员未依法行使行政职责导致的，而有的行政行为则不是形式上那么简单。从表面上看，行政行为是由行政机关作出的，但导致对公民、法人或者其他组织有损害的结果的发生却并不能仅仅归因于行政机关，还有其他复杂因素的加入，才最终发生了损害结果，我们在审理案件时需要进行具体的分析和判断。

一、行政行为对公民、法人或者其他组织造成损害的成因往往是复合的

行政机关在作出行政行为之前需要经过调查、决策或者协调等程序，呈现在外在的行政行为实际上是行政机关对多方面信息整合分析及研究之后作出的综合判断。有时行政机关凭借其掌握的专业技能及相关信息即可作出相应的行政行为，而有时，行政机关处理一些行政事务需要公民、法人或者其他组织的协助和配合。从另一个角度看，这也就意味着行政机关有时是主动实施行政行为，而有时则是“被动”实施行政行为。行政机关如何行使行政职责取决于行政机关担负的行政职责的性质及社会生活的实际需要。一般情况下，关系到社会公共服务方面的事项，相关的行政机关需要主动依法履行法定职责，对于部分关系到公民、法人或者其他组织物权等的登记或者行政许可等事项，则需要公民、法人或者其他组织向行政机关提出申请，行政机关才开始启动行政程序，此时即属“被动行政”。

造成公民、法人或者其他组织合法权益的损害往往是由于行政机关未依照法定职权作出行政行为，或是作出行政行为依据的主要事实有误，或是依据不相符的法律法规或者规章作出行政行为，或是未能依据法定程序作出行政行为，还有可能是采纳了错误的信息材料，如依据第三人提供的虚假材料作出了违法的行政行为等。大多数情况下，行政机关作出违法行政行为导致公民、法人或者其他组织合法权益受到损害，基本上是行政机关及其工作人员的过错，但也有的是由于第三人给行政机关提供了虚假材料，行政机关工作人员已经尽职尽责地

对相关材料进行了审查审核，但由于客观条件的限制，未能识别出第三人提供材料的虚假性，而依据该虚假材料作出了违法的行政行为。从过错方面看，行政机关及其工作人员并没有疏漏及过错，均是依照法律法规或者规章以及行政机关内部的工作流程和要求作出的行政行为，过错在于给行政机关提供虚假材料的第三人。这就相当于提供虚假材料的第三人借助行政机关履行行政职责的形式以达到其个体利益的实现，但导致了其他社会主体合法权益受到损害。

由上述分析可知，违法行政行为的作出有时候不仅归因于行政机关及其工作人员未依法行使行政职责，也可能掺杂了其他社会主体的违法因素。有的情况是行政机关与其他社会主体共同作用，导致了损害公民、法人或者其他组织损害结果的发生，而有的情况则是行政机关尽管作出了违法行政行为，但其已经严格履行了法定职责，自身并无过错，主要是其他社会主体的违法行为导致行政机关作出的行政行为违法等。我们在审理行政赔偿案件时，须注意分清行政机关在导致公民、法人或者其他组织合法权益受到损害中所起的作用大小，即责任大小等，根据案件实际情况具体问题具体分析，才能准确地判定行政机关是否需要承担行政赔偿责任以及承担行政赔偿责任的比例等。

二、关于行政机关承担相应行政赔偿责任的条件

一般情况下，我们审理案件判断被诉的行政机关是否应当承担行政赔偿责任时须审查以下几个方面：一是行政机关作出的行政行为是否违法或者明显不当；二是行政机关的违法或者明显不当行政行为是否侵害了公民、法人或者其他组织的合法权益；三是除了被诉的行政机关，是否还有其他行政机关等应当共同承担行政赔偿责任。

如果行政机关作出违法行政行为的主要原因是第三人提供了虚假材料，对于此类情形的行政赔偿案件，我们须注意根据在案证据判断

对于造成公民、法人或者其他组织合法权益受到侵害的违法行政行为的作出，行政机关自身是否具有违反法律法规或者规章之处，其工作人员是否已尽到法定职责，是否已经按照法定程序办理相关事项等以及第三人提供的虚假材料对于行政机关作出的被诉行政行为的影响程度等因素，除了第三人向行政机关提供了虚假材料这个因素之外，只有当行政机关自身也存在违法之处时，其才承担相应的行政赔偿责任。

三、行政机关的审慎审查义务与行政赔偿责任承担之间的关系

在审理涉及行政登记等行政管理领域的行政案件中，经常会提及“行政机关的审慎审查义务”，行政机关的审慎审查义务也确实是审理行政登记类行政争议案件的重点。究竟何为行政机关的审慎审查义务，行政管理实践和行政审判实践中依然有模糊之处。

“审慎”有周密而谨慎的含义，“审查”是指检查核对是否准确、妥当等。行政机关对于相关人员提交的材料需要尽到审慎审查的义务，那么何种程度的审查才算是达到该义务的要求这一问题是审理该类案件的关键点。对于行政登记类案件，行政机关工作人员客观上很难做到要将申请人提交的所有材料都全部进行调查核实，因为申请人提交的各种材料可能会涉及多方面信息，如果一一核实则需要行政登记机关在办理过程中不仅得和其他行政机关核实相关身份信息、经营信息、办理多种业务信息、资金流动信息等是否真实、准确，还需要核实经济实体的内部决策信息、人员信息等林林总总的情况，如果每一个登记事项都照此办理，行政登记机关恐怕无力完成，而且根据现实运行规律，确实也没有必要如此办理。无论是承担何种法定职责的行政机关，法律法规设置其权利义务之时皆是按照社会生活的普遍规律进行的。在行政登记领域，申请登记的公民、法人或者其他组织都是为了确认并保护自身合法权益而向行政机关提出请求，在此种情况下，行

政机关只要对材料的完整性、合规范性以及依据高于常识性认知的职业标准进行审查即尽到了审慎审查义务。

与行政机关的审慎审查义务相对应的，我们在判断行政机关是否需承担行政赔偿责任时，需要审查行政机关行使行政职责时是否存在疏忽或者过错，是否依照法定程序对相关材料进行了审查或者对有关事项进行了妥当的处理等。如果是由于第三人提供了虚假材料导致了行政机关违法行政行为的作出，只要行政机关已按照法律法规等的要求履行了法定职责的，则不用承担行政赔偿责任。在此种情形下，合法权益受到损害的公民、法人或者其他组织一方面可以通过提起民事诉讼的方式，追究提供虚假材料的第三人的民事侵权责任；另一方面，可以通过向行政机关提交变更登记申请或者撤销、注销登记申请的方式维护自身合法权益。

四、关于提供虚假材料的第三人之具体情况分析

本条没有指明适用的具体行政行为种类，仅在第二款中规定“行政机关依法履行审核义务”，主要是考虑到在行政管理实践中行政管理领域众多、行政行为表现形式多样，实际情况较为复杂，担心会挂一漏万，因此在本条中仅点出了适用情形的核心要点，即行政机关须履行审核义务，审核义务是行政机关法定职责的主要内容。

本条中规定的“提供虚假材料的第三人”在行政管理实践中主要包括两类：

第一类是在依申请的行政行为中提出申请的公民、法人或者其他组织。如在行政登记、行政许可、行政裁决等行政行为作出过程中，首先需要公民、法人或者其他组织向相关行政机关提出申请，同时要提交申请材料，行政机关须对申请材料进行审查审核，由此决定是否予以登记或者许可或者作出相应的处理决定等。如果提出申请的公民、

法人或者其他组织为了获得行政机关的登记、许可或对其有利的行政处理决定，向行政机关提交了虚假材料，极易导致行政机关因此而作出错误或者违法的行政行为，可能会侵害到其他公民、法人或者有关组织的合法权益。

第二类是与行政机关作出的行政行为具有利害关系的公民、法人或者其他组织。在行政机关行使行政职权过程中，很多情况下是需要有关的公民、法人或者其他组织予以协助才能作出行政行为，比如需要向有关公民、法人或者其他组织调查具体情况、搜集相关信息等。在此类行政行为作出过程中，行政机关作出的行政行为很多时候对提供信息的公民、法人或者其他组织的权利义务是有影响的，尽管不一定直接对该提供信息的公民、法人或者其他组织作出，但一旦作出就会直接影响到他们的权益，因此，当负有协助调查义务的有关公民、法人或者其他组织向行政机关提供了虚假的材料时，也很有可能会导致行政机关作出错误或者违法的行政行为，从而侵害行政相对人或者其他相关联公民、法人或者其他组织的合法权益。另外，还有一种情况在行政管理实践中比较少见，就是其他行政机关工作人员提供虚假材料。各个行政机关之间有时候需要相互协助，以共同完成行政管理目标。在相互协助过程中，行政机关工作人员可能是为了掩盖之前工作的疏忽而向其他行政机关提供虚假材料，比如甲行政机关工作人员由于工作疏漏丢失了相关材料，乙行政机关因工作需要，向甲行政机关提出协助提供相关材料的请求，但实际上该材料已经丢失无法提供了，但甲行政机关工作人员为了掩盖其自身的工作疏忽问题、担心被追责，于是就自行制作了一份相关材料并以甲行政机关名义提供给了乙行政机关，而乙行政机关可能会因为该虚假材料反映的不准确信息而作出错误的决策，从而作出错误或者违法的行政行为，给公民、法人或者其他组织的合法权益造成损害。

五、关于提供虚假材料的第三人应当承担的法律责任的认定问题

本条对于提供虚假材料而导致行政机关作出违法行政行为的第三人，并没有规定其法律责任，主要是因为本司法解释是关于行政赔偿方面的具体规定，着力点在于对行政机关是否承担行政赔偿责任以及人民法院如何审理行政赔偿案件等的指引和规范。实际上，我们在审理行政赔偿案件时，对于因第三人给行政机关提供虚假材料而导致行政机关作出违法行政行为的情况，若要合理判定行政机关在给公民、法人或者其他组织合法权益造成损害中相应责任大小的时候，也需要首先分析提供虚假材料的第三人的行为对于造成公民、法人或者其他组织损害结果的作用大小等因素，只有分清提供虚假材料的第三人与作出违法行政行为的行政机关各自应承担的法律责任之后，我们才能准确确定作出违法行政行为的行政机关应当承担的行政赔偿责任。

关于提供虚假材料的第三人与作出违法行政行为的行政机关之间须承担法律责任的确定问题，可以考虑遵循以下思路：如果行政机关的行政决策全部基于第三人提供的相关材料上，而由于第三人提供了虚假材料，致使行政机关无法作出正确的判断，尽管行政机关已经按照法律法规或者规章等的规定，履行了其法定职责，依然导致其实施的行政行为造成了公民、法人或者其他组织合法权益的损害。在这种情形下，行政机关不承担行政赔偿责任。如果第三人提供的材料对于行政机关的行政决策仅仅是起到较小的辅助作用，而行政机关工作人员自身并未严格规范地履行其法定职责，对于第三人提供的虚假材料本应当审查判断出来，但因其工作疏漏或者不负责任等因素未能作出准确的判断，从而导致违法行政行为的作出以及由此侵害到了公民、法人或者其他组织的合法权益；还有一种情形就是，第三人提供的相关材料对于行政机关的行政决策及后续作出的行政行为影响较小，行

政机关无须依赖于第三人提供的该材料的时候，由于行政机关工作人员未能按照法律法规或者规章等规定的法定程序作出行政行为或者滥用行政职权作出行政行为，从而导致作出的行政行为违法，进而侵害了公民、法人或者其他组织的合法权益。在后两种情形下，由于第三人提供虚假材料对于造成公民、法人或者其他组织合法权益的损害所起的作用不大，公民、法人或者其他组织合法权益的损害主要是因为行政机关未能依法行使行政职责所造成，所以，作出违法行政行为的行政机关应当承担主要赔偿责任。

（撰写人：仝蕾）

第二十四条　由于第三人行为造成公民、法人或者其他组织损害的，应当由第三人依法承担侵权赔偿责任；第三人赔偿不足、无力承担赔偿责任或者下落不明，行政机关又未尽保护、监管、救助等法定义务的，人民法院应当根据行政机关未尽法定义务在损害发生和结果中的作用大小，确定其承担相应的行政赔偿责任。

【条文主旨】

本条是关于第三人侵权造成损害的情况下，如果存在行政机关未尽相关法定义务的情形，如何承担行政赔偿责任的规定。

【起草背景】

本条为新增条款。目前《国家赔偿法》对于行政机关不作为情形下责任如何分担未作明确规定。司法实践中对于该问题进行了数次探索，最高人民法院行政庭作出的（1999）行他字第11号对重庆高院的批复、最高人民法院作出的法释〔2001〕23号给四川高院的批复、《最高人民法院公报》刊载的2002年由河南省卢氏县人民法院作出的“尹琛琰诉卢氏县公安局110报警不作为行政赔偿案”以及最高人民法院作出的（2011）行他字第24号对甘肃高院的答复均对该问题进行了探讨和规定。2018年《行政诉讼法解释》第九十八条对现有的司法解释和实践进行了总结，对于行政机关不履行、拖延履行法定职责造成损害的，规定了人民法院应当判决其承担赔偿责任，在赔偿数额计算上，应当考虑该不履行、拖延履行法定职责的行为在损害发生过程和结果中所起的作用等因素。但现有规定对于致害原因未能全面厘清，对于行政机关承担责任的定性和条件规定不够细节，在实际操作性上容易“打折扣”。因此，本司法解释中对于第三人行为造成损害和不可抗力等客观原因造成的损害分条进行了规定，本条针对的是第三人行为造成损害的情形。本条规定参照《民法典》第一千一百九十八条有关“因第三人的行为造成他人损害的，由第三人承担侵权责任；经营者、管理者或者组织者未尽到安全保障义务的，承担相应的补充责任”的规定，明确了承担责任的适用情形。对于补充责任承担的条件，结合行政赔偿实际情况增加了“第三人又赔偿不足、无力承担赔偿责任或者下落不明的”前提条件，并明确了“相应”的行政赔偿责任的依据为“行政机关未尽法定义务在损害发生和结果中的作用大小”。

【条文释义】

一、行政不作为造成损害是否应当承担行政赔偿责任的问题

在讨论这一问题时，首先需要明确行政不作为致使公民、法人或者其他组织人身、财产损失存在哪几种情形。结合行政审判实践，大致归纳为如下几种情况：第一，行政机关不履行、拖延履行法定作为义务，造成当事人合理的先期投入损失。例如，出入境管理部门未在法定期限内对当事人的申请进行答复，导致当事人长期奔波于居住地和公安机关之间产生合理的差旅费损失。第二，行政机关不履行、拖延履行因先前行为产生的法定作为义务，造成当事人损失。例如，行

政机关在扣押当事人财产后，逾期不作任何处理，导致财产发生损毁。第三，行政机关未尽到由于第三人侵权行为引发了其本应承担的保护、监管、救助等法定义务，造成公民、法人或者其他组织损害的。即本条规定的情形。例如，公民半夜在路边被他人持锐器刺伤，群众报警后公安机关迟迟不进行处置，直至事发两个多小时后方出警，此时该公民因失血过多已死亡。第四，行政机关不履行、拖延履行因自然灾害等不可抗力对公民、法人或者其他组织的人身、财产权利的救助义务，造成当事人人身、财产损失的。例如，徒步者在山间遭遇极端天气，打电话向行政机关求救，但负有救助义务的行政机关接到求救电话后迟迟不履行施救义务，最终导致徒步者因极端天气身亡。

对于前述第一种和第二种情形，本质上都属于行政机关自己造成而又不积极消除危险的情形，在上述情形下，由行政机关独立承担赔偿责任，一般没有争议。比较有争议的第三种和第四种情形。这里先就第三种情形即本条规定的情形进行讨论。少数观点认为，比照民事侵权理论分析，在公民、法人或者其他组织受到第三人加害时，其获得救助的最直接途径往往不是行政机关的救助，即使行政机关及时救助，危害结果可能不发生，但也可能发生，行政机关的救助并非被害人获得救助的必要条件。第三人加害情况下，行政机关的不作为是危害结果发生的可能有利因素，但很难认定行政机关的行为与公民、法人或者其他组织的损失之间存在因果关系。不宜认定行政不作为构成侵权。如果行政不作为引发行政赔偿，可能导致国家财政无法负担。多数观点认为，基于现行法律和司法解释的相关规定，我国目前在司法实践中，由行政机关对行政不作为承担赔偿责任的情形已屡见不鲜。《国家赔偿法》第三条第三项中规定了“行政机关及其工作人员在行使职权中……放纵他人以殴打、虐待等行为造成公民身体伤害或者死亡的”，受害人有取得赔偿的权利，这里的放纵行为即属于不作为的情形。《国家赔偿法》第三条第五项中也规定了“造成公民身体伤害或者死亡的其他违法行为”，受害人有取得赔偿的权利。这里的其他违法行为也应包括行政不作为。实践中，行政不作为和第三人致害共同造成一个损害结果的主要有两种情形，第一种情形是第三人侵害是损害结果产生的直接原因，行政不作为是造成损害的间接原因；第二种情形是第三人加害行为和行政不作为均是造成损害结果的直接原因。但无论是哪种情形，在因果关系的判断上不宜进行过窄的限定。且在目前实践中，行政不作为引发的赔偿主要针对特定行政机关不履行具体行政职责义务，造成当事人实际损失的情形，不会导致大量群体针对行政不作为的诉讼进而导致国家财政无法负担的问题。

需要说明的是，在最高人民法院作出的法释〔2001〕23 号给四川高院的批复以及最高人民法院作出的（2011）行他字第 24 号对甘肃高院的答复中，均将不履行、拖延履行法定职责的主体范围限定在“公安机关”，经过若干年的实践，在 2018 年《行政诉讼法解释》中已经将责任主体扩大至“行政机关”，不再进行限定。

二、行政不作为应当承担何种责任

关于行政机关不履行或者拖延履行职责造成损害应当承担何种责任，最初讨论中分歧较大，主要有如下三种观点：

第一，主张行政机关应当承担过错责任或者称之为按份责任，也有观点称之为相应责任。该观点认为，第三人造成损害的行为与行政机关不履行或者拖延履行法定职责的行为属于两个无意思关联的行为，这两个行为共同作用造成当事人人身、财产损害结果。基于此，当事人可以向实施侵权行为的第三人主张民事赔偿，第三人根据其对损失的过错大小承担相应的民事赔偿责任；第三人根据其在损害结果中的过错责任大小，按照民事侵权责任的规则，承担民事赔偿责任；行政机关根据其不履行、拖延履行法定职责行为在损害发生过错和结果中所起的作用等因素，承担相应的行政赔偿责任。这一观点的主要理由是，按照过错责任大小承担责任是法律责任承担的基本原则。侵权行为人对其侵权行为承担赔偿责任，行政机关对其不履行或者拖延履行法定职责行为造成的损害承担行政赔偿责任，体现了这一原则。同时这种责任承担方式也与民事中对于共同侵权的规定一致。反对过错责任的观点认为，过错责任没有注意到民事侵权责任和行政赔偿责任之间的衔接，可能会出现民事、行政赔偿总额超过损失，或者民事、行政赔偿比例之和大于百分之百的情形，不符合赔偿填补损失原则。民事中的共同侵权理论也不宜直接适用于行政不作为。

第二，主张行政机关应当承担补充赔偿责任。即，公民、法人或者其他组织首先应当通过民事诉讼或者其他法定途径，向第三人主张权利，请求民事赔偿。在第三人没有能力承担全部民事责任的情况下，公民、法人或者其他组织再向不履行或者拖延履行法定职责的行政机关主张行政赔偿责任，行政机关应当对第三人无力承担的剩余部分承担行政赔偿责任。其理由主要是：第三人的行为造成公民、法人或者其他组织损害的，其损害结果主要还是侵权行为人的民事侵权行为造成的，第一责任人应当是侵权行为人，即第三人。而行政机关不履行或者拖延履行法定职责的行为属于第二位的原因，没有第一责任人的侵权行为，不存在行政机关需要履行法定职责的事由，也就不会产生行政机关不履行或者拖延履行法定职责的事实，更不可能发生损害结果。因此，在第三人的行为造成他人损害的情况下，行政机关不履行或者拖延履行法定职责的过错责任始终属于从属责任。正因如此，首先应由侵权人承担全部责任，在侵权人无力承担的情况下，才由行政机关承担补充赔偿责任，从而充分保护受害方当事人的利益。

反对补充赔偿责任的观点认为，补充赔偿责任没有厘清侵权行为人与行政机关不履行或者拖延履行法定职责行为在损害结果中的责任，在侵权人无力赔偿的情况下扩大了行政机关应当承担责任的份额；在侵权人全部承担民事侵权责任的情况下，又放纵了行政机关，完全免除了其行政赔偿责任。制度设计存在不公平。支持该观点的人回应认为，补充赔偿责任有利于对受害人的保护，行政赔偿责任兼顾又公平负担的功能，在行政机关存在不履行、拖延履行法定职责违法行为的情况下，对侵权人不能承担的损失多承担一些赔偿责任，不违反法律规定。同时，行政机关的法律责任不仅限于行政赔偿责任，在侵权人已经承担全部民事赔偿责任的情况下，行政机关只是不承担行政赔偿责任，但还会承担不履行或者拖延履行法定职责行为等被依法确认违法的责任、相关工作人员受到行政处分甚至刑事处罚的法律责任等。

第三，主张行政机关应当承担补充加比例责任，也有人称之为“相应”的补充责任。即，因第三人行为造成损害的，第三人应承担全部民事侵权赔偿责任；行政机关不履行或者拖延履行法定职责行为与损害结果之间存在因果联系的，行政机关应当根据其不履行或者拖延履行法定职责行为在损害发生过程和结果中所起的作用等因素，承担相应的补充赔偿责任。主要理由如下：首先，第三人的侵权行为是造成损失的直接原因，应当对其全部损害结果承担民事赔偿责任；行政机关的不作为行为属于从属的、派生的原因，只有在侵权人无力赔偿的情况下，行政机关才应当根据其不履行、拖延履行法定职责的行为在造成受害人损失中的责任大小，承担相应的行政赔偿责任。第二，民事相关立法中规定，因第三人行为造成他人损失，但安全保障义务人存在未尽到安全保障义务情形的，规定承担相应的补充责任。行政机关不履行或者拖延履行法定职责造成当事人损失的情况与该规定非常近似，参照规定符合侵权责任承担的基本原理。第三，补充加比例责任将民事和行政赔偿的总额控制在行政或者民事赔偿的总额范围内，不会产生违反赔偿填补损失原则多赔的问题。同时，行政机关根据其责任大小承担相应的赔偿责任，符合侵权赔偿责任的分担原则。反对该观点的人认为，补充加比例原则是自相矛盾的。补充责任就是对侵权人无力承担的部分承担赔偿责任，不应再存在一个承担比例的问题。比例实际上就是过错，既然是按照各自过错承担责任，也没有必要通过补充来实现。所谓的补充加比例原则，实际上是程序上的补充，实体上的过错比例，二者不在一个概念层次。而且简单地将保障义务人的补充责任套用在行政赔偿上，实际上混淆了两种不同性质的侵权责任。关于补充加比例原则有一点需要说明，持该观点的人有的认为在程序上要适用穷尽救济原则，即受害方必须先对侵权人提起民事诉讼，在侵权人无力承担全部民事赔偿责任的情况下，受害人才能对行政机关的不履行或者拖延履行法定职责的行为提起行政赔偿之诉。也有人认为，不宜采用穷尽救济原则，主张先向侵权人提起民事诉讼，还是先向政府机关主张补充加比例赔偿责任的权利，应交由受害方自主选择。受害方可以选择先向侵权人提起民事诉讼，要求侵权人承担全部民事赔偿责任。在侵权人无力承担全部民事赔偿责任的情况下，受害方可以要求行政机关在民事赔偿不足部分范围内，承担补充加比例的行政赔偿责任。受害方也可以先向行政机关主张行政赔偿责任，由行政机关根据其不履行或者拖延履行法定职责在损害形成过程中的责任大小，承担适当比例的行政赔偿责任；行政机关承担行政赔偿责任之后，受害方仍然可以向侵权人主张全部民事赔偿责任。行政机关已经支付的行政赔偿部分，应当从民事赔偿金额中扣除返还给赔偿义务机关并上缴国库。受害方在向行政机关主张行政赔偿权利之后，放弃向侵权人主张民事赔偿权利的，行政机关对已经支付给受害方的赔偿金部分有代位向侵权人追偿的权利。不强调穷尽原则主要是考虑到可能会给受害方获得及时救济制造障碍，在侵权人明显无力赔偿或者侵权人未被发现等情况下，当事人无法主张民事侵权责任，赋予受害方选择权有利于受害方及时获得赔偿，也有利于对行政机关的监督，促进行政机关依法履行法定职责。

此外，关于在行政不作为的情况下是否适用连带责任，主要的观点是连带责任主要适用于行政机关工作人员与第三人恶意串通的情况，在行政不作为的情况下，除非存在行政机关工作人员与第三人恶意串通不作为造成他人损害的情形，否则一般不应当适用连带责任。

关于行政机关不作为的情况下如何确定责任划分，域外立法例中《德国民法典》第 830 条和第 840 条规定："数人因共同实施侵权行为造成损害的，各人对损害均负责任""数人共同对某一侵权行为所产生的损害负有赔偿义务的，应作为连带债务人负其责任"，第 839 条第一款规定："公务员故意或者过失未被其对于第三人应尽的职务义务的，应当赔偿第三人因此而产生的损害。仅因公务员的过失造成损害的，只有在受害人不能以其他方式得到赔偿时，始得向公务员要求赔偿。"可以看出，德国立法例中强调共同行为人的意思联络。德国共同侵权理论通说认为，只有共同行为人之间存在共谋的共同故意，侵权才是共同侵权。如果某一行为人实施的是故意侵权行为，而另一人实施的是过失侵权行为，只不过在事实上同时发生，由于《民法典》没有明文规定，各自依据因果关系原则承担责任。但在公务员过失侵权时，应当承担补充责任。

综合分析立法例以及我国实践，采取"相应"的补充责任较为妥当。这里"相应"的补充责任主要是指，因第三人行为造成损害的，第三人应承担全部民事侵权赔偿责任；行政机关不履行或者拖延履行法定职责行为与损害结果之间存在因果联系的，行政机关应当根据其不履行或者拖延履行法定职责行为在损害发生过程和结果中所起的作用等因素，承担相应的补充赔偿责任。这一选择主要是考虑到侵权结果发生不同于传统民事侵权，具有一定的特殊性。从责任分配来讲，更类似于“按份”，即考虑到民事侵权主体和行政机关在因果关系中各自作用力的大小；从权利救济实现程序来讲，更类似于“补充”，即考虑到民事侵权人无力承担或者下落不明等情况下，权利通过何种途径得到救济。单纯的按份责任注意到行政机关应当按照其不履行、拖延履行法定职责行为在损害发生和结果中的作用合理分担赔偿责任，但忽视了无意思关联的不作为行为和作为行为共同造成损害，与两个无意思关联作为行为共同造成损害的区别。不能简单按照后者根据各自行为在损失形成过程中的作用确定各方赔偿责任份额的原则进行责任划分。单纯的补充责任注意到第三人致害情况下，行政机关应当承担第二位的赔偿责任，但是忽略了行政机关应当承担责任的合理份额问题。单纯的补充责任最终导致的结果是，只要是第三人无力承担的，剩余部分全部由行政机关承担。这一结果不符合过错与责任相适应的基本原则。采用“相应”的补充责任这一观点既考虑了侵权人的第一位赔偿责任问题，又考虑了根据行政机关不作为行为在损害形成过程中的作用确定其合理赔偿份额，具有较强的可操作性。因此，本条规定，由于第三人行为造成公民、法人或者其他组织损害的，应当由第三人依法承担侵权赔偿责任；第三人赔偿不足、无力承担赔偿责任或者下落不明，行政机关又未尽保护、监管、救助等法定义务的，人民法院应当根据行政机关未尽法定义务在损害发生和结果中的作用大小，确定其承担相应的行政赔偿责任。这一规定既考虑了侵权人的第一位赔偿责任问题，又考虑了根据行政机关不作为行为在损害形成过程中的作用确定其合理赔偿份额，具有较强的可操作性。

三、如何确定行政机关不作为应当承担的责任

经过多方讨论和分析，将此种情况下不作为的行政机关承担的责

任定性为相应的补充责任。下面就如何根据这一定性确定行政不作为应当承担的责任。

（一）“相应的行政赔偿责任”如何界定

所谓“相应的”是指行政机关应当根据其不履行或者拖延履行法定职责行为对损失所起的作用大小来承担行政赔偿责任。这里需要注意对于补充责任的定性。补充责任的理论与制度中，将补充责任与主责任联结起来，并非因为它们之间属于共同责任关系，而是因为这两种不同的责任之间存在一定的牵连关系，即主次责任都指向同一权利主体和同一损害，补充责任设置的目的在于将上述主次责任之间的关系通过立法的制度设计进行必要的协调和合理的安排。需要注意不能简单地按照共同责任的思维认识补充责任，将该条规定的损害行为视为第三人与行政机关分别实施的共同侵权行为，否则会得出行政机关作为补充责任人承担连带责任以及补充责任与主责任相加的总和便是某一共同责任的错误认识。因此，该条规定中责任划分的标准主要是“行政机关未尽法定义务在损害发生和结果中的作用大小”，这里所谓的作用，应当将行政机关不履行职责、拖延履行职责当成不防止、不阻止、不消除、不减轻等损害后果的因素来考虑；应将不履行、拖延履行法定职责行为在侵权行为和损害后果发生、发展过程中所起的作用等因素作为责任划分依据。实践中，不履行、拖延履行法定职责的行为可能出现在侵权行为和损害后果发生、发展的不同阶段，而这些不同阶段的不履行、拖延履行法定职责的行为，对于损害后果所起的作用又是不同的。一般而言，前期的不预防和后期的不消除、不减轻，比不制止或不阻止正在实施的侵权行为，对于损害后果所起的作用更小；在时间上越是接近侵权行为发生的阶段，不履行职责行为对损害后果所起的作用也就越大。预防、阻止、消除、减轻侵权行为和损害后果的可能因素，也是确定行政赔偿数额的因素。需要说明的是，之前相关司法解释讨论中，曾有人提出用“因果关系”一词来描述行政机关应当承担的“相应的”行政赔偿责任，即根据行政机关不履行、拖延履行法定职责行为与当事人损害之间的因果关系大小确定行政机关应当承担的行政赔偿数额。但结合前述分析可以看出“因果关系”的表述不够周延，实践中也难以判断，不具备较强的操作性。

（二）行政机关以何种标准承担赔偿责任

在此种情况下，行政机关应当采取何种标准承担赔偿责任，存在两种不同意见。一种观点认为，应当按照民事赔偿标准确定赔偿数额。主要理由是：第一，实施侵权的第三人作为第一位的责任人构成民事侵权，依法适用民事赔偿标准承担赔偿责任，那么作为第二位的相应的补充赔偿责任的责任人，行政机关也应当按照该标准进行赔偿；第二，如果实施侵权的第三人按照民事赔偿标准承担民事赔偿责任，行政机关按照国家赔偿标准承担赔偿责任，将导致二者总额不一致。另一种观点认为，行政机关的补充赔偿责任应当适用国家赔偿标准。主要理由是：第一，行政机关不履行或者拖延履行法定职责承担的是行政赔偿责任，当然应当适用国家赔偿标准。如果适用民事赔偿标准确定行政赔偿数额，与行政诉讼法和国家赔偿法的规定相悖。第二，行政赔偿与民事赔偿采用不同赔偿标准，虽然赔偿总额不同，但不影响具体判决和执行。实践中，民事判决和行政判决是通过两个不同的诉讼程序作出的，民事判决依据民事赔偿标准对第一侵权人的民事赔偿责任进行判决，行政判决按照国家赔偿确定的行政赔偿总额并结合相应比例确定行政机关的具体赔偿数额，二者并不冲突。第一种观点强调第三人行为和行政机关不作为都应承担民事责任，实际上是简单按照共同责任的思维认识补充责任，将第三人侵权和行政机关不作为两者看成了共同实施的侵权行为。因此，最终采纳了行政机关的补充赔偿责任应当适用国家赔偿标准的观点。也就是说，无论民事赔偿在先还是行政赔偿在先，行政机关赔偿数额应当根据《国家赔偿法》规定的国家赔偿标准进行确定，赔偿总额确定后，根据行政机关不履行或者拖延履行法定职责在损害过程中的作用确定行政机关承担赔偿责任的相应比例，进而计算出行政机关应当赔偿的实际数额。民事诉讼中，对第三人侵权应承担的赔偿数额根据民事赔偿标准进行计算。

（三）行政赔偿是否应当设立上限的问题

民事赔偿和行政赔偿在残疾赔偿金、死亡赔偿金、被抚养人生活费等方面计算标准有所差异，这种差异会导致行政赔偿与民事赔偿总额存在一些差距；实践中行政赔偿一般会迟延，在计算方式上采用按上一年度国家职工的平均工资计算赔偿总额，这样可能导致在一些地方的行政赔偿计算的总额远远高于民事赔偿计算的总额。因此，有观点建议设立行政赔偿的上限。关于这一问题，我们认为，第三人致害情况下，行政机关存在不履行或者拖延履行法定职责的情形时，受害方的损害结果是因两种不同性质的侵权行为造成的，因此赔偿责任也应当是两种不同性质的。法定计算标准也当然不同，赔偿总额存在差异也属正常。根据现行规定，民事赔偿标准因地而异，行政赔偿标准全国统一，这就可能出现在经济发达地区民事赔偿标准高于行政赔偿标准，经济欠发达地区行政赔偿标准高于民事赔偿标准。赔偿总额的差异是因为法定赔偿标准差异造成的，即使实践中确实有部分当事人最终因赔偿标准差异获得较高数额的赔偿，也是符合法律规定的，更有利于给受害方更充分的救济，也有利于维护社会和谐稳定。

（四）民事赔偿程序与行政赔偿程序的顺序问题

对第三人致害情况下，受害方启动民事赔偿程序和行政赔偿程序是否存在先后的问题，有如下四种意见：

第一种意见，民事赔偿诉讼先行。这种观点认为受害方当事人必须先向实施侵权的第三人提出民事赔偿，只有民事赔偿无法全部实现的情况下，才能提起行政赔偿。这种观点的理论基础在于，第三人致害情况下，民事和行政责任分别属于第一位和第二位赔偿责任，赔偿程序上也应先行提起民事赔偿。在操作层面，只有提起先行民事赔偿，才能实际确定第一位的赔偿义务人是否能够承担全部责任。如果第一位赔偿义务人承担了全部民事赔偿责任，则行政机关作为第二位赔偿责任人无须承担行政赔偿责任。

第二种意见，受害方当事人根据因果关系不同享有有限选择。不履行或者拖延赔偿履行法定职责行为与损害结果存在直接因果关系的，受害方当事人可以先行提起行政赔偿诉讼；如果仅存在间接因果关系的，受害方当事人只能先行提起民事诉讼，只有当民事诉讼不能全额赔偿时，方可提起行政赔偿诉讼。主要考虑到直接因果关系和间接因果关系中行政机关不作为与损害结果之间关联性大小不同。

第三种意见，受害方当事人根据民事赔偿实际情况享有选择权，在实施侵权的第三人无力赔偿、逃逸或者下落不明的情况下，应当赋予受害方当事人先行提起行政赔偿的权利。主要考虑到第一赔偿义务人理应先行赔偿，一般应先向侵权人提起民事赔偿，但如果确实存在通过民事诉讼无法获得赔偿的情形，则没必要让受害方在民事赔偿中程序空转，赋予其在符合条件情况下有限选择申请行政赔偿，可以及时解决获赔问题。

第四种意见，赋予受害方自行选择权。受害方当事人可以自行选择先行行政赔偿程序，也可以选择先行民事赔偿程序。主要考虑到，要求受害方当事人先行提起民事侵权诉讼，待民事救济手段穷尽后再提起行政赔偿诉讼可能会导致当事人赔偿过于延迟，难以获得实质性救济。即使先行行政赔偿，由于行政机关有追偿权，也不会导致国家财政过度承担责任。

考虑到单纯的民事赔偿先行可能导致受害方当事人获得赔偿的周期过长；根据因果关系确定提起赔偿顺序缺乏可操作性；完全赋予当事人选择权也不符合司法解释的原意。建议采纳第三种意见，即受害方当事人根据民事赔偿实际情况享有选择权，在实施侵权的第三人无力赔偿、逃逸或者下落不明的情况下，应当赋予受害方当事人先行提起行政赔偿的权利。除此以外，受害方当事人只能先行民事赔偿程序，民事赔偿执行不能才可以申请行政赔偿。需要说明的是，实践中对于上述情形的把握不宜过严，有初步证据证明存在第三人无力赔偿、逃逸或者下落不明的情形即可。

【实务指导】

一、关于行政赔偿金额确定后，受害方已经取得的抚恤金等费用是否扣除的问题

实践中，有的受害方已经取得了抚恤金，行政赔偿金额确定后，是否应当扣除其已经获得抚恤金等费用。目前基本一致的意见是，行政赔偿中不应扣除已依法赔偿的死者生前抚养的无劳动能力人的生活费。主要理由是，依照民政部 2004 年 12 月 24 日发布的《关于国家机关工作人员、人民警察伤亡抚恤有关问题的通知》第三条规定，国家机关工作人员、人民警察因公牺牲和病故的确认，参照《军人抚恤优待条例》的有关规定办理。2004 年 10 月 1 日起施行的《军人抚恤优待条例》第十五条规定，对符合下列条件之一的烈士遗属、因公牺牲军人遗属、病故军人遗属，发放定期抚恤金：（1）父母（抚养人）、配偶无劳动能力、无生活来源或者收入水平低于当地居民平均生活水平的；（2）子女未满 18 周岁或者已满 18 周岁但因上学或者残疾无生

活费来源的；(3) 兄弟姐妹未满18周岁或者已满18周岁但因上学无生活费来源且由该军人生前供养。对符合享受定期抚恤金条件的遗属，由县级人民政府民政部门发给《定期抚恤金领取证》。根据上述规定可知，发放定期抚恤金是有条件的，主要是身份条件，死者必须是军人或者国家机关工作人员、人民警察。符合法定条件，即可以由民政部门核发《定期抚恤金领取证》，定期领取抚恤金。但根据《国家赔偿法》第三十四条第一款第三项的规定，对死者生前扶养的无劳动能力的人，还应当支付生活费，行政赔偿则是无身份条件的，只要行政机关的违法行政行为造成公民死亡，无论该公民是何种身份，国家对死者生前扶养的无劳动能力的人都应当支付生活费。支付死者生前扶养的无劳动能力的人的生活费，是赔偿义务机关依法应当支付的赔偿项目，法律并未作出因相关人员已享受定期抚恤金便可以不再支付该项目项下的赔偿金。抚恤金与行政赔偿互不排除。因此，在计算赔偿金总额时扣除死者生前扶养的无劳动能力人的生活费是违反《国家赔偿法》的上述规定的。

二、行政机关与实施侵权行为第三人存在事先恶意串通不履行法定职责的行政赔偿问题

一般而言，行政机关不履行或者拖延履行法定职责是由于职责上的疏忽，而非出于故意。但仍不排除实践中可能出现的行政机关工作人员与第三人事先恶意串通的情形。比如双方约定由第三人实施侵权行为，享有法定制止或者救助义务的行政机关接到举报后故意不履行或者拖延履行法定职责，最终导致当事人遭受重大人身损害或财产损失。此种情况下不能简单套用行政机关承担相应的补充责任的规定，否则会放纵违法失职行为。在此种恶意串通情形下的侵权，是第三人与行政机关的共同侵权行为，行政机关与第三人应当就受害方的损失

承担连带赔偿责任。受害方有权选择行政机关、实施侵权的第三人共同或者任何一方就全部损失承担赔偿责任。

（撰写人：徐超）

第二十五条　由于不可抗力等客观原因造成公民、法人或者其他组织损害，行政机关不依法履行、拖延履行法定义务导致未能及时止损或者损害扩大的，人民法院应当根据行政机关不依法履行、拖延履行法定义务行为在损害发生和结果中的作用大小，确定其承担相应的行政赔偿责任。

【条文主旨】

本条是关于在不可抗力等客观原因造成损害的情况下，如果行政机关存在未尽相关法定义务的情形，应如何承担行政赔偿责任的规定。

【起草背景】

本条为新增条款。目前《国家赔偿法》对于行政机关不作为情形下责任如何分担未作明确规定。经过司法实践的数次探索，本司法解释第二十九条中对第三人行为造成损害的情况下，行政机关存在不作为的责任分担进行了规定。本条主要针对存在不可抗力等客观原因造成损害的情况下，行政机关存在不作为的，如何进行责任分担的问题进行了规定。现有法律规定中，《行政诉讼法》第三十六条和第四十八条、《国家赔偿法》第三十九条对“不可抗力”进行了规定，但仅将不可抗力作为举证或者提起请求的期限要求的例外情形。随着社会发展和政府治理能力的提升，现代社会已经普遍认为，作为不可抗力重要组成部分的自然灾害也是自然与社会相互作用的结果，而且灾害的社会属性超越自然属性。因此，在灾害应对和恢复阶段，民众会要求政府进行更多的作为。基于此，在存在不可抗力致损的情况下，行政机关如果存在行政不作为，是否承担责任以及在何种层面承担责任成了一个不可忽略的议题。

【条文释义】

在第二十九条释义中，我们对行政机关不履行、拖延履行法定职责致使公民、法人或者其他组织人身损害、财产损失的情形进行了介绍，本条针对的是其中不可抗力的情形，即行政机关不履行或者拖延履行因自然灾害等不可抗力对公民、法人或者其他组织的人身、财产权利的救助义务，造成当事人人身、财产损失的情形。

一、行政诉讼语境下的不可抗力定义和构成要件

不可抗力制度源于罗马法，在罗马法中属于事变的一种。事变[①]是指引发损害的原因和债务人无关，是不能归责于债务人的事由，如兵变、自然灾害、军事冲突、法令废改等。如果由于外部不能抗拒的原因而导致物品灭失或给付不能时，债务人可以据此免责；“被偶然事件击中者自担损失”“不幸事件只能由被击中者承担”之法谚就是源于这一制度。这一制度也为许多大陆法系国家采用。我国《民法典》第一百八十条就对不可抗力制度进行了规定，即“因不可抗力不能履行民事义务的，不承担民事责任。法律另有规定的，依照其规定。不可抗力是不能预见、不能避免且不能克服的客观情况”。这一规定将过去《民法通则》第一百零七条和第一百五十三条的规定进行合并。

---

① 周相：《罗马法原论》（下），商务印书馆1996年版，第694页。

所谓不可抗力，是指独立于人的行为之外，并且不受当事人的意志所支配的不可预见、不可避免又不可抗拒的客观情况。就构成要件来讲，主要包括如下方面：

（一）不能预见

这一要件侧重于从人的主观认知能力考虑不可抗力的因素。判断标准主要有如下两项：一是依据现有的技术水平和认知能力不能预见。对于认知能力的判断一般应当以实践时的科学技术的发展水平作为判断标准，在判断依据上一般应考虑普通人获得可靠信息的机会和速度。以自然灾害为例，科学技术的发展可能提高了对某些自然灾害的预测能力，可能已经形成了较为成熟的预警系统，如果行为人没有注意到相应灾害预报，未能采取相应对策措施，进而导致损害的，此种情况下很难符合“不可预见”这一标准。二是应当以善良第三人即普通人的通常认识标准来判断。早期的不可抗力理论中，侧重于“当事人标准”，一般规定为“当事人不能预见、不能避免和不能克服”，但简单以当事人认知能力和预见能力作为适用不可抗力的标准，明显会存在个体差异。不可抗力理论的严谨中，标准逐渐由“当事人标准”过渡到“一般人标准”，可以更好排除主体差异可能带来的认定标准不同。除了上述标准外，还有一种特殊情形，对于负有某些专业知识和特殊能力的专业人士，应当以其所具有的专业知识和能力来进行判断，而不能简单采用“普通人标准”。对于行政机关而言，与上述专业人士的判断标准具有类似性。一般来讲，行政机关基于其职能和地位以及专业储备，具有更强的信息能力，进而具有更强的预见能力。以编制城乡规划为例，对于一般人而言，城乡规划的制定和挑战并非可以准确预见的，但行政机关基于其职权，具备国家规定的勘察、测绘、气象、地震、水文、环境等基础资料，对于规划编制和调整的预见能力是非常高的。另一方面，预见能力本身和注意义务密切相关。行政机关作为人民利益的受托人，具有维护公共利益的法定职权，其对公共利益负有勤勉注意义务，而非普通人的注意义务。

（二）不能避免与不能克服

这一要件主要是客观要件，该要件强调事件的发生和造成的损害之间具有必然性。当事人主观上如果已经尽到最大的注意义务，但仍不能避免事件发生，在事件发生后即使尽到最大努力仍不能克服事件造成的损害。事件发生的不可避免性应当根据具体情况来进行判断。行政机关的控制能力与一般的自然人、法人和其他组织有所不同，在判断时应当综合考虑行政机关的职权、层级与程序。

（三）客观现象

即不可抗力应当是独立于人的行为之外的事件，该事件可能源于自然现象或者是第三人的行为，而不能源于侵害人本人或者侵害人应对其行为负责的人。就侵权领域而言，不可抗力这一客观现象的介入实际上已成为侵权行为责任构成要件的组成要素之一，使其具有了可归责性，具备了法律上因果关系的原因力。这里的原因力指的是造成同一个损害结果中具有两个以上的原因，各个不同的原因对于损害的发生和扩大所发生的作用力。就本条规定而言，不可抗力本身等客观原因和行政机关不作为可能共同构成损害发生和扩大的原因力。

二、不可抗力的常见类型

不可抗力的范围难以准确界定，一般而言有如下类型：

（一）自然原因的不可抗力

自然原因的不可抗力指的是达到一定程度的自然现象，比如大风、地震、暴雨、暴雪、泥石流等。自然原因作为不可抗力时，应当综合以下因素进行判断：第一，根据自身的认知能力和水平无法合理预知。

一般而言，应当根据普通常人的标准进行判断，但具有特殊专业知识和技能的人，应当以其自身所具有的特别关注程度去判断其预见能力，行政机关基于其优势地位，在预见能力的判断标准上应当比照有特殊专业知识和技能的人。如《气象灾害防御条例》第二十八条规定，县级以上地方人民政府应当根据气象灾害防御的需要，建设应急移动气象灾害监测设施，健全应急监测队伍，完善气象灾害监测体系。根据上述规定，在行政机关对恶劣天气的预见能力判断上，应当适用更为严格的标准。第二，自然原因的发生具有不可避免性。第三，该自然原因是客观形成的，而非人为造成的。

（二）社会原因的不可抗力

社会原因的不可抗力指的是，社会矛盾激化引发的当事人不能预见、不能避免且不能克服的客观情况，如战争、罢工、金融危机等。司法实践中对于此种情形的判断要进行严格限定，慎重判断以避免对不可抗力的滥用。除了通常不可抗力的判断标准外，还需要满足原因的社会性以及较强的强制力。以前面列举的罢工为例，多数情况下具有可预见性，不宜一概认定为不可抗力。

（三）国家原因的不可抗力

国家原因的不可抗力是指国家行使行政、司法职能而导致损害的发生或者扩大。实践中，合同关系领域国家原因的不可抗力更为常见，在侵权责任领域对于国家原因的不可抗力应进行有条件的承认。

三、侵权责任中的不可抗力

根据现有立法的规定，除非法律有特别排除的规定外，不可抗力作为免责事由或者称之为抗辩事由，既可适用于侵权责任，也可适用于违约责任。结合本条规定，主要就侵权责任领域的不可抗力进行分析。

（一）过错责任情形下的不可抗力

从侵权责任构成来讲，尤其是过错责任的情形下，不可抗力的出现通常会阻却因果关系要件，同时也否定了行为人的过错要件。因此，行为人对损害结果不承担责任。

1. 不可抗力是导致损害发生或者扩大的唯一原因

根据不可抗力的基本理论，只有在损害结果完全是由不可抗力引起的情况下，才足以表明行为人的行为与损害结果之间没有因果关系，这一点主要适用于过错侵权类案件。在不可抗力是导致损害发生或者扩大的唯一原因时，行为人的行为对于损害结果不具有原因力，另一方面也表明行为人在主观上没有过错，其可以采用不可抗力作为抗辩理由，据此不承担相应的民事责任。

2. 不可抗力是导致损害发生或者扩大的部分原因

实践中侵权行为情形往往更加复杂，多因一果的侵权行为非常常见，在损害结果发生的原因力中往往还伴随着不可抗力。出现了不可抗力之外还有其他行为的介入，这里的其他行为可能有侵权人的行为、受害人的行为或者第三人的行为，各行为与损害结果之间的因果关系如何判断，责任如何分担的问题亟须解决。在此种情形下，不可抗力是否仍可以作为抗辩理由也需要讨论。这里我们以不可抗力出现的时间点为依据讨论以下几种情形：

第一种情形，不可抗力的出现构成阻断的因果关系。这种情况主要是指，不可抗力发生之前行为人已经实施了侵权行为，但不可抗力的发生将侵权行为与损害后果之间的因果关系阻断了。在此种情况下，如何判断侵权行为和不可抗力与损害结果之间的关系。具体判断上，可以先剔除侵权行为这一要素，如果这一要素不存在，损害结果仍因不可抗力而发生，那么损害结果与侵权行为之间就不存在事实上的因果关系，行为人可以不可抗力进行抗辩，不对损害承担责任；如果剔除侵权行为要素，损害结果就不会发生，那么足以证明侵权行为和损害结果具有事实上的因果关系，侵权行为与不可抗力共同构成原因力，行为人需要对损害结果负责。

第二种情形，不可抗力的出现构成超越的因果关系。这种情况主要是指，侵权人的行为造成了损害结果的发生，该行为是损害结果发生的真正原因，但不可抗力随之发生，扩大了损害结果。不可抗力因素的介入发生在侵权行为之后，是作为超越原因存在的，不能据此否定侵权行为与损害结果之间的关系，行为人仍需要承担赔偿责任。在赔偿数额上，可以适当考虑超越原因，将超越原因造成的损害赔偿进行相应的扣减。

上述两种情况下不可抗力出现的时间点有所不同，如果侵权行为和不可抗力均构成损害结果发生的原因力，实际上存在原因的叠加致损，在责任分担上应当结合因果关系分析确定责任的承担。如果侵权行为和不可抗力共同作用造成损害，侵权行为人应当按照原因力的比例承担侵权责任，对不可抗力造成损害的部分可以免除责任；如果侵权行为的发生扩大了不可抗力造成的损害结果，应当根据原因力比例，由侵权行为人承担相应责任；如果不可抗力构成损害结果的全部原因时，应当免除侵权行为人的责任。

（二）无过错责任情形下的不可抗力

《民法典》第180条对于不可抗力的抗辩规定了例外情形，即“法律另有规定，依照其规定”。在侵权责任领域，主要针对的是无过错责任的类型，既包括不得以不可抗力作为抗辩的情形，也包括限制不可抗力适用范围的情形。

1. 不得以不可抗力进行抗辩的情形

现有规定中对于涉及公共利益的几种特殊情形规定了不得以不可抗力进行抗辩。例如，《民法典》第一千二百三十七条和《国务院关于核事故损害赔偿责任问题的批复》规定，民用核设施的经营人在发生核事故的情况下造成他人损害的，只有能够证明损害是因战争、武装冲突、暴乱等情形所引起，或者是因受害人故意造成的，才免除其责任。根据上述规定可知，因不可抗力的自然灾害造成他人损害的，不能免除核设施经营人的责任。另外在《民法典》第一千二百三十八条对民用航空器致损进行了规定，民用航空器造成他人损害的，民用航空器的经营者应当承担侵权责任；但是，能够证明损害是因受害人故意造成的，不承担责任。根据上述规定，因不可抗力的自然灾害造成的，不能免除民用航空器经营人的责任。

2. 限制不可抗力的适用范围

在涉及公共安全和福祉的领域，不可抗力作为抗辩事由不宜绝对化，可以允许行为人以不可抗力作为抗辩事由主张不承担责任或者减轻责任，但应对不可抗力的范围加以限制。1989 年《环境保护法》第 41 条第 3 款就规定了造成环境污染的加害人以不可抗力进行抗辩时，首先要证明此种不可抗力是自然灾害，而非社会原因和国家原因造成的不可抗力；其次要证明其即使采取合理措施仍不能避免损害发生。《海洋环境保护法》第九十一条中也对不可抗力的适用范围进行了限制性规定，该条规定只有在战争和不可抗拒的自然灾害两种情况下，给海洋环境造成损害且当事人即使采取合理措施仍不能避免时，当事人才能援引不可抗力抗辩。上述规定将不可抗力的范围进行了限定，并且强调行为人应当尽力避免损害结果的发生。这类规定的立法目的是应对目前我国发展中不容忽视的环境污染等问题，也符合国际上采取谨慎态度对待环境污染的通行做法。

四、不可抗力致损情况下行政机关不作为的相关分析

不可抗力等客观原因导致公民、法人或者其他组织遭受损害自古

有之，但长期以来民众普遍观点认为不可抗力造成的损害属于天灾，只能听天由命。现代国家治理体系建设和完善后，公民逐渐要求国家承担起管理人类自身行为的职责，从而减少灾害的损失和影响。国家对不可抗力等客观因素尤其是自然灾害的应对范围也越来越广，不仅覆盖灾后救助，也逐步覆盖灾前规划、预防预警、灾中应急以及灾后救助重建的综合管理。现代政府承担的职责也超越了单一的防御功能领域，在授意功能和保护功能上也逐步有所作为，传统行使模式已经转变为更加积极介入、更加有所作为的福利行政。行政机关的职责和不可抗力抗辩之间需要建立新的平衡。据此，本条规定，由于不可抗力等客观原因造成公民、法人或者其他组织损害，行政机关不依法履行、拖延履行法定义务导致未能及时止损或者损害扩大的，人民法院应当根据行政机关不依法履行、拖延履行法定义务行为在损害发生和结果中的作用大小，确定其承担相应的行政赔偿责任。

（一）行政机关存在不作为的情况下适用不可抗力抗辩的要件分析

行政机关存在本条规定的不作为情形的，并不当然排除不可抗力抗辩理由的适用。在判断是否可采用不可抗力这一抗辩理由时，仍应遵循前述构成不可抗力的几个要件。

1. 主观要件

就主观要件来讲，仍要求“不能预见”，但这里的判断标准显然不能简单适用于一般人标准，行政机关本身有更强的信息能力，也有着更强的预见能力，在职责上也有着更高的勤勉注意义务。同时行政系统存在的行政程序也赋予其合理预见的更大可能性。以《气象灾害防御条例》为例，第二十八条和第三十条中规定了县级以上人民政府应当建立和完善气象灾害监测体系并及时发布灾害性天气预报和气象灾害预警，第三十五条还规定，县级以上人民政府应当根据灾害性天气影响范围、强度，将可能造成人员伤亡或者重大财产损失的区域临时确定为气象灾害危险区，并及时予以公告。结合上述规定我们可知，对于灾害性天气，行政机关本身具有相对成熟的监测体系和预警体系，较之一般人有着更强的预见能力和更高的勤勉注意义务。结合该条例第二章相应规定可以看出，国家气象主管机构、国务院各级人民政府按照法定程序编制气象防御规划，在行政程序上也决定了行政机关合理预见的可能性更大。

2. 客观要件

这里的客观要件仍然指的是虽然尽了合理的注意义务和最大的努力，仍不能阻止损害结果的发生。对于行政机关而言，判断是否超过其控制范围的相关影响因素主要包括行政机关的职权、层级以及程序。具有职权的行政机关对相应事项往往具有更强的控制力，更高层级的机关由于权限更高，一般具有更强的控制力，此外行政程序这一因素也可以体现行政机关职权的行使和意思表示。综合上述因素，才能判断行政机关是否具有预见和控制能力。

从目前行政执法和司法实践现状以及不可抗力导致的行政应急特殊性来看，行政赔偿范围也不宜太宽。实践中需要特别注意不可抗力范围的限缩。结合前述分析，不可抗力等客观原因包括自然原因的不可抗力、社会原因的不可抗力和国家原因的不可抗力。也就是说，自然灾害、战争、罢工、金融危机以及某种情况下的政策调整都可算作不可抗力。但在本条情形下，不可抗力和行政机关不作为可能共同构成损害结果发生的原因力，基于行政机关在职权、认知能力和注意义务等方面的特点，应将本条规定的不可抗力限定在自然原因和有限度的社会原因的范畴，具体可以比照突发事件应对法的相关规定。

（二）不可抗力致损情况下行政不作为的类型

不可抗力导致损失的情况下，如果行政机关存在不履行或者拖延履行法定职责的情形，上述不作为情形本身也构成损害结果发生的原因力，接下来将依据行政不作为出现的时间点分类进行讨论。

1. 行政不作为发生在不可抗力等情形发生之前

为预防和减少突发事件发生，控制、减轻和消除突发事件可能引发的社会危害，行政机关在应对突发事件引发的不可抗力情形时，应根据法律法规等规定进行合理的预防与应急准备，并建立监测与预警制度。《突发事件应对法》第三十二条规定，国家建立健全应急物资储备保障制度，完善重要应急物资的监管、生产、储备、调拨和紧急配送体系。设区的市级以上人民政府和突发事件易发、多发地区的县级人民政府应当建立应急救援物资、生活必需品和应急处置装备的储备制度。县级以上地方各级人民政府应当根据本地区的实际情况，与有关企业签订协议，保障应急救援物资、生活必需品和应急处置装备的生产、供给。这一规定的目的在于突发事件发生时具备充足的物资，可以有效应对各种紧急情况，当突发事件发生后，履行统一领导职责的人民政府可以根据该法第四十九条的规定，启动储备的应急救援物资。如果设区的市级以上人民政府和突发事件易发、多发地区的县级人民政府没有按照规定建立应急物资储备制度，在突发事件发生后无法进行物资保障造成损失，其不能以不可抗力为由进行抗辩。《突发事件应对法》第四十三条规定，可以预警的自然灾害、事故灾难或者公共卫生事件即将发生或者发生的可能性增大时，县级以上地方各级人民政府应当根据有关法律、行政法规和国务院规定的权限与程序，发布相应级别的警报，决定并宣布有关地区进入预警期，同时向上一级人民政府报告，必要时可以越级上报，并向当地驻军和可能受到危害的毗邻或者相关地区的人民政府通报。该条对预警的发布、报告和通报制度进行了规定。县级以上人民政府根据规定发布预警制度可以及时有效地对不可抗力可能引发的损失进行止损，上报制度方便上级政府及时了解情况，更好地统筹规划，并在人力、财务、物力上提供支持。如果行政机关没有按照法律规定履行预警职责，导致可以预警的自然灾害、事故灾难或者公共卫生事件的损失扩大，其不能以不可抗力为由进行抗辩。

2. 行政不作为发生在不可抗力等情形发生之时

《突发事件应对法》第四十八条规定，突发事件发生后，履行统一领导职责或者组织处置突发事件的人民政府应当针对其性质、特点和危害程度，立即组织有关部门，调动应急救援队伍和社会力量，依照第四章（应急处置与救援）的规定和有关法律、法规、规章的规定采取应急处置措施。不可抗力发生时的行政不作为在实践中更为常见，通常表现为行政机关未采取应急处置措施或者应急处置措施不及时、不得当。应急处置措施是一种暂时性强制性的行政应急措施，突发事件的发生往往造成人民财产和国家财产的巨大损失，正常的社会功能遭到破坏，事件发生地人民政府实行应急处置措施，可以保证抢险救援工作得到有力地组织和有序地开展。自然灾害、事故灾难或者公共卫生事件等突发事件发生后，行政机关的应急处置措施在《突发事件应对法》第四十九条进行了详细规定。这一规定是对不可抗力等客观原因发生时，行政机关应当承担哪些法定义务进行明确，不履行或者拖延履行下列义务导致未能及时止损或者扩大损失的，应当比照第二十九条的规定，承担相应的行政赔偿责任。具体应对措施即行政机关的法定义务包括：

（1）救助性措施。主要是对公民人身的救助。在危机已经来临可能危及公民生命、健康时，对处于洪区、疫区、火灾区、放射区、地震区等灾区的公民，行政机关通过营救、疏散、撤离等方式，将在危险区域内受到威胁的人员转移到安全地带，并妥善安置，解决受到威胁人员急需的衣、食、住等问题。这里的“疏散”是应急疏散，具有以下特征：一是应急疏散的时间是在危机已经来临时，这与危机爆发前的紧急疏散是有区别的。危机爆发前的紧急疏散属于在预警期内的危机预控，而危机已经爆发后的应急疏散属于危机应急管理；二是应急疏散的依据是被疏散的人员将面临巨大的危险，如果不紧急疏散很可能造成人员重大伤亡，当然，没有危险的群众就不必疏散，不然就会造成不必要的损失；三是应急疏散的内容是指将安全受到威胁的民众紧急转移到安全地带；四是应急疏散的目的是最大限度地减少人员伤亡。应急疏散在危机管理中意义重大，它是危机管理的一项行之有效的紧急措施，因为它可以以较小的代价最大限度地减少人员伤亡。

（2）控制性措施。主要是针对场所的强制。其中，危险源，是指危险物品大量聚集的地方，如被传染病病原体污染的公共饮用水源，易燃易爆物品、危险化学品、放射性物品存放地。这些危险源具有较大的危险性，在自然灾害、事故灾难、公共卫生事件发生后，负责应急处置工作的人民政府应当及时予以控制。标明危险区域，目的是起到警示作用。封闭危险场所，是指封闭可能造成传染病扩散的场所、对传染病疫区实行封锁。划定警戒区，是指公安机关在一些特定地方，划定一定的区域限定部分人员出入。实行交通管制，是指对管制地区的交通实施严格控制，对交通工具以及人员、物品进出进行特别管理。必要时开辟救援专用路线，保证现场的交通快速畅通，使救援人员、物资能够及时到位。管制的目的可以是为减灾、救灾而疏导交通，也可以是为避免危险的发生等控制交通。这种社会性管制也是一种常用的应急措施，在应急处置中具有特别意义。

（3）保障性措施。保障性措施中很重要的一项是，立即抢修被损坏的交通、通信、供水、排水、供电、供气、供热等公共设施，这一措施对减少灾害损失很重要，而且对生活恢复、生产恢复以及整个社会恢复都是十分重要的。“交通、通信、供水、排水、供电、供气、供热”等公共设施，均属于生命线工程系统。立即抢修可以确保得救的人更多，对次生灾害的控制和社会功能的恢复也就越有成效。此外，向受到危害的人员提供避难场所和生活必需品也是保障措施的必要组成部分，主要是指给受灾人员的生活帮助和物质帮助，履行统一领导职责的人民政府组织民政和其他有关部门和单位，通过各种途径给他们提供必要的帮助，保证灾民的基本生活不致失去保障。在突发事件发生后，尤其是公共卫生事件中，实施医疗救护和卫生防疫也是不可或缺的，主要包括医疗救护和卫生防疫两个方面。履行统一领导职责的人民政府应当组织卫生、医疗、医药、防疫等部门和单位，向灾区调运药品，派出医疗队伍，对有生命健康危险的灾民予以救治；加强疫病监测，及时扑灭疫情，控制流行病、传染病的暴发和流行，确保大灾之后无大疫。

（4）保护性措施。如火灾发生后要截断电力、可燃气体和液体的输送，限制用火用电；传染病发生后，为防止疫情的传播，限制或停止集市、集会、影剧院演出或者其他人群聚集的活动以及停工、停业、停课等。

除上述措施外，行政机关还应尽到如下义务：启用本级人民政府设置的财政预备费和储备的应急救援物资，必要时调用其他急需物资、设备、设施、工具；组织公民参加应急救援和处置工作，要求具有特定专长的人员提供服务；保障食品、饮用水、燃料等基本生活必需品的供应；依法从严惩处囤积居奇、哄抬物价、制假售假等扰乱市场秩序的行为，稳定市场价格，维护市场秩序；依法从严惩处哄抢财物、干扰破坏应急处置工作等扰乱社会秩序的行为，维护社会治安；采取防止发生次生、衍生事件的必要措施。

3. 行政不作为发生在不可抗力等情形发生之后

《突发事件应对法》第五章对突发事件发生后的恢复与重建进行了规定。在突发事件的威胁和危害得到控制或者消除后，履行统一领导职责或者组织处置突发事件的人民政府应当停止执行应急处置措施，并采取必要措施防止次生和衍生灾害的发生；并尽快组织受影响地区尽快恢复生产、生活、工作和社会秩序，制定恢复重建计划，恢复社会治安秩序，修复公共设施；并对突发事件的发生经过和原因以及应急处置工作的经验教训等进行查明并向上一级人民政府提交报告。如果行政机关在不可抗力发生后没有按照上述规定组织恢复与重建造成了损失的扩大，则应当承担相应的行政赔偿责任。

【实务指导】

根据上述情形分析可知，行政机关的不作为可能发生在不可抗力产生的各个阶段，行政机关未准确预警不可抗力的发生、不可抗力发生阶段未及时采取恰当的处置措施、不可抗力发生后未按照法律规定进行恢复与重建都可能与不可抗力叠加，导致未能及时止损或者扩大损失。此类案件审理中应当把握如下要件：第一，行政机关具有法定的现实作为义务。这里的法定义务可能是羁束性义务，也可能是裁量性义务。羁束性义务的履行中，行政机关及其工作人员对义务的履行不具有裁量权或者裁量空间。这类义务一般根据法律条文的明确性规定进行判断即可。裁量性义务的履行中，行政机关及其工作人员对义务的履行有一定的裁量权或者裁量空间，这里需要具体衡量此种义务的不履行是否会导致公民、法人或者其他组织的人身财产权受到即刻且现实的危险。如果存在此种情形，则认为即使法律没有明确列举，行政机关也具有相应的义务。第二，行政机关有履行义务的可能性。在行政机关有法定义务的情况下，其具备某种行政职权，且即使存在不可抗力的情形下，结合行政机关的信息掌握程度、注意义务及决策需要等因素，行政机关具备履行义务的可能性。比如在科学技术发展程度较高的今天，行政机关根据法律、法规的规定可以建立气象灾害监测体系，可以作出相对精准的预警并采取相应措施。第三，行政机关存在不依法履行或者拖延履行法定义务的情形。以前述气象灾害预警为例，在具备预警条件的情况下，行政机关怠于行使预警职责，或者延迟进行预警，或者预警范围和方式不符合法律法规规定，都属于不作为的情形。第四，公民、法人或者其他组织需要提起相应的申请。此外，实践中需要综合考量其他主体是否基于合同约定或者其他方式负有相应义务，其他主体是否履行了相应义务，以及受损害人本身是否采取相应措施避免损失扩大。

此外，从目前行政执法和司法实践现状以及不可抗力导致的行政应急特殊性来看，行政赔偿范围也不宜太宽。近年来，自然灾害和公共卫生事件频发，事件的不确定性和影响广度也越发超出传统认知。目前我国在防灾减灾、突发事件应对方面制定了一系列法律、法规和规章，但仍难以覆盖当下所有可能发生的不可抗力情形，现行立法中仍然存在着责任主体界定不明、法定义务界定不清、法律责任规定不完善等问题，且不同法律、法规和规章之间在上述问题上仍有相互矛盾之处。考虑到目前立法水平和行政管理水平的现状，在不可抗力存在的情况下，未经请求对特定公民、法人或者其他组织履行法定职责的一般行政失职行为原则上不宜纳入申请行政赔偿的范围。也就是说，当事人就一般性失职行为以行政机关未履行法定监管职责为由申请行政赔偿的，可以视作特定损害缺乏具体违法确认事实，并以此为由不予受理。这一理解符合我国目前的经济和法治条件。这里需要注意的是，一般性失职的情况下虽然不启动行政赔偿诉讼，但负有法定职责的行政机关和行政机关工作人员仍然面临责令改正、行政处分甚至被追究刑事责任，必要时要依法进行行政补偿。

（撰写人：徐超）

第二十六条　有下列情形之一的，属于国家赔偿法第三十五条规定的“造成严重后果”：

（一）受害人被非法限制人身自由超过六个月；

（二）受害人经鉴定为轻伤以上或者残疾；

（三）受害人经诊断、鉴定为精神障碍或者精神残疾，且与违法行政行为存在关联；

（四）受害人名誉、荣誉、家庭、职业、教育等方面遭受严重损害，且与违法行政行为存在关联。

有下列情形之一的，可以认定为后果特别严重：

（一）受害人被限制人身自由十年以上；

（二）受害人死亡；

（三）受害人经鉴定为重伤或者残疾一至四级，且生活不能自理；

（四）受害人经诊断、鉴定为严重精神障碍或者精神残疾一至二级，生活不能自理，且与违法行政行为存在关联。

【条文主旨】

本条是关于造成严重精神损害后果情形的规定。

【起草背景】

司法实践中，对于侵权行为责任的认定，主要有三类：一是民事侵权责任；二是刑事责任；三是国家赔偿责任。在损害结果方面，包括两类：物质性损害以及精神性损害。不同侵权行为类型，其计算的标准或者需要关注的事项并不完全相同。如对于民事侵权的物质性损害，承担的责任主要在于弥补侵权行为造成的损失，因而通常直接指向损害结果，并不过多地关注过程。对于刑事责任的认定，除考虑危害后果外，还要关注犯罪行为人的主观方面与客观方面。如刑事酌定的量刑因素包括犯罪的动机、手段、时间、地点、结果、对象，犯罪分子的一贯表现、犯罪后的态度、前科等。对于国家赔偿责任的认定，其在物质性损害方面与民事侵权相同，即主要关注损害结果。但在评判侵权行为造成的精神性损害时，除了考虑损害的客观后果之外，还要关注侵权行为人的主观表现。主观表现本身在形式上虽不是损害后果，但其可以作为精神性损害程度的直接推定或认定因素，从而可以实质上成为精神性损害结果的一部分。如民事侵权的精神损害赔偿金额需要考虑的因素有：侵权人的过错程度；侵害的手段、场合、行为方式等具体情节。同样，国家赔偿的精神损害赔偿责任，在考虑物质性损害结果的同时，也要考虑侵权人的主观表现。因此，在判断精神性损害后果之时，必须同时考虑物质性损害结果以及可能对精神性损害产生直接影响的各项因素。据此，本条规定结合前述侵权责任的特征以及精神损害的认定规则，细化精神损害后果的具体情形，作为精神损害后果的判断依据。

关于精神损害后果的判断，实际上就是对精神痛苦程度的认定。精神痛苦的来源主要有两个：一是因生理引起的痛苦，即自然人的肉体受到限制或者损害，带来身体生理上的痛苦，从而通过神经系统引起精神痛苦。二是因心理引起的痛苦，即自然人心理在意的事项受到损害，如侵权导致身体残缺不可恢复、名誉名声受到严重损害等，从而感情、思维、意识等精神方面受到损害，进而产生精神痛苦。因此，判断精神损害程度，应当主要从生理和心理两个层面确定因素。相比而言，对痛苦程度的评判，生理上的痛苦比心理痛苦更为直观。对精神损害程度或者后果的认定，难点在于心理痛苦。心理的感受，来源于内外因素的影响，内在因素包括自然人的认知能力、性格、价值观等，外在因素则主要为社会评价等对心理感受产生重要影响的事项。

造成严重后果是支付精神损害抚慰金的前提条件，无论是民事侵权赔偿抑或国家赔偿均予以认可。但关于后果是否“严重”，因其具有的主观性特征，一直以来都是法律领域争议不止的问题。加之“严重后果”适用于主观性极强的“精神损害”问题，致使在司法实践中，关于“造成严重后果”的具体情形或者认定标准，一直存在较大争议。因此，在本次司法解释修改时，有必要结合行政赔偿实际情况，参考有关规定明确依法认定“造成严重后果”的具体情形。其中，《最高人民法院关于人民法院赔偿委员会审理国家赔偿案件适用精神损害赔偿若干问题的意见》（以下简称《国家赔偿精神损害赔偿意见》）的第四部分规定，即“一般情形下，人民法院赔偿委员会应当综合考虑受害人人身自由、生命健康受到侵害的情况，精神受损情况，日常生活、工作学习、家庭关系、社会评价受到影响的情况，并考量社会伦理道德、日常生活经验等因素，依法认定侵权行为是否致人精神损害以及是否造成严重后果。受害人因侵权行为而死亡、残疾（含精神残疾）或者所受伤害经有合法资质的机构鉴定为重伤或者诊断、鉴定为严重精神障碍的，人民法院赔偿委员会应当认定侵权行为致人精神损害并且造成严重后果”完全适用于行政赔偿领域，且所蕴含的法律精神仍然符合社会现实需要，有必要予以延续适用。《最高人民法院关于审理国家赔偿案件确定精神损害赔偿责任适用法律若干问题的解释》（以下简称《国家赔偿精神损害赔偿解释》）所列举的具体情形，原则上仅针对司法赔偿的情形，并不直接适用于行政赔偿领域，但考虑到均属于国家赔偿范畴，本规定在延续《国家赔偿精神损害赔偿解释》法律精神的基础上，在具体情形上也基本上保持一致。

【条文释义】

一、判断精神损害后果程度需考虑的因素

行政行为系行政机关代表国家行使公权力的行为，对外具有公定力、确定力等特征，在社会的影响力上要远高于民事行为，相比行政侵权行为的破坏力要远高于民事侵权行为。行政侵权行为在被依法予以纠正之前，通常都严重影响被侵权人的社会评价。即使被纠正或被确认违法之后，因造成的负面影响给社会公众印象深刻，一般也难以得到彻底或有效消除，由此给被侵权人带来精神损害。而精神损害因其所具有的主观性、个体性等特征，同一行为造成的后果却因人而异、千差万别。因此，对精神损害的判断，最有效的方法仍为由当事人提出主张、居中裁判者合理裁量。但为避免所提主张以及裁量方法过于任性而无章可循，有必要设定适用于绝大多数情形、普遍为公众所接受的裁量规则。因此，有必要对“严重后果”认定的一般原则作出方向指引，将需要考虑的因素尽可能予以明确。

（一）人身自由、身体健康受损情况

被侵权人的人身自由受到侵害与身体健康受到损害，系国家赔偿领域可以主张精神损害的前提条件。因此，人身自由、身体健康受损情况，系确定精神损害程度必须考虑的首要因素或基础因素，其对被侵权人精神造成损害主要来源于生理方面的痛苦，即由生理痛苦引发精神痛苦。

人身自由的受损，主要表现为人身自由被限制或剥夺。损害程度

的判断标准，首先表现在限制的时间长短方面。此外，限制的活动范围以及周边环境、生活条件等因素，对被侵权人的感受也具有重要影响。如将行政相对人限制在极为狭窄、条件极为恶劣的空间，其造成的精神损害程度显然要严重于面积较大、环境较好的空间。

身体健康，包括身体器官以及精神感受两个层面。由于自然人的身体健康影响因素较多，有隐性的与显性的，还有潜在的与长远的，因而在判断身体健康的变化是否受外力影响所致可能相对复杂。侵权人受到侵权之后身体健康发生变化的部分，一般都可以认定为侵权行为造成的损害后果，包括侵权行为直接造成的身体损害以及衍生的并发症。相比而言，对于并发症的判断更易引发争议，如侵权人对行政相对人的身体进行殴打，被侵权人进行医疗鉴定后，认定为身体骨折以及糖尿病。被侵权人在初步证明其在受侵害之前并无骨折以及糖尿病，由此提出侵权人应当对两种病症承担赔偿责任的主张，人民法院一般予以支持。侵权人予以否定的，应当承担举证责任，即提供有效证据证明侵权行为不可能导致糖尿病或者被侵权人受侵害前已患糖尿病。另外，对于被侵权人受侵权前已有相关病症，受侵权后病症加重的，加重部分可以参照前述原则予以处理。需要注意的是，侵权行为造成精神疾病的，在认定结果时存在竞合情形。如行政机关未采取限制人身自由，也未直接对被侵权人肢体进行伤害，而是通过不断的言语恐吓等方式造成被侵权人精神疾病的，行政机关应当赔偿精神疾病的医疗费用。同时，精神疾病也属于精神损害后果需要考虑的因素。因此，相比于肢体等非精神方面的身体健康损害，直接造成精神疾病的侵权行为，直接承担双重赔偿后果。

（二）日常生活、工作学习、家庭关系、社会评价受到影响的情况

人是社会性动物，总处于一定的社会关系之中，这些错综复杂的

社会关系决定了人的本质是社会性。从关系的性质上，可分为生产（学习或工作）与生活。从关系的范围上，可分为家庭和社会。这些社会关系通常是自然人最为在乎的外来因素，对自然人精神状态或情绪感受产生直接影响。因此，这些外在因素应当作为精神损害后果予以考虑。一是日常生活。如被侵权人因身体受伤而对其日常生活如兴趣爱好或者梦想追求等造成严重影响或者大幅降低生活质量的，被侵权人主张存在严重精神损害的，人民法院一般予以支持。二是工作学习。如被侵权人因其人身自由受到限制而错过重要考试或者升职机会等，被侵权人的精神由此受到重创的，可以依法主张存在严重精神损害。三是家庭关系。行政侵权行为所具有的破坏力，在特定情形下也可能给被侵权人的家庭关系产生直接影响，如行政机关以行政相对人涉黄为由给予行政拘留，行政相对人的配偶基于对行政处罚行为的信任而选择与行政相对人解除婚姻关系。此时，行政侵权行为必然对被侵权人造成精神损害。四是社会评价，即社会公众对被侵权人的评价或看法。其损害后果主要为社会公众因侵权行政行为的存在，明显降低对被侵权人的评价或对其产生负面看法。如行政相对人被治安行政拘留之后，其邻居、同事、同学、朋友等知晓之后，不明真相地认为行政相对人属于违法乱纪之人。行政相对人的社会评价显然降低，由此给其带来精神痛苦。

需要注意的是，前述社会关系因违法行为受到负面影响，将可能导致被侵权人的财产权益受到直接影响。关于被侵权人能否直接主张这些负面影响作为直接损失请求行政赔偿，目前尚未形成统一认识。根据《国家赔偿法》的规定，这些损失都并非法定意义上的直接损害，而只是与违法行政行为具有较为紧密的关联，行政机关对此难以合理预见，若都纳入行政赔偿的范围，对侵权人而言显然负担过重。但是，这些损失却又属于被侵权人客观发生的，若不予赔偿或救济，对被侵权人而言显然也不公平。如何合理平衡二者之间的矛盾，有必要通过规范性文件予以明确。在规范性文件出台之前，可以按照公平法律精神进行处理，具体为：由被侵权人承担举证责任，即证明这些损害客观发生、损害与侵权行为具有紧密关联，以及行政机关可以对损害事实合理预见等。在可以有效证明前述事项的情形下，人民法院应当根据行政机关的过错情况，确定对被侵权人的主张是否支持以及支持的比例。需要注意的是，在损害与违法行为的紧密联系方面，被侵权人应当证明二者之间具有较高概率的因果关系，即接近于必然发生之程度。在行政机关可以合理预见方面，被侵权人应当可以初步证明普通公众的理解能力即可预见，包括被侵权人在侵权发生之时已经明确告知行政机关，或者行政机关在作出违法行政行为之时已经知晓可能引发的其他损失等，行政机关对被侵权人的其他损失具有故意或者存在重大过失等过错。但是，在确定具体的损失之时，不宜将所有尚未发生、具有可期待或不完全确定的利益都计算在内。如被侵权人在被限制人身自由时，明确告知行政机关其正在签订商业合同的路途中，行政机关仍然违法限制其人身自由导致其丧失签订合同的机会。由此，行政机关应当对相应的损失承担责任。但是，不能将合同的标的额或者合同履行的盈利都计算为损失，而应当将商业风险、不能订立合同的各种原因以及重新订立合同的可能等因素进行考量。还需注意的是，若不能证明行政机关应当有合理预期的损失，如不能证明被侵权人的恋爱关系终止系因行政侵权行为造成的，被侵权人不能主张对这些损失给予基础行政赔偿，但这些损害或者负面影响确可能给被侵权人带来巨大精神痛苦的，则可以依法将其主张为精神损害因素。

（三）社会伦理道德、日常生活经验

在确定精神损害需要考虑的因素之后，对于具体因素受损情况是否严重以及严重程度，法律因具有相对稳定性、确定性、客观性等特

征，而难以作出明确、具体的规定。但法律的形成根源于社会公众的评价，而评价的标准主要来源于日常生活经验以及已经形成的社会伦理道德。因此，在被侵权人主张存在前述事项造成精神损害时，人民法院需要借助于社会伦理道德以及日常生活经验来判断主张是否成立。换言之，因精神损害主观性太强，且依赖于评判主体的自身感受或价值选择，为了作出相对公平、符合公众认知的评判结论，人民法院不能完全采纳被侵权人提出的主观感受，也不能仅依靠承办法官的个人感觉，而应当依据具有中立性、普遍为公众所接受的标准。需要注意的是，在理解此项规定时，既要考虑整体社会角度的伦理道德，即被侵权人的主张能否得到普通大众的认可，也要考虑被侵权人实际生活或工作所处环境具有的特殊性是否有别于社会公众认知的习俗。例如，被侵权人所生活的农村，世代相传形成普遍认知即“被政府处罚则属于人生重大污点”，同样一个行政处罚决定对其他人员而言可能并不具有伤害力，但对于长期在该地生活的人员而言，则可能带来巨大的精神损害。因此，当地的伦理道德对具体个案的判断具有重要意义。

所谓日常生活经验，是社会大众在日常生活中积累、经验证明可行或成立的经验，该经验通常可以通过实践予以论证。其实质也是公众的朴素认知，即作为判断被侵权人的主张是否具有合理性的依据。根据《行政诉讼证据规定》第六十八条规定：“下列事实法庭可以直接认定：（一）众所周知的事实；（二）自然规律及定理；（三）按照法律规定推定的事实；（四）已经依法证明的事实；（五）根据日常生活经验法则推定的事实。前款（一）（三）（四）（五）项，当事人有相反证据足以推翻的除外。”日常生活经验推定的事实通常为公众所接受，可以直接由人民法院予以认定。

二、关于严重后果及后果特别严重情形的判断

本条规定是关于严重后果的具体情形列举，系对判断精神损害后

果需考虑因素的细化。除对应的具体情形可以直接适用外，还可以通过列举事项所呈现的共同特征或反映的法律精神，共同指导司法实践工作。本条规定具体分为两款，两款之间的区别在于后果的严重程度不同，但造成损害的事项属于同一属性。因此，在具体理解与适用时，可以将两款规定的对应情形对比分析。

（一）精神损害后果的划分

1. 致人精神损害与严重损害后果的区别

尽管二者均属于精神损害范畴的结果之一，但对应的事项并不完全相同，前者的范围较为固定，即对特定人身权造成损害，一般可以直接予以推定，而后者除包括人身权受损情形外，还包括精神性人格权受损以及其他合法权益受损的情形。尤其是人格权以外的其他合法权益，是否应当作为侵权行为承受的后果，仍然存在争议。《国家赔偿精神损害赔偿解释》对此予以肯定，但在具体理解时，应当严格把握损害结果与侵权行为之间的紧密联系，通常限定于因人身权受损后果直接衍生或者必然引起的其他严重后果，才能作为精神损害严重后果的情形。

2. 严重后果与后果特别严重的区别

《国家赔偿精神损害赔偿解释》将严重后果中的后果特别严重作出规定，且直接对应不同的精神损害抚慰金标准。行政赔偿的精神损害赔偿也参照适用，对严重后果在严重程度上进一步分类。后果特别严重属于严重后果的一种，即进一步对严重后果进行分类，将严重程度达到一定范围的后果划分为特别严重情形。因此，后果特别严重的情形，可对应于严重后果所列情形，二者适用的范围相同。二者之间的区别主要在于可以主张精神损害抚慰金的比例或幅度不同。

（二）受害人被非法限制人身自由较长时间

本项规定是针对人身自由方面的严重后果。根据我国《治安管理处罚法》第十六条“有两种以上违反治安管理行为的，分别决定，合并执行。行政拘留处罚合并执行的，最长不超过二十日”规定，行政执法领域限制人身自由不能超过二十日。因此，被侵权人被限制人身自由超过二十日的，一般属于行政执法领域时间较长的情形。《国家赔偿精神损害赔偿解释》作出的相关规定，从司法赔偿角度确定限制人身期限为六个月以上的，属于造成严重后果情形；期限为十年以上的，属于后果特别严重情形。本条规定与之保持一致。在具体理解时，需要注意以下方面：一是在限制时间计算方面，以被侵权人的人身自由被非法限制的时间为准，不包括具有合法限制的时间。如行政机关依法可以限制行政相对人人身自由，但限制的时间超出法定要求的，在计算非法限制人身自由时间长度时，应当将合法可以限制的时间予以剔除。二是人身自由限制一般以实际状态为准，即被侵权人的人身自由已被行政机关实际限制之时起计算，至脱离行政机关限制之时止。三是人身自由的限制行为系由行政机关作出，但具体实施主体并不限于行政机关，即行政机关可以委托或授权其他主体代其实施。四是因限制人身自由的时间越长，对被侵权人精神方面造成的损害就越大，限制人身自由在六个月以下的，是否属于较长时间的情形，需要结合侵权的具体情况综合判断。五是对于超过六个月的，应当与涉嫌刑事犯罪相衔接。最高人民检察院于1999年制定了《关于人民检察院直接受理立案侦查案件立案标准的规定（试行)》，其中规定，对国家机关工作人员利用职权实施非法拘禁行为，应当由检察机关进行刑事立案，其所列举的情形有：“非法拘禁持续时间超过24小时的；3次以上非法拘禁他人，或者一次非法拘禁3人以上的；非法拘禁他人，并实施捆绑、殴打、侮辱等行为的；非法拘禁，致人伤残、死亡、精神失常的；为索取债务非法扣押、拘禁他人；司法工作人员对明知是无辜的人而非法拘禁的。”对于符合刑事立案的，应当予以移交，而不再确定行政赔偿的精神损害赔偿问题。

（三）造成受害人身体、精神健康方面的严重后果

严重后果的情形为：被鉴定为轻伤或者残疾，精神障碍或者精神残疾。后果特别严重的情形为：死亡，重伤或者残疾一至四级且生活不能自理，严重精神障碍或者精神残疾一至二级，生活不能自理。正确适用本项规定的前提，需要准确界定“轻伤”“残疾”等概念。目前，我国对常用人身损害伤残鉴定标准已颁布实施多部规范性文件。人民法院在确定相关概念或事项时，可以根据《立法法》规定的原则对照适用。关于被侵权人的受伤程度，可以适用《人体损伤程度鉴定标准》。该标准可以适用于我国《刑法》以及其他法律、法规所涉及的人体损害程度鉴定，系由最高人民法院、最高人民检察院、公安部、国家安全部、司法部于2013年8月30日共同发布，2014年1月1日实施，其引用了其他有效的鉴定标准规范性文件，属于集大成者，可以作为本项规定中“轻伤”及以上的受伤程度鉴定的有效依据。其第五部分“损伤程度分级”从人体十二个部位或功能，按照重伤（一级、二级）、轻伤（一级、二级）、轻微伤五个等级对损害程度作出具体界定。达到其中轻伤（二级），即可适用本项规定。对于“残疾”的界定，则可以适用中国残疾人联合会发布的《中国残疾人实用评定标准（试用）》，该规定从“视力残疾标准”“听力语言残疾标准”“智力残疾标准”“肢体残疾标准”“精神病残疾标准”等五个方面对残疾进行定义及分级，可以作为本项规定中“残疾”的认定依据。最高人民法院、最高人民检察院、公安部、国家安全部、司法部于2016年4月18日发布的《人体损伤致残程度分级》，也可以作为有效依据。关于“生活不能自理”，最高人民法院2016年公布了《罪犯生活不能自理鉴别标准》。尽管该标准适用的对象以及具体情形等有所不同，但法律精神以及客观标准并无不同，在适用本条规定时可以参考。另

外，只要符合生活不能自理的标准，无论其程度如何，即可认定其达到该项法定条件。

在具体适用时，需要注意以下方面：一是受伤程度需要经过法定的鉴定程序，依据具有法定效力的鉴定结论予以认定，可以是当事人自行委托鉴定，由人民法院审查后予以认定，也可以是人民法院委托鉴定。二是受害人精神方面的严重后果，需要与行政机关的违法行为存在关联。这是由于造成精神痛苦或损害的因素较为复杂，同一违法行为对不同主体造成的痛苦不尽相同，违法行为之外的其他因素也可能对受害人精神造成痛苦，因而限定精神损害必须与违法行政行为存在关联。精神损害后果特别严重的，还需符合生活不能自理要求。三是生活不能自理与丧失劳动能力具有直接关联，但劳动能力是否丧失以及丧失程度，直接影响被侵权人的物质收入，因而这部分损失可以直接纳入行政赔偿范围。对于“劳动能力”丧失的鉴定，可以适用原劳动和社会保障部于2002年4月5日发布实施的《职工非因工伤残或因病丧失劳动能力程度鉴定标准（试行）》。

（四）受害人名誉、荣誉、家庭、职业、教育等方面遭受严重损害

本项规定是针对精神性人格权方面的严重后果。但对于“严重损害”的判断标准，属于司法实践中的难题。对此，人民法院可以行使相对较大的自由裁量权限。名誉主要是指社会对特定的公民的品行、思想、道德、作用、才干等方面的社会评价。荣誉是指由于成就和地位而得到广为流传的名誉和尊荣。一般而言，被侵权人可以提供证据证明其名誉、荣誉等因侵权行为受损，并已经实际影响其正常的生活、工作以及学习，如周边人员将其作为不诚信人员、违法乱纪人员、道德低下人员对待，已获得的荣誉被收回或失去获得荣誉的机会等，其不再受他人尊重或尊敬，则可推定其名誉权、荣誉权受到严重侵害。

另外，家庭、职业、教育等对普通公众的影响最为重要，因而通常属于其最为关注的事项，这些事项一旦遭受严重损害，自然给受害人带来精神痛苦。本项规定采取兜底式规定即“等方面”，对不同主体的精神造成损害的事项有所不同，因而难以穷尽列举。人民法院在具体认定时，可以参照前述有关精神损害需要考虑的因素之法律精神。如行政机关对行政相对人的身体伤害方法，可能并不会给被侵权人带来轻伤以上的结果，但侵权过错客观上确可能给行政相对人带来巨大的生理痛苦。此时，被侵权人也可以适用本项兜底条款，主张精神损害赔偿。

需要注意的是，在不符合精神损害赔偿的情形下，即侵权行为并未直接指向或直接损害行政相对人的物质性人格权的，包括直接损害财产权以及精神性人格权的，如行政强拆导致屋内具有纪念意义的照片损坏的，或行政机关将行政相对人公示为“老赖”等，也可能对行政相对人造成严重的精神痛苦。尽管根据《国家赔偿精神损害赔偿解释》规定，与侵权行为存在关联的精神损害后果亦可作为严重后果情形，但因其不符合前提条件而不能作为精神损害赔偿。由此，对被侵权人而言，可能并不公平。在立法尚未调整之前，实践中可以探索在符合特定条件时，可将此类损害纳入财产权的间接必然损害，即视为直接损害而可以主张赔偿。

【实务指导】

一、严重后果与精神损害抚慰金数额之间的关系

一般而言，精神损害的后果与被侵权人可以主张的精神损害抚慰金数额之间，即后果与责任之间成正比关系。但后果是否严重仅是考

虑的核心因素，而非全部因素。人民法院确定最终的抚慰金数额，还需要考虑其他重要因素。精神损害抚慰金的确定，难度在于具体比例，而这建立在综合考虑各种影响因素基础上。责任就是行为人对自己行为造成的后果负责或所应付出的代价，因而行为的过错情况对责任的认定具有直接影响，即不予考虑是否苛责于侵权人因素而一律由侵权人承担责任，则对侵权人并不公平，这一规则适用于所有行为类型的侵权责任。国家赔偿也属于侵权行为的一种情形，同样遵循侵权赔偿责任的基本法律精神，即可能存在减轻或者免除责任的情形。就民事侵权而言，对于责任的减轻或免除，精神损害与非精神损害并不完全相同。非精神损害侵权责任的减轻事由，通常仅限于被侵权人或者第三人应当分担责任之情形。而精神损害侵权责任的减轻事由相比范围更广，除前述减轻事由外，还包括侵权人的过错程度、侵害的手段、场合、行为方式等具体情节，侵权人的获利情况、侵权人承担责任的经济能力、受诉法院所在地平均生活水平等。前述原则，已经在民事侵权的精神损害赔偿领域有所体现。在国家赔偿领域，目前的直接规定尚未予以体现，即仅以损害结果作为依据，而未考虑其他可能减少责任的因素。但行政侵权与民事侵权在性质及救济等方面并无不同，在确定精神损害抚慰金应当考虑的因素方面，原则上可以相互借鉴、参考，并根据侵权主体特征对相关事项调整后予以确定。主要表现在以下方面：

（一）影响被侵权人对侵权人怨恨程度的因素

精神损害的反射情绪通常为对侵权人的怨恨情绪，即精神受损害程度越严重，通常对侵权人的怨恨情绪越深。因此，从被侵权人对侵权人怨恨程度的角度，也可以反推出精神损害后果。如侵权人故意滥用职权限制行政相对人的人身自由，其对行政相对人造成的精神痛苦，显然要重于侵权人非故意的情形；行政机关侵害的手段恶劣、在公众场所、粗暴的行为方式等情形，其对行政相对人造成的精神痛苦程度，显然要重于适用法律错误或查明事实不清但按照正常执法程序实施的行政行为。此外，侵权人的纠错表现或态度也影响被侵权人的心理感受。如行政机关发现行政行为不符合法律规定后，及时、积极采取补救措施、减轻违法后果的情形，对被侵权人带来的痛苦显然要低于行政机关明知行政行为不合法，仍然无视被侵权人的合法权益甚至对维权行为采取打击报复的情形。

（二）侵权人的责任承担能力

对于普通民事主体而言，其以个人财产承担支付精神损害抚慰金责任，因而其是否具有相应的承担能力对可以支付的精神损害抚慰金具有直接影响。关于责任承担能力是否应当作为考量因素，实践中存在不同意见。否定意见认为，责任人的承担能力仅影响责任追究的执行情况，应在执行环节而非裁判环节予以考虑，否则将会导致同样的侵权事实，仅因侵权主体的能力不同而带来不同的裁判结果，违反了法律面前人人平等的原则。肯定意见认为，在裁判环节提前考虑侵权人的责任承担能力，最主要的考虑是符合精神损害赔偿的特征。即侵权人因接受惩罚所遭受的痛苦，可以相应地减轻被侵权人的痛苦，二者之间成正比对应关系。对于经济实力极强的侵权人而言，若与其他经济能力极弱的侵权人采取同样的赔偿标准，对于前者的惩戒带来的精神痛苦显然低于后者，相应地对被侵权人的抚慰难以达到所主张的效果。因此，采取与侵权人承担能力相匹配的赔偿标准，对于经济能力弱的侵权人，可以使裁判得到有效执行。对于经济能力强的侵权人，可以使被侵权人获得更高的抚慰金，更有利于被侵权人的权利保护。当前阶段，按照肯定意见处理国家赔偿的精神损害抚慰金问题，相比可能更为合理。除了前述侵权人的责任承担能力外，侵权人的获利情况、受诉法院所在地平均生活水平等具体因素，都会产生同样的影响效果，应当予以考虑。关于侵权人的获利情况，相比于民事侵权，行政赔偿领域的侵权人即行政机关，作为国家代表实施行政行为，追求的都是国家利益或公共利益，难以参照民事主体非法获利情况予以评判，因而在实践中宜进行横向比较，即主要考虑行政行为影响的权益范围、程度以及行政机关的法定职责等因素。关于受诉法院所在地平均生活水平，相比于非精神损害赔偿，对被侵权人的心理感受影响更为直接，亦应当在确定精神损害抚慰金时予以考虑。同时，对于国家赔偿而言，赔偿金来源于国家财政，原则上不存在没有赔偿能力的情形，但客观上财政资金具有重要的作用，对于地方发展产生直接影响，因而不宜以国家财政有能力为由，对精神损害抚慰金的金额不设上限，而应当合理考虑当地生活水平以及当地财政等情况。

对于前述两个方面，精神痛苦程度应当作为主导、法定考量因素，责任承担能力等则可作为辅助、酌定考量因素，最终的目的均指向公平、合理地弥补精神损害，符合普通公众的朴素认识或为普通大众所接受。

二、对严重后果的举证责任

根据前述分析，精神损害后果或程度的认定问题较为复杂，需要考虑被侵权人的各项因素。因此，在认定各项因素是否成立之时，需要明确当事人之间的举证责任。在行政赔偿领域，根据《行政诉讼证据规定》第五条“在行政赔偿诉讼中，原告应当对被诉具体行政行为造成损害的事实提供证据”规定，被侵权人应当承担主要的举证责任，尤其是损害后果。精神损害作为行政赔偿后果的一种类型，原则上同样由被侵权人承担举证责任。即侵权人应当对各项影响其精神痛苦的因素进行说明并提供证据予以证明，但也可能出现客观上存在的事实但侵权人难以提供证据的情形，此时应当区分具体情况进行处理：

一是证据在侵权主体一方的，可以根据《行政诉讼证据规定》第六十九条“原告确有证据证明被告持有的证据对原告有利，被告无正当事由拒不提供的，可以推定原告的主张成立”规定进行处理。如被侵权人主张其在行政机关讯问场所被恶劣手段恐吓造成精神损害，主张被告可以通过讯问场所监控视频予以证明，被告无正当理由拒不提供的，则可视为原告已经完成举证责任；二是因被告一方导致原告举证不能的，此时原则上由被告承担举证责任，原告仅承担初步证明责任或说明责任。如行政相对人被行政机关秘密拘留，导致行政相对人难以证明人身自由受限制的时间；三是原告应当证明的事项客观上难以收集到相关证据，如同样的侵权事项对原告造成更严重的损害，此时原告承担初步证明或者说明责任，且符合日常生活常理的，一般予以支持。被告予以否定的，应当承担相应的举证责任。

三、竞合情形的处理

实践中，同一侵权行为在损害结果或责任认定方面，可能兼具直接损害以及依附的精神损害双重性或竞合性特征，主要表现在两个方面；一是侵权后果的竞合性。如侵权人采取极为恶劣的违法手段限制被侵权人的人身自由，并对其身体进行殴打等造成身体伤害的，被侵权人由此造成精神障碍疾病的，具有严重的心理痛苦。二是责任认定的竞合性。如被侵权人对侵权损害结果的发生也存在一定过错的，根据《国家赔偿法》第五条第二项“属于下列情形之一的，国家不承担赔偿责任：（二）因公民、法人和其他组织自己的行为致使损害发生的”的规定，即可相应减少甚至免除行政赔偿责任，基础赔偿金额也对应减少。以此为基数计算的精神损害赔偿金额也相应减少。与此同时，在考虑精神损害程度时，按照侵权责任认定的法律精神，也需要考虑被侵权人的过错程度，因而对于同一精神损害程度，也可能相应降低精神损害后果。但是对于不具有竞合性的因素，如被侵权人对精神损害后果需要考虑的因素本身具有过错的，则应当相应减少精神损害赔偿责任。

对于前述竞合性行为或结果如何处理，择一抑或双重适用，还是有相应的选择顺序等，目前尚无法律规定予以明确。另外，过错程度在精神损害方面，也存在多重竞合性表现，即过错程度除影响侵权行为的责任认定以及精神损害后果认定外，还可以在精神损害后果形成双重认定。例如，被侵权人的自身过错情况直接影响被侵权人的心理感受，如被侵权人因对侵权行为的发生存在过错，而对侵权人的怨恨程度有所降低，因而过错程度可作为判断精神损害后果的一项重要因素。换言之，被侵权人存在过错的，在判断精神损害后果时则需要相应降低；确定精神损害后果之后，在认定最终的精神损害赔偿责任时，同样需要考虑被侵权人对精神损害结果的过错，即过错情况也作为责任承担应当考虑的因素。当前阶段，在国家赔偿司法实践中，因被侵权人处于弱势地位，可以探索对被侵权人合法权益更有利的模式，按照公平弥补精神痛苦的原则，根据当事人的过错情况合理确定应当承担的责任。

（撰写人：章文英）

第二十七条　违法行政行为造成公民、法人或者其他组织财产损害，不能返还财产或者恢复原状的，按照损害发生时该财产的市场价格计算损失。市场价格无法确定，或者该价格不足以弥补公民、法人或者其他组织损失的，可以采用其他合理方式计算。

违法征收征用土地、房屋，人民法院判决给予被征收人的行政赔偿，不得少于被征收人依法应当获得的安置补偿权益。

【条文主旨】

本条是关于财产权赔偿的方法和范围的规定。

【起草背景】

1994年国家赔偿财产损害赔偿标准采取的是抚慰性赔偿标准，随着国家经济社会的不断发展，抚慰性赔偿标准已经不能充分发挥国家赔偿法的作用，现行《国家赔偿法》采取了填平损失的补偿性标准，逐渐与民事侵权责任一般标准一致。但现行《国家赔偿法》中并未对财产损害的计算标准作出规定，故有必要对具体价值计算方式作出明确规定。本条第一款参照了《民法典》关于侵权责任中财产权赔偿的计算方式，采取了客观计算标准，确定了以损害发生时的市场价格计算损失为原则，同时规定了其他合理方式计算为补充。本条第二款是针对行政赔偿案件中大量存在且对民生产生重大影响的不动产损失赔偿作出的专门性规定，不同于一般的财产权，此类财产因违法行政行为造成损害的，既要遵循前款规定，按照市场价或其他合理方式赔偿，又要考虑到在征收补偿中有明确的安置补偿标准，为了最大限度地保护被征收人的合法权益，应当采取就高不就低的原则，保证赔偿不得低于补偿，并且可以根据案件的具体情况决定补偿不低于赔偿的幅度以体现对违法征收征用行为的惩罚性。

【条文释义】

财产损害，是指侵权行为侵害财产权，使财产权的客体遭到破坏，其使用价值和交换价值的贬损、减少或者完全丧失或者破坏了财产权人对于财产权客体的支配关系，使财产权人的财产利益受到损失，从而导致权利人拥有的财产价值的减少和可得财产利益的丧失。《国家赔偿法》第四条中规定，行政机关及其工作人员在行使行政职权时有下列侵犯财产权情形之一的，受害人有取得赔偿的权利。第三十二条规定，国家赔偿以支付赔偿金为主要方式。能够返还财产或者恢复原状的，予以返还财产或者恢复原状。第四条规定的财产权赔偿包括以下四种：(1) 违法实施罚款、吊销许可证和执照、责令停产停业、没收财物等行政处罚的；(2) 违法对财产采取查封、扣押、冻结等行政强制措施的；(3) 违法征收、征用财产的；(4) 造成财产损害的其他违法行为。第三十六条第三项、第四项规定，应当返还的财产损坏的，能够恢复原状的恢复原状，不能恢复原状的，按照损害程度给付相应的赔偿金；应当返还的财产灭失的，给付相应的赔偿金。由此，我国《国家赔偿法》规定了三种财产损害赔偿方式：返还财产、恢复原状、支付赔偿金，并采取以支付赔偿金为主要方式，恢复原状、返还财产为辅助方式的模式。支付赔偿金是绝大多数国家和地区最为通行的责任方式，其优势在于操作简便易行、具有较强的适用性等。

一、损害发生时市场价格的计算

无论是大陆法系抑或英美法系，大多数国家对行政侵权行为直接使用或者采取与民事侵权赔偿标准相一致的赔偿原则。我国现行《国家赔偿法》关于财产损害的赔偿亦与民事侵权赔偿标准相趋同。《民法典》第一千一百八十四条规定，侵害他人财产的，财产损失按照损失发生时的市场价格或者其他合理方式计算。《最高人民法院关于审理民事、行政诉讼中司法赔偿案件适用法律若干问题的解释》（法释〔2016〕20号）第十二条第二款规定，财产不能恢复原状或者灭失的，应当按照侵权行为发生时的市场价格计算损失；市场价格无法确定或者该价格不足以弥补受害人所受损失的，可以采用其他合理方式计算损失。采用侵权行为发生时或者损害发生时的市场价格进行赔偿已经成为大多数采用的方法。由于财产属性的差异，其购买时的价格或者其原物价格与损害发生时的价格可能存在较大差异，如何实现财产赔偿的公平与合理，就要对财产赔偿的价格标准作出明确规定。

（一）财产权赔偿价格时点选择

财产权损害赔偿过程中，从违法行为发生导致财产损失时到损失计算再到实际赔偿过程中，涉及多个时点：一是损害发生时，包括行为发生时和结果发生时；二是当事人提起复议或诉讼时；三是复议决定或判决作出时；四是赔偿款实际支付时。具体到每个案件中，可能还涉及不同的时间节点，如法院经过一审、二审甚至再审作出判决，时间节点均不相同，再如财产被查封、扣押、冻结的，查封、扣押、冻结的时间点与财产被拍卖、变卖的时间点以及最终赔偿的时间点。由于财产的市场价格会因为时间点不同存在较大差距，时间点的选择直接导致赔偿价格的差异，如财产被拍卖、变卖后到赔偿款支付时，财产的市场价格有可能发生巨大升值，这时若以拍卖、变卖时的时间点作为赔偿时间点则赔偿金额明显少于现行实际价，相反，若市场价格不升反降，则原拍卖时间点更有利于受害人。有观点提出应该采取有利于受害人的原则，可以选择相应的时间节点，但也有观点认为不宜将时间节点多元化。[①] 这几个时间点的选择各有利弊，我们结合各国和地区行政赔偿对财产赔偿价格时点的选择以及参考我国民事侵权赔偿价格时点的选择，确定以损害发生时作为财产权价格赔偿的时点的原则性规定，一方面，该时间点对于大多数财产损害赔偿具有公平性和合理性，既包括行为发生时也包括结果发生时，能够充分体现填补损失的原则，且具有确定性；另一方面，也能够促进当事人及时行使行政赔偿救济权。当然，其他几个时点也各有其特点，但是，都存在不确定性的特点，并且可能会因为当事人选择救济方式的不同造成同样的情况得到不同的赔偿结果，故不宜作为原则性规定的时间点，为了最大限度地体现财产权赔偿的公平合理，选择损害发生时作为时间点，能够避免后期市场价格上涨或者下跌造成的赔偿标准不一的情况。

（二）市场价格的判断

关于市场价格的判断问题，因财产的不同，以及行政机关与相对人选择方式的不同，也可有不同的判断。通常情况下，有以下三种情况：一是以财产的原物价格减去折损计算差价来确定，二是双方对市场价格认定有异议，可以通过鉴定、评估、审计等方式，三是可以通

① 有观点认为，财产损坏不应当采取单一的时点作为赔偿时点，应当按照有利于受害人原则，当损害时价格高时则以此为时点，当判决或者决定赔偿之日价格高时，则以判决或赔偿之日价格计算。参见石启佑、刘嗣元、朱最新、杨桦：《国家赔偿法新论》，武汉大学出版社2010年版，第260页。亦有观点认为，即使赔偿决定作出时市场价值比损害发生时的价值有明显提升，仍然应当以损害发生时的价值计算，因为该损失属于可得利益损失。参见沈岿：《国家赔偿法原理与案例（第二版）》，北京大学出版社2017年版，第420页。

过协商确定双方认可的价格。

1. 差价计算法

在民法上，关于损害赔偿有差额说的理论，以总财产计算差额，其据以比较差额而算定损害的，系侵害事故发生后的财产状况及若无侵害事故时所应有的财产状态。前者为现实财产状态，后者为假设财产状态。损害的主观性，损害的有无及其大小，应就被害人的情况，斟酌有利及不利因素而认定。全部赔偿原则，以总财产的差额算定损害，并斟酌及于被害人情事，旨在实现全部赔偿原则。差额说寓有具体化全部赔偿原则、扩大损害赔偿的保护功能。[①]

对于财产的原物价值有三种观点：一是通常价格，即一般交易上的价格，这是一种客观价格。二是特别价格，即依照被侵权人特别事由而与他人约定的价格。三是感情价格，即依照被侵权人感情而定的价格。[②]《民法典》侵权责任编中明确了适用第一种价格，在行政赔偿中，亦应当采用第一种价格。

（1）财产灭失或损坏时。当违法行政行为造成财产灭失或者造成损害无法恢复原状的，需要根据损害的程度支付赔偿金，赔偿的价格即为财产的原物价值（损害发生时财产的一般价值）减去残存价值，当灭失时残存价值为0时，则赔偿的价格就应该是财产的原物价值，当采取一定的措施使财产部分恢复但价值减损时，则需要将减损的价值计算在内，如行政机关在扣押车辆过程中造成的车辆损坏，虽然其支付赔偿金对车辆进行了修复，车辆可以继续使用，但是修复后的车辆是否能够认定为恢复原状？众所周知，车辆损坏后虽然经过修复，但仍然会对再次交易时的价格产生影响，对本身的价值造成折损，此

① 王泽鉴：《损害赔偿》，北京大学出版社2017年版，第65页。

② 最高人民法院民法典贯彻实施工作领导小组：《中华人民共和国民法典侵权责任编理解与适用》，人民法院出版社2020年版，第183页。

时的市场价格应当是同样情况的车辆未损坏情况下的价格，故赔偿的金额应当包括折旧损失以及修车费。

（2）财产拍卖或者变卖的。财产因拍卖或者变卖给第三人无法返还原物的，通常情况下将拍卖变卖的价款支付给受害人，但是，在变卖过程中，可能存在明显低于财产价值的情形，此种情况下，应当支付相应的赔偿金，而这里相应的赔偿金应当是原物的价格减去变卖价款。

2. 鉴定、评估、审计

鉴定、评估、审计的方式在涉财产类赔偿案件中已经广泛运用，能够较为客观地评定财产的市场价格。无论是在赔偿义务机关抑或是司法机关认定损失时，都有可能需要借助专业机构的帮助。对于赔偿义务机关组织过的鉴定、评估、审计，在诉讼程序中，行政相对人一方可能会提出异议，法院要对报告的证明力进行实质性审查，必要时可依法另行组织鉴定、评估、审计。对于另行鉴定、评估、审计形成的证据，依法组织双方进行认定，并结合之前的鉴定、评估、审计材料及其他相关证据进行审查、比对。

3. 协商商定

对于市场价格的确定，也可以由双方协商确定，在不危害国家利益、社会公共利益以及他人合法权益的前提下，达成一致意见，确定双方认可的市场价格。

上述三种方式并非单一割裂的，可以根据不同的情况结合具体案情综合考虑运用。如以鉴定确定的市场价格为基础，经过赔偿义务机关与行政相对人双方协商达成一致意见确定相应的价格。

二、其他合理计算方式

市场价格无法确定，或者该价格不足以弥补受害人损失的，可以采用其他合理方式计算。该规定属于对财产赔偿价格计算的兜底规定。基于填平受害人损失这一原则，虽然该条选择了损害发生时的市场价格作为赔偿的标准，但是考虑到实践中违法行为发生情况的多样性和复杂性，采用了与民事侵权一致的标准为原则性规定，但是也强调了市场价格不足以弥补受害人损失的，可以采用其他合理方式计算的例外情形。

对于其他合理方式如何解释，包含哪些本条并无列举。就具体的赔偿方式方面，也具有多样性，如对于原价高、损害发生时价格低的特殊物品，现价低于原价，且难以求购，则在受害人有充分证据证实的情况下，按照其购买的价格计算，才能体现公平的原则。① 此外，法院还可以通过酌定的方式确定财产赔偿的数额。至于其他合理方式中还有哪些具体的内容，需要在司法实践中逐步明确。

三、违法征收征用案件中的行政赔偿

由于在行政赔偿案件中，征收拆迁类案件占了绝大多数，最终判决赔偿比例也较高②，且因违法征收拆迁导致的赔偿问题往往还涉及与合法征收安置补偿的关系，故有必要对此进行明确的规定。为了最大限度地发挥行政赔偿制度在维护和救济因受到公权力不法侵害的行政相对人的合法权益方面的功能与作用，对《国家赔偿法》第三十六条中关于赔偿损失范围之“直接损失”的理解，不仅包括赔偿请求人

---

① 原物价值在实践中会出现三种情况：一是原价高、侵权行为发生时价低的物品。二是原价低、侵权行为发生时价高的物品。三是原价高、侵权行为发生时价低的特殊物品，如某些贵重首饰等，现价低于原价，且难以求购。前两种情况，从能够填补损失的角度出发，都应当适用侵权行为发生时的价值作为原物价值，第三种则出于公平原则，在受害人有充分证据证实的情况下，按照其购买价格计算。参见江必新、梁凤云、梁清：《国家赔偿法理论与实务》，中国社会科学出版社 2010 年版，第 871 页。

② 2016 年至 2020 年，全国各级人民法院行政赔偿一审审结案件中，判赔案件共涉及 15 种违法情形，位列第一的违法情形就是违法强制拆除，占比为 61.34%。全国各级人民法院行政赔偿一审审结案件中，强制拆除案件的判赔率为 85.84%。

因违法拆除行为造成的直接财产损失，还应包括其作为被征收人所可能享有的全部房屋征收安置补偿权益，如产权调换安置房、过渡费、搬家费、奖励费以及对动产造成的直接损失等，如此才符合《国家赔偿法》的立法精神。因此，要坚持全面赔偿和公平合理的理念。

（一）赔偿不得低于依法补偿的标准

1. 属于损害发生时的市场价格不足以弥补受害人损失情况下的其他合理方式

由于房地产价格浮动较大，在法院审理过程中，需要通过评估来确定损失数额，评估时点的选择往往对房地产价格有直接影响。如果单一选择损害发生时作为评估时点，在房价大幅上涨的情况下，行政机关怠于履行安置补偿法定职责，赔偿的金额特别是采取货币方式的赔偿最终可能导致被征收人无法买到损害发生时同等价值的房产。如果选择法院审理过程中的评估时作为时间点，则使长期不配合征收拆迁或者故意通过复议、诉讼拉长时间的被征收人，最终获得赔偿远远高于依法积极配合征收补偿的被征收人，对于其他依法征收补偿的被征收人，亦不公平合理。故应以损害发生时的市场价格作为原则性规定，并通过其他方式进行补充。

实践中，各地法院在裁判时有选择损害发生时、赔偿案件立案时、判决确认违法时、判决赔偿作出时等作为评估时点。特别是很多案件中，从房屋被拆除到当事人通过诉讼途径获得赔偿，持续了较长的时间，土地、房屋的价格大幅上涨，在这种情况下，如果以违法行为发生时作为单一的评估时点，则与行政赔偿填平补齐的原则不一致，被征收征用人的损失并未得到应有的赔偿，所以从保护行政相对人合法权益的角度出发，对于市场价格的评估时点可以选定为赔偿决定作出时。《国有土地上房屋征收与补偿条例》第十九条第一款规定：“对被征收房屋价值的补偿，不得低于房屋征收决定公告之日被征收房屋类似房地产的市场价格。被征收房屋的价值，由具有相应资质的房地产价格评估机构按照房屋征收评估办法评估确定。”《国有土地上房屋征收评估办法》第十条第一款规定：“被征收房屋价值评估时点为房屋征收决定公告之日。”根据上述规定，在正常的征收补偿过程中，征收管理部门应当以房屋征收决定公告之日为评估时点，依法委托评估机构对被征收房屋进行市场价格评估，并据此予以补偿。行政法规和规章之所以选择征收公告之日作为评估时点，目的在于保障对被征收房屋价值的补偿不低于同时期类似房地产的市场价格，被征收人用获得的补偿款在市场上能够购买到与被征收房屋区位、结构、面积等相接近的房屋，被征收人的合法财产权益不因房屋征收而受到减损。根据这一立法目的，如果房屋征收决定的公告时间与征收补偿时间相隔时间过长，市场行情发生变化，以公告之日的市场价格进行补偿不能确保被征收人获得足额补偿时，则应以补偿时的房屋市场价格确定房屋征收补偿数额。在违法强制拆除房屋的情形下，被征收人获得的行政赔偿数额不应低于赔偿时被征收房屋的市场价格。否则，因违法强制拆除房屋行为，行政机关付出的行政赔偿数额还要低于其合法征收支付的补偿数额，难以起到监督行政机关违法强制拆除的实质效果。鉴于此，在违法强制拆除房屋的情形下，人民法院以决定赔偿时的市场评估价格对被征收人予以行政赔偿，符合《国家赔偿法》的立法目的。

此外，还应当坚持以有利于当事人的标准，采取就高不就低的原则。近年来，我国房地产市场价格虽然以大幅度上涨为趋势，但也有不少地方出现房价下跌情况，若损害发生的时点市场价格较高的，则以赔偿决定作出时以该时点计算，若赔偿决定作出时市场价格较高，则以赔偿决定作出时为计算时点。

2. 体现对违法征收征用土地、房屋行为的惩戒

虽然现行《国家赔偿法》并没有关于惩罚性赔偿的明确规定，但是考虑到违法强拆的特殊性，为体现对违法征收征用行为的惩戒，单纯以损害发生时的市场价格或者其他计算方法不足以体现此类赔偿案件的特点。对当事人的相应赔偿不应低于依法拆迁获得的补偿，要填平补齐当事人受损的财产权利，尽可能给予当事人必要、合理的照顾和安排，确保当事人获得的赔偿利益能够充分保障其安置补偿权益和实际居住权益。

惩罚性赔偿，系在惩罚加害人，谴责非难其侵害他人的不法行为，施以报应，使加害人感到罪有应得，使社会一般人的正义感情获得满足。即除填补性损害赔偿外，在一定要件下，尤其是在加害人的行为出于恶意、轻率不顾他人权益时，为惩罚加害人，令其对被害人支付一定的金额。惩罚性赔偿最早系英美法系创设的制度，后引入各国和地区，大多应用在消费者权益保护法、食品安全法等领域。在我国台湾地区，惩罚性赔偿金的数额有损害额的倍数和最高赔偿额的规定，美国 20 世纪 80 年代到 90 年代，大部分的惩罚性赔偿金（平均值或中间值）比率在 0.88 和 0.98 之间，惩罚性赔偿金与填补性赔偿金之间约为 1∶1 的比率。[①] 本次司法解释修改过程中，曾有观点提出在本条规定中明确进行惩罚性赔偿的相关规定，参照我国民事侵权赔偿中的相关规定，实行 2 倍赔偿的原则，从而起到对政府违法行为的惩戒，但是考虑到《国家赔偿法》的赔偿原则为补偿性赔偿原则而未明确规定惩罚性赔偿原则，故本条并未明确提出惩罚性赔偿，且对于赔偿的比率也并不明确，更没有达到民事侵权领域的双倍甚至三倍的赔偿，要求赔偿不低于补偿的这一原则，在不突破《国家赔偿法》基本原则

① 王泽鉴：《损害赔偿》，北京大学出版社 2017 年版，第 371 页。

的前提下，体现了对违法强拆行为的惩戒性。一方面，能够保障被征收人应当有的权益，另一方面，能够提高行政机关的违法成本，让其无法从违法强拆过程中得利甚至要付出比合法拆迁更多的代价，从而起到督促其依法征收拆迁的作用。司法实践中，如何掌握赔偿不低于补偿的原则，没有明确的标准，故这种惩罚实践中会由法官根据实际情况综合裁量。这里要考虑的因素包括：（1）是否有故意或恶意，如政府在征收过程中，因无法与被征收人达成安置补偿协议，在未按法定程序申请强制执行的情况下，径行强制拆除房屋；是否在实施强制拆除房屋后不承认实施拆除行为使得当事人权利难以及时得到合法保护。（2）是否存在重大过失，如政府委托拆迁公司拆除房屋，但拆迁公司称其误拆了未达成安置补偿协议的当事人的房屋，则政府作为征收人应当承担误拆的责任。根据不同的违法程度，确定最终的赔偿金额。

（二）依法应当获得的安置补偿权益的确定

应当综合考量当地其他被拆迁人的安置补偿情况，全面考虑违法拆迁法律法规以及当地相关政策规定的贯彻实施情况。行政赔偿不应低于行政补偿，也即不应低于当事人可获得的征收安置补偿利益。那么如何确定安置补偿利益？具体可考虑以下因素：

1. 房屋和土地征收补偿安置方案

根据《国有土地上房屋征收与补偿条例》《土地管理法》等法律法规的规定，征收国有土地、集体土地上房屋的，均应当依法制定征收补偿安置方案。对于依法制定了征收补偿安置方案的，参照补偿安置方案确定标准计算赔偿的具体数额，与同一征收范围内的被征收人保持同一补偿安置标准，体现在赔偿案件中对被征收房屋、土地及动产等的公平合理赔偿，最大限度实现被征收人的合法补偿安置权。由于每个征收项目有其不同的特点，不同地区不同征收范围内的征收补偿标准也存在差异，如有些地区集体土地上房屋因历史原因长期均没有办理权属证明，征收补偿安置方案中明确了该类情况的安置补偿标准和方式，那么法院在审理此类案件时就不能简单认为没有办理产权证而以违法建筑为由不予赔偿，这就明显违背了立法精神，而应当充分尊重历史原因以及当地的实际情况，按照补偿安置方案的标准计算赔偿的金额。

2. 法律法规规定的相关补偿标准

对于未经依法批准征收土地、房屋或者未批先征的，没有具体的征收补偿安置方案的，则应当依据法律、行政法规以及地方性法规确定的相关补偿标准计算安置补偿利益，虽然在此类情况下，没有具体的征收补偿安置方案作为计算的依据，但是通过法律法规的相关规定，亦能够保障赔偿不低于补偿的标准。当然，该标准也并非单一的标准，如果当地有类似情况的被征收拆迁人与行政机关签订了安置补偿协议，可以结合协议情况以及法律规定的情况综合平衡考量，保证赔偿不应低于签订安置补偿协议的标准。

3. 本应对当事人作出的征收补偿决定

对于尚未作出征收补偿决定的，可以结合本应对当事人作出的征收补偿决定进行判决，在赔偿中确定赔偿的项目应当涵盖补偿项目的所有内容，在赔偿方式上，亦不应限定于支付赔偿金，在确定具体赔偿金额时，也可参照征收补偿决定的赔偿范围和方式，可赋予当事人产权调换和货币补偿的不同选择方式，将搬迁费、过渡费、奖励费等补偿中的项目全部纳入赔偿范围，体现赔偿的全面性。

4. 其他被征收人的征收补偿决定和补偿安置协议

同一征收范围内的征收在同等情况下应当遵循相同的征收补偿标准，以体现征收的公平公正，法院可以参照适用同一征收范围内的其他被征收人的征收补偿决定和征收安置协议的标准作为赔偿的标准。

上述几种因素的选择和考虑，不存在完全的先后顺序，需要在具体案件中通过综合比对，按照“就高不就低”原则衡量选择，选择最有利于当事人的赔偿标准和赔偿方式，体现对财产损害人权利的充分救济和保障。

【实务指导】

一、当事人对财产仅请求恢复原状的审理方式

当事人在行政赔偿诉讼请求中仅要求对财产恢复原状，但由于财产灭失无法恢复原状的，法院是否可以只针对当事人的诉讼请求进行裁判，能否以其他赔偿方式代替恢复原则，抑或是以无法恢复原状为由判决驳回诉讼请求。① 司法实践中，法院有以下几种做法：一是对当事人以恢复原状诉讼请求提起的一并赔偿诉讼不予以实体审理，直接裁定驳回起诉。② 二是针对当事人恢复原状的赔偿请求以房屋已经被拆除无法恢复为由驳回诉讼请求。三是在判决驳回诉讼请求的同时告知当事人另行主张赔偿。四是经过释明后若当事人不同意变更诉讼请求则裁定驳回起诉。③ 其中第二、三种做法较为普遍。我们认为，

---

① 有观点认为，金钱赔偿与恢复原状虽均属于国家赔偿方法之一，然以何者为适当，系请求权人自由裁量，由受诉法院裁量，赔偿义务机关无选择权。倘若请求权人行使选择权结果，系请求恢复原状，未预备声明请求金钱赔偿，而民事法院认为恢复原状不能（如已执行之行政处分、勒令歇业、撤销执照等），应予驳回，不得径行变更为金钱赔偿，否则，即为诉外裁判，有违当事人进行原则。参见翁岳生：《行政法》，中国法制出版社 2009 年版，第 1718 页。

② 参见（2020）最高法行再 470 号行政裁定，在拆除行为被确认违法后，尚某向行政机关提出恢复原状申请，行政机关作出回复函，尚某起诉撤销回复函并要求恢复原状，一审法院裁定驳回起诉，二审裁定维持。最高人民法院指令再审。

③ 如《河南省高级人民法院赔偿委员会办公室关于审理违法征收、违法强拆类行政赔偿案件的工作指南（试行）》中明确，合法房屋被违法拆除，赔偿请求人提起诉讼，要求恢复原状或者要求按照安置补偿方案判决安置相应房屋，不主张货币赔偿，而客观上或法律上已不具备恢复原状可能，双方又不能就房屋安置达成一致意见的，一审法院应向赔偿请求人释明，询问其是否变更诉讼请求，当事人拒不变更的，裁定驳回起诉。在法定期限内，赔偿请求人另行提起行政赔偿诉讼，要求以货币形式赔偿房屋价值损失的，应予立案受理。

行政诉讼以合法性审查为基本原则，行政赔偿诉讼中，无论是一并提起的行政赔偿诉讼或是单独提起的行政赔偿诉讼，只要行政行为被确认违法，且符合行政赔偿的构成要件，法院就应当进行实体审理，而非仅仅对当事人诉讼请求简单驳回予以回应。即使是告知了当事人可以另行主张赔偿，保留了其救济途径，实际上也造成了程序空转，起不到行政赔偿诉讼应有的作用。

针对该情况，法院审理时应当做到以下两点：（1）法院应当依法释明，部分当事人是因为不了解法律的规定，故在诉讼请求中仅列了恢复原状一种赔偿方式，并不意味着未主张赔偿或者不同意其他的赔偿方式，法院应当告知赔偿的方式不仅限于恢复原状，并结合案件情况释明告知其在无法恢复原状的情况下可以主张赔偿金等其他方式，对于征收征用类案件，告知其除了选择赔偿金方式外，还可以依法选择产权调换。（2）在释明后，如果当事人坚持恢复原状诉请的，法院仍然应当依法进行实体审理①，对于当事人因行政机关违法行政行为造成的损失，结合各方提供的证据，依法进行审查和认定，并着重注意以下几点：①根据各方的举证责任分配要求，一般情况下，原告在行政赔偿案件中应当对损害的事实承担举证责任，一些案件中，原告虽然有诉讼请求，但不能提供相应证据，或者虽然政府违法事实存在，但仅是程序上的违法，政府提供反证证明其不动产已经另行作出了有效的补偿决定，动产已经依法清点、公证另行安置但原告拒绝领取，则法院可以审查认定其财产权已经得到充分的救济，对其恢复原状的诉讼请求不予支持。②在举证责任发生转移或者举证责任倒置的情况下，

① 如（2020）最高法行申567号行政裁定指出，根据《国家赔偿法》第四条第三项规定，行政机关违法征收，侵犯财产权的，受害人有取得赔偿的权利。在涉案房屋已被违法拆除，李某某恢复原状的主张不能得到支持的情况下，李某某仍享有取得赔偿的权利，法院应当依法通过判决赔偿金等方式作出相应的赔偿判决，原审法院以恢复原状诉请不予支持为由判决驳回李某某相关诉请，确有不当。

各方均没有证据证明损失的大小时，法院可以根据申请组织鉴定、评估，对于鉴定、评估仍然不能确定损失的，则酌定相应的损失，酌定时需要综合考量各方面因素，最终作出赔偿相应赔偿金的判决。③判决中需要明确当事人有选择金钱赔偿和产权调换的权利，有观点认为，因为法院不能直接判决产权调换，为了保护当事人的产权调换权利，故法院判决当事人与政府协商进行安置补偿，我们认为，一方面，大多数情况下无法达成一致意见政府才实施强制拆除行为，继续让行政相对人与政府协商，并不利于争议高效率的解决；另一方面，虽然法院不能直接判决产权调换的具体房屋，但是可以在判决中明确行政相对人产权调换的权利得到法律的保护，并不会因为法院作出赔偿判决就侵犯其产权调换的权利。

二、赔偿与补偿的衔接问题

（一）赔偿与补偿竞合问题

审理行政赔偿案件中，往往涉及补偿与赔偿竞合问题，部分法院在审理过程中认为应当通过补偿途径解决，遂对当事人的赔偿请求判决驳回诉讼请求。赔偿与补偿可能涉及的是同一不动产，却是不同的法律关系，补偿是合法征收过程中的行政行为应当负有的责任，而赔偿是违法行政行为导致损失应当承担的责任，当行政机关实施违法行政行为时，其合法的补偿责任已经转化为违法的赔偿责任，故不宜将赔偿责任再认定为补偿责任。当然，法院在审理过程中，依然要掌握赔偿不低于补偿的标准，同时，根据损益相抵原则，赔偿和补偿不应重复，对于已经另行通过补偿的方式获得了相应救济的，不应在赔偿中重复支持。①

（二）赔偿与补偿主体不一的问题

在涉及征收拆迁的案件中，法院审理后判决确认违法责任的主体很多是乡、镇人民政府、街道办事处或者住建部门，而法定的安置补偿义务主体通常是市、县级人民政府，在判决确认作为违法行为实施主体的行政机关行政行为违法的情况下，出现了赔偿与补偿主体不一致的情况，法院该如何处理。我们认为，针对不动产损失部分，应当明确赔偿与补偿救济途径均为法定救济途径，由当事人择一选择，针对赔偿与补偿请求权的选择问题，《德国国家赔偿法》中认为公权力之行为侵害财产权，若系违法而有责时，则应视为类似征收侵害，而发生补偿请求权；同时并视为违背职务，而且有《基本法》第三十四条及《德国民法典》第八百三十九条所规定之损害赔偿请求，由关系人择一行使。② 如当事人选择通过赔偿途径解决争议，则法院应当结合案件实际情况综合审查判断，主要考虑以下因素：（1）实体安置补偿权是否已经实现或者是否已经有相关途径保障；（2）当事人是否就补偿另行主张权利；（3）赔偿和补偿何种程序更能有效解决实体争议。如果法定的补偿义务主体已经作出了征收补偿决定或者被征收拆迁人已经与其签订了安置补偿协议，若经过诉讼已经发生法律效力则其实体安置补偿权已经有了保障的依据，或者未经诉讼但已经发生法

① 例如，在集体土地征收赔偿案件中，当赔偿与补偿竞合时，可以考虑以下两种情况：一是区分有无土地征收行为。如果政府已实施了土地征收补偿程序，只不过是在实施征收土地过程中存在违法侵权的行为，则需要区分补偿与赔偿范围，对于已纳入补偿范围的部分，应当依法按照补偿的标准和程序来处理，而不宜纳入赔偿范围来处理。二是区分法定补偿范围内外的损失，适用不同的法律依据予以处理。对于没有办理征地手续的，《土地管理法》对正常征地补偿标准有明确规定的，即使按照《国家赔偿法》的标准来确定赔偿，也要据以援引《土地管理法》确定的补偿范围来界定。已履行征地补偿程序的，对于法定补偿范围内的损失依据补偿程序处理，对于法定补偿范围之外的损失仍应按《国家赔偿法》来处理。参见刘行：《土地行政赔偿案件疑难问题研究》，载《法律适用》2019 年第 7 期。

② 翁岳生：《行政法》，中国法制出版社 2009 年版，第 1718 页。

律效力则法院通常审查补偿决定或安置补偿协议是否存在重大明显违法，对于补偿决定或者协议已经发生法律效力的，法院在赔偿判决中明确按照补偿决定的内容履行。若征收补偿决定或协议尚未发生法律效力，则被征收拆迁人可以对此依法另行主张权利。针对动产损失，若当事人选择赔偿方式主张权利，则动产与不动产一并审查处理；若当事人就不动产选择补偿途径，而动产选择赔偿途径，则应当根据实际损失情况，直接判决违法行为实施地行政机关承担赔偿责任。

（三）赔偿案件的审查强度问题

行政诉讼能够起到监督行政机关依法行政的作用，但司法权不能代替行政权，法院不能代替行政机关作出行政行为，故在很多案件中，法院不能直接就相关争议作出裁判，如对于土地确权类案件，法院仅能对政府裁决行为的合法性进行审查，而不能直接对土地权属进行确认。还有一些案件中，由于法律法规规定了政府先行处理程序，法院也不能未经先行处理程序即受理审理，这些都体现了司法权要尊重行政权，不能代替行政权。但行政赔偿案件不同于前述确权案件或法定的先行处理案件，一般的撤销之诉案件中，法院应当对被诉行政行为的合法性进行审查，由于此种系形成之诉，法院的判决能够使得原有的法律关系发生消灭，对于需要行政机关处理的情况，还应当判令行政机关重新作出处理。当事人提起的行政赔偿诉讼系给付之诉，且属于一般的给付之诉，行政赔偿诉讼与课以义务的履责之诉相比，其更集中体现为要求履行实体义务、实现实体权利，而履责之诉更倾向于要求行政机关作出相应的行政处理。履责之诉中法院需要审查行政机关是否具有法定职责，是否依法履行了法定职责，并应当针对不同的情况判决责令行政机关在法定期限内履行相应的职责，体现了司法权对行政权的监督，亦不用司法权代替行政权。而一般给付之诉中，特别是违法征收拆迁类行政赔偿诉讼中，法院就需要针对其损害是否存在、损害与违法行政行为是否有因果关系、损害是否已经通过其他途径获得赔偿或补偿等赔偿要件进行审查，而非仅仅审查是否具有赔偿的法定职责并简单作出责令限期作出赔偿处理或进行赔偿的判决。

《行政诉讼法》第七十三条规定："人民法院经过审理，查明被告依法负有给付义务的，判决被告履行给付义务。"而《行政诉讼法解释》第九十一条明确了履责之诉的裁判方式。故对于行政赔偿诉讼应当作出实质性判决，而非责令履行。如果简单的判决责令行政机关依法予以赔偿或者将本应赔偿的事项通过补偿的方式解决，则行政相对人的合法权益难以得到全面保护，也违背了行政赔偿的目的。[①] 在单独提起的行政赔偿诉讼中，如果法院认为行政机关的不予赔偿决定错误或者赔偿决定在赔偿的方式、项目、数额上违法，也应当逐项说明并作出实质裁判，直接作出明确而具体的裁判。

（撰写人：牛延佳）

① 如（2019）最高法行申7493号魏某某诉枣庄市薛城区人民政府行政赔偿案件中明确：二审责令薛城区政府对申请人依法予以全面赔偿，有违司法最终原则，裁判方式明显不当。原审法院应按照补偿安置政策并结合本案实际情况确定合理的赔偿数额，及时作出赔偿判决。

第二十八条　下列损失属于国家赔偿法第三十六条第六项规定的“停产停业期间必要的经常性费用开支”：

（一）必要留守职工的工资；

（二）必须缴纳的税款、社会保险费；

（三）应当缴纳的水电费、保管费、仓储费、承包费；

（四）合理的房屋场地租金、设备租金、设备折旧费；

（五）维系停产停业期间运营所需的其他基本开支。

【条文主旨】

本条是关于停产停业期间必要的经常性费用开支的规定。

【起草背景】

本条为本次司法解释修改新增加的条款。对停产停业期间必要的经常性费用开支这一损失予以赔偿，是《国家赔偿法》第三十六条第六项规定的内容。针对这一损失的赔偿是对国家机关和国家机关工作人员行使职权侵犯公民、法人和其他组织财产权时予以国家赔偿的重要内容，也是《国家赔偿法》所规定的侵犯财产权时的赔偿方式和标准之一。

从立法层面看，1994 年《国家赔偿法》即在第二十八条第六项规定，吊销许可证和执照、责令停产停业的，赔偿停产停业期间必要的经常性费用开支。此后《国家赔偿法》虽历经 2010 年和 2012 年两次修改，但除了条款序号由第二十八条第六项改为第三十六条第六项之外，本项规定的内容一直没有发生变化。不过由于《国家赔偿法》对本项内容的规定比较抽象和笼统，缺乏停产停业期间必要的经常性费用开支包括哪些内容的具体规定，不同案件所涉及的停产停业期间必要的经常性费用开支的情形也千差万别，由此导致司法实践中对如何把握停产停业期间必要的经常性费用开支，认识理解不同、裁判尺度不一，分歧和争议较大。又由于我国国家赔偿立法采取的是抚慰性赔偿标准，亦即实行与民事赔偿相比更低的赔偿标准，财产权受到违法行政行为侵害的公民、法人和其他组织，依据《国家赔偿法》的规定只能获得有限的国家赔偿。如果再因为立法上对本项内容的规定过于笼统和抽象，使得一些本应符合本项规定和精神要求的赔偿请求没有得到支持，那将会使得该有限的国家赔偿在落到实处时又大打折扣，财产权被违法行政行为侵害的公民、法人和其他组织的合法权益，更难以得到较好的保障和实质性的弥补。长此以往，不仅会损害那些财产权被违法行政行为侵害的公民、法人和其他组织的合法权益，亦不利于《国家赔偿法》“保障公民、法人和其他组织享有依法取得国家赔偿的权利，促进国家机关依法行使职权”立法目的之实现，不能够充分实现国家赔偿制度的功能和初衷。

从司法解释层面看，通过制定相应的司法解释可以在一定程度上缓解《国家赔偿法》关于“停产停业期间必要的经常性费用开支”没有具体明确规定、不易操作的难题。对此，最高人民法院在非刑事案件司法赔偿领域早已进行了积极的探索和尝试。比如已经失效的《最高人民法院关于民事、行政诉讼中司法赔偿若干问题的解释》第十二条规定，《国家赔偿法》第二十八条第七项规定的直接损失包括下列情形，保全、执行造成停产停业的，停产停业期间的职工工资、税金、水电费等必要的经常性费用。又如《最高人民法院关于审理民事、行政诉讼中司法赔偿案件适用法律若干问题的解释》第十四条进一步明确指出，《国家赔偿法》第三十六条第六项规定的停产停业期间必要的经常性费用开支，是指法人、其他组织和个体工商户为维系停产停业期间运营所需的基本开支，包括留守职工工资、必须缴纳的税费、水电费、房屋场地租金、设备租金、设备折旧费等必要的经常性费用。上述司法解释的相关规定，对于人民法院审理民事、行政诉讼中司法赔偿案件时如何把握停产停业期间必要的经常性费用开支，具有重要的指导意义，同时也对人民法院审理行政赔偿案件时如何把握停产停业期间必要的经常性费用开支，具有重要的借鉴意义。但令人遗憾的是，由于1997年《行政赔偿规定》对《国家赔偿法》的本项内容缺乏相应规定和进一步的解释，且上述两个司法赔偿解释主要适用于司法赔偿案件，所列举的停产停业期间必要的经常性费用开支项目仍然遗漏了实践中常见的承包费、保管费和仓储费等内容，由此导致人民法院在审理行政赔偿案件时，对于如何准确理解和把握停产停业期间必要的经常性费用开支，在现行立法和司法解释的框架下，一直缺乏具体明确、有实操性的标准和规定。而本次司法解释修改时，大家一致认为要抓住这个契机对停产停业期间必要的经常性费用开支进行详细的界定，故以单独新增一条的形式对停产停业期间必要的经常性费用开支进行了具体规定，也充分体现了对这个问题的重视。本条结合行政赔偿审判实践进行了必要列举，并在借鉴《最高人民法院关于审理民事、行政诉讼中司法赔偿案件适用法律若干问题的解释》等相关规定的基础上，又增加了承包费、保管费、仓储费、社会保险费等维系停产停业期间运营所需的多项基本开支，进而弥补了1997年《行政赔偿规定》对这个问题长久以来的规定空白。

【条文释义】

本条就行政赔偿诉讼中哪些损失属于《国家赔偿法》第三十六条第六项规定的"停产停业期间必要的经常性费用开支"，采用不完全列举的方式进行了具体规定。本条共有五项内容，前四项通过列举的方式明确了必要留守职工的工资，必须缴纳的税款、社会保险费，应当缴纳的水电费、保管费、仓储费、承包费，合理的房屋场地租金、设备租金、设备折旧费等属于停产停业期间必要的经常性费用开支，而第五项作为兜底性条款，概括性地规定了维系停产停业期间运营所需的其他基本开支都属于停产停业期间必要的经常性费用开支。为在实践中准确理解与适用本条规定，重点就以下几个问题进行解读和厘清：

一、关于认定是否属于"停产停业期间必要的经常性费用开支"时需要理解和把握的四个要素

《国家赔偿法》第三十六条第六项关于"停产停业期间必要的经常性费用开支"的规定，分解来看主要包括四个要素：一是时间要素，即"停产停业期间"；二是特征要素，即"必要的"；三是频率要素，即"经常性"；四是属性要素，即"费用开支"。这四个要素对于认定某项损失是否属于"停产停业期间必要的经常性费用开支"来说，是总的、宏观上的尺度和标准。比如，这四个要素对于本条前四项所列举的各项损失来说应该是必备的，同时也是用来衡量是否属于本条第五项所规定的维系停产停业期间运营所需的其他基本开支的判断标准。除了本条前四项明确规定的项目之外，其他损失项目如果不

具备这四个要素，一般来说不属于维系停产停业期间运营所需的其他基本开支；反之，一般来说则属于维系停产停业期间运营所需的其他基本开支。下面，对这四个要素进行逐一分析。需要注意的是，对于这个标准的掌握不能太过于机械，还是要结合案件情况具体分析，以求最大限度保障公民、法人和其他组织的合法权益。

首先，关于“停产停业期间”的理解。《国家赔偿法》第三十六条第六项规定的各项损失，从损失的发生时间段来看属于停产停业期间，因此准确界定停产停业期间的起始点与截止点，是界定本条所规定的各项损失即维系企业停产停业期间运营所必要的经常性费用开支的时间依据。通常情况下，这里的停产停业期间应当包括违法行政行为造成当事人无法进行正常生产经营活动的全部期间。从停产停业是否实际发生来界定，停产停业期间有形式上的停产停业期间和实际上的停产停业期间两种理解。前者是指违法行政行为存在并发生效力的时间，即从行政机关吊销许可证和执照、责令停产停业之日起开始，至行政机关吊销许可证和执照、责令停产停业的行政行为被撤销之日止。后者是指相关法人、其他组织和个体工商户在行政机关吊销许可证和执照、责令停产停业之日起，实际上停产停业的时间。前后两者之间有可能发生时间上的重合或者交叉。从时间长度而言，两者相比较有三种情形：前者等同于后者；前者短于后者；前者长于后者。在确定具体的停产停业赔偿期间时，基于现实情况的复杂多样和最大限度弥补相关企业的实际损失考虑，对于因行政机关违法吊销许可证和执照、责令停产停业等所导致的停产停业，应以实际上的停产停业期间确定具体的停产停业赔偿期间。这主要涉及起始点和截止点的计算。就起始点而言，一般情况下行政机关作出吊销许可证和执照、责令停产停业的行政行为时，即已对相关企业产生拘束力，如果企业在行政机关吊销许可证和执照、责令停产停业之日起，即停产停业，则以行政机关吊销许可证和执照、责令停产停业之日为起始点；如果企业在行政机关吊销许可证和执照、责令停产停业之日后，仍私下进行生产经营，则应以其实际停产停业之日为起始点。就截止点而言，一般情况下行政机关吊销许可证和执照、责令停产停业的行政行为被撤销时，即已丧失对相关企业的拘束力，可以视为停产停业期间的截止点；但如果该企业在行政机关吊销许可证和执照、责令停产停业的行政行为被撤销之前，已经开始私下恢复生产经营或者在行政机关吊销许可证和执照、责令停产停业的行政行为被撤销之后，行政机关并未提供相关企业恢复生产经营的基本条件，导致相关企业一直处于停产停业状态，则以实际恢复生产经营之日为截止点。

此外，还有两种特殊情况：一是企业在停产停业之后，因丧失了恢复生产经营的基本条件而彻底停业，这个时候停产停业的截止点如何确定，需要结合案情具体判断。比如在一起行政申请再审案件中，一家拥有采矿许可证、安全生产许可证等合法手续的石材厂被当地政府发布的案涉《公告》，违法吊销了相关许可证并责令停产停业，后案涉《公告》被法院判决撤销。当地政府认为停产停业期间至多可以计算至案涉《公告》被法院判决撤销之日，而再审法院认为当地政府的上述主张与案件事实不符，案涉《公告》被法院判决撤销后，当地政府并未提供案涉企业恢复生产经营的基本条件，使得该企业一直处于停产停业状态。而二审判决以一审法院委托资产评估公司对石材厂的损失进行评估并出具案涉评估报告之日，作为停产停业的截止时间，与案件事实相符，更有利于对当事人合法权益的保护，因此这一做法得到了再审法院的支持。二是行政机关已经主动提供恢复生产经营的条件，而由于企业自身的原因导致继续处于停产停业状态，则以行政机关提供恢复生产经营条件之日为停产停业的截止时间。比如在一起案件中，第三人于 2019 年 7 月 21 日接被告即某行政机关通知，向原告即停产停业的企业恢复高压供电，并要求原告打开变压器以便拆除铅封，但因原告拒绝而至今未能拆除，故本案中因被告违法责令停产停业造成原告停产停业的截止时间应为2019年7月21日。

其次，关于“必要性”的理解。《国家赔偿法》第三十六条第六项规定的各项损失，从开支项目的发生必要性来看属于维系企业停产停业期间运营所不可或缺的开支，而非可有可无的开支。由此可见，非必要的开支不属于本条所规定的停产停业期间必要的经常性费用开支。比如，企业停产停业期间所必须缴纳的税费属于必要的费用开支，而企业组织职工外出旅游的费用则不属于必要的费用开支。

再次，关于“经常性”的理解。《国家赔偿法》第三十六条第六项规定的各项损失，从开支项目的发生频率来看属于维系企业停产停业期间运营所需的反复多次的费用开支，而非偶然一次的费用开支。比如应当缴纳的水电费、租金等，需要按月或者按照约定的时间定期缴纳。需要注意的是，认定是否属于经常性的费用开支，每次缴纳相关费用的时间间隔长短与否，并不能说明问题。换句话说，每次间隔一个月就需要支出的费用开支，大家通常会认为属于经常性的费用开支。但每次间隔半年、一年或者更长时间的费用开支，有的同志认为就不应该属于经常性的费用开支。但我们认为，有的费用开支虽然间隔时间较长，但从一个更长的时间视野来看，也有可能属于经常性的费用开支。比如约定每两年一交的房屋场地租金，虽然每次支付的时间间隔较长，但也属于经常性的费用开支。

最后，关于“费用开支”的理解。《国家赔偿法》第三十六条第六项规定的各项损失，从开支项目的属性来看属于企业对外的支出而非收益。明确了这一点，对于准确认定因吊销许可证和执照、责令停产停业所导致的停产停业期间的收益或利润损失，是否属于本条规定的损失非常关键。

二、关于“必要留守职工的工资”的理解与把握

本解释第二十八条第一项规定“必要留守职工的工资”这一损失，属于《国家赔偿法》第三十六条第六项规定的停产停业期间必要的经常性费用开支。对于必要留守职工的工资，有两个问题需要重点把握。

首先，关于“必要留守职工”的理解。本条所规定的必要留守职工，从本意上理解是停产停业期间，维系法人、其他组织和个体工商户运营或运转所必需的留守工作人员。比如安保人员、运维人员以及必要的财务人员、管理人员、后勤人员等。在本次司法解释修改过程中，曾经采用过“未遣散人员”这一表述，但“未遣散人员”的范围比留守职工的范围要广，可以涵盖未留守经营办公且未解除劳动关系的人员，明显超出了停产停业期间维系企业运营所必需的工作人员范畴；而在前述已经失效的《最高人民法院关于民事、行政诉讼中司法赔偿若干问题的解释》第十二条的规定中，所采用的是“职工”这样一个更为笼统的表述，其范围比“未遣散人员”还要广，远远超出了停产停业期间维系企业运营的必要的工作人员范畴，不符合实际需要。因此，为准确界定停产停业期间维系企业运营所必需的工作人员，且与《最高人民法院关于审理民事、行政诉讼中司法赔偿案件适用法律若干问题的解释》第十四条所采用的“留守职工工资”的表述相一致，本条最终采用了留守职工这一表述。而关于留守职工的范围和人数等，与正常生产经营的企业相比通常要有所压缩，但也不宜做过窄的理解掌握，特别是不能将留守职工片面理解为值班人员。一般来说，要根据不同企业的不同情况，合理确定必要的留守职工的范围和人数等。比如有的企业停产停业后，需要有看守厂房和生产物资的安保人员，需要有维护各项机械设备以及互联网络的技术人员，需要有给留

守人员发放工资的财务人员，还需要有相应的管理人员、后勤人员等，因此在计算该企业停产停业期间的留守职工时，前述这几类人员都应该涵盖在内。而在具体认定某类留守人员的人数时，通常应按照企业的实际需要比照正常生产经营时的人数予以缩减，在这里要特别注意留守人员前面有一个“必要”的限定。这里的必要不仅指留守职工范围的必要，也包括人数的必要。比如一家企业在停产停业前有6名管理人员，那在停产停业后至少需要保留1到2名管理人员才能确保维系停产停业期间的运营或者说运转，则这1到2名管理人员就属于必要的留守人员，而如果继续保留6名管理人员，则从常理上来说人数超过了企业停产停业期间的实际需要，通常情况下不能支持。同时，如果这家企业还有多名销售人员、公关人员，则由于企业已经停产停业，销售人员、公关人员对于企业来说就不属于维系停产停业期间必要的留守人员。

其次，关于“工资”的理解。《国家统计局关于工资总额组成的规定》第四条规定，工资总额包括计时工资、计件工资、奖金、津贴和补贴、加班加点工资以及特殊情况下支付的工资六个部分组成。留守职工因不再参与生产经营活动，故其工资刨除与生产经营相关的工资和奖金，比如计时工资、计件工资等部分之后，其工资总额应结合留守职工的具体工作岗位和职责予以确定。比如某停产停业企业的安防系统发生故障，技术人员对该安防系统进行加班加点抢修和维护，此时应该支付加班加点工资。关于停产停业期间留守职工的工资标准，一般的理解是应跟正常生产经营情况下的工作标准有所区别，应予以一定程度的缩减，比如减半或者按照平时工资的八成。如果停产停业期间留守职工的工资标准还跟正常生产经营时一样，则通常会觉得其不合理而不应予以支持。在这个问题上，我们需要扭转思维。工资的支付应根据按劳分配原则，而留守职工的工作量和劳动付出并不一定比正常生产经营企业的职工要小和少。究其原因，因吊销许可证和执照、责令停产停业等外部因素导致停产停业的企业，与因其自身生产经营不善等内部原因导致停产停业的企业还不尽相同。因自身经营不善等原因导致停产停业的企业，通常都难有东山再起的希望，其留守职工往往多属于值班和看护财产的岗位设置，故其劳动付出和工作量往往比企业正常运营时要少。而因行政机关违法吊销许可证和执照、责令停产停业等外部因素导致停产停业的企业，一般来说处于临时停止生产经营的状况，一旦达到企业的再启动水平，企业的恢复再生产和经营将会很快实现，所以此时留守职工的职责要比单纯的值班看护等职责要重，肩负着维护企业停产停业期间的运营并等待随时复产复工的责任。同时，由于停产停业企业在恢复生产经营前的一段时间内，往往处于一种管理无序的状态，已经不可能像正常生产经营的企业那样人手充裕、机构齐全、分工有序，甚至更容易出现财物失窃、设备损坏以及火灾隐患等意外事件，留守职工往往也肩负着一岗多责的任务，因此对于留守职工来讲，他们的工作任务往往不是减轻了，而是加重了。此时，按照留守职工跟企业之前签订的劳动合同确定的工资标准或者根据留守职工提供的劳动，按照留守职工跟企业协商一致达成的合理的工资标准进行支付，即使个别留守职工的工资标准还跟正常生产经营时一样，甚至还有可能比正常生产经营时略高一点，只要符合企业停产停业期间的实际需要和按劳分配原则的要求，通常也应予以支持。此外，根据国家有关规定，提供了正常劳动的留守职工的工作标准也不得低于当地最低工资标准，而且是在剔除延长工作时间工资，中班、夜班、高温、低温等特殊工作环境、条件下的津贴，以及法律、法规和国家规定的劳动者福利待遇等各项以后，不得低于当地最低工资标准。比如原劳动部制定的《工资支付暂行规定》第十二条规定，非因劳动者原因造成单位停工、停产在一个工资支付周期内的，用人单位应按劳动合同规定的标准支付劳动者工资。超过一个工资支付周期的，若劳动者提供了正常劳动，则支付给劳动者的劳动报酬不得低于当地的最低工资标准。根据这个规定，如果留守职工提供了正常劳动，则其工资标准不得低于当地最低工资标准。

此外，关于“工资”实践中还会出现一种情况，即在停产停业初期通常为第一个工资支付周期，企业给所有员工都按劳动合同规定的标准支付了工资。那这些工资是否属于本条规定的损失，值得研究。需要指出的是，这种做法是符合国家和某些省份有关规定的。比如上述《工资支付暂行规定》第十二条规定，非因劳动者原因造成单位停工、停产在一个工资支付周期内的，用人单位应按劳动合同规定的标准支付劳动者工资。又如《江苏省工资支付条例》第三十一条中规定，用人单位非因劳动者原因停工、停产、歇业，在劳动者一个工资支付周期内的，应当视同劳动者提供正常劳动支付其工资。根据上述规定，如果一家企业在因行政机关吊销许可证和执照、责令停产停业之后，在停产停业期间支付了全体员工一个工资支付周期内的工资，则有观点认为该部分开支应视同停产停业期间必要的经常性费用开支，予以赔偿。对此，有待于进一步研究。

三、关于“必须缴纳的税款、社会保险费”的理解与把握

首先，关于“必须缴纳的税款”的理解。税款是指税务机关依据《税收征收管理办法》等有关规定依法向征税对象收取的资金。依法纳税是每一个企业应尽的义务。正常生产经营情况下，企业应缴纳的各种税费主要包括增值税、消费税、营业税、城市维护建设税、资源税、所得税、土地增值税、房产税、车船使用税、土地使用税、教育费附加、矿产资源补偿费、印花税、耕地占用税等，不同的法人、其他组织和个体工商户根据不同的情况缴纳不同的税款。而在停产停业

期间，相关法人、其他组织和个体工商户虽然有些税款无须再缴纳，但并非所有的税款都不用再缴纳。换言之，即使企业处于停产停业期间，仍需依法缴纳某些税款，则这些必须缴纳的税款就属于停产停业期间必要的经常性费用开支。

其次，关于“必须缴纳的社会保险费”的理解。社会保险费是指在社会保险基金的筹集过程当中，雇员和雇主按照规定的数额和期限向社会保险管理机构缴纳的费用，它是社会保险基金的最主要来源。根据《社会保险法》的相关规定，国家建立基本养老保险、基本医疗保险、工伤保险、失业保险、生育保险等社会保险制度，保障公民在年老、疾病、工伤、失业、生育等情况下依法从国家和社会获得物质帮助的权利，依法缴纳社会保险费是用人单位和个人的法定义务。又根据《社会保险费征缴暂行条例》的相关规定，基本养老保险费的征缴范围包括国有企业、城镇集体企业、外商投资企业、城镇私营企业和其他城镇企业及其职工，实行企业化管理的事业单位及其职工；基本医疗保险费的征缴范围包括国有企业、城镇集体企业、外商投资企业、城镇私营企业和其他城镇企业及其职工，国家机关及其工作人员，事业单位及其职工，民办非企业单位及其职工，社会团体及其专职人员；失业保险费的征缴范围包括国有企业、城镇集体企业、外商投资企业、城镇私营企业和其他城镇企业及其职工，事业单位及其职工。根据我国法律规定，为了维护公民参加社会保险和享受社会保险待遇的合法权益，上述这些企业即使在停产停业期间，也要依法缴纳基本养老保险费、基本医疗保险费和失业保险费等社会保险费。故此，这些必须缴纳的社会保险费亦属于停产停业期间必要的经常性费用开支。

四、关于“应当缴纳的水电费、保管费、仓储费、承包费”的理解与把握

停产停业期间，企业为了维持基本生存和运转运营，往往需要支

出一定的水电费、产品和原材料的保管费、仓储费及承包费等。本条第三项将上述四类费用，即水电费、保管费、仓储费、承包费都明确列为停产停业期间必要的经常性费用开支，是符合企业停产停业期间维系基本运转的实际需要的。关于水电费的认定，通常停产停业期间各种设备已经停转，水电费开支都会低于正常生产经营期间的开支，故应以维系企业基本运营所需的水电消耗量为准。将保管费和仓储费列入企业停产停业期间必要的经常性费用开支范围，属于本次司法解释修改新增加的内容，更有利于加大对行政相对人合法权益的保护力度，弥补相关企业的实际损失，在实践中也要根据停产停业企业的实际情况予以认定。

需要重点指出的是，关于承包费的内容也是本次司法解释修改时新增加的内容。承包费也是企业的一项经常性费用开支。在承包经营管理活动中，企业与承包者间订立承包经营协议，将企业的经营管理权全部或部分在一定期限内交给承包者，由承包者对企业进行经营管理，并缴纳承包费用、承担经营风险及获取企业收益。停产停业期间，根据合同约定如承包者仍需向企业缴纳承包费，则该承包费属于停产停业期间必要的经常性费用开支。比如甲承包了一家水泥厂，承包期10 年，每年固定向水泥厂上交承包费。后因行政机关的违法吊销许可证行为，导致该水泥厂停产两年半，则甲在停产停业期间向水泥厂缴纳的两年半承包费，应属于本条规定的停产停业期间必要的经常性费用开支。

五、关于“合理的房屋场地租金、设备租金、设备折旧费”的理解与把握

一方面，租金是租赁业务中出租人向承租人收取的转让资产使用权的补偿款。企业要生产经营，一定规模的房屋场地和设备往往必不

可少。而企业如果自身花大资金建设房屋场地和购买设备，往往会加大企业的生产成本和资金压力，因此租用他人的房屋场地和设备进行生产经营，这在现实经济活动中也比较常见。而在停产停业期间，为了维系其基本生存和运营，企业仍需支付相应的房屋场地租金和设备租金，这部分损失属于本条规定的经常性费用开支。需要注意的是，本项关于房屋场地租金和设备租金有“合理性”的前提限定，即合理的房屋场地租金和设备租金。如何把握合理性的判断标准，我们认为还是要回到停产停业期间租用房屋场地和设备的目的和必要性上，即是否为维系企业停产停业期间基本生存和运转所必需。比如一家建筑施工单位，在停产停业之前已经租赁了十几台塔吊，当工程进行到一半时，被责令停产停业。停产停业期间，这些塔吊均要按日支付租金，而从工程已经施工过半以及日后可能恢复施工建设的现实情况考虑，这些塔吊又不能拆掉退租，故在停产停业期间仍需继续支付相应的租金，则这些租金当属合理的设备租金。反之，如果该企业在停产停业期间，又新签订租赁协议租赁了数台塔吊为日后扩建新楼盘所用，则这些新租赁的塔吊就不属于维系其基本生存和运营所必要的设备，则相应的设备租金不属于本项所规定的合理的设备租金。

另一方面，任何企业只要购买了设备，都会面临一个因设备折旧产生的设备折旧费问题。本条第四项明确将设备折旧费规定为企业停产停业期间必要的经常性费用开支。关于设备折旧费的认定，根据《企业所得税法实施条例》第六十条的规定：“除国务院财政、税务主管部门另有规定外，固定资产计算折旧的最低年限如下：（一）房屋、建筑物，为20年；（二）飞机、火车、轮船、机器、机械和其他生产设备，为10年；（三）与生产经营活动有关的器具、工具、家具等，为5年；（四）飞机、火车、轮船以外的运输工具，为4年；（五）电子设备，为3年。”实践中，计算设备折旧的方法主要有平均年限法、工作量法、双倍余额递减法、年数总和法等。我们可以根据上述规定的年限采取相应的计算方法，来认定设备折旧费的具体数额。

六、关于“维系停产停业期间运营所需的其他基本开支”的理解与把握

本条前四项规定明确列出的项目，都属于《国家赔偿法》第三十六条第六项规定的“停产停业期间必要的经常性费用开支”的常见损失项目。但由于企业不同，所需的经常性费用开支也会有所不同，司法解释亦不能将各类企业所有停产停业期间必要的经常性费用开支一一列出，故设置了本条第五项规定，作为上述四项规定的兜底性条款和概括性规定。本项规定从另外一个侧面进一步明确了上述“停产停业期间必要的经常性费用开支”的判断标准，即维系企业停产停业期间运营所需的基本开支。换言之，根据本项规定的理解，停产停业期间必要的经常性费用开支是指，为维持企业及其留守职工停产停业期间的基本生活和保障，以及企业财产在停产停业期间不致遭受更大损失等所必须支付的费用。司法实践中，要坚持原则性和灵活性相结合的原则，特别是要结合前述停产停业期间、必要性、经常性和费用开支四个基本要素，来准确判定某一项费用开支是否属于维系停产停业期间运营所需的其他基本开支。比如，企业的冬季取暖费、设备保养维系费、海域使用金、设备搬运费、上网费等，通常来说都属于维系企业停产停业期间运营所需的其他基本开支，而员工安置费、资金利息、客户违约损失、机器生锈贬值损失、预期利润、原材料及成品贬值损失等，一般来说不宜认定为停产停业期间维系企业运营所需的其他基本开支。

【实务指导】

一、因吊销许可证和执照、责令停产停业所导致的停产停业期间收益或利润损失的案件处理

司法实践中，对本条规定最多的争议就是，因停产停业所导致的收益或利润损失，是否属于《国家赔偿法》第三十六条第六项规定的停产停业期间必要的经常性费用开支。大多数案件中，原告都认为因停产停业所导致的收益或利润损失，应该属于《国家赔偿法》第三十六条第六项规定的损失内容予以赔偿。比如，某服饰厂的营业执照被某市市场监督管理局违法吊销，导致该厂停产停业一年半时间。该厂在向行政机关要求赔偿经营利润损失 60 万无果之后，遂提起行政诉讼，要求依据《国家赔偿法》第三十六条第六项之规定，判令某市市场监督管理局赔偿其经营利润损失 60 万元。理论界对此也有相类似的观点。在本次《行政赔偿司法解释》专家论证过程中，也有学者表示，除了必要的开支外正常的收入要不要考虑。对此，我们认为司法解释要遵从立法原意。《国家赔偿法》第三十六条第六项明确规定，赔偿停产停业期间必要的经常性费用开支损失，故这里的损失属于开支而非收益。换言之，收益不属于本条所规定的必要的经常性费用开支，这在前文第四项要素“费用开支”的论述中也有谈及。因此，因吊销许可证和执照、责令停产停业所导致的收益或利润损失，不属于停产停业期间必要的经常性费用开支。当然，对于因吊销许可证和执照、责令停产停业所导致的收益或利润损失，根据本次司法解释修改后的第二十九条之规定，如果属于违法行政行为造成公民、法人或者其他组织财产损害的实际损失，包括但不限于存款利息、贷款利息、

现金利息、机动车停运期间的营运损失，以及通过行政补偿程序依法应当获得的奖励、补贴等，则可以依据《国家赔偿法》第三十六条第八项规定的“直接损失”予以认定。

二、因吊销许可证和执照、责令停产停业之外原因导致停产停业期间必要的经常性费用开支的性质认定

司法实践中，因行政机关吊销许可证和执照、责令停产停业之外的其他违法行政行为导致企业停产停业，则该停产停业期间必要的经常性费用开支，是否属于本条所规定的损失，也存在着一定争议。有的同志认为，因行政机关的其他违法行政行为，比如违法“封区设卡”导致企业停产停业的，其停产停业期间必要的经常性费用开支，应参照《国家赔偿法》第三十六条第六项之规定，予以赔偿。也有的同志认为，《国家赔偿法》第三十六条第六项规定的应予赔偿的“停产停业期间必要的经常性费用开支”，只限于因行政机关违法吊销许可证或执照、责令停产停业原因所造成的损失。对于这个问题，从《国家赔偿法》立法原意来讲，第三十六条第六项只规定了因吊销许可证或执照、责令停产停业两种原因所导致的停产停业，才赔偿停产停业期间必要的经常性费用开支。这里关于导致停产停业原因情形的规定非常明确具体，并不存在可以通过诸如“等”字进行扩张解释的空间，故因行政机关的其他违法行政行为导致停产停业，其停产停业期间必要的经常性费用开支，不属于《国家赔偿法》第三十六条第六项规定的范畴。

当然，对于这部分经常性费用开支，如果符合《国家赔偿法》第三十六条第八项之规定，可以依据该规定予以处理。对此，主要基于以下两点考虑：一是已经失效的《最高人民法院关于民事、行政诉讼中司法赔偿若干问题的解释》第十二条曾有过类似的规定。根据该条

第四项的规定，《国家赔偿法》第二十八条第七项（该条款在新修正的《国家赔偿法》中为第三十六条第八项）规定的直接损失包括下列情形：保全、执行造成停产停业的，停产停业期间的职工工资、税金、水电费等必要的经常性费用。该项规定即把保全、执行这一吊销许可证或执照、责令停产停业之外原因，所导致的停产停业期间必要的经常性费用开支，按照《国家赔偿法》所规定的“直接损失”来予以认定，这对于在行政赔偿中如何认定因吊销许可证和执照、责令停产停业之外原因导致企业停产停业期间必要的经常性费用开支的性质，具有一定的参考借鉴意义。二是根据法律解释的一般原则，应当结合法律条文的上下文综合解释法律。从《国家赔偿法》第三十六条的条文结构看，第八项明显是一个兜底性条款，是对前七项规定的补充和完善。对该项规定的正确理解应当是：在按照前七项规定不足以赔偿当事人实际损失的情况下，造成的其他损失可以按照直接损失予以赔偿。故因吊销许可证和执照、责令停产停业之外原因导致企业停产停业，则企业停产停业期间必要的经常性费用开支，如果符合《国家赔偿法》第三十六条第八项“直接损失”有关规定的，可以依照该项规定予以处理，而不适宜依照《国家赔偿法》第三十六条第六项的规定予以处理。

三、企业非法经营或者没有实际经营情形下停产停业期间必要的经常性费用开支的性质认定

企业在非法经营或者没有实际经营等非正常生产经营状态下，因行政机关吊销许可证或执照、责令停产停业，则其在停产停业期间的必要的经常性费用开支，是否属于本条所规定的内容，这个问题在司法实践中也会时常遇到。第一种情形，在企业非法经营情况下停产停业期间必要的经常性费用开支，是否要认定为本条所规定的损失予以

赔偿。比如杨某无证经营一家停车场，既未依法办理工商注册登记等手续，也未依法履行纳税义务，行政机关发现后遂责令其停产停业，但行政机关作出的责令停产停业行为，亦因程序轻微违法被法院判决确认违法，杨某遂向法院起诉要求根据《国家赔偿法》第三十六条第六项之规定，赔偿其停产停业期间必要的一些经常性费用开支。对于本案，因《国家赔偿法》第二条规定，国家机关和国家机关工作人员行使职权，有本法规定的侵犯公民、法人和其他组织合法权益的情形，造成损害的，受害人有依照本法取得国家赔偿的权利。而杨某在非法经营情形下，其经营行为不受法律保护，其在行政机关责令停产停业期间必要的经常性费用开支，也不属于本条所规定的损失内容。第二种情形，在企业没有实际经营情况下停产停业期间必要的经常性费用开支。一般来说，只有企业处于实际经营情形下，才能主张停产停业期间必要的经常性费用开支损失赔偿；而当企业没有实际经营，则不存在要求赔偿停产停业期间必要的经常性费用开支的前提和基础。比如在一起案件中，原告何某实际控制的几家公司都没有开展实际业务，也没有实际经营项目，这几家公司之间虽有资金流动，但都是用来走银行流水，不涉及实际业务。当何某起诉要求赔偿这几家公司停产停业期间必要的一些经常性费用开支时，法院以这几家公司未实际经营，不存在“停产停业期间必要的经常性费用开支”为由，驳回了何某的赔偿请求。由此，也表明了在企业没有实际经营情况下所谓的“停产停业期间必要的经常性费用开支”，一般不能认定为本条所规定的损失予以处理。

四、原告无法证明其在停产停业期间必要的经常性费用开支具体数额时的案件处理

有些情况下，原告就停产停业期间必要的经常性费用开支起诉要

求赔偿，但又拿不出具体的证据证明相关费用开支的具体数额，这个时候法院应如何处理？实践中主要有两种做法：一种是认为其赔偿请求缺乏事实证据，对其赔偿请求不予支持。比如在一起案件中，法院认为原告所提交的证明其机器设备折旧费、停产期间人工工资和租金损失的证据均是其单方面制作，无相应客观证据予以辅证，无法证明其主张损失存在高度可能性，故应由原告承担举证不能的法律后果。另一种是依据案件具体情况，遵循法官职业道德，运用逻辑推理和生活经验，合理酌定具体数额。比如在一起案件中，法院认为原告提供的证据不能证明因行政机关的行政行为给其造成了停运期间必要的、经常性开支损失，故原告要求二被告赔偿损失 100 万元，举证不足。但当事人不能充分举证的，人民法院应当依据案件具体情况，遵循法官职业道德，运用逻辑推理和生活经验，合理酌定当事人的损失数额，故关于停运期间的费用损失，法院酌定参照 2019 年度某省交通运输业年平均工资计算为 224100. 29 元。综合比较上述两种做法，在确有证据能够证实停产停业期间必要的经常性费用开支客观存在，只不过是由于原告举证不能的原因导致具体数额无法认定，此时从实质性化解行政争议、切实维护行政相对人合法权益、减轻群众诉累、减少程序空转的角度出发，更宜根据《行政诉讼法解释》第四十七条第三款之规定，结合当事人的主张和在案证据，遵循法官职业道德，运用逻辑推理和生活经验、生活常识等，酌情确定赔偿数额。这种处理结果与直接驳回赔偿请求相比，更有利于人民群众合法权益的维护，也往往能取得更好的社会效果和法律效果。

（撰写人：邹涛）

第二十九条　下列损失属于国家赔偿法第三十六条第八项规定的“直接损失”：

（一）存款利息、贷款利息、现金利息；

（二）机动车停运期间的营运损失；

（三）通过行政补偿程序依法应当获得的奖励、补贴等；

（四）对财产造成的其他实际损失。

【条文主旨】

本条是关于直接损失的规定。

【起草背景】

《国家赔偿法》第三十六条第八项中规定了对财产权造成其他损害的，按照直接损失赔偿。但是对于直接损失的范畴没有进一步明确。同时，该条第七项确定的存款利息赔偿已经突破了一般意义上的直接损失范畴，相关司法解释也将部分可得利益纳入赔偿范围，体现了直接损失范围的逐步扩大，考虑到司法实践中对直接损失理解的差异，有必要在司法解释中明确直接损失的范畴。起草过程中，我们拟对直接损失进行界定，将其扩大到实际损失，但在研究过程中，有观点认为仅以实际损失代替直接损失，具体内涵仍不够明确，故最终本条采取不完全列举的方式，参考民事侵权损害赔偿以及司法赔偿司法解释中的相关规定，对目前有相关规定的几种情况加以列举，同时将其他实际损失作为兜底条款。

【条文释义】

一、我国《国家赔偿法》中直接损失的界定与意义

根据《国家赔偿法》第三十六条第八项规定，对财产权造成其他损害的，按照直接损失给予赔偿。《国家赔偿法》对第三十六条规定的直接损失作出解释："国家机关及其工作人员侵害受害人财产权，造成其他损害的，按照直接损失给予赔偿。所谓直接损失，是指因不法侵害而致财产遭受的直接减少或消灭，主要是指既得利益的损失或现有财产的减少。"直接损失，也称积极损害，指现有财产或者利益的减少。赔偿直接损失，即赔偿已经发生的、确定的损失，而不是对权利人应得到的或者能够得到的利益赔偿。①

《最高人民法院关于民事、行政诉讼中司法赔偿若干问题的解释》第十二条规定直接损失包括下列情形：保全、执行过程中造成财物灭失、毁损、霉变、腐烂等损坏的。违法使用保全、执行的财物造成损坏的。保全的财产系国家批准的金融机构贷款的，当事人应支付的该贷款借贷状态下的贷款利息；执行上述款项的，贷款本金及当事人应支付的该贷款借贷状态下的贷款利息。保全、执行造成停产停业的，停产停业期间的职工工资、税金、水电费等必要的经常性费用。法律规定的其他直接损失。《最高人民法院关于审理民事、行政诉讼中司法赔偿案件适用法律若干问题的解释》第十五条规定，《国家赔偿法》第三十六条第七项规定的银行同期存款利息，以作出生效赔偿决定时

① 江必新、梁凤云、梁清：《国家赔偿法理论与实务》，中国科学出版社2010年版，第870页。

中国人民银行公布的一年期人民币整存整取定期存款基准利率计算，不计算复利。应当返还的财产属于金融机构合法存款的，对存款合同存续期间的利息按照合同约定利率计算。应当返还的财产系现金的，比照本条第一款规定支付利息。第十六条规定，依照《国家赔偿法》第三十六条规定返还的财产系国家批准的金融机构贷款的，除贷款本金外，还应当支付该贷款借贷状态下的贷款利息。司法赔偿中对直接损失的认定可以参照适用于行政赔偿领域，与此同时，行政赔偿中还有一些特殊的情况需要明确，因此，直接损失与间接损失的界定尤为重要。

但是，直接损失与间接损失在学理上界定不明确。对于哪些损失属于直接损失、哪些损失属于间接损失，《国家赔偿法》并未作出明确定义，也没有相关的司法解释予以界定，不利于有效保护行政相对人的合法权益。审判实践中，法官也难以把握，常常只能参照民事赔偿、交通肇事赔偿、医疗事故赔偿等方面的规定，按照自己理解或者习惯认定，发挥“法官自由裁量权”，致使赔偿范围不统一、同类案件裁判结果不一致的问题客观存在。如基于财产所生的孳息、基于财产损害导致的可得利益损失是否属于直接损失，是否应当得到赔偿，在认识理解和审判实务方面均存有差异。如某运输业户的车辆被违法扣押，造成该业户运输费收入损失，赔付范围如何确定？仅赔偿被扣押车辆已缴纳的各种规费，其余不予赔偿是否得当？农民因村委少分配承包地导致农业收入减少部分是否应予赔偿；因违法责令停产停业导致相对人停产停业的，其停业期间减少的收益或利润是否属于直接损失，等等。

二、民法中的财产损失分类及其意义

在欧洲大陆国家和地区，最常见的关于财产损失的分类，是将财产损失区分为实际损失和可得利益损失，英美法国家则习惯地将财产损失区分为直接损失和间接损失。实际损失是指侵权行为造成的受害人财产的价值与侵权行为发生之前的价值相比发生的减损。可得利益损失是指因侵权行为的发生而使受害人的财产应当增加但没有增加而造成的损失。在英美侵权行为法中，因侵权行为而直接发生的损失，属于直接损失。直接损失之外的损失，为间接损失。只有构成侵害行为自然的后果或确有可能的结果时，间接损失才是可赔的。直接损失与间接损失的分类系基于因果关系。可得利益损失并不当然地属于间接损失，当侵权行为损害到商事关系时，直接损失通常是可得的商业利润损失。[①] 从世界各国以及地区侵权行为财产赔偿的规定看，直接损失均予以赔偿，但间接损失的赔偿却不尽相同，法国的赔偿范围较为宽泛，德国则较为严格。[②]

在我国民法领域，关于直接损失与间接损失问题，实际上未在法条上直接体现，而更多限于理论界的表述。我国《民法典》亦没有直接明确直接损失和间接损失的概念，但司法实践中，对侵权造成的财产损害赔偿中，亦认可间接损失。但间接损失哪些可以认可却有不同的理解，一种观点认为，间接损失具有的特点为：一是损失是未来的可得利益，而非现实利益；二是这种丧失的未来利益，遵循常理如果没有发生此侵权行为就是可以实现的，而非不能实现的。故民法上的财产损害赔偿包括全部直接损失和间接损失，因为间接损失是客观、实际的损失，是有切实依据的可得利益损失，应当概括在了《侵权责任法》第十九条“其他方式”之中。[③] 另一种观点认为，对间接损失

① 参见王军：《侵权损害赔偿制度比较研究》，法律出版社2011年版，第301页。

② 参见王泽鉴：《侵权行为（第三版）》，北京大学出版社2016年版，第361~367页。除直接损失和间接损失的概念外，还涉及纯粹经济损失，需要明确纯粹经济损失与前两种的区别和联系，纯粹经济损失的范畴较为广泛，不仅涉及直接被侵害人本身的权益，还涉及第三人的权益，其范围大于间接损失但可能包含了非直接损失以外的可得利益损失和预期损失。

③ 参见杨立新：《侵权责任法（第三版）》，法律出版社2018年版，第183~184页。

赔偿有观点认为应当采取可预见性标准，实践中计算间接损失价值的公式为间接损失价值 = 单位实践增值效益 × 影响效益发挥的时间。① 从以上两种观点可以看出，民法上对损失的分类不是为了解决不赔或少赔的问题，而是为了解决怎么赔的问题。德国民法中存在所受损失与所失利益的划分，是为了强调所失利益亦应成为赔偿范围，并在《民法典》中作了明确规定。而英美法上的直接损失和间接损失的划分，是为了给间接损失的赔偿限定范围，以免受损人无限夸大其赔偿请求。②

由此可见，在民法领域，划分直接损失与间接损失的目的并非将间接损失不纳入赔偿范围，直接损失予以赔偿均没有争议，对于存有争议的间接损失的赔偿问题，争议的仅是间接损失赔偿范围的大小，而不在于间接损失本身是否能够赔偿。

三、行政法中财产权赔偿直接损失

在行政法领域，从世界各国和地区实践看，大多数国家对间接损失给予有条件的赔偿，如德国的行政赔偿范围，既包括当事人所受到的财产损害，也包括可预期获得的利益。根据法国判例，如果该财产损害是已经发生、确实存在的，就能得到赔偿。将来的损害如其发生为不可避免的，也视为已经发生的现实损害；将来可能发生的不确定的损害，不引起赔偿责任。除非受害人能证明，利益的获得已经确定或者有充分的理由令人信服可以得到某种利益，这种损害才能够成为确定的损失，行政主体的赔偿金额是实际发生的全部损失，在法院判决后，如由于当初的原因，损害继续加重的，受害人可以请求行政法院重新确定金额。③ 英美法系国家的行政赔偿与民事赔偿一致，赔偿

① 最高人民法院民法典贯彻实施工作领导小组主编：《中华人民共和国民法典侵权责任编理解与适用》，人民法院出版社 2020 年版，第 186 页。

② 管君：《论国家赔偿中的“直接损失”》，载《甘肃政法学习学报》2015 年第 1 期。

③ 杨江涛：《对国家赔偿法中直接损失的理解》，载《人民司法·应用》2015 年第 21 期。

的范围也包括直接损失和可得利益损失。日本的国家赔偿损害范围依民法的规定确定，损害范围是指与加害行为之间有相当因果关系的损害。我国台湾地区“民法典”第二百一十六条规定，损害赔偿，除法律另有规定或契约另有约定外，应以填补债权人所受损害即所失利益为限。依通常情形，或依已定之计划、设备或其他特别情事，可得预期之利益，视为所失利益。法定损害赔偿范围包括当事人所受损害及所失利益。所失利益系被害人于侵害事由时尚未发生，但若无此等侵害事由，将来预期可取得的财产利益，即侵害事由消极妨碍新财产利益的取得，究为金钱或其他财务上利益，在所不问，于任何权益受侵害的情形，均得发生所失利益。①

由于我国《国家赔偿法》规定了仅赔偿直接损失，故划分直接损失与间接损失的目的就是为了确定赔偿的范围，这与民法领域有较大差异。但是《国家赔偿法》中的直接损失的内涵又不完全与民事侵权领域的直接损失一致，且因为对直接损失与间接损失的理解本身存在差异，导致了是否赔偿的结论也不尽相同。关于财产权损失赔偿问题有以下两种观点：第一种观点认为，损失事实的发生是由侵权行为直接引发的为直接损失，非直接引发而系其他媒介因素介入引发的为间接损失。② 第二种观点认为，直接损失可以扩张理解为与纯粹经济损失相对应的结果经济损失，将直接损失和间接损失均纳入赔偿范围。③对于第一种观点，若以这种观点来界定直接损失与间接损失，则《国家赔偿法》第三十六条规定的利息损失则属于间接损失。关于第二种观点，我国《国家赔偿法》并未将所有的间接损失或所失利益都纳入赔偿的范畴，如吊销许可证和执照、责令停产停业的，对于停产停业

① 王泽鉴：《损害赔偿》，北京大学出版社2017年版，第72页。

② 曾世雄：《损害赔偿法原理》，中国政法大学出版社2001年版，第137页。转引自丁晓华：《行政赔偿的理论与实务》，知识产权出版社2019年版，第154页。

③ 杨江涛：《对国家赔偿法中直接损失的理解》，载《人民司法·应用》2015年第21期。

损失本身利润并未纳入直接损失的范畴，利润属于可期待利益，如企业没有被吊销许可证和执照或者责令停产停业，必然可以得到一定的利润，虽然在利润计算方式上也存在争议，但是利润本身亦属于间接损失的范畴，从法律规定看，对停产停业损失的赔偿仍然停留在必要性开支这一直接损失范围。故结合《国家赔偿法》的具体规定，《国家赔偿法》中的直接损失较民法领域通常理解的直接损失而言是有所扩张的，但尚未达到将所有的间接损失均纳入赔偿范围的条件。“我国对积极损害（直接损失）与消极损害（间接损失）的选择，属于原则上仅赔偿积极损害，只有在法律有特别规定的情形下才赔偿消极损害的模式”①，申言之，我国《国家赔偿法》对财产的赔偿是以直接损失赔偿为原则，法定间接损失赔偿为补充。

本次司法解释修改过程中，充分考虑了相关概念与民法上的差异，如果根据民法关于直接损失和间接损失的理论，直接损失是现有财产的减损，是既得利益的损失或者实际损失；间接损失是未来财产的减损，是可得利益的损失或者期待利益损失。那么，很多当事人主张的损失就会因属于间接损失的范畴而无法得到赔偿，从而不利于切实保护行政相对人的合法权益。由此，我们认为，参照民事赔偿的规定，我们也不宜仅仅把直接损失限定为已经发生的损失，对于未来发生的并且是必然发生的损失，也应当纳入直接损失的范畴。因为《国家赔偿法》本身就将这类损失明确为直接损失，如利息损失。

综上，《国家赔偿法》上的直接损失实际上可以理解为广义上的直接损失，其本质就是实际损失，包含了狭义上的直接损失和部分必然的可得利益损失，将部分必然的可得利益损失纳入直接损失范畴，

① 江必新、梁凤云、梁清：《国家赔偿法理论与实务》，中国科学出版社2010年版，第812页。

从而限缩了间接损失的范畴。[①] 我们认为，《国家赔偿法》以直接损失赔偿为原则，但是对直接损失的范畴是不断扩大的过程，随着经济社会的不断发展，会有越来越多的可得利益损失将被纳入赔偿的范围，故适当扩大行政赔偿范围和赔偿标准，用实际损失替代直接损失，更有利于对当事人合法权益的保护。

四、实际损失的特点

本条规定的实际损失并非完全涵盖所有的直接损失和间接损失。根据《国家赔偿法》的规定，实际损失具有以下特点，才能纳入行政赔偿范围。

（一）损失具有现实性与确定性

实际损失首先具有现实性与确定性的特点。“损害的现实性与确定性，是指损害必须是已经发生或者已经现实存在的损害。它是相对于想象中的损害或未来可能发生但又不能确定的损害而言的。损害的现实性与确定性的概念并不要绝对要求损害已经发生，或者说并不决定排斥可能发生的损害。”[②] 所谓现实性，是指损失客观已经存在，主要针对的是已经造成的既得利益损失，也就是财产的实际减少、损坏或者灭失。所谓确定性，财产造成了实际损害，这种损害本身是确定的。或者虽然尚未造成既得利益的损失，但是在可期待利益中，该种利益损失是具有必然性的，即在不发生违法行为侵害的情况下，该种利益必然能够实现。如果可期待利益是附条件的或者仅仅是可能发生的而非

① 如陈希国认为，与其不断争论国家赔偿的标准是直接损失抑或间接损失，倒不如重新厘定直接损失和间接损失的判断标准，通过对直接损失的法解释学分析，赋予其新的内涵，合理扩充直接损失的范畴。见陈希国：《国家赔偿法中直接损失的法律解释》，载《人民司法·应用》2016 年第 13 期。

② 江必新、梁凤云、梁清：《国家赔偿法理论与实务》，中国科学出版社 2010 年版，第 371 页。

必然可以实现的，则不具有确定性的特点，不属于实际损失的范畴。

（二）损失具有特定性与法定性

所谓特定性，是指只有在损害的程度和范围以及受害人和受损客体符合法律的特别规定时，国家才承担赔偿责任。并且这种特定的损失只为一个人或少数人，而非一般人所共有。[①] 所谓法定性，一是通过法律规定调整实际损失的法定内容，如对停产停业期间相关损失的赔偿标准，法律仅规定了必要的经常性开支属于损失赔偿范畴，而对停产停业期间的利润损失则不属于赔偿范围。本条在法律规定的范围内，最大限度地实现对法律规定内容的进一步明确化具体化，如虽然停产停业期间的利润损失不属于赔偿范围。但是在有其他司法解释规定了机动车停运期间的营运损失纳入直接损失的前提下，本条也将其作为实际损失纳入规定范围，在不违反《国家赔偿法》规定的前提下，不断扩大直接损失的范畴。二是由法律明确规定实际损失的赔偿责任方式，对于财产损失采取恢复原状、返还财产或者支付赔偿金的方式。

（三）损失与违法行政行为之间具有因果关系

实际损失必须与违法行政行为之间具有因果关系，但适用何种因果关系亦有不同观点，有直接因果关系、相当因果关系、推定因果关系等各种理论观点，我们认为，我国《国家赔偿法》已经逐步确立了较为丰富的因果关系而非单一的因果关系，故法院在审理过程中如何判断损失，也应当结合因果关系理论进行分析，对于实际损失，也应当加以分析，如对于纯粹经济损失就应当排除在实际损失范畴之外，虽然其损失是实际发生的，但因为在因果关系上已经超出了《国家赔偿法》的规定，故不应当认定其为《国家赔偿法》范畴内的实际损失，不纳入赔偿范围。

---

① 江必新、梁凤云、梁清：《国家赔偿法理论与实务》，中国科学出版社2010年版，第374页。

五、直接损失的范畴

本次司法解释修改过程中，最初仅规定将“直接损失”与“实际损失”等同，未列举相关的具体情况，在研究过程中，有观点认为，直接将直接损失与实际损失等同，但何为“实际损失”，亦存在不同的理解。故为了更好地解释法律，并且不突破法律的规定，我们考虑采用列举的方式，将实际损失包括的情况加以明确，同时，采用的是不完全列举方式，为今后的扩充理解留下空间。实际损失包括直接损失和部分必然的可得利益损失。所谓必然可得利益，是指并不依赖其他外在条件的成就，倘若无侵权行为发生，该利益则为赔偿请求人必然获得的利益。对于不确定发生的利益，系风险利益，不属于必然可得利益，则不属于实际损失，不应予以赔偿。一般地，必然可得利益包括现金利息、存款利息损失或者贷款利息损失，机动车停运期间的营运损失，通过行政补偿程序依法应当获得的奖励、补贴等损失。

（一）利息损失

利息损失属于法定孳息，大多数国家和地区都规定应当赔偿法定孳息。法国法上规定，行政主体必须从受害人提出请求赔偿之日起，支付利息。《日本行政补偿法》第四条第五项、第六项规定：“由于执行罚金或罚款而给予的补偿，应在已征收的罚金或罚款额上，按照从征收的次日起至决定补偿之日止的日期，加上年息5厘的利率所得的数额交付赔偿金。由于执行没收而给予的补偿，如果没收物尚未处理，应交还原物；没收物已经处理的，应按与该物当时的价格相等的数额交付补偿金。另外，对征收的追征金，应在数额上按照从征收的次日起至决定补偿之日止的日期，加上年息5厘的利率所得的数额交付补偿金。”《英国王权诉讼法》第二十四条规定：“如果高等法院裁决给政府或裁决政府应交付的费用，那么除法院另有规定外，应根据这些费用支付利息。”但也有国家返还金钱时，是不计利息的。[①]

现金利息、存款利息、贷款利息，均属于孳息，系现有财产的可得利益，不属于狭义的直接损失范畴，大多数观点均认可此类损失属于间接损失而非直接损失的范畴。我国《国家赔偿法》第三十六条第七款规定，返还执行的罚款或者罚金、追缴或者没收的金钱，解除冻结的存款或者汇款的，应当支付银行同期存款利息。该规定实际上已经明确了赔偿的范围包括利息损失，而这种损失就属于必然可得利益。“返还的财产是金钱时，支付银行同期存款利息，使得返还财产之赔偿更加趋于公平合理。”[②]“对利息进行赔偿是我国《国家赔偿法》逐渐扩展可赔偿损害范围，实现对受害人权益全面赔偿的有益改变，体现该立法价值取向转为对公民、法人及其他组织合法权利的保护。”[③]法律虽然仅规定了存款利息属于可赔偿损失的范畴，但在现有司法解释中，对此利息的赔偿问题又进行了进一步明确规定，《最高人民法院关于审理民事、行政诉讼中司法赔偿案件适用法律若干问题的解释》第十六条规定，依照《国家赔偿法》第三十六条规定返还的财产系国家批准的金融机构贷款的，除贷款本金外，还应当支付该贷款借贷状态下的贷款利息。保全的财产系国家批准的金融机构贷款的，当事人应支付的该贷款借贷状态下的贷款利息；执行上述款项的，贷款本金及当事人应支付的该贷款借贷状态下的贷款利息。由此，不仅是对存款利息加以赔偿，对于符合条件的贷款利息也加以赔偿，这更体现了《国家赔偿法》对受害人合法权益的全面赔偿。

对于利息选择存款利息或是贷款利息作为标准，主要考虑以下因素：（1）根据法定原则，即法律和司法解释明确了何种情况下为存款

---

① 肖峋：《中华人民共和国国家赔偿理论与实用指南》，中国民主法制出版社1994年版，第243页。

② 江必新主编：《〈中华人民共和国国家赔偿法〉条文理解与适用》，人民法院出版社2010年版，第340页。

③ 江必新、梁凤云、梁清：《国家赔偿法理论与实务》，中国科学出版社2010年版，第812页。

利息、何种情况下为贷款利息的，按照法律规定执行。（2）根据约定的情况，当涉案财产系需要返还的现金，而现金系银行定期存款时，则根据存款约定的利息进行计算。（3）结合实际情况酌定，对于财产损失的利息，法院在审理过程中则需要结合案件的实际情况以及涉案财产资金来源等因素，综合考量利息标准。

（二）机动车停运期间的营运损失

《最高人民法院关于道路交通事故中的财产损失是否包括被损车辆停运损失的问题批复》明确，在交通事故损害赔偿案件中，如果受害人以被损车辆正用于货物运输或者旅客运输经营活动，要求赔偿被损车辆修复期间的停运损失的，交通事故责任者应当予以赔偿。该批复首次就机动车停运期间的损失纳入损失赔偿范围。后来，这一规定又进一步通过司法解释加以明确，《最高人民法院关于审理道路交通事故损害赔偿案件适用法律若干问题的解释》第十二条规定因交通事故造成的财产损失包括：（1）维修被损坏车辆所支出的费用、车辆所载物品的损失、车辆施救费用；（2）因车辆灭失或者无法修复，为购买交通事故发生时与被损坏车辆价值相当的车辆重置费用；（3）依法从事货物运输、旅客运输等经营性活动的车辆，因无法从事相应经营活动所产生的合理停运损失；（4）非经营性车辆因无法继续使用，所产生的通常替代性交通工具的合理费用。由于民事侵权中的财产损害赔偿与行政赔偿中财产损害赔偿具有同质性，在本次司法解释修改过程中，我们参考上述规定将该情况也作为直接损失的一种明确列举。当行政机关对从事经营性活动的机动车实施行政强制或者行政处罚，后被确认为违法行政行为并涉及赔偿问题时，必然会涉及营运损失赔偿问题，由于《国家赔偿法》及原《行政赔偿司法解释》中并未明确该损失是否属于赔偿范围，且《国家赔偿法》明确了财产赔偿损失的范围为直接损失，故很多情况下，营运损失未纳入行政赔偿范围，但行政相对人的损失客观存在，且这种损失具有可预见性和确定性，以列举的方式明确其为实际损失，有利于对行政相对人合法财产权的充分保护，也利于实现行政赔偿诉讼裁判标准的统一。需要注意的是，此类损失仅限于营运车辆，故对于当事人主张停运损失的，法院需要审查其是否具有合法营运资质，在符合法律规定的前提下，确定合理的停运期间，进一步审查具体的赔偿数额。关于车辆营运损失的计算方法，在实践中有以下两种：一是委托价格评估公司对停运损失进行鉴定。二是参照道路运输业在岗职工平均工资计算。其中，鉴定评估适用得较为广泛，能够直接计算出损失数额，更具针对性，基于在无法鉴定评估的情况下，可以适用第二种方式。

（三）通过行政补偿程序依法应当获得奖励、补贴等损失

该类损失通常发生在征收补偿案件中的行政强制行为违法的行政赔偿案件中。《国有土地上房屋征收与补偿条例》第十七条规定补偿的范围包括被征收房屋价值的补偿；因征收房屋造成的搬迁、临时安置的补偿；因征收房屋造成的停产停业损失的补偿以及对被征收人给予的补助和奖励。司法实践中，各地也在探索对此类损失的赔偿问题，如《河南省高级人民法院赔偿委员会办公室关于审理违法征收、违法强拆类行政赔偿案件的工作指南（试行）》中规定："二十、赔偿请求人要求赔偿征收安置补偿方案中规定的补助、奖励费的，如何处理？非赔偿请求人自身原因，或赔偿请求人具有正当理由，未签订安置补偿协议，要求按照补偿方案中的补助、奖励条款进行赔偿的，可予支持。"虽然强拆仅是对房屋及屋内物品造成损失，但是若仅对此种直接损失予以赔偿，反而造成实质上的不公平，因为同样征收拆迁范围内通过合法程序征收的房屋，可以享受过渡费、搬迁费等补贴，而被强拆者本就因为行政机关的违法行为造成财产损失，若还要在赔偿过程中丧失应有的补偿项目获得权，明显不符合公平原则，且难以起到

法律应有的引导和规范功能，对于政府的违法行政行为也起不到应有的监督作用。此类损失虽然从性质上看，也不全部属于直接损失的范畴，属于必然可得利益，但是也应当纳入赔偿实际损失的范畴。

（四）对财产造成的其他实际损失

除了本条列举的几种情形外，实践中仍然有不少损失属于必然可得利益，虽然没有一一列举，但是本条采取的是不完全列举的方式，采用兜底条款，为适用和以后法律规定更新留下空间，今后其他属于实际损失的均可以纳入行政赔偿范围，人民法院也应当依法判决予以赔偿。

虽然本条充分考虑了目前可能出现的其他直接损失的情况，并且列举了具有代表性和普遍性的几种情况，但是实践中仍然可能出现新的不同情况，在适用本条有明确规定的几种实际损失情形之外的损失赔偿问题，要注意两点：（1）不能仅局限于本条列举的几种直接损失赔偿的情况，不能缩减赔偿的范围，法院在审理过程中亦要结合具体案情以及损失的特点等各方面决定是否予以赔偿。[①]（2）要注意实际损失的特点，不宜过分扩大赔偿范围，更不能将所有的间接损失都纳

---

① 如（2017）最高法行赔申2号仙居县常青山庄老年公寓诉浙江省仙居县人民政府土地行政赔偿案，法院认为，由行政机关依法收取的相关规费属于再审申请人的部分投资，由于被申请人未及时作出项目审批致使再审申请人无法全面开工、长期处于不确定期待之中，再审申请人因被申请人延误之过错而针对此部分费用的利息提出赔偿要求，具有合理性。国家赔偿制度设立的初衷，在于弥补公民因国家行政权或者司法权的违法运用而遭受的损失。要最大程度地发挥《国家赔偿法》在维护和救济因受到国家公权力不法侵害的行政相对人的合法权益方面的功能与作用，理解上述“直接损失”涉及利息计算问题时不宜仅限于《国家赔偿法》第三十六条第七项有关“返还执行的罚款或者罚金、追缴或者没收的金钱，解除冻结的存款或者汇款”，还有必要延及类似本案因行政不作为所产生的以行政缴费形式所投资金的利息计算。上述规费虽非被申请人直接收取，缴纳后自身也不直接产生利息，但正是由于被申请人长期不履责，致使再审申请人向公权力机关支出大笔费用后却无法正常开展建设，以缴费方式投入的资金无法产生效益，由此对这部分因滞延审批造成的经济损失可通过对已纳入公共资金的前期投资计息之方式给予赔偿，在此意义上能够架构行政法上的因果关系，应视为投资人投资的直接损失。本院重申，对《国家赔偿法》有关“直接损失”的准确理解，有利于防止实践中不当限缩赔偿义务机关应当承担的国家赔偿责任，厘清不作为情形下的行政赔偿范围，以减少纠纷，统一裁判尺度，彰显“有权必有责，用权受监督，侵权要赔偿”的法治理念。

入赔偿范围，应当遵循坚持在法律规定的范围内赔偿的原则。

【实务指导】

一、注意区分与民法中直接损失的关系

民法中对直接损失和间接损失的概念并未直接引入法条规定，司法实践中亦认可间接损失的赔偿，而《国家赔偿法》中明确规定了直接损失予以赔偿，故不能将《国家赔偿法》中的直接损失与民法侵权责任理论和实务界认可的直接损失完全等同。应该注意的是，《国家赔偿法》中的直接损失的范畴是大于一般民事侵权责任中的直接损失的，包含了部分可得利益，而可得利益通常在理论界被认为属于间接损失。

我国国家赔偿制度对于财产损害赔偿，原则上只对直接损失予以赔偿，主要基于以下考虑：一是我国经济发展状况及财政负担能力，既要解决一些赔偿的实际问题，又不至于使国家背上太沉重的包袱；二是间接损失是实际上尚未取得的利益，即使没有侵权事由的发生，也不排除该利益不能实际取得的风险；三是间接损失难以界定，从理论和实践上都难以确定适用标准。但是，从未来发展趋势看，《国家赔偿法》逐步提供财产损害赔偿标准，扩大财产损害赔偿范围，逐步将间接损失更多地纳入财产损害赔偿的范畴。[①] 从目前法律规定看，民法侵权财产赔偿中，赔偿的范围仍然是大于行政赔偿财产赔偿的范围的。实践中，随着国家财力的不断扩大和社会财富的不断丰富，同时，更是为了适应法治政府、法治社会、法治国家的建设，行政赔偿

---

① 江必新、梁凤云、梁清：《国家赔偿法理论与实务》，中国科学出版社2010年版，第869页。

的范围将逐步扩大，将更多的财产赔偿损失的间接损失纳入行政赔偿范围。当然，这需要一个循序渐进的过程，需要通过司法实践在个案中逐步探索和推进。

二、关于停产停业损失是否属于赔偿范畴

目前，《国家赔偿法》第三十六条仅规定了停产停业期间的经常性费用开支作为赔偿范围，而没有明确停产停业损失也属于赔偿范围，这与《国家赔偿法》仅赔偿直接损失的原则是一致的。但是在违法征收征用土地房屋的赔偿案件中，根据赔偿不低于合法补偿的原则，因为补偿的范围包括因征收房屋造成的停产停业损失的补偿，故就停产停业损失的赔偿问题，在违法征收拆迁案件中属于赔偿范围，成为特别的规定，不同于一般行政行为如责令停产停业造成的营业损失。关于征收拆迁过程中涉及的停产停业损失如何赔偿问题，应当参照征收补偿安置方案或者相关的规定进行，而不完全按照实际停产停业时间计算。通常情况下，征收过程中的停产停业损失是考虑征收需要过渡期而给予被征收人相应时间的过渡补助，被征收人也需要积极配合征收拆迁，寻找新场所营业，如果其故意拖延时间导致损失进一步扩大，则相应权利不在赔偿保护范围内。

此外，对于营运车辆的停运损失予以赔偿也体现出对经营损失的赔偿，虽然目前尚未将停产停业损失全部纳入赔偿范围，但是并非此类损失就一概必然不可赔偿，从损失的性质来看，其与车辆停运期间的损失具有一定的相似性，鉴于《国家赔偿法》尚未将一般的停产停业损失纳入赔偿范围，故司法解释也不能突破规定，只能通过将来法律修改加以实现。

三、行政补偿程序依法应当获得的奖励、补贴的认定

奖励、补贴不属于财产本身造成的损失，但是却是因财产损失导

致的必然可得利益的减损。如在国有土地上房屋征收类案件中，应当依法获得的补偿费用除了房屋本身的价值外，还有搬迁、停产停业、过渡费等各种费用。《国有土地上房屋征收与补偿条例》第十七条第二款规定，市、县级人民政府应当制定补助和奖励办法，对被征收人给予补助和奖励。这里提到的补助和奖励一般情况下包括病残补助、特困补助以及网络、电视、电话等工程安装补助，这些补助系在补偿程序中依法获得的，若当事人通过合法的征收安置补偿程序，能够获得该收入，但由于行政机关的违法行为介入，导致了除财产本身的损失外，还造成了奖励、补贴的减损，作为行政补偿中的必得利益，行政赔偿中亦应当将其认定为直接损失。需要注意的是，关于奖励问题，如果涉及提起搬迁奖励，往往在安置补偿方案中有明确的期限规定，在行政赔偿中是否一律按照实际损失予以赔偿，尚需结合案件情况综合考虑。①

（撰写人：牛延佳）

① 关于奖励问题，一般而言，为了考虑征收拆迁的公平性，在补偿按照方案规定的奖励期限内未搬迁的，不给予奖励费的赔偿，但是要考虑实际中出现的少数例外情况，如补偿标准较低但奖励费较高，实际上通过奖励费的抬高来推动征收拆迁，补偿标准明显低于一般标准，搬迁奖励费明显超出正常合理范围，则应当给予行政赔偿案件当事人公平合理的赔偿，不能因其未在奖励期限内搬迁就一概不予赔偿。

第三十条　被告有国家赔偿法第三条规定情形之一，致人精神损害的，人民法院应当判决其在违法行政行为影响的范围内，为受害人消除影响、恢复名誉、赔礼道歉；消除影响、恢复名誉和赔礼道歉的履行方式，可以双方协商，协商不成的，人民法院应当责令被告以适当的方式履行。造成严重后果的，应当判决支付相应的精神损害抚慰金。

【条文主旨】

本条是关于精神损害判决及履行方式的规定。

【起草背景】

我国精神损害赔偿制度的发展经历了相对漫长的过程，并因精神损害问题具有极强的主观性、无形性等特征而一直伴随着各种争议。新中国成立以来，在立法层面首次确立精神损害赔偿制度，可追溯于《民法通则》（1987 年 1 月 1 日施行）的颁布实施。《民法通则》第一百二十条规定："公民的姓名权、肖像权、名誉权、荣誉权受到侵害的，有权要求停止侵害，恢复名誉，消除影响，赔礼道歉，并可以要求赔偿损失。法人的名称权、名誉权、荣誉权受到侵害的，适用前款规定。"虽然前述规定并未直接使用"精神损害赔偿"术语，但理论与实务界都普遍将其作为精神损害赔偿的法律依据。因此，精神损害赔偿制度最先适用于民事侵权领域。之后，修正前的《国家赔偿法》

（1995年1月1日施行）第三十条规定“赔偿义务机关对依法确认有本法第三条第（一）、（二）项、第十五条第（一）、（二）、（三）项规定的情形之一，并造成受害人名誉权、荣誉权损害的，应当在侵权行为影响的范围内，为受害人消除影响，恢复名誉，赔礼道歉”，国家赔偿领域也开始部分适用精神损害赔偿制度。但在制度层面使用“精神损害赔偿”这一概念系由最高司法机关通过司法解释形式正式确立，并对该项制度作出细化规定。2001年3月10日施行的《民事侵权精神损害赔偿责任若干问题的解释》，明确在民事侵权领域适用精神损害赔偿制度。但是，在立法层面的精神损害赔偿制度，系由修正后的《国家赔偿法》（2010年4月）正式确定，其第三十五条规定：“有本法第三条或者第十七条规定情形之一，致人精神损害的，应当在侵权行为影响的范围内，为受害人消除影响，恢复名誉，赔礼道歉；造成严重后果的，应当支付相应的精神损害抚慰金”，但并未对精神损害的赔偿标准等问题作出统一规定，国家赔偿实践中如何理解与适用精神损害赔偿仍存在较大争议。2014年7月，最高人民法院制定《国家赔偿精神损害赔偿意见》，对国家赔偿领域的精神损害赔偿问题作出细化规定。但是，从内容上看，《国家赔偿精神损害赔偿意见》仅适用于人民法院赔偿委员会审理的国家赔偿案件即司法赔偿案件，而未包括行政赔偿案件。此外，《国家赔偿精神损害赔偿意见》对相关问题的规定仍不够具体，确定的相关标准已不再适应社会现实需要。因此，最高人民法院制定了《国家赔偿精神损害赔偿解释》，从国家赔偿的整体层面对精神损害赔偿问题作出具体解释。尽管行政赔偿的精神损害问题可以对应适用《国家赔偿精神损害赔偿解释》，但正值本次司法解释修改之际，仍有必要就精神损害赔偿问题作出专门规定，使其更加直接、具体地适用于司法实践。因此，依据《国家赔偿法》第三条、第三十五条规定，作出本条规定。

【条文释义】

一、行政赔偿适用精神损害制度的条件

（一）适用精神损害赔偿的情形条件

行政相对人的合法权益因违法行政行为受到损害的，即可以依法主张行政赔偿，但同时主张获得精神损害赔偿的，仅能适用于《国家赔偿法》第三条规定的情形。之所以作此条件限制，首要原因在于本解释的定位，即不能超出法律范围内进行解释，必须严格依照《国家赔偿法》的规定，不得扩大或者缩小精神损害赔偿的适用范围，不得增加或者减少其适用条件。《国家赔偿法》第三十五条已经明确限定行政赔偿的精神损害赔偿适用情形，即《国家赔偿法》第三条规定的情形，“行政机关及其工作人员在行使行政职权时有下列侵犯人身权情形的，受害人有取得赔偿的权利：违法拘留或者违法采取限制公民人身自由的行政强制措施的；非法拘禁或者以其他方法非法剥夺公民人身自由的；以殴打、虐待等行为或者唆使、放纵他人以殴打、虐待等行为造成公民身体伤害或者死亡的；违法使用武器、警械造成公民身体伤害或者死亡的；造成公民身体伤害或者死亡的其他违法行为。”前述规定限定于侵犯人身权的情形，并列举了四种具体情形以及兜底条款，主要包括两种类型：一是侵犯人身自由；一是造成身体伤害或者死亡。正确适用前述规定，首先必须明确人身权的概念及权利类型。

人身权是指与人身相联系或不可分离的没有直接财产内容的权利，包括人格权和身份权两大类。人格权是法律所确认与民事主体必要条件的身体、人格相联系的权利。《民法典》第九百九十条规定：“人格权是民事主体享有的生命权、身体权、健康权、姓名权、名称权、肖

像权、名誉权、荣誉权、隐私权等权利。除前款规定的人格权外，自然人享有基于人身自由、人格尊严产生的其他人格权益。”其中，第一款为具体人格权，第二款为一般人格权。在处理具体案件时，应当优先适用具体人格权的规定，而将一般人格权作为补充适用条款。身份权是权利主体因一定的地位和资格而产生的权利。《民法典》第一千零一条规定：“对自然人因婚姻家庭关系等产生的身份权利的保护，适用本法第一编、第五编和其他法律的相关规定；没有规定的，可以根据其性质参照适用本编人格权保护的有关规定。”前述规定所列明的各项权利，均属于人身权的范畴。但是，并非所有类型的人身权受到侵犯时，权利主体均可主张精神损害赔偿。目前，在行政赔偿领域，权利主体可以主张精神损害赔偿的，仅限于人格权中的人身自由权、生命权、身体权、健康权，而不包含其他类型的人格权和身份权。总之，行政机关实施了《国家赔偿法》第三条规定中的行为，是权利主体主张获得精神损害赔偿的前提条件之一。

（二）适用精神损害赔偿的结果条件

造成损害是主张行政赔偿的前提条件之一。致人精神损害，则是属于主张行政赔偿精神损害的结果条件。在具体理解损害结果时，应当把握以下方面：

1. 精神损害的概念与特征

所谓精神，一般是指自然人的情感、意志等生命体征和一般心理状态。精神和肉体，是自然人人格的基本要素，也是自然人享有人格权益的心理和生理基础。因此，精神损害一般是指损害事实致使自然人的精神利益损失或是应该获得而未获得导致自然人心理和感情的创伤或痛苦，也不具有财产上价值的精神痛苦和肉体痛苦。前述精神利益，是指客体对于主体在精神上的满足。精神损害的客体是精神利益或精神痛苦，不舒适是其表现形式，如悲伤、失望、忧虑等。精神损害是意识范畴的概念，是自然人特有的。精神损害与自然人人格权益遭受侵害的不利状态具有较为直接密切的联系。由此，可以主张精神损害赔偿的主体通常仅限于自然人，不包括已丧失生命的自然人和不具有生命的法人、组织等主体。国家赔偿法上的精神损害与民法上的概念并无实质区别。如关于可以主张权利的主体方面，《民法典》第一千一百八十三条规定："侵害自然人人身权益造成严重精神损害的，被侵权人有权请求精神损害赔偿。因故意或者重大过失侵害自然人具有人身意义的特定物造成严重精神损害的，被侵权人有权请求精神损害赔偿。"修改后的《民事侵权精神损害赔偿责任若干问题的解释》第四条规定："法人或者非法人组织以名誉权、荣誉权、名称权遭受侵害为由，向人民法院起诉请求精神损害赔偿的，人民法院不予支持。"本条规定亦对此予以明确，在行政赔偿中申请精神损害赔偿的主体仅有自然人。《国家赔偿精神损害赔偿解释》第一条第二款也作出相同规定，即"法人或者非法人组织请求精神损害赔偿的，人民法院不予受理"。

2. 侵权行为与精神损害之间的关系

违法行政行为与损害结果之间具有因果关系，是主张行政赔偿的必要条件。因此，行政机关侵犯人身权的行为导致被侵权人精神损害，系主张精神损害赔偿的前提条件之一。在司法实践中，关于判断侵权行为与精神损害之间是否具有必然关系，只要行政机关实施《国家赔偿法》第三条规定的行为，就可以推定其对被侵权人造成精神损害，存在不同认识。一般而言，精神损害结果与其他损害结果不同，精神具有主观性、依附性等特征，被侵权人在遭受侵权时，通常都伴随着精神方面的负面影响即精神损害结果。换言之，只要存在本条规定所列的侵权行为，即可推定被侵权人的精神受到损害。在形式上已经完全具备行政赔偿的各项条件，即违法行政行为、损害结果以及存在因果关系，被侵权人的精神损害赔偿主张应当予以支持。需要注意的是，实践中，部分行政行为虽然不具有合法性，但对行政相对人的精神可能并未造成损害，抑或存在不宜认定精神损害的情形，如行政相对人确存在违法事实、依法应当给予行政处罚，但行政处罚决定因程序存在轻微瑕疵被确认违法的，或行政处罚决定因处罚过重而被判决变更的，此时不能认定行政相对人存在精神损害，行政相对人的精神损害赔偿请求则不能予以支持。对此，《国家赔偿精神损害赔偿解释》亦作出相应规定，其第三条规定："赔偿义务机关有国家赔偿法第三条、第十七条规定情形之一，依法应当承担国家赔偿责任的，可以同时认定该侵权行为致人精神损害。但是赔偿义务机关有证据证明该公民不存在精神损害，或者认定精神损害违背公序良俗的除外。"前述规定也可作为行政赔偿诉讼中是否认定精神损害赔偿的依据。

3. 致人精神损害与造成严重后果之间的关系

致人精神损害与造成严重后果均属于侵权行为造成的损害结果，但二者对应的赔偿方式却不尽相同。根据前述分析，只要存在本条规定的侵权行为，一般即可推定被侵权人存在精神损害，但不能直接推定已经造成严重后果。关于二者的关系，需要把握两个方面：（1）造成严重后果系针对精神损害而言，而不包括精神损害之外的其他后果。精神损害的程度不同，有轻微、严重之分，造成严重后果属于精神损害程度严重的情形。需要注意的是，行政侵权行为发生之后，被侵权人可能遭受其他严重的间接损害，如丢失工作、众叛亲离等，虽不属于侵权人的直接损害，不属于应当赔偿的物质性损害范围，但这些存在直接关联的间接损害必然对被侵权人的精神造成进一步损害，可以依法作为是否造成严重后果的判断因素，严重后果的发生将直接加剧被侵权人的精神损害程度。（2）二者对应的法律责任，属于并存、递进关系，即造成精神损害的，被侵权人均可以依法主张消除影响、恢复名誉、赔礼道歉，未造成严重后果的，不能主张精神损害抚慰金；反之亦然，造成严重后果的，被侵权人除可以主张精神损害抚慰金外，也可以依法主张消除影响、恢复名誉、赔礼道歉。对此，《国家赔偿精神损害赔偿解释》第四条第一款明确规定前述结论，即侵权行为致人精神损害，应当为受害人消除影响、恢复名誉或者赔礼道歉；侵权行为致人精神损害并造成严重后果，应当在支付精神损害抚慰金的同时视案件具体情形为受害人消除影响、恢复名誉或者赔礼道歉。

二、关于赔偿义务主体履行精神损害赔偿责任的具体方式

正确理解本条规定，关键在于准确界定消除影响、恢复名誉、赔礼道歉的概念以及明确彼此之间的关系和适用的情形。

（一）消除影响、恢复名誉、赔礼道歉的概念

消除影响主要是指消除侵权行为对被侵权人的负面人格权影响的行为。恢复名誉，主要是指使被侵权人因侵权行为受损的名誉恢复到受损前状态的行为。赔礼道歉，主要是指侵权人通过一定形式向被侵权人表达歉意并取得谅解的行为。消除影响与恢复名誉之间的关系类似于手段和目的，被侵权人的名誉、信用、形象等社会评价受到损害，随着负面影响被消除，名誉通常即相应恢复。因此，侵权领域一般将消除影响与恢复名誉一并界定，如《民法典》第179条规定：“承担民事责任的方式主要有：（一）停止侵害；（二）排除妨碍；（三）消除危险；（四）返还财产；（五）恢复原状；（六）修理、重作、更换；（七）继续履行；（八）赔偿损失；（九）支付违约金；（十）消除影响、恢复名誉；（十一）赔礼道歉。法律规定惩罚性赔偿的，依照其规定。本条规定的承担民事责任的方式，可以单独适用，也可以合并适用。”《国家赔偿精神损害赔偿解释》第四条亦作出类似规定。

关于赔礼道歉相比于其他赔偿方式，其在形式上更容易实现，但

侵权人和被侵权人对此种方式的心理感受或接受程度却可能相差甚远。如有的被侵权人认为对方当事人赔礼道歉才能真正消除其心理的不快，因而极力要求赔礼道歉，对其他赔偿方式并不看重；有的被侵权人却可能担忧迫使行政机关赔礼道歉而影响其在辖区内的发展等，仅要求消除影响、恢复名誉，而不敢或不愿选择赔礼道歉方式。

（二）消除影响、恢复名誉、赔礼道歉的具体适用

1. 种类与方式选择

被侵权人对赔偿责任的种类具有选择权利，可以全部选择也可以部分选择或者放弃选择。被侵权人遭受精神损害的，可以同时主张由侵权人消除影响、恢复名誉、赔礼道歉。导致精神损害且造成严重后果的，被侵权人主张精神损害抚慰金的同时，也可以主张消除影响、恢复名誉、赔礼道歉等赔偿方式。需要注意的是，被侵权人没有全部选择的（包括部分选择以及未选择的，如仅选择消除影响、恢复名誉而未选择赔礼道歉的），为避免被侵权人因不了解法律规定而作出错误选择，充分保障被侵权人合法权益，人民法院应当向原告予以释明，告知其具有全部选择的权利。经释明后原告不变更诉讼请求的，人民法院应当予以尊重，按照诉讼请求进行判决。但是，被侵权人应当对自己的选择负责，即在诉讼中不予变更请求并就此已经作出生效判决的，被侵权人不能反悔再就同一侵权事实另行提起申请。对此，《国家赔偿精神损害赔偿解释》第二条规定予以确认，即“公民以人身权受到侵犯为由提出国家赔偿申请，未请求精神损害赔偿，或者未同时请求消除影响、恢复名誉、赔礼道歉以及精神损害抚慰金的，人民法院应当向其释明。经释明后不变更请求，案件审结后又基于同一侵权事实另行提出申请的，人民法院不予受理”。

精神受到损害，就如钉子楔入肉体，即使钉子拔出，仍然会留下疤痕，不可能恢复如初。即使要求侵权人采取相应措施消除影响、恢

复名誉，客观上也难以回归至侵权前状态。因此，在制度设计层面，也仅能在法律意义上实现消除影响与名誉恢复。关于如何在现实层面实现相应效果，实践中必然会出现不同意见，尤其是侵权人与被侵权人之间。据此，应当在立法层面给予必要指引，主要体现在以下方面：一是尊重双方当事人的意愿，以协商确定为主。消除影响、恢复名誉既是赔偿方式，也是需要追求的赔偿结果，现实中可能存在多种方式或多条路径可以实现目的。而且，精神属于被侵权人的主观感受，同样的方式产生的效果却因人而异。因此，尊重当事人的意愿，由当事人之间协商确定，即使可能对一方当事人并不公平，但只要当事人接受，则无须过多苛责，效果相比而言可能更佳。二是合理限定范围。由于当事人的理解不可能完全相同，不可避免会出现因认识或者要求不同而协商不成的情形，因而基于公平、合理原则以及最大程度实现双方当事人均可能接受的结果，对协商不成情形下的履行方式进行较为具体的指引，即赔偿责任应当与侵权行为的影响范围相当，既要避免范围过窄而不能实现消除影响、恢复名誉的结果，也要避免范围过宽而过分加重侵权人负担。对此，民事侵权与国家赔偿领域都有相应规定。《民法典》第一千条规定："行为人因侵害人格权承担消除影响、恢复名誉、赔礼道歉等民事责任的，应当与行为的具体方式和造成的影响范围相当……"《国家赔偿精神损害赔偿解释》第四条第二款亦作出类似规定，即消除影响、恢复名誉与赔礼道歉可以单独适用也可以合并适用，并应当与侵权行为的具体方式和造成的影响范围相当。之所以强调尊重被侵权人的意愿，最重要的原因之一就是侵权行为的恶劣程度与精神损害的严重程度，在特定情形下可能并非为正比或同向关系。如行政机关以秘密方式对行政相对人予以拘留并造成其身体健康损害的，极少数人甚至无人知晓损害事实的发生，对被侵权人的名誉几乎未造成影响。倘若要求行政机关采取消除影响措施，反而可能产生真正的负面影响，被侵权人可能此时并不会选择以公开的方式消除影响。反之，行政机关以大张旗鼓、大肆宣扬的方式行政拘留，并当日将被侵权人予以释放且未造成任何身体健康损害的，侵权行为的对物质性人格权的损害后果可能远小于前述情形，但其造成的精神损害后果显然要比前述情形更为严重，此时被侵权人更加需要行政机关公开为其澄清、解释，消除影响，恢复名誉。据此，尊重被侵权人的选择，根据实际情况合理确定赔偿方式或种类更符合精神损害赔偿的法律精神。

2. 具体执行

在当事人之间就精神损害赔偿方式协商不成的，人民法院应当按照以下步骤具体执行：一是向原告一方释明，明确其诉讼请求。二是在诉讼请求明确的情况下，人民法院经审查认为成立的，应当在行政赔偿判决的主文中载入精神损害赔偿的方式。三是被告应当按照裁判主文主动执行，反之原告可以申请强制执行。关于如何实现执行效果即达到消除影响、恢复名誉或者赔礼道歉目的，因当事人双方可能存在不同认识，在制度设计层面有必要按照常规情形下对具体执行方式予以明确。客观上，口头形式与书面形式通常都可以实现赔偿效果，但相比于口头形式，书面形式更加正式，并具有更易保存、时效性更长等优势，因而被侵权人通常更倾向于选择书面形式。因此，原告要求书面形式履行的，人民法院一般予以支持。换言之，双方当事人在履行形式上达不成共识的，一般优先支持被侵权人的主张，但侵权人可以提供证据证明该主张明显不合理或者通过其他形式也完全可以实现精神损害赔偿效果的除外。关于书面形式的具体履行方法，《民法典》第一千条规定："……行为人拒不承担前款规定的民事责任的，人民法院可以采取在报刊、网络等媒体上发布公告或者公布生效裁判文书等方式执行，产生的费用由行为人负担。"《国家赔偿精神损害赔偿解释》第五条第二款则进一步作出规定，即“（一）在受害人住所地或者所在单位发布相关信息；（二）在侵权行为直接影响范围内的媒体上予以报道；（三）赔偿义务机关有关负责人向赔偿请求人赔礼道歉。”尽管如此，前述规定的履行方式在司法实践中存在多种方法或者选择，当事人之间仍可能就此发生争议。如关于赔礼道歉的方式，应当采取口头方式抑或书面方式，当面表达方式抑或书面送达方式，小范围内赔礼道歉抑或公开当众赔礼道歉，等等。关于争议事项如“相关信息”“直接影响范围”“媒体”“有关负责人”等的具体理解，各方当事人均可提出各自主张并承担相应的举证责任，人民法院应当根据各方当事人的主张及举证情况，结合侵权行为的具体情形以及客观实现赔偿效果目的，按照依法、公平、合理赔偿原则采纳当事人的主张。

另外，与其他行政赔偿方式相同，赔偿义务主体已经履行的部分，人民法院应当依法予以扣除。相比而言，精神损害赔偿的履行有其特殊之处，即赔偿效果主要由赔偿义务主体的主动行为予以实现，但也可能基于非主动行为，如原侵权案件的纠正被媒体广泛报道，客观上已经起到消除影响、恢复名誉作用的。此时，由赔偿义务主体承担相应的举证责任，证明赔偿效果已经实现等相关事实的发生。经审查成立的，赔偿义务主体主张不再履行已经实现部分的请求，人民法院一般予以支持。

三、精神损害抚慰金的数额计算

任何侵权行为对被侵权人的精神都可能造成不同程度地痛苦，而精神损害程度的证明和认定一直属于司法实践的难题，若不加区分一律允许提起精神损害抚慰金赔偿，则可能过分加重加害人一方的负担，也可能严重增加司法审判工作负担，并随之引发新的更多争议。因此，无论是民事领域抑或国家赔偿领域，都限定仅在精神损害存在严重后果的情形下，才可以主张精神损害抚慰金。换言之，仅在行政机关承担其他形式的赔偿责任不足以弥补受害人精神损害的情况下，方可考虑采取金钱赔偿的方式。

1. 精神损害抚慰金的计算原则

精神损害是一种无形损害，本质上不可计量。但精神损害客观存在，应当予以赔偿也已形成普遍共识，而仅有计算出具体的赔偿数额，才能在实践中真正兑现。但精神损害具有主观性、无形性特征，客观上难以按照自然科学的标准来确定明确、具体的计算公式。因此，在很大程度上必须依赖或借助于司法人员的自由裁量。同时，为了尽量减少或降低自由裁量的主观性和任意性，必须对自由裁量权的行使作出有效指引和合理限制。因此，本条按照行为和责任相当原则，明确规定造成严重后果的，应当判决支付相应的精神损害抚慰金。所谓“相应的”标准，即造成的损害后果程度与应当支付的精神损害抚慰金数额成对应比例。在确定是否“相应”时，人民法院应当遵循以下原则：一是综合裁量原则，即综合考虑个案中侵权行为的致害情况，侵权机关及其工作人员的违法、过错程度等相关因素；二是合理平衡原则，即坚持同等情况同等对待，不同情况区别处理，适当考虑个案差异，兼顾社会发展整体水平。对此，《国家赔偿精神损害赔偿解释》第九条规定列明的相关因素可以作为有效参考：精神受到损害以及造成严重后果的情况；侵权行为的目的、手段、方式等具体情节；侵权机关及其工作人员的违法、过错程度、原因力比例；对受害人的影响范围；纠错的事由、过程以及其他应当考虑的因素。

2. 精神损害抚慰金的计算方法

确定精神损害抚慰金的具体数额，必须明确三个数值：一是损害后果的程度；二是精神损害抚慰金的基数值，即所有类型的精神损害抚慰金计算都应适用的基准数；三是不同程度的后果对应的基数值比例。关于前述数值的计算，《行政赔偿司法解释》并未进一步作出具体、明确规定，但《国家赔偿精神损害赔偿解释》对此作出相应规定，可以在计算行政赔偿的精神损害抚慰金时作为有效依据。

（1）损害后果的程度。本条规定对精神损害后果的程度仅进行了两类划分：一般程度的精神损害与造成严重后果的精神损害。《国家赔偿精神损害赔偿解释》则对造成严重后果的情形进一步区分为两类：严重后果与后果特别严重。

（2）精神损害抚慰金的基数值。从《国家赔偿精神损害赔偿意见》到《国家赔偿精神损害赔偿解释》，都延续了两类基数值：参考计算值与固定数值。关于参考计算值标准，《国家赔偿精神损害赔偿解释》与《国家赔偿精神损害赔偿意见》的规定相同，即均采用国家赔偿法所确定的人身自由赔偿金、生命健康赔偿金。关于精神损害抚慰金与参考标准值之间的关系，国家赔偿与民事侵权赔偿不尽相同。在民事侵权赔偿领域，修改前的《民事侵权精神损害赔偿责任若干问题的解释》第九条规定，“精神损害抚慰金包括以下方式：（一）致人残疾的，为残疾赔偿金；（二）致人死亡的，为死亡赔偿金；（三）其他损害情形的精神抚慰金”（修改后的《民事侵权精神损害赔偿责任若干问题的解释》已将该条规定予以删除），死亡赔偿金、残疾赔偿金即为精神损害抚慰金，二者不可同时主张。而在国家赔偿领域，人身自由赔偿金、生命健康赔偿金与精神损害抚慰金之间属于独立关系，二者可以同时主张，即在计算出人身自由赔偿金或生命健康赔偿金数额之后，再以该数额为基数按照法定比例计算出精神损害抚慰金，被侵权人可以同时获得两项赔偿金。需要注意的是，实践中可能同时存在前述两种损害的情形，即对被侵权人的人身自由以及生命健康均造成损害的，如在违法行政拘留过程中对行政相对人身体造成伤害的，被侵权人可以依法同时主张人身自由赔偿金、生命健康赔偿金（因存在竞合关系而重复计算的部分，则应当予以删除），并分别对应计算出精神损害抚慰金，相加后得出最终的精神损害抚慰金数额。关于固定数值标准，《国家赔偿精神损害赔偿解释》对《国家赔偿精神损害赔偿意见》进行了部分调整。《国家赔偿精神损害赔偿意见》明确精神损害抚慰金的数额最低不少于1000元。《国家赔偿精神损害赔偿解释》第十条规定则进一步予以明确，即"精神损害抚慰金的数额一般不少于一千元；数额在一千元以上的，以千为计数单位。赔偿请求人请求的精神损害抚慰金少于一千元，且其请求事由符合本解释规定的造成严重后果情形，经释明不予变更的，按照其请求数额支付"。根据前述规定，在延续保留最低保障即不少于一千元的基础上，明确了计算的方法即以千为计数单位，同时尊重赔偿请求人的意愿，即在赔偿请求人明确要求请求数额低于一千元的，应当支持赔偿请求人的主张。需要说明的是，精神可能是无价的，对于部分被侵权人而言，再多的金钱客观上也可能难以弥补精神上的损害。因此，无论如何确定精神损害抚慰金的基数值，都难以完全实现对被侵权人的有效补救、恢复如初的救济功能，而仅能使被侵权人同等情况同等对待、相对公平地予以补救，即突出精神损害赔偿的抚慰的功能。

（3）精神损害抚慰金基数值的比例。《国家赔偿精神损害赔偿意见》对此作出上限规定，即精神损害抚慰金不得超过人身自由赔偿金、生命健康赔偿金总额的百分之三十五。而《国家赔偿精神损害赔偿解释》对基数值的比例作出重大调整，赋予人民法院更大的合理裁量权限，也更有利于保障被侵权人的合法权益，具体表现在两个方面：一是区分两种损害程度，适用不同的比例。对于损害后果一般严重的，给予上限限制；对于损害后果特别严重的，解除上限限制。二是大幅提高基数值的比例。将《国家赔偿精神损害赔偿意见》规定的百分之三十五提高到百分之五十。

需要注意两个问题：一是，基本数值与赔偿数额之间的关系。根据前述方法计算出的精神损害抚慰金属于基本数值，一般为最终可以获得的赔偿数额。但与其他侵权损害赔偿责任一样，在受侵权人对损害事实和后果的发生有过错的，可以根据其过错程度减少或者不予赔偿。此项原则同样适用于国家赔偿的精神损害抚慰金计算方面，《国家赔偿精神损害赔偿解释》第十一条作出明确规定人民法院可以根据被侵权人的过错程度减少或者不予支付精神损害抚慰金。但在理解该条规定时，应当根据精神损害结果类型区分对待，具体可分为两种情形：其一，精神损害的对象是物质性人格权。在此种情形下，人身权损害与精神损害具有同质性，被侵权人的过错对二者同时发挥作用。若被侵权人对精神损害结果发生具有过错的，在确定非精神性的人身权损害赔偿即基础的行政赔偿时，可减少或免除侵权人的责任。此时，在确定精神损害抚慰金时，不能再相应减少侵权人的责任，否则形成侵权责任的重复或双重抵扣，过重损害被侵权人的合法权益。如行政机关违法行使职权损害行政相对人的健康权，若行政相对人对身体健康受损情况具有过错，行政机关对行政相对人健康受损应当承担赔偿责任，但在计算赔偿数额时应当根据行政相对人的过错程度相应减少。此时，计算精神损害抚慰金的基数值已相应减少，精神损害抚慰金数额也相应减少，若按照同一处理原则再次对精神损害抚慰金数额予以减少，则对被侵权人的精神损害救济并不合理。其二，精神损害的对象是精神性人格权或者其他权利的。此时，人身权损害属于物质性人格权损害，而精神损害属于精神性人格权或其他权利损害，二者本身不具有同质性，被侵权人的过错对二者不能同时发挥作用。若被侵权人对人身权损害结果具有过错，同时又对精神性人格权或其他权利如家庭、职业等遭受严重损害也有过错的，此时侵权人的人身权损害与精神损害的赔偿责任可以同时相应减少。综上，《国家赔偿精神损害赔偿解释》第十一条关于精神损害抚慰金减少的规定，一般适用于被侵权人对精神性人格权或其他权利遭受严重损害具有过错的情形。对于损害结果特别严重的精神损害抚慰金，已经解除了上限范围的限制，在理论上则可能出现“天价”赔偿的可能性。因此，在理论与实务界，均有作出最高限额的呼吁之声，以避免出现极少数司法人员任性行使司法裁量权而作出不可思议裁判的现象，但对如何设定最高限额标准尚未形成统一认识。尽管《国家赔偿精神损害赔偿解释》并未对最高额作出限制，但因国家赔偿的资金来源于国家财政，加之精神损害赔偿所具有的抚慰性特征，在司法实践中也不宜确定超出行政机关正常承受能力或公众合理理解范围确定精神损害抚慰金数额，这也与民事侵权精神损害赔偿金应当考虑侵权人承担责任的经济能力之法律精神相吻合。

【实务指导】

一、国家赔偿精神损害赔偿与民事侵权精神损害赔偿之间的比较

当前，我国国家赔偿的精神损害赔偿与民事侵权损害赔偿相比，二者仍存在明显不同之处，主要表现在适用范围不完全相同：前者仅适用于特定的具体人格权，而后者的适用范围相对更为广泛。根据《民法典》第一千一百八十三条规定，民事侵权的精神损害赔偿范围适用于所有人身权以及符合条件的特定财产权，包括物质性人格权和精神性人格权，具体人格权和一般人格权。二者之间不同的主要原因为：根据司法实践表现对权利人造成精神损害的情形主要集中于《国

家赔偿法》第三条规定的情形，对其他人身权造成损害的行政行为相对较少，因而在国家赔偿的精神损害赔偿制度发展初期，仅就实践中最为常见的情形作出规定具有其合理性。此外，二者同样的侵权行为造成精神损害的程度可能不同。行政机关是国家和公权力的代表，行政相对人的人身权利受到行政机关侵害的，其所伴随的精神痛苦程度要远高于受普通民事主体侵害的情形。需要注意的是，尽管当前在立法层面或者制度设计方面，国家赔偿和民事赔偿之间有所不同，但二者原则上除赔偿的资金来源有所不同外，其余事项并无本质不同，均应当遵循相同的法律精神。因此，在精神损害赔偿制度方面，国家赔偿与民事赔偿亦应相同，从未来的发展趋势来看，二者将逐步趋同。如行政赔偿司法实践中，行政机关在违法实施房屋强制拆除等行政行为时，确有可能对行政相对人具有人身意义的特定物造成损害，行政赔偿也可尝试在未来将其纳入精神损害赔偿的范围。但在立法修改之前，仍应当严格遵循《国家赔偿法》及本解释予以执行。

需要注意的是，实践中的行政侵权行为主要为行政机关积极实施的行政作为，如违法作出治安管理处罚，对行政相对人进行行政拘留等。但是，行政机关的消极不作为行为，在符合条件时也可能对行政相对人造成精神损害，如对行政相对人具有保护职责的行政机关，因行政不作为导致行政相对人生命权或者健康权受到损害的情形等。另外，行政职权的行为通常直接指向被侵权人的人身权利，但在行政行为产生竞合后果等特殊情形下，如行政机关在强制拆除房屋过程中导致房屋权利主体的身体受到伤害，是否适用精神损害赔偿，实践中存在不同观点。一种观点认为不能适用，主要理由为：《国家赔偿法》第三条所规定的违法行政行为应当是直接针对行政相对人的身体，不包括衍生的身体伤害后果。通常只有在直接针对身体进行的伤害时，才给被侵权人带来恐惧等精神上的痛苦。另一种观点认为可以适用，主要理由为：《国家赔偿法》第三条规定均指向侵权的后果，并未限制行政行为，只要属于违法行政行为造成的直接损失、依法应当予以行政赔偿的，即具备适用的前提条件。换言之，身体受到伤害带来的生理痛苦即可进而引发精神上的痛苦，与身体受到伤害的路径或来源无关。相比而言，在司法实践中可以试行后一观点：一方面，更有利于充分保障处于弱势地位的被侵权人的合法权益；另一方面，《国家赔偿法》第三条规定的兜底项可以作为有效法律依据。人民法院在处理相关具体问题时，应当根据行政行为的具体情形或行政机关的违法行为表现予以区分对待。以违法强拆造成被拆迁人身体损害为例，实践中可能有以下情形：其一，行政机关在违法强拆过程中因故意或过失直接造成被侵权人身体伤害，如在侵权人仍处于房屋内时直接实施强拆行为。此时，被侵权人的身体伤害属于强拆行为直接造成的损失或必然发生的间接损失（即广义角度的直接损失），行政机关应当承担行政赔偿责任，可以适用精神损害赔偿制度。此时，在确定行政赔偿责任时，应当审查侵权人与被侵权人对人身伤害结果的各自过错情况。其二，行政机关为减少房屋权利主体对强拆行为带来的阻力，在违法强拆前限制房屋权利主体人身自由的，此时限制人身自由的目的虽指向行政强拆行为，但在性质上属于两个独立的行政行为，因而被侵权人应当直接就限制人身自由行为提起行政诉讼，进而主张行政赔偿及精神损害赔偿，而非在强拆行为诉讼中提出主张。其三，行政机关已经实施强拆行为结束后，被侵权人因对强拆行为不满，而伤害自己身体以作抗议。此时，被侵权人的身体伤害虽与强拆行为具有一定的关联性，但并不属于必然发生的间接损失，因而通常不能作为强拆行为应当承担的直接后果。因身体伤害与行政机关行使职权没有直接关联，受伤主体主张行政赔偿及精神损害赔偿的，应当不予支持。

二、关于违约行为造成精神损害的赔偿问题

目前，《国家赔偿法》规定的精神损害赔偿范围仅限于对人身权的侵犯行为，即狭义上的侵权行为，并不能得出是否适用于违约行为。在2017年《行政诉讼法》确立行政协议诉讼制度之前，因未将其视为行政行为而在行政赔偿领域较少引发关注，但随着行政协议在实践中越发普及，相应的问题也可能随之而来。就此问题，在民事侵权领域也有一个逐步发展的过程。发展至今，《民法典》第九百九十六条"因当事人一方的违约行为，损害对方人格权并造成严重精神损害，受损害方选择请求其承担违约责任的，不影响受损害方请求精神损害赔偿"的规定，突破了传统违约责任与精神损害赔偿不能一并主张的原则，为违约精神损害赔偿提供法律依据，也被公认为《民法典》的亮点之一。因此，造成精神损害的事实可以是侵权行为，也可以是违约行为。但违约行为一般限于以提供安宁的享受或解除痛苦和烦恼等期待精神利益为目的的合同，如旅游度假服务合同、摄影录像服务合同等。同样，在理论上行政机关在订立、履行行政协议过程中也可能对协议相对人的人身权等造成侵害，且国家赔偿法并未明确将违约行为排除出精神损害赔偿范围，因而司法实践中遇见确因行政协议而引发精神损害赔偿问题的，可以对照国家赔偿法以及相应司法解释的规定予以适用。

三、精神损害赔偿的申请主体

精神损害的结果都作用于被侵权人，可以提起精神损害赔偿的主体通常仅限于被侵权人。对于被侵权人已经死亡的，被侵权人自身已客观上不具有精神感受，也就不存在所谓的精神损害，但被侵权人的近亲属将带来精神痛苦、造成精神损害。因此，从被侵权人主张角度，

侵权主体则无须承担精神损害赔偿责任。为避免造成更严重甚至最严重损害结果的侵权行为仅需承担更小责任的现象出现，合理救济必然遭受精神损害的其他间接被侵权主体，减少道德风险、维护公序良俗，有必要赋予已死亡被侵权人的近亲属主张精神损害赔偿的权利。需要注意的是，被侵权人遭受侵权的其他情形如健康权受到损害等，被侵权人的近亲属客观上也可能遭受精神损害，但因被侵权人可以主张精神损害赔偿，为避免过于增加侵权人的负担，不宜赋予被侵权人以外的其他主体提起精神损害赔偿的权利。

实践中，对于被侵权人受到侵权之后没有立即死亡的情形，处理的难度相对更大。以被侵权人是否脱离侵权控制为标准，整体上可区分为以下情形：一是被侵权人在脱离侵权控制之前已经死亡的。属于侵权直接致死的情形，由其近亲属提起行政赔偿之诉，具有申请精神损害赔偿的主体资格。二是被侵权人在脱离侵权控制之后尚未死亡，相隔一段时间之后死亡的。属于侵权导致被侵权人伤害的情形，此时申请精神损害赔偿的主体资格仅属于被侵权人，其继承人没有相应的资格。但在被侵权人死亡之后，具有继承人身份的主体则可以主张相关权益，具体又可分为以下情形：其一，被侵权人在死亡之前未提起行政赔偿诉讼。继承人不能继承被侵权人主张精神损害赔偿的权利，但被侵权人在死亡之前已经向侵权人主张精神损害赔偿，且侵权人予以认可的除外。其二，被侵权人提起行政赔偿诉讼之后死亡的，并在诉讼中主张精神损害赔偿的。继承人则可以完全继承被侵权人的诉讼主体资格，延续被侵权人已经提出的精神损害赔偿主张。

（撰写人：章文英）

第三十一条　人民法院经过审理认为被告对公民、法人或者其他组织造成财产损害的，判决被告限期返还财产、恢复原状；无法返还财产、恢复原状的，判决被告限期支付赔偿金和相应的利息损失。

人民法院审理行政赔偿案件，可以对行政机关赔偿的方式、项目、标准等予以明确，赔偿内容确定的，应当作出具有赔偿金额等给付内容的判决；行政赔偿决定对赔偿数额的确定确有错误的，人民法院判决予以变更。

【条文主旨】

本条是关于行政赔偿案件判决的具体方式规定。

【起草背景】

2014 年修正后的《行政诉讼法》，增加了解决行政争议的立法目的。如何在审理行政赔偿案件时实现相关争议的实质化解，需要在修订《行政赔偿司法解释》时具体体现。同时，修正后的《行政诉讼法》在裁判方式上增加、完善了多种裁判方式。其中与审理行政赔偿相关的内容应当在本次司法解释修改中得以体现。例如，对于原告请求被告履行给付义务理由不能成立的，《行政诉讼法》第六十九条规定，可以判决驳回原告诉讼请求；对于行政机关作出的赔偿决定存在款额确定、认定确有错误的，人民法院可以判决变更；对于行政机关不履行行政赔偿法定职责义务的，人民法院应当作出给付判决，限期行政机关返还财产、恢复原状，给付明确数额的金钱赔偿。

同时，修正后的《行政诉讼法》在判决方式上区分履行判决和给付判决。履行判决适用于行政机关不履行行为义务，给付判决适用于行政机关不履行返还财产、金钱给付等赔偿、补偿义务。在审理行政赔偿案件时，为实质化解行政争议，人民法院原则上不得用履行判决代替给付判决，即行政机关负有给付义务时，通常应当对行政赔偿的方式、项目、标准等予以明确，作出具有赔偿金额等给付内容的判决，不能判决行政机关限期履行法定职责。

为此，修改后的《行政赔偿司法解释》增加本条规定，对行政赔偿具体判决方式作出原则要求。

【条文释义】

本条内容包含以下几层意思：第一，人民法院审理后认为被告应当承担行政赔偿责任；第二，被告承担行政机关赔偿责任的方式是返还财产或者恢复原状，无法返还财产或者恢复原状的，支付赔偿金、利息；第三，判决行政机关承担行政赔偿责任适用给付判决或者变更判决，原则上不得适用履行判决或撤销重作判决。下面就上述三个问题分别予以阐释：

一、被告应当承担行政赔偿责任

人民法院对行政赔偿案件进行审理后，认为原告请求行政赔偿的理由成立，应当承担行政赔偿责任，这是适用本条规定的前提条件。那么，被告应当承担行政赔偿责任的具体条件是什么呢？我们认为应当具备以下条件：

（一）侵权的行政行为违法

行政赔偿案件说到底是行政行为侵权责任案件。行政行为侵权存在两种形式：一是行政行为合法造成当事人合法权益损害，需要行政机关给予受害人行政补偿；二是行政行为违法造成当事人合法权益损害，需要行政机关给予受害人行政赔偿。不仅行政处罚、行政强制等单方行为违法造成当事人人身权、财产权损害，还需要承担行政赔偿责任；行政机关不履行法定职责行为造成当事人人身权、财产权损害的，同样要承担行政赔偿责任。行政协议案件中，行政机关订立行政协议，单方变更、解除行政协议，或者不依法律、未按照约定履行行政协议案件，行政机亦应当承担违法行政行为侵权的行政赔偿责任，只有在法律、法规合法有效规章、规范性文件明确规定行政机关应当承担违约责任时，行政机关才可以依法承担行政违约责任。

侵权的行政行为违法，主要通过以下方式表现出来：一是当事人先行对侵权的行政行为申请行政复议、提起行政诉讼，生效的复议决定或行政判决确认侵权的行政行为违法。行政复议决定、行政判决确认违法的方式包括撤销行政行为、确认行政行为违法或者无效、变更行政行为。撤销行政行为同时责令行政机关重新作出行政行为的，通常不能认为已经确认违法。主要原因是撤销重作复议决定或行政判决，并非是对案件所涉事项的最终评价。实践中，复议机关和人民法院常常不注意区分撤销和撤销重做的区别，审理行政赔偿案件的人民法院要特别注意生效行政复议决定、行政判决撤销行政行为的具体说理，从具体说理中分析判断撤销行政行为是否是对案件所涉事项的最终处理。如果复议决定、行政判决仅仅是以事实不清、程序违法、超越职权等理由撤销行政行为，未对案涉事项作出最终判断的，一般不应认为侵权的行政行为已被确认违法，需等待相关行政机关对涉案事项另行作出最终处理进行判断。根据具体说理难以判断是否是最终处理结果，且有管辖权的行政机关没有重新作出处理意愿和行动的，人民法院应当认定撤销决定或判决已经确认侵权的行政行为违法。二是当事人一并提起行政赔偿诉讼的案件中，人民法院同时判决撤销侵权的行政行为。此种情形下，人民法院首先应审查被诉行政行为的合法性，在判决确认侵权行政行为违法的同时，作出行政赔偿判决。对一并提起的行政赔偿诉讼，人民法院不得先行中止行政赔偿诉讼案件的审理，在侵权行政行为终审判决后恢复行政赔偿案件的审理。三是行政机关自我纠错、上级行政机关层级监督撤销侵权的行政行为，或者侵权行政行为案涉事项的直接责任人员、主要负责人员因玩忽职守被追究刑事责任、政纪责任等。

（二）要有行政行为侵权的损害事实发生

所谓“损害事实”，首先是指由违法行政行为造成当事人人身或财产损失，包括财产价值减损或灭失、财物被侵占、正常经营活动受妨碍、生命健康遭侵犯、行动自由受限制、名誉受到玷污等。其次，“损害事实”还必须是当事人合法权益受到损害的事实。非法利益遭到违法行政行为侵害，行政机关亦不承担行政赔偿责任。例如，没有强制执行权的行政机关超越职权强制拆除违法建筑，当事人请求赔偿违法建筑损失的，人民法院不予支持。因为，违法建筑不属于合法利益。但是，当事人主张强制拆除行为造成其违法建筑内合法的机器设备等物品损失的，人民法院应当依法予以支持。因为，违法建筑内的机器设备属于当事人的合法财产，应当予以保护。强制拆除时，应当将这些可拆卸、可移动的合法物品采取适当方式搬移后再行拆除违法建筑。

行政赔偿责任以损害事实的存在为要件，没有损害事实的，不承担行政赔偿责任。损害事实既是行政处罚、行政强制、行政许可、行政处理等单方行政行为违法承担行政赔偿责任的前提，也是行政协议这类特殊行政行为违法承担行政赔偿责任的前提。即便是行政机关依法应当承担违约责任，也要以存在损害事实为前提，且违约责任的大小应当与损害事实基本相当。如果违约责任明显高于损害结果的，人民法院必须依法作出调节，确保二者之间基本相当。如果人民法院判决行政机关承担的违约责任明显高于当事人实际损失的，判决损害国家利益、公共利益，必须依法予以改判。政府要诚实守信，但是，根据《国务院全面推进依法行政实施纲要》第 5 条规定，诚实守信只是依法行政的基本要求之一，并非全部。行政机关签订行政协议，还必须同时遵守合法行政、合理行政等要求。如果约定的违约责任明显超过当事人的直接损失，按照约定履行义务将会严重损害国家利益、公共利益的，约定违法，不能作为行政机关承担赔偿责任的根据，人民法院应当依照国家赔偿法关于“直接损失”，也就是“实际损失”的标准予以行政赔偿。

（三）违法的侵权行政行为与损害结果之间有因果关系

只有违法行政行为造成受害人的损害，才应当由行政机关承担行政赔偿责任。如损害事实并非违法行政行为所造成的，则行政机关不承担行政赔偿责任。所以，《国家赔偿法》第五条规定，行政机关工作人员与行使职权无关的个人行为，因公民、法人和其他组织自己的行为致使损害发生的，以及法律规定的其他情形，国家不承担赔偿责任。

如何判断违法行政行为与损害结果之间存在因果关系，实践中时常是一个难以判断的问题。例如，行政机关工作人员的行为是个人行为还是职务行为，行政相对人对损失的形成和结果发生是否存在过错，是否存在第三方违法行为造成损害的情形等。为了充分保障行政相对人的合法权益，对于违法行政行为与损害结果之间的因果关系，应当由被告行政机关承担举证责任。也就是说，行政机关的违法行政行为与损害结果发生，在时间、地点等方面存在客观上的关联性，除非行政机关有相反证据排除损害结果系违法行政行为造成，应当认定违法行政行为与损害结果之间存在因果联系。

行政违法行为与损害结果之间存在因果联系，情况十分复杂。第一种情形是，行政相对人的损失由作出违法行政行为的行政机关造成，如某县公安局违法将刘某行政拘留 5 日；第二种情形是，行政相对人的全部损失由两个或者两个以上行政机关共同作出的违法行政行为造成，如某市执法局与自然资源局联合执法将孙某合法房屋予以强制拆除；第三种情形是，行政相对人的损失由两个行政机关分别作出的违法行政行为共同造成，如原行政行为机关造成行政相对人损失，之后复议机关又加重其损失。第四种情形是，行政相对人的损失由第三人违法侵权行为造成，行政机关不履行法定职责行为加重损害结果，如吴某被罪犯张某刺中静脉血管流血不止，路人见状打电话报警，警察怠于履行救助义务，致使吴某因未得到及时救助流血过多死亡。第五种情形是，第三人提供虚假材料，行政机关工作人员未尽审慎审查义务，造成行政相对人合法财产损失，如贾某提供虚假申报材料请求将吕某合法房产过户至其名下，不动产登记机关未尽审慎审查义务，办理过户手续，致使吕某合法房产被贾某卖给善意第三人无法收回。第六种情形是，行政机关工作人员与第三人恶意串通作出违法行政行为，造成行政相对人人身权、财产权等合法权益损失。如王某与负责车辆过户登记的交通警察林某恶意串通，由王某提供虚假过户资料将其借用蒋某的机动车过户至王某的亲戚周某名下，后又转让给善意第三人马某，致使车辆无法追回造成蒋某车辆损失。不同情形下，人民法院应当根据行政机关违法行政行为在损失形成和结果发生中的作用大小承担相应的行政赔偿责任，而不是只要违法行政行为与损害结果之间存在因果联系，行政机关就要承担全部损失。混合过错中，一定要区分责任各方对损害结果的作用大小，分别承担相应的赔偿责任。两个以上行政机关出于共同故意共同作出违法行政行为的，数个行政机关应当对损失承担连带赔偿责任；行政机关工作人员与第三人恶意串通作出违法行政行为的，行政机关与第三人对损失承担连带赔偿责任。

（四）承担赔偿责任的主体是行政机关和法律、法规、规章授权的组织

《行政诉讼法》第二条第二款规定，前款所称行政行为，包括法律、法规、规章授权的组织作出的行政行为。违法行政行为造成当事人人身、财产损失的，应当由违法行政行为的行政主体依法承担行政赔偿责任。行政机关和法律、法规、规章授权的组织均属于行政主体，具有独立承担行政赔偿责任的主体资格。法律、法规、规章授权的组织包括：（1）行政机关内设机构、派出机构因法律、法规、规章的特别授权，具有行政主体资格，能够成为行政赔偿义务主体。如公安派出所根据《治安管理处罚法》第九十一条规定，警告、五百元以下的罚款可以由公安派出所决定。派出所属于法律授权的组织。只要是公安派出所作出的行政行为造成的损失，即便是超越职权行使应由公安局作出的行政处罚的，也是该派出所作为赔偿义务主体、行政赔偿诉讼的被告。（2）具有公共管理职能的事业单位，经法律、法规、规章授权，成为行使行政职权的行政主体，能够成为行政赔偿义务主体。如高校违法开除学生学籍造成损失的，高校是行政赔偿义务主体和行政赔偿诉讼的适格被告。

人民法院经审理后，认为原告请求行政赔偿同时具备上述四个条件的，应当依法判决支持原告的赔偿请求。上述四个条件是人民法院认定行政机关承担行政赔偿责任的充分必要条件，四个要件缺一不可。此时，构成本条“人民法院经过审理认为被告应当承担行政赔偿责任”的条件。

二、行政赔偿的方式

《国家赔偿法》第三十二条规定："国家赔偿以支付赔偿金为主要方式。""能够返还财产或者恢复原状的，予以返还财产或者恢复原状。"也就是说，国家赔偿优先适用返还财产或者恢复原状，只有在不能返还财产或者恢复原状时，才适用金钱赔偿。

（一）金钱赔偿

人民法院经审理认为被告违法行政行为造成原告方人身、财产等合法权益损失的，判决被告行政机关国家向原告支付一定数额的货币补偿。司法实践中，金钱赔偿方式是最为常用的赔偿方式。以金钱赔偿方式进行赔偿的益处在于便于执行，同时方便赔偿请求人。原告损失以货币价值进行衡量，并以一般等价物货币进行补偿，赔偿请求人可以自由支配赔偿获得的货币，实现个人消费需求。应当注意的是，金钱补偿的价值要与当事人的"直接损失"，或者称之为"实际损失"相当，不能脱离"实际损失"。包括财产损失、人身自由和身体伤害以及精神损失，必须基于一定的损失事实和赔偿项目，精准核定金钱赔偿数额。即便是在没有直接证据证明损失大小的情况下，也不能脱离案件相关损失事实，完全主观、拍脑袋确定金钱赔偿的具体数额，要逐项核定损失情况，客观确定金钱赔偿数额。违法行政行为造成损失，金钱赔偿的计算方式可以区分财产、人身和精神损害三种情形分别以不同方式计算。

1. 财产损失的金钱赔偿

原则上，财产损失以侵权时受到损害物的市场评估价计算。财产损失除了物的价值外，还包括因为物的损失带来的必然损失。例如，房屋租赁费损失。行政机关违法强制拆除房屋，当事人必然要另找房屋居住生活。如果行政机关没有提供周转房，房屋租赁费就属于因违法强制拆除行为带来的必然损失，应当作为财产损失的一部分予以赔偿，赔偿标准可以参照同时期同区域平均租房价格或者同时期同区域征收补偿方案确定的租房价格标准计算。又如奖励、优惠、补贴损失。在征收过程中行政机关违法拆除被征收房屋，当事人一并提起行政赔偿诉讼案件中，根据征收补偿安置方案当事人应当获得的奖励、优惠、补贴等利益属于违法拆除房屋应当予以赔偿的直接损失，补偿数额按照补偿方案确定的标准计算。理由是因行政机关违法强制拆除，补偿转化为赔偿，当事人获得赔偿数额一定不能低于补偿数额，否则就是司法裁判纵容、鼓励违法强拆，同时对当事人也是不公平的。再如，经营性损失。违法拆除当事人正在进行生产、经营活动的厂房、商铺等建筑物、构筑物的，造成经营性损失通常是其必然结果，适当期限的经营性损失属于直接损失。经营性损失赔偿标准通常可以按生产、经营者被拆除前三年平均纯利润计算，期限可以参照同期间同区域征收补偿方案确定的经营性损失补偿期限计算，通常在六个月到一年。应当注意的是，在房屋所有权人将房屋租赁给他人从事生产经营活动的案件中，经营性损失应当向生产、经营者赔偿，而不是向房屋所有权人进行补偿。同时，对于生产经营者主张按照其剩余租赁年限赔偿经营性损失的，人民法院亦不应予以支持。因为剩余年限损失属于期待利益，具有不确定性，不属于国家赔偿的“直接损失”范畴。

2. 人身损害的金钱赔偿

人身伤害损失赔偿包括医疗费、护理费、误工费、营养费，以及残疾生活辅助具费、康复费、继续治疗费等。根据《国家赔偿法》的相关规定，造成身体伤害的，应当支付医疗费、护理费，以及因误工减少的收入。误工减少收入每日的赔偿金按照国家上年度职工日平均工资计算，最高额不超过国家上年度职工年平均工资的五倍。造成部分或者全部丧失劳动能力的，还应当支付残疾生活辅助具费、康复费等因残疾而增加的必要支出和继续治疗所必需的费用，以及残疾赔偿金。造成死亡的，还应当支付死亡赔偿金、丧葬费，总额为国家上年度职工年平均工资的二十倍。对死者生前扶养的无劳动能力的人，还应当支付生活费，支付标准参照被扶养人所在地最低生活保障标准计算。夫妻共同抚养的子女，一方死亡的，应当减半计算；兄弟姐妹共同赡养的父母，应当按照均摊费用支付。被扶养的人是未成年人的，生活费给付至十八周岁止；其他无劳动能力的人，生活费给付至死亡时止。

3. 精神损害的金钱赔偿

赔偿义务机关有《国家赔偿法》第三条、第十七条规定情形之一，依法应当承担国家赔偿责任的，可以同时认定该侵权行为致人精神损害。但是赔偿义务机关有证据证明该公民不存在精神损害，或者认定精神损害违背公序良俗的除外。根据《国家赔偿精神损害赔偿解释》第四条、第七条、第八条规定，侵权行为致人精神损害，应当为受害人消除影响、恢复名誉或者赔礼道歉；侵权行为致人精神损害并造成严重后果，应当在支付精神损害抚慰金的同时，视案件具体情形，为受害人消除影响、恢复名誉或者赔礼道歉。“造成严重后果”是指有下列情形之一：（1）无罪或者终止追究刑事责任的人被羁押六个月以上；（2）受害人经鉴定为轻伤以上或者残疾；（3）受害人经诊断、鉴定为精神障碍或者精神残疾，且与侵权行为存在关联；（4）受害人名誉、荣誉、家庭、职业、教育等方面遭受严重损害，且与侵权行为存在关联。受害人无罪被羁押十年以上；受害人死亡；受害人经鉴定为重伤或者残疾一至四级，且生活不能自理；受害人经诊断、鉴定为严重精神障碍或者精神残疾一至二级，生活不能自理，且与侵权行为存在关联的，可以认定为后果特别严重。致人精神损害，造成严重后果的，精神损害抚慰金一般应当在《国家赔偿法》第三十三条、第三十四条规定的人身自由赔偿金、生命健康赔偿金总额的百分之五十以下（包括本数）酌定；后果特别严重，或者虽然不具有“后果特别严重”情形，但是确有证据证明按照人身自由赔偿金、生命健康赔偿金总额的百分之五十以下标准不足以抚慰的，可以在百分之五十以上酌定。

人民法院判决被告行政机关支付赔偿金的，通常还应当判决逾期支付赔偿金的利息损失。利息损失赔偿标准通常按照同期银行存款利息支付，如果事实上当事人存在贷款利息损失，或者根据案件具体情况按照存款利息予以赔偿不足以弥补其损失的，人民法院也可以判决被告行政机关按照同期银行贷款利息赔偿逾期付款的利息损失。

（二）返还财产或者恢复原状

《国家赔偿法》第三十二条规定，国家赔偿以支付赔偿金为主要方式。能够返还财产或者恢复原状的，予以返还财产或者恢复原状。金钱赔偿是国家赔偿的主要形式，具备返还财产、恢复原状条件的，优先适用返还财产、恢复原状赔偿形式。

1. 返还财产

返还财产是指原物存在，且功能、外形等未造成损坏的情形下，行政机关直接将违法采取查封、扣押、收缴、没收、征收、征用等行政行为所占有的物品，直接退还给行政相对人的赔偿方式。返还原物是最便捷的赔偿方式，也是国家赔偿成本最低的赔偿方式。适用返还财产赔偿方式必须同时具备以下几个条件：一是原物尚在。行政机关违法作出行政行为将行政相对人的合法财物置于行政机关控制之下，经法定程序须行政赔偿时，被行政机关控制的物品原件尚在，这是返还原物的前提条件。二是原物未被损坏。返还原物必须是完璧归赵，物品不能有损坏，包括物品的功能、外观等各方面均须完好无损。存在丝毫的损坏，就需要同时予以金钱赔偿或者恢复原状。三是返还原物成本较低，且不会造成法律关系的不稳定。行政机关无偿收回土地使用权后，已经通过招拍挂程序重新将土地出让给他人，取得土地使用权的一方当事人尽管未动工开发建设，但是已经就开工前的规划设计等付出大量成本，甚至因欠债等原因土地使用权再次转让他人，发生多次流转，返还土地不仅会导致行政机关需向合法取得土地使用权的第三人行政赔偿，甚至还会导致已经确定的土地权属法律关系全部解除，相应的债权债务等法律关系也要重新作出安排，恢复原状成本太高、破坏法律关系的稳定性，此时尽管原物尚在、未受损，但仍不适宜适用返还原物的赔偿方式。应当注意的是，在不能返还原物进行金钱赔偿时，人民法院作出金钱给付赔偿判决应当充分考虑利益平衡。

2. 恢复原状

恢复原状是指行政机关通过重建、维修、更换配件等方式，让被查封、扣押、收缴、没收、征收、征用等违法行政行为损毁的物，外观和功能、价值得到恢复后交付给行政相对人的赔偿方式。恢复原状的适用条件有以下几个：一是违法行政行为已经造成物的损害。如果物品完好无损，应当适用返还原物。二是物的损害能够通过重建、维修、更换配件等方式，使其外观、功能、价值等基本得到恢复。三是重建、维修、更换配件所花费的费用必须远低于全额金钱赔偿的费用。如果恢复原状的费用过高，应当直接适用金钱赔偿。应当注意的是，恢复原状后如果造成物的价值减损，应当同时判决金钱赔偿，补足价值损失部分。

三、行政赔偿案件的判决方式

修改后的《行政诉讼法》对行政案件的判决方式作出更加清楚明确、具有内在逻辑的规定。主要是按照被诉行政行为合法、违法作出的行政行为违法、不作为行为违法，以及违法行为的不同形态，进行细致的区分，分别规定了八类法定判决方式。第一，对于被诉行政行为合法的判决驳回原告诉讼请求。第二，对于行政机关作出的行政行为违法，没有任何事实根据和法律依据的，适用撤销判决，使原告的权利义务恢复到被诉行政行为作出之前的状态。第三，对于被告作出的行政行为存在重大且明显违法的，判决确认无效，原告的权利义务与撤销判决一样，恢复到被诉行政行为作出之前的状态。第四，对于被告作出的行政行为违法，但为避免给国家利益公共利益造成重大损失需保留其效力，或者被诉行政行为没有撤销的必要性、可能性的，判决确认违法。第五，对于被告作出的行政处罚明显不当，或者其他行政行为涉及对款额的确定、认定确有错误的，适用变更判决，由法院判决作出一个更为公正适当的处理。第六，对于被告作出的行政行为违法，但是需要行政机关进一步调查核实重新作出处理的，判决撤销被诉行政行为，同时责令被诉行政机关限期重新作出行政行为。撤销重作判决不同于撤销判决，不能使原告的权利义务恢复到被诉行政行为作出之前的状态，原告的权利义务处于不确定状态，需要行政机关重新处理后确定。针对行政机关不作为行为，行政诉讼法区分不履行法定职责和不履行给付义务两种情形分别规定了履行判决和给付判决两种特别的判决方式。第七，对于被告不履行法定职责的，人民法院判决被告在一定期限内履行。这里的不履行法定职责主要是指不履行发放许可证、保护人身权或财产权等行为类义务，不包括不履行给付义务。第八，对于被告依法负有给付义务的，判决被告履行给付义务。这里的给付义务主要是指金钱给付义务和特定物的交付义务。

修正后的《行政诉讼法》关于判决方式的规定，对人民法院审理行政赔偿案件判决方式的适用具有重大影响。第一，对于行政机关已经作出行政赔偿决定，原告单独提起行政赔偿诉讼的，如果行政赔偿决定违法，通常都属于“涉及对款额的确定、认定确有错误的”情形，人民法院一般应当适用变更判决，纠正行政赔偿决定款额错误，直接变更赔偿数额，责令被告行政机关限期支付正确数额的行政赔偿。为了实质化解行政赔偿争议，人民法院通常不得适用撤销重作判决。第二，对于行政机关不作为、不依法履行行政赔偿义务的，无论是金钱给付还是返还原物义务，人民法院都应当适用给付判决，直接判决被告行政机关限期支付特定数额的行政赔偿金额，或者交付特定物品，不得以履行判决代替给付判决，判决被告行政机关限期作出行政赔偿决定。理由是修正后的《行政诉讼法》之所以区分履行判决和给付判决，就是要让行政判决更能够实质化解行政争议。在符合给付判决适用条件的情形下，人民法院适用履行判决，不能够直接有效化解行政争议，判决方式错误，适用法律错误，同时也违反行政诉讼法解决行政争议的立法目的。

四、关于对“可以对行政机关赔偿的方式、项目、标准等予以明确，赔偿内容确定的”理解

本条第二款对人民法院“作出具有赔偿金额等给付内容的判决”设定了前提条件，即“可以对行政机关赔偿的方式、项目、标准等予以明确，赔偿内容确定的”。这个前提条件如果理解不正确，就可能会出现以下情况：简单判决撤销被诉行政赔偿行为，责令被告重新作出赔偿决定；对行政机关不履行行政赔偿法定职责行为，判决被告限期作出行政赔偿决定，导致行政赔偿案件程序空转，原告合理合法的行政赔偿诉讼请求得不到及时有效的救济，实质化解行政争议的行政诉讼法立法目的无法实现。我们认为，人民法院必须认真履行审判职责，不得为减轻法官工作量而失职推责。对于行政赔偿案件，根据《行政诉讼法》第七十七条规定，法律赋予人民法院变更权。借用法国行政法上的一概念，人民法院对此类案件享有“完全管辖权”。根据权利义务相一致的原理，既然人民法院对行政赔偿案件享有完全的审判管辖权力，可以作出变更判决，那么，无论是行政机关不履行行政赔偿法定职责，还是行政机关拒绝行政赔偿，或者行政机关作出的行政赔偿决定赔偿不到位，人民法院对作出变更判决或者给付判决所需查明的损失事实就有根据现有证据进行审查、作出判定的法定义务。除非根据案件实际情况不能证明还存在可以调取的证据线索，或者存在可调取的证据线索但不宜由法院在诉讼期间调取或要求当事人提供情形的，人民法院不得以被诉行政赔偿决定认定事实不清、主要证据不足，作出赔偿的方式、项目、标准等难以明确为由，对行政赔偿案件作出撤销重作或限期履行判决。没有可调取证据线索，或者有线索但诉讼过程中不宜由当事人提供或人民法院调取的情况下，人民法院应当根据现有证据，或者通过当事人补充提供证据或法院调取证据，对相关损害事实作出判定。

当然，对于极个别案件，人民法院经审理发现通过当事人举证或者人民法院调查取证，亦难以对“行政机关赔偿的方式、项目、标准等予以明确”，人民法院不能确定行政机关赔偿内容的，对于行政机关作出的行政赔偿决定，可以判决撤销，责令其重新作出赔偿决定；对于行政机关不履行行政赔偿法定职责案件，可以判决行政机关限期作出行政赔偿决定。无论是撤销重作判决，还是限期履行判决，人民法院在判决说理部分，对于能够明确的赔偿项目、赔偿标准等事项，应当尽可能予以明确，为被告行政机关下一步作出行政赔偿决定指明方向，同时，也是为了充分保护原告一方合法权益，对行政机关将来作出行政赔偿决定权力的合理、合法限制。

【实务指导】

一、行政赔偿案件的法律适用

实体法上，行政赔偿是国家赔偿的一部分，判决被告行政机关承担行政赔偿责任时，当然优先适用《国家赔偿法》等公法规范，只有在行政法律规范等公法规范没有规定时，在与行政法等公法原则不抵触的情况下，才可以将民事法律规范作为补充适用。程序法上，行政赔偿诉讼属于行政诉讼的一部分。进入诉讼之前，行政机关作为赔偿义务机关进行先行赔偿时，适用《国家赔偿法》第二章第三节规定的赔偿程序。一旦赔偿请求人提起行政赔偿诉讼，就必须适用《行政诉讼法》规定的相关程序，而不是适用《国家赔偿法》有关司法赔偿的程序。如果是一并提起行政赔偿诉讼，则更是只能完全按照行政诉讼法规定的程序进行，既不适用《国家赔偿法》关于行政赔偿的处理程序，也不适用《国家赔偿法》关于司法赔偿的程序。

二、行政赔偿案件的利息损失问题

本条规定，“无法返还原物、恢复原状的，判决被告限期支付赔偿金和相应的利息损失”。无法返还财产、恢复原状的情况下，只能给予金钱赔偿，同时给予“相应的利息损失”。此处“相应的利息损失”应当如何理解？我们认为，应当从两方面理解：第一，“相应的利息损失”是要根据公民、法人或者其他组织合法权益遭受的损失情况判决支付利息。违法行政行为造成损失，判决金钱赔偿足以弥补其损失，不存在利息损失或者没有必要通过利息弥补本金不足的，给予金钱赔偿时无须判决赔偿利息损失。第二，利息损失的具体赔偿标准要结合公民、法人或者其他组织在判决金钱赔偿后，利息损失的实际情况或者金钱赔偿不足的缺口进行判断。违法行政行为造成损害应当予以行政赔偿，鉴于赔偿的过错主要在于行政机关一方，损失的计算时点和应当予以赔偿的时点都应当在损失发生之日。但是，实践中如果赔偿请求人依法行使行政赔偿救济权利，经过违法确认、先行申请赔偿义务机关行政赔偿、行政复议、行政诉讼，直至最终获得补偿、拿到赔偿金，距离违法行政行为侵权造成损失之日已经过去数年，逾期支付赔偿金存在利息损失是必然的。因此，通常人民法院判决被告行政机关赔偿损失的同时，还应当判决支付利息。同时，如果因物价上涨等原因，按照侵权时的时点进行估价，确实存在估价赔偿金额不足以弥补损失的，亦可通过利息方式弥补损失。第三，利息标准要结合利息损失和估价价差确定。国家赔偿需要赔偿利息损失的，通常按照同期银行存款利息计算。存款利息不足以弥补损失的，可以按照同期贷款利息计算。如果物价上涨较大，按照同期银行贷款利息也不足以弥补损失的，可以按照赔偿时的时点进行估价，尤其是涉及个人家庭住房损失赔偿的，要确保其获得的金钱赔偿在实际获得赔偿时足以回购被毁损的原房屋。因此，有些特殊情况下，根据侵权损害发生时的估价时点加贷款利息赔偿亦不足以弥补损失的，人民法院可以按照赔偿时的时点估价赔偿。按照赔偿时的时点估价赔偿的，损失发生至赔偿时物的市场增值已经包含在赔偿款中，应当支付赔偿款的时间至实际支付时间间隔很短，不存在利息损失，一般不再赔偿利息损失。

（撰写人：郭修江）

第三十二条 有下列情形之一的，人民法院判决驳回原告的行政赔偿请求：

（一）原告主张的损害没有事实根据的；

（二）原告主张的损害与违法行政行为没有因果关系的；

（三）原告的损失已经通过行政补偿等其他途径获得充分救济的；

（四）原告请求行政赔偿的理由不能成立的其他情形。

【条文主旨】

本条是关于《行政诉讼法》第六十九条原告请求被告行政机关履行“给付义务理由不成立”，审判实践中判决驳回原告诉讼请求主要情形的列举规定。

【起草背景】

驳回原告诉讼请求判决是修正后的《行政诉讼法》吸收、改造2000年《行政诉讼法解释》规定，新增加的判决方式。2000年《行政诉讼法解释》第五十六条规定：“有下列情形之一的，人民法院应当判决驳回原告的诉讼请求：（一）起诉被告不作为理由不能成立的；（二）被诉具体行政行为合法但存在合理性问题的；（三）被诉具体行政行为合法，但因法律、政策变化需要变更或者废止的；（四）其他应当判决驳回诉讼请求的情形。”根据该条规定，即便行政行为违法，但是实体上未侵害原告合法权益的，亦可以判决驳回原告诉讼请求。修正后的《行政诉讼法》第六十九条对前述规定进行吸收、改造，区分作出的行政行为和不作为行为，其中不作为又分为请求行政机关履行法定职责和请求行政机关履行给付义务两种情形，分别对判决驳回原告诉讼请求判决方式的法定适用条件作出规定。总体而言，修正后的《行政诉讼法》第六十九条规定的判决驳回原告诉讼请求，无论是对作出的行政行为，还是不作为行为，只有在被诉行政行为合法的情况下才能适用，而不是像民事诉讼，因为原告提出的诉讼请求不成立判决驳回诉讼请求。对于被告作出的行政行为而言，必须满足“行政行为证据确凿，适用法律、法规正确，符合法定程序”的法定条件，结合《行政诉讼法》第七十条规定，如果行政行为存在“超越职权”“滥用职权”“明显不当”情形，显然也是不能判决驳回原告诉讼请求的。也就是说，必须是作出的被诉行政行为完全合法，人民法院才能判决驳回原告诉讼请求。对于不作为的行政行为而言，《行政诉讼法》第六十九条规定的适用条件是“原告申请被告履行法定职责或者给付义务理由不成立”。表面看，这个规定似乎是与民事诉讼判决驳回原告诉讼请求的条件一样。但是，仔细分析该项规定的适用范围我们会发现，原告请求被告行政机关履行法定职责或给付义务理由不能成立，反过来对被告行政机关而言，其不履行法定职责或未履行给付义务的不作为行为不就是合法的吗！因此，《行政诉讼法》第六十九条规定的判决驳回原告诉讼请求，与 2000 年《行政诉讼法解释》第五十六条规定的判决驳回原告诉讼请求，尽管名称一样，但是实质内容已经有了天壤之别。

本条根据修正后的《行政诉讼法》关于驳回原告诉讼请求判决适用条件的新规定，结合审判实际，对原告请求不履行给付义务理由不成立，依法应当判决驳回原告诉讼请求的情形进行了列举。

【条文释义】

《行政诉讼法》第六十九条后半句规定，原告申请被告履行给付义务理由不成立的，人民法院判决驳回原告诉讼请求。何谓“请求履行给付义务理由不成立”，在行政赔偿案件中，简单地说就是原告请求行政赔偿，支付赔偿金，理由不能成立。原告作为赔偿请求人请求作为赔偿义务机关的行政机关予以行政赔偿，行政机关逾期不服答复，理由不能成立，可能是程序上的原因，也可能是实体方面的原因。如果是程序上的原因，例如，侵权的行政行为为被确认违法、原告不是合法权利受到损害的人不具有原告资格、请求赔偿的行政机关没有相应的赔偿义务并非适格被告等等，如果理由不成立属于起诉不符合法定条件情形的，人民法院应当裁定驳回原告的诉讼请求，只有在起诉符合法定条件，经实体审理认为原告的赔偿请求实体上得不到支持的，人民法院才能够适用《行政诉讼法》第六十九条规定，判决驳回原告诉讼请求。为此，司法解释列举了以下四种情形，人民法院应当判决驳回原告的行政赔偿诉讼请求：

一、原告主张的损害没有事实根据

所谓“原告主张的损害没有事实根据”，实质上是指原告没有证据证明违法行政行为对其合法权益造成损害。这里的“损害”必须是指原告的实体合法权益的损害，不包括非法利益，也不包括程序性的权利。实践中主要包括以下情形：

（一）侵权的行政行为违法但是原告没有提供有效证据证明其有应当予以赔偿的合法权益受损

例如，根据《土地管理法》第八十三条规定，自然资源或农业农村部门依照该法规定作出责令限期拆除在非法占用的土地上新建的建筑物和其他设施，建设单位或者个人对责令限期拆除的行政处罚决定不服，期满不起诉又不自行拆除的，应当由作出处罚决定的机关依法申请人民法院强制执行。但是，作出处罚决定的机关超越职权自行组织实施强制拆除，该强制拆除行为违法，但是如果强拆过程中未造成被处罚人屋内物品损失或者可回收再利用的建筑材料等合法权益损失的，尽管强制拆除行为违法，原告请求行政赔偿，人民法院亦应当判决驳回原告的行政赔偿诉讼请求。

（二）侵权的行政行为程序违法，侵犯的是原告的程序性权利，实体合法权益并未受损

例如，原告取得国有土地使用权后，因自身原因未按照国有土地出让合同约定在2年内就约定项目动工开发建设，造成土地闲置超过2年，自然资源部门报经市政府批准，决定收回原告的土地使用权。但是，作出无偿收地决定前，行政机关未按照《行政处罚法》的规定举行听证，违反法定程序。人民法院依照《行政诉讼法》第七十四条第一款第一项的规定，依法判决确认无偿收地行为违法。原告以此为由请求行政赔偿，人民法院应当判决驳回其行政赔偿诉讼请求。因为，依法举行听证，属于原告的程序性合法权益。行政机关作出的行政行为违反法定程序，未造成原告实体合法权益损害的，依法不应当承担行政赔偿责任。应当注意的是，并非所有的程序性违法都不会造成原告实体合法权益受损，如果程序违法造成原告实体合法权益损害的，依法仍应当承担行政赔偿责任。例如，原告请求被告变更许可证主体符合法定条件，但被告违法迟延履行法定职责，造成原告依法应当享

有的合法有效的许可年限减少，事实上存在实体合法权益的损失，原告请求依法予以行政赔偿的，人民法院应当依法予以支持。

应当注意的是，在原告诉被告行政机关不作为行政赔偿案件中，原告对“损害”事实承担举证责任，因其举证不能证明存在人身权、财产权等合法权益损失的存在，人民法院可以判决驳回原告诉讼请求。但是，如果因被告原因造成原告举证不能的，举证责任应当由被告负担；被告亦不能举证证明的，人民法院应当结合案情和原告的具体赔偿请求等，对于原告主张的生产和生活所必需物品的合理损失，应当予以支持；对于原告提出的超出生产和生活所必需的其他贵重物品、现金损失，可以结合案件相关证据予以认定。在客观上确有实际损失存在的情况下，人民法院不得简单以原、被告均不能举证证明损害事实为由，判决驳回原告行政赔偿诉讼请求。

二、原告主张的损失与违法行政行为没有因果关系

损失与违法行政行为之间存在因果关系，是行政赔偿的先决条件。所谓没有“因果关系”，简单地说就是损害不是违法行政行为造成的，与违法行政行为无关。话虽如此，事实上具体案件中，损害是否与违法行政行为有因果关系，其实是一个非常难以判断的事情。是否具有因果关系，实践中可能存在以下几种情形：

（一）原告的合法权益损害结果完全是违法行政行为造成的

这是最简单的存在因果关系的情形，不存在其他因素，单纯是违法行政行为造成原告合法权益损害。例如，公安机关没有任何事实根据，违法将原告予以行政拘留，限制人身自由 15 天。限制人身自由损害结果的发生，完全归咎于公安机关的违法行政拘留行为。

（二）原告的损失是由行政机关的违法行政行为和原告自身过错行为共同造成

此种情形，损害结果的原因不是一方，而在于原告和作出违法行政行为的行政机关两方。此种情形下，人民法院要注重查明各自行为对损害发生和结果的作用大小，侵权的行政机关仅在自己责任范围内承担相应的赔偿责任。因原告自身行为造成的损失，被告行政机关不承担赔偿责任。例如，行政机关违法强拆，造成原告合法厂房被拆除，与此同时原告在厂房内的办公用品、可拆卸的机器设备等，行政机关从厂房移出后交给原告保管，原告未安排人员看管或者转移至其他安全地方妥善保管，最终造成办公用品和拆卸下来的机器设备丢失或损坏。对于因原告未妥善保管造成扩大的损失，与违法强拆行为没有因果关系，不予行政赔偿。

（三）原告合法权益损失系第三人违法行为与行政机关的违法行政行为共同造成

例如，原告将房屋权属证书和自己的身份证交给第三人张某宏，委托其出售。结果张某宏提供虚假房屋买卖合同，将原告名下的房产转移登记至自己名下。之后，张某宏将房屋抵押给银行，抵押贷款还了自己的债务。因张某宏到期不能偿还债欠款，原告的房屋被银行依法处置，造成原告合法享有产权的房屋权益损失。本案中，登记机关未尽审慎审查义务，在原告未到场、房屋买卖合同签名明显与登记机关留存的原告签名不一致的情形下，给第三人张某宏办理房屋权属变更登记，变更登记行为违法毫无疑问。在原告请求行政赔偿时，人民法院必须注意原告的损失首先是由第三人张某宏提供虚假材料申请变更登记造成的，其次才是登记机关未尽审慎审查义务违法予以变更登记。原告的损失首先应当由第三人张某宏承担侵权赔偿责任，张某宏无力承担或下落不明时，原告请求登记机关承担行政赔偿责任的，人民法院应当查清登记机关违法变更登记行为在损失发生和结果形成中的作用大小，判决其承担相应比例的行政赔偿责任，而不能简单地以变更登记行为违法，张某宏承担不了原告损失，全部损失由被告登记机关承担。其实，本案中原告自身委托不慎，将房屋权属证书及自己的身份证交给张某宏，对损失的发生也起着非常重要的作用，在考虑登记机关应承担损失的比例时，也应当一并予以考虑。

（四）原告的损失完全由第三人和自己行为造成，违法行政行为与损失之间不存在因果关系

仍以前一案件基本情节为例，假设张某宏在制作假合同时，提前让原告在空白合同上签名，同时原告出具委托书全权委托张某宏代理其办理房屋出售。张某宏直接将房屋卖给自己的债权人，以房抵债，且价格合理公道。后张某宏的债权人取得房产证后出售房屋变现，造成原告损失。在此情形下，尽管登记机关将房屋产权从原告名下变更登记至张某宏的债权人名下，因房屋买卖合同虚假，变更登记行为事实不清证据不足，当属违法。但是，登记机关违法登记中对张某宏提供的虚假材料尽到了审慎的审查义务，对房屋损失不存在过错，违法登记行为与损害事实之间不存在因果关系，原告请求登记机关行政赔偿，人民法院可以依法判决驳回其诉讼请求。

三、原告的损失已经通过行政补偿等其他途径获得充分救济

此类情况主要发生在行政赔偿与行政补偿发生竞合时。在征收补偿过程中，行政机关违法将尚未行政补偿的被征收物品予以损毁，征收补偿转变为行政赔偿。如果在原告请求行政赔偿之前，行政机关已经主动就补偿问题作出补偿决定，或者与原告就补偿问题达成协议，原告在获得补偿后又请求行政赔偿的，损失已经通过行政补偿获得救济，人民法院应当依法判决驳回原告的行政赔偿诉讼请求。

例如，房屋征收过程中，已经作出征收补偿决定或者达成补偿安置协议之后，行政机关原本应当依法申请人民法院强制拆除被征收房屋和构筑物、附属设施，清除青苗、树木等地上附着物。但是，行政机关越权自行实施强制拆除、强制清除行为，该强制执行行为属于违法行为。如果在行政机关越权实施行政强制执行行为之前，被征收人已经将屋内物品清空，强制拆除、强制清除过程中，未对被征收人的合法财产造成损害。此时，原告以强制拆除、清除行为违法为由，请求予以行政赔偿的，人民法院应当依法判决驳回原告诉讼请求。

四、原告请求行政赔偿理由不能成立的其他情形

实践是复杂多样的，法律规范难以穷尽所的请求行政赔偿“理由不能成立”不予赔偿的情形。因此，司法解释为防止挂一漏万，概括性规定不予行政赔偿，判决驳回原告赔偿请求的“其他情形”。

【实务指导】

行政赔偿案件中，原告请求赔偿义务机关予以行政赔偿，行政机关可能有多种表现：或者逾期不予答复，或者明确拒绝赔偿，或者作出赔偿决定。对于行政机关作出的行政赔偿决定或者行政机关拒绝赔偿决定不服，都属于对行政机关作出的行政行为不服的情形，应当适用《行政诉讼法》第六十九条第一句话，审查判断是否应当判决驳回原告的行政赔偿诉讼请求。只有在原告对行政机关不予答复的不作为行为提起行政诉讼时，人民法院才能够适用第六十九条第二句话中请求给付理由不成立的规定判决驳回原告诉讼请求。行政机关作出赔偿决定、签订行政赔偿协议或者明确拒绝予以行政赔偿，人民法院应当对该行政赔偿行为主体是否越权、事实是否清楚、主要证据是否扎实、适用法律法规是否正确、是否存在违反法定程序情况、是否存在滥用职权或明显不当情形，逐项审理。只有行政机关作出的行政赔偿决定、订立行政赔偿协议、拒绝赔偿决定行为完全合法时，人民法院才可以判决驳回原告的行政赔偿诉讼请求。如果作出的行政赔偿行为存在程序轻微违法或者撤销重作将会导致程序空转，严重损害国家利益、公共利益，有违实质化解行政争议行政诉讼立法目的，人民法院应当依照《行政诉讼法》第七十四条第一款规定，判决确认被诉行政赔偿行为违法、保留效力，不能撤销被诉行政赔偿行为、责令被告重新作出行政赔偿决定；如果作出的行政赔偿行为因赔偿范围、赔偿项目、赔偿标准或者数字计算错误等存在款额错误的，人民法院应当依照《行政诉讼法》第七十七条规定，依法予以变更，作出具有确定赔偿内容的行政判决，不得怠于行使职权，放弃对相关损害事实的审查认定职责，简单以相关损害事实需要行政机关进一步查明为由，判决撤销被诉行政赔偿行为，责令被告限期重新作出行政赔偿决定，更不能仅仅判决撤销被诉行政赔偿行为，造成原告赔偿请求无法得到有效救济。

（撰写人：郭修江）

六、其他

第三十三条　本规定自2022年5月1日起施行。《最高人民法院关于审理行政赔偿案件若干问题的规定》（法发〔1997〕10号）同时废止。

本规定实施前本院发布的司法解释与本规定不一致的，以本规定为准。

【条文主旨】

本条是关于本解释施行日期及效力的规定。

【起草背景】

1997年《行政赔偿规定》在贯彻实施《国家赔偿法》，保证人民法院依法及时公正审查处理各类行政赔偿案件，规范和加强行政赔偿工作，实质化解行政赔偿争议，保障赔偿请求人请求赔偿的权利，监督行政机关依法履行行政赔偿义务等方面，发挥了积极的重要作用。随着社会的进步，行政赔偿案件的司法实践中出现了一些新情况、新问题，需要通过新的司法解释作出更符合新时代需要的规定。自2005年起，行政庭预备启动对《行政赔偿司法解释》进行修改，开始相关调研工作。后来，《国家赔偿法》《行政诉讼法》以及《行政诉讼法》的司法解释相继进行了修改，新法以及多部新司法解释的颁布实施，在进一步完善行政诉讼制度的同时，相关领域也出现了一些法律适用难题。为了贯彻和实施修正后的《国家赔偿法》《行政诉讼法》以及《民法典》，总结审理行政赔偿案件的成功经验和做法，进一步规范行政赔偿案件的审理，2018 年 2 月，根据最高人民法院党组的统一部署，最高人民法院行政庭启动本次司法解释的修改工作，在深入调查研究、认真总结审判实践经验、广泛征求意见的基础上，经过多轮修改，形成本解释（送审稿），并于 × 年 × 月 × 日由最高人民法院审判委员会第 × × 次会议通过。司法解释通过之后须以法定形式和程序发布正式文本，并明确施行时间，确保公众掌握知晓。根据《最高人民法院关于司法解释工作的规定》（2021 年修正）第二十五条第一款、第三款规定："司法解释以最高人民法院公告形式发布。司法解释自公告发布之日起施行，但司法解释另有规定的除外。"在综合考虑行政赔偿司法解释实施准备工作实际需要的基础上，本解释于 2022 年 3 月 20 日公布，定于 2022 年 5 月 1 日起正式施行。

【条文释义】

一、司法解释的形式及文本

由于最高人民法院发布的司法解释具有法律效力，为了维护司法解释的权威，必须明确规定司法解释的形式。根据现行有效的《最高人民法院关于司法解释工作的规定》（2007 年发布、2021 年修正）第六条规定："司法解释的形式分为'解释'、'规定'、'规则'、'批复'和'决定'五种。对在审判工作中如何具体应用某一法律或者对某一类案件、某一类问题如何应用法律制定的司法解释，采用'解释'的形式。根据立法精神对审判工作中需要制定的规范、意见等司法解释，采用‘规定’的形式。对规范人民法院审判执行活动等方面的司法解释，可以采用‘规则’的形式。对高级人民法院、解放军军事法院就审判工作中具体应用法律问题的请示制定的司法解释，采用‘批复’的形式。修改或者废止司法解释，采用‘决定’的形式。”该规定废止了1997年7月1日发布的《最高人民法院关于司法解释工作的若干规定》，在2007年发布的《最高人民法院关于司法解释工作的规定》的基础上增加了“规则”这一司法解释表现形式。从现行有效的司法解释来看，以“解释”“规定”“批复”这三种形式呈现的司法解释数量较多，如《行政诉讼法解释》（法释〔2018〕1号）、《最高人民法院关于办理行政申请再审案件若干问题的规定》（法释〔2021〕6号）、《最高人民法院关于违法的建筑物、构筑物、设施等强制拆除问题的批复》（法释〔2013〕5号）；“决定”这一形式的司法解释数量相对较少，如《最高人民法院关于废止部分司法解释及相关规范性文件的决定》（法释〔2020〕16号）；新增加的“规则”这一形式的司法解释数量也不多，如《人民法院在线诉讼规则》（法释〔2021〕12号）。

本解释采用了“规定”这一形式。如上文中提到司法解释每一种表现形式具体针对不同情形，“规定”属于其中一种比较重要的形式，是最高人民法院因审判实践所需，针对审判工作中存在的某一类法律规定较为原则或理解适用上存在分歧争议、需要进一步细化规定的问题，依据立法精神作出的规范性解释。由于行政管理领域广泛、监管手段多样、行为类别众多，因行政行为引发的赔偿也具有多种情况、多种形式，现行法律法规不可能覆盖行政赔偿所有具体情形，但司法实践中又确实存在一些亟须明确规则、统一适用的问题，为正确理解和适用法律，保证人民法院公正、及时审理行政赔偿案件，实质化解行政赔偿争议，保护公民、法人和其他组织的合法权益，最高人民法院在法律赋予的司法解释权限范围内，通过采用援引具体的法律条文进行解释的方式，对行政赔偿案件审理中的具体应用问题作出了相应解释，是以 1997 年《行政赔偿规定》采用了“规定”这一形式，本次修改后的《行政赔偿司法解释》也沿用了“规定”的形式。

新中国成立以来，最高人民法院根据审判工作需要制定了大量的司法解释和司法指导性文件，除了上述《最高人民法院关于司法解释工作的规定》明确规定的司法解释五种形式，现实中还存在“意见”“答复”“复函”“函”“纪要”“通知”“安排”等多种形式的司法解释以及司法解释性质文件。这些具有准司法解释性质的指导性文件也是最高人民法院针对当时审判工作中遇到的法律适用问题，依据政策、法律、审判经验或者法理，及时作出的具有实践指导意义的司法政策文件，对统一法律适用、指导审判工作、完善司法政策、促进社会治理发挥了重要作用。为了配合《民法典》的实施，2020 年下半年，最高人民法院对新中国成立以来至 2020 年 5 月 28 日现行有效的 591 件司法解释进行了全面清理，其中与《民法典》规定一致、决定保留下来继续有效适用的 364 件司法解释中，行政和国家赔偿类 49 件。需要说明的是，在这 49 件司法解释中，不仅包括“解释”“规定”“批复”，还包括“答复”，如《最高人民法院行政审判庭关于如何适用国务院国发〔1994〕41 号文件有关问题请示的答复》（〔1997〕法行字第 6 号）；“复函”，如《最高人民法院关于当事人对行政机关作出的全民所有制工业企业分立的决定不服提起诉讼人民法院应作为何种行政案件受理问题的复函》（法函〔1994〕34 号）；“函”，如《最高人民法院关于不服政府或房地产行政主管部门对争执房屋的确权行为提起诉讼人民法院应作何种案件受理问题的函》（法函〔1993〕33 号）；“电话答复”，如《最高人民法院行政审判庭关于乡治安室工作人员执行职务中故意伤害当事人造成的损害乡人民政府应否承担责任问题的电话答复》(1991年10月10日)。上述这些法律文件，尽管不是以解释或规定或批复的形式呈现，但作为最高人民法院认可的能够继续适用的司法解释，可以直接在裁判文书中援引。除此之外，2020年5月28日之前最高人民法院制定的具有一定司法解释性质的指导性文件，如《最高人民法院关于审理证券行政处罚案件证据若干问题的座谈会纪要》(法〔2011〕225号)等，如果与现行法律法规的原则、精神不存在冲突而现行法律法规又没有明确规定的，法官在办理案件的过程中也可以适当予以参照，但原则上来说不得直接援引指导性文件作为裁判依据。特别要注意的是，2020年5月28日之后最高人民法院制定的有关行政诉讼和国家赔偿的司法指导性文件，如《最高人民法院关于推进行政诉讼程序繁简分流改革的意见》(法发〔2021〕17号)、《最高人民法院关于作出国家赔偿决定时适用2020年度全国职工日平均工资标准的通知》(法〔2021〕129号)等，在司法实践中应当予以遵循，其体现的原则和精神可以在说理部分予以阐述。

关于本司法解释的法律文本问题。文本是法律规范的载体，应当具有唯一性和权威性。尤其是在自媒体非常发达的今天，公众获取信息的方式多元，信息传播速度快，就更需要重视文本发布的规范性和权威性。在制定过程中，从草案到文本的最终公布，可能存在多个版本，比如征求意见稿、提请审议稿、提交签发稿等，重要的司法解释还会经过多次征求意见和修改。理论上，除了最终经有权机关按照法定程序公布的文本外，其他文本都不具有法律效力。但实践中，网络上可能发布有各个阶段各式各样的文本，更过分的是，有些媒体为吸引流量，还特地标明是“权威版”“最终版”，极容易引起公众的误解和争议。因此，包括司法解释在内的法律规范，经有权机关审议通过后，必须向社会公布权威文本，使公众得以了解，进而予以遵循。根据《立法法》第五十九条第二款规定，法律被修改的，应当公布新的法律文本。《最高人民法院关于司法解释工作的规定》（2021 年修正）第二十五条第二款规定："司法解释应当在《最高人民法院公报》和《人民法院报》刊登。"本解释发布后，将在《最高人民法院公报》和《人民法院报》两份权威刊物上刊登，其中公报比较权威，但是出版周期较长；报纸比较及时，覆盖面也比较广，但是不易保存。司法解释发布后，网络上可能会出现各种版本，其中有些版本可能存在错误，某些错误甚至有可能造成对解释原文相反的意思理解，需要有一个权威和标准的法律文本，应当以《最高人民法院公报》和《人民法院报》刊登的文本为准。

二、司法解释的施行日期

司法解释的施行日期一般单独成条，放在附则里作为最后一条，没有附则的则放在司法解释的最后一条中规定。实践中，司法解释的施行时间较为常见的主要分为两种：一种是自公告发布之日起施行，主要表述为"本解释（本规定）自公布之日起生效"，如《最高人民法院关于适用〈中华人民共和国国家赔偿法〉若干问题的解释（一）》（法释〔2011〕4 号）第十一条规定："本解释自公布之日起施行。"这种方式的采用，主要是考虑到审判实践的迫切需要，且该司法解释具备公布后马上实施的条件。另一种则由司法解释另行规定施行时间，主要表述为"本解释（本规定）自 × 年 × 月 × 日起施行"，如《最高人民法院关于办理行政申请再审案件若干问题的规定》（法释〔2021〕6 号）第六条规定："本解释自 2021 年 4 月 1 日起施行。"采用这种形式，则主要是考虑配合相关法律的同步实施或者留出一段时间，以便于下级法院能够正确理解、掌握司法解释的规定和精神，正确适用该司法解释。

值得注意的是，关于司法解释施行日期的规定问题，最高人民法院的相关规定也经历了数次改动。1997 年 6 月 23 日最高人民法院作出的《关于印发〈关于司法解释工作的若干规定〉的通知》（法发〔1997〕15 号）在公布的司法解释公告样式中列明了司法解释的施行时间。最高人民法院此后制定的司法解释，其施行日期均由发布公告载明或在司法解释条文中予以规定。2007 年 3 月 9 日，最高人民法院发布的《关于司法解释工作的规定》（法发〔2007〕12 号）第二十五条第三款规定："司法解释自公告发布之日起施行，但司法解释另有规定的除外。"同年 8 月 23 日发布的《最高人民法院办公厅关于规范司法解释施行日期有关问题的通知》（法办〔2007〕396 号）规定："一、今后各部门起草的司法解释对施行日期没有特别要求的，司法解释条文中不再规定'本解释（规定）自公布之日起施行'的条款，施行时间一律以发布司法解释的最高人民法院公告中明确的日期为准。二、司法解释对施行日期有特别要求的，应当在司法解释条文中规定相应条款，明确具体施行时间，我院公告的施行日期应当与司法解释的规定相一致。"至 2019 年 2 月 15 日，《最高人民法院办公厅关于司法解释施行日期有关问题的通知》（法办发〔2019〕2 号）则作出了最新规定："一、司法解释的施行日期是司法解释时间效力的重要内容，司法解释应当在主文作出明确规定：'本解释（规定或者决定）自×年×月×日起施行'。批复类解释在批复最后载明的发布日期作为施行日期。二、确定司法解释的施行日期应当充分考虑司法解释实施准备工作的实际需要。三、司法解释的施行日期应当在提交审判委员会的送审稿中拟出，并提请审判委员会审议确定。四、发布司法解释公告中的施行日期应当与司法解释中的施行日期一致。"根据上述要求，司法解释应当在主文中对施行日期进行明确规定。本规定根据上述文件要求，作出如下规定："本规定自×年×月×日起施行。"即本规定自×年×月×日起发生法律效力。

三、司法解释的时间效力

时间效力是司法解释施行中的前提性问题，关系着司法解释何时产生拘束力、人民法院何时能将该司法解释作为裁判依据这一重大事项。前述施行日期明确了本解释的生效时间，除此之外，司法解释的时间效力还涉及新旧司法解释的衔接适用以及司法解释对其施行以前的事件和行为是否具有溯及力的问题等。

（一）关于新旧司法解释的衔接适用问题

自本规定施行之日起，《最高人民法院关于审理行政赔偿案件若干问题的规定》（法发〔1997〕10 号）即废止，不再作为司法实践中可以依照执行的司法解释。新法优于后法是法律适用的基本原则之一，其基本要求是由同一部门就相同的问题在不同时期先后作出的规定应当以新的规定为准。《立法法》第九十二条规定："同一机关制定的法律、行政法规、地方性法规、自治条例和单行条例、规章，特别规定与一般规定不一致的，适用特别规定；新的规定与旧的规定不一致的，适用新的规定。"一切法律都是根据当时的社会关系的情况制定的，随着社会关系的发展变化，法律规范也存在过时的问题，需要不断地修改和更新。通常来说，新的法律规范相较旧的法律规范会更为科学，更有利于保障公民、法人或者其他组织的合法权益，特别是有关诉讼程序方面的司法解释，一般按照"程序从新"规则处理。本条规定是对旧司法解释时效进行了明示的规定，实际上是一种司法解释的废止。司法解释的废止存在以下三种情况：一是司法解释本身规定了有效期限，期限结束，该司法解释自动终止；二是司法解释专为某一特定情况而制定，一旦该情况消失，即应废止该司法解释；三是以新的司法解释替代旧的司法解释。在司法解释的新旧交替的衔接问题上，本条属于第三种情况，即以新的司法解释替代旧的司法解释。本规定是对原赔偿司法解释的全面覆盖，本规定实施后，原司法解释不再适用，因此，本条直接规定了 1997 年《行政赔偿司法解释》的废止，属于明示废止。

自本规定施行之日起，最高人民法院以前发布的司法解释与规定不一致的，以本规定为准。该条款是针对在适用法律中出现新旧司法解释的条文冲突时，适用新司法解释而使旧司法解释的具体条文事实上被废止。在本规定施行之前，为妥善审理实践中存在的问题，最高人民法院通过发布一些司法解释和司法解释性质文件，对人民法院应当如何处理这类纠纷进行指导。考虑到与此前发布的司法解释规定的衔接，本条第二款专门作出规定。根据该条款规定，最高人民法院以往发布的司法解释条文中，与本规定不一致的条文明确不予适用，需要注意的是，“不一致”必须基于“同一法律问题或者同一诉讼规则”新的司法解释对之前发布的司法解释相关条文的直接修改、新增规定即属于与之前发布的司法解释“不一致”的情形，应当适用新的司法解释；如果本解释没有作出规定，之前发布的司法解释又有规定且规定与本解释的相关条文并不冲突，则之前发布的司法解释应当继续适用在相关行政诉讼活动中。

（二）司法解释的溯及力问题

司法解释施行的同时还涉及另外一个问题，就是该司法解释是否具有溯及力的问题。法的溯及力，是指新法能否适用于过去发生的事件及行为，并改变其法律后果的问题。即新法生效实施后，如果可以适用于其生效以前发生的事件和行为，那么该法就具有溯及力，反之，该法就不具有溯及力。

法的溯及力原则最早可以追溯到古希腊和古罗马时期。古罗马法中的一个重要原则就是“法律仅仅适用于将来”。公元 440 年，罗马皇帝狄奥多西乌二世规定法律不溯及既往，但是立法者认为有必要时可以规定其溯及效力，不论是民事法律还是刑事法律。此后，法律原则上不得溯及既往，但立法者的随时规定为例外的规定，成为罗马法的基本原则，并逐渐影响了欧洲各国，成为一项普遍原则。而在我国，秦朝商鞅变法时期，就有“事皆决于法”的思想，对于行为发生时没有法律规定的情形，也不认为是犯罪。《唐律》规定：“犯罪未断绝适逢格改者，格重听从犯时，格轻听从轻法。”这种规定也与如今“从旧兼从轻”原则相吻合，一般认为，法律也不具有溯及力。起初，法不溯及既往原则主要针对刑事法律，后来该原则也逐渐适用于民事、行政法律。“法不溯及既往”这一原则的出发点主要在于保护信赖利益，维护法的稳定性。法律是国家创制的调整社会关系的行为规范，如果适用溯及既往原则，用尚未制定出来的或尚未生效的规范来调整社会关系，必然会导致人们在作出行为之前，无法对自己行为的后果作出判断，从而无所适从。这既不具有现实可能性，也会导致人们丧失对法律的信任，导致社会秩序的混乱。因此，许多国家和地区都对“法不溯及既往”这一原则进行了明文规定。我国《立法法》第九十三条就明确规定：“法律、行政法规、地方性法规、自治条例和单行条例、规章不溯及既往，但为了更好地保护公民、法人和其他组织的权利和利益而作的特别规定除外。”

需要注意的是，“法不溯及既往”这一原则是针对主要实体法而言的，对于程序法并不适用。因为程序法不会在实体上创设或影响人们的实体权利义务，所谓“实体从旧，程序从新”。在新的程序法生效时尚未处理的案件，应当按照新程序法进行处理。此外，“法不溯及既往”也并非绝对适用所有实体法规范。我国《刑法》第十二条第一款规定：“中华人民共和国成立以后本法施行以前的行为，如果当时的法律不认为是犯罪的，适用当时的法律；如果当时的法律认为是犯罪的，依照本法总则第四章第八节的规定应当追诉的，按照当时的法律追究刑事责任，但是如果本法不认为是犯罪或者处刑较轻的，适用本法。”这一规定对溯及力的问题采取了肯定的态度，规定了“从旧兼从轻”的有利溯及原则。这种溯及效果会对人们产生有利的后果，并不会侵害人们的信赖利益，因此，有利溯及原则也逐渐成为“法不溯及既往”原则的重要补充。前述《立法法》第九十三条的但书部分也正是这一精神的体现。2020 年 12 月 29 日公布的《最高人民法院关于适用〈中华人民共和国民法典〉时间效力的若干规定》（法释〔2020〕15 号）第二条规定了溯及适用民法典的“三个更有利于”标准，即“民法典施行前的法律事实引起的民事纠纷案件，当时的法律、司法解释有规定，适用当时的法律、司法解释的规定，但是适用民法典的规定更有利于保护民事主体合法权益，更有利于维护社会和经济秩序，更有利于弘扬社会主义核心价值观的除外”的规定，也遵循了有利溯及原则。事实上，2004 年 5 月 18 日最高人民法院印发的《关于审理行政案件适用法律规范问题的座谈会纪要》对新旧法律规范的适用规则也有所涉及，该座谈会纪要指出：“根据行政审判中的普遍认识和做法，行政相对人的行为发生在新法施行以前，具体行政行为作出在新法施行以后，人民法院审查具体行政行为的合法性时，实体问题适用旧法规定，程序问题适用新法规定，但下列情形除外：（一）法律、法规或规章另有规定的；（二）适用新法对保护行政相对人的合法权益更为有利的；（三）按照具体行政行为的性质应当适用新法的实体规定的。”但是有利溯及的标准需要严格限定，否则不仅会冲击法不溯及既往的基本原则，改变当事人根据旧法所形成的合理预期，还可能会出现有的法院裁判溯及适用新司法解释的条文，有的法院不溯及适用的问题，影响法律秩序的统一。

司法解释作为准据法，其溯及力似应当遵循法的溯及力原则。现实中，存在一种观点认为司法解释并不存在溯及力问题，因为司法解释完全从属于所解释的法律，故而司法解释的溯及力也完全从属于法律的溯及力，没有单独探讨的必要。但我们认为，司法解释作为法律授权的正式解释，具有独立的法律地位。根据《立法法》第一百零四条第一款的规定："最高人民法院、最高人民检察院作出的属于审判、检察工作中具体应用法律的解释，应当主要针对具体的法律条文，并符合立法的目的、原则和原意。遇有本法第四十五条第二款规定情况的，应当向全国人民代表大会常务委员会提出法律解释的要求或者提出制定、修改有关法律的议案。"司法解释可以就法律的具体条文作出解释，对于《行政诉讼法》《国家赔偿法》等法律中没有规定的内容，可以在《行政赔偿司法解释》中予以明确，因此，司法解释具有独立的法律地位，存在着新旧司法解释的溯及力问题。从目前来看，刑事司法解释的溯及力问题已经"两高"作出了统一规定，明确刑事司法解释具有溯及力。《最高人民法院、最高人民检察院关于适用刑事司法解释时间效力问题的规定》第一条规定："司法解释是最高人民法院对审判工作中具体应用法律问题和最高人民检察院对检察工作中具体应用法律问题所作的具有法律效力的解释，自发布或者规定之日起施行，效力适用于法律的施行期间。"而民事、行政司法解释的溯及力问题则在较长时间以来一直存在着不同观点。一种观点认为，司法解释不仅包含对法律的应用解释，而且存在补充立法空白和填补法律漏洞，甚至修改被解释法律的作用，因而司法解释的溯及力问题应该按照法律的溯及力判断规则进行判断，应当适用于该司法解释生效后新起诉的案件。另一种观点则认为，司法解释是对法律的释明，从属于被解释的法律，司法解释的效力应当与被解释的法律保持同步。因此，对于人民法院在司法解释施行前已经受理但尚未审结的案件均应当适用。我们倾向于后一种观点，认为司法解释可以有限度地溯及既往。换句话说，司法解释是对某项规定不够明确或具体适用时存在某种误解的法律进行的澄清、排除歧义，属于对该项法律进行的释明，是该项法律的应有之义，与该项法律是一个整体，司法解释有限度地溯及既往并不会侵害当事人的信赖利益，因此，司法解释的效力可以追溯到被解释的法律生效之日。

【实务指导】

在司法实务中，对于新施行的司法解释如何适用，新司法解释施行前已经受理、尚未审结的案件是否能够适用，特别是新司法解释施行前再审发回重审，施行后尚未审结的案件如何适用，往往存在着不同观点。人民法院在审理行政赔偿案件时，应当结合“新法优于旧法”“法不溯及既往”“实体从旧、程序从新”等法律适用规则原则以及信赖保护原则，根据相关法律文件的精神和审判实践经验，妥善处理。具体而言，可以分为以下几种情形：

1. ×年×月×日之后人民法院新受理的行政赔偿案件，适用本解释。所谓“新受理”，是指司法解释施行后方才启动的诉讼程序，即司法解释施行后人民法院受理的当事人的起诉。诉讼程序是一个完整的过程，从当事人起诉到人民法院，人民法院决定是否立案受理以及受理后作出一审裁判，案件的诉讼程序并未完成，因为当事人有可能不服一审裁判而向上一级人民法院提起上诉，二审法院的审理活动依然是该案整个诉讼程序的一部分，直至生效裁判作出，案件审理终结，诉讼程序才能算结束。因此，通常情况下提到的“新受理”，一般指的是一审案件的受理。当事人提起上诉进入二审程序的，尽管二审法院在文书中亦会采用“受理”的表述，但并非严格意义上的“新受理”。也就是说，×年×月×日之后当事人向一审法院提起诉讼的行政赔偿案件，适用本规定。

2. ×年×月×日之前尚未审结的一审案件，坚持实体从旧、程序从新原则。《行政赔偿司法解释》既规定了程序方面，也规定了实体方面的内容，如受案范围、判决方式等属于实体内容，应当从旧。且行政赔偿以行政行为违法为前提条件，应当根据行政行为当时的法律规范来判断其合法性，适用新的实体法律规范可能会导致对行政行为的合法性判断存在不一致。因此，对于修改前后的《行政赔偿司法解释》，应当按照实体内容、程序内容有所区别。对于尚未审结的二审行政赔偿案件，是对人民法院已经作出的一审裁判进行的审查，只能根据一审裁判当时适用的法律规范来进行。

3. ×年×月×日之前已经审理终结、×年×月×日之后当事人申请再审或者按照审判监督程序决定再审的行政赔偿案件，不适用本规定。即行政赔偿案件×年×月×日之前已经审理终结，当事人不能以本规定为由而申请再审，检察院不能依据本规定提出抗诉；当事人依其他理由申请再审或者人民法院按照审判监督程序决定再审的案件，被申请人不能以本规定的内容进行抗辩。这是尊重裁判的既判力、维护法的安定性的基本要求。即使司法解释溯及既往，也应以不违反法的安定性和信赖利益保护原则为前提。既判力优先于溯及力，这是新旧法衔接的一般原则，也是最高人民法院制定的衔接办法中一贯遵循的。

4. ×年×月×日之前经再审审理发回重审、×年×月×日之后尚未审理终结的一审、二审行政赔偿案件，一般情况下，不适用本规定。这是因为，司法解释对其实施之前已经审理终结的案件不应适用，而司法解释施行前经再审审理发回重审、施行后尚未审结的一审、二审案件，虽然处于发回重审后的一审或二审阶段，与普通的一审或二审案件在程序上没有本质区别，但就其实质而言，是曾经“已终审”的案件，根据法不溯及既往的一般原则，不应适用新司法解释。

（撰写人：徐小玉）

附：

新旧条文对照表

1997 年行政赔偿规定 （阴影部分为修改或删去的内容）	2022 年行政赔偿司法解释 （黑体部分为修改或增加的内容）
为正确审理行政赔偿案件，根据《中华人民共和国国家赔偿法》和《中华人民共和国行政诉讼法》的规定，对审理行政赔偿案件的若干问题作以下规定：	为保护公民、法人和其他组织的合法权益，监督行政机关依法履行行政赔偿义务，确保人民法院公正、及时审理行政赔偿案件，实质化解行政赔偿争议，根据《中华人民共和国行政诉讼法》（以下简称行政诉讼法）《中华人民共和国国家赔偿法》（以下简称国家赔偿法）等法律规定，结合行政审判工作实际，制定本规定。
一、受案范围	一、受案范围
第一条　《中华人民共和国国家赔偿法》第三条、第四条规定的其他违法行为，包括具体行政行为和与行政机关及其工作人员行使行政职权有关的，给公民、法人或者其他组织造成损害的，违反行政职责的行为。	第一条　国家赔偿法第三条、第四条规定的“其他违法行为”包括以下情形： （一）不履行法定职责行为； （二）行政机关及其工作人员在履行行政职责过程中作出的不产生法律效果，但事实上损害公民、法人或者其他组织人身权、财产权等合法权益的行为。

1997 年行政赔偿规定 （阴影部分为修改或删去的内容）	2022 年行政赔偿司法解释 （黑体部分为修改或增加的内容）
	第二条　依据行政诉讼法第一条、第十二条第一款第十二项和国家赔偿法第二条规定，公民、法人或者其他组织认为行政机关及其工作人员违法行使行政职权对其劳动权、相邻权等合法权益造成人身、财产损害的，可以依法提起行政赔偿诉讼。
第二条　赔偿请求人对行政机关确认具体行政行为违法但又决定不予赔偿，或者对确定的赔偿数额有异议提起行政赔偿诉讼的，人民法院应予受理。 第四条　公民、法人或者其他组织在提起行政诉讼的同时一并提出行政赔偿请求的，人民法院应一并受理。 赔偿请求人单独提起行政赔偿诉讼，须以赔偿义务机关先行处理为前提。赔偿请求人对赔偿义务机关确定的赔偿数额有异议或者赔偿义务机关逾期不予赔偿，赔偿请求人有权向人民法院提起行政赔偿诉讼。	**第三条**　赔偿请求人**不服赔偿义务机关下列行为的，可以依法**提起行政赔偿诉讼： **（一）确定赔偿方式、项目、数额的行政赔偿决定；** **（二）不予赔偿决定；** **（三）逾期不作出赔偿决定；** **（四）其他有关行政赔偿的行为。**
第五条　法律规定由行政机关最终裁决的具体行政行为，被作出最终裁决的行政机关确认违法，赔偿请求人以赔偿义务机关应当赔偿而不予赔偿或逾期不予赔偿或者对赔偿数额有异议提起行政赔偿诉讼，人民法院应依法受理。	**第四条**　法律规定由行政机关最终裁决的行政行为被确认违法**后**，赔偿请求人**可以单独**提起行政赔偿诉讼。

1997 年行政赔偿规定 （阴影部分为修改或删去的内容）	2022 年行政赔偿司法解释 （黑体部分为修改或增加的内容）
第六条 公民、法人或者其他组织以国防、外交等国家行为或者行政机关制定发布行政法规、规章或者具有普遍约束力的决定、命令侵犯其合法权益造成损害为由，向人民法院提起行政赔偿诉讼的，人民法院不予受理。	**第五条** 公民、法人或者其他组织**认为**国防、外交等国家行为或者行政机关制定发布行政法规、规章或者具有普遍约束力的决定、命令侵犯其合法权益造成损害，向人民法院提起行政赔偿诉讼的，**不属于**人民法院**行政赔偿诉讼的受案范围**。
二、管辖	
第七条 公民、法人或者其他组织在提起行政诉讼的同时一并提出行政赔偿请求的，人民法院依照行政诉讼法第十七条、第十八条、第二十条的规定管辖。	
第八条 赔偿请求人提起行政赔偿诉讼的请求涉及不动产的，由不动产所在地的人民法院管辖。	

1997 年行政赔偿规定 （阴影部分为修改或删去的内容）	2022 年行政赔偿司法解释 （黑体部分为修改或增加的内容）
第九条 单独提起的行政赔偿诉讼案件由被告住所地的基层人民法院管辖。 中级人民法院管辖下列第一审行政赔偿案件： （1）被告为海关、专利管理机关的； （2）被告为国务院各部门或者省、自治区、直辖市人民政府的； （3）本辖区内其他重大影响和复杂的行政赔偿案件。 高级人民法院管辖本辖区内有重大影响和复杂的第一审行政赔偿案件。 最高人民法院管辖全国范围内有重大影响和复杂的第一审行政赔偿案件。	
第十条 赔偿请求人因同一事实对两个以上行政机关提起行政赔偿诉讼的，可以向其中任何一个行政机关住所地的人民法院提起。赔偿请求人向两个以上有管辖权的人民法院提起行政赔偿诉讼的，由最先收到起诉状的人民法院管辖。	

1997 年行政赔偿规定 （阴影部分为修改或删去的内容）	2022 年行政赔偿司法解释 （黑体部分为修改或增加的内容）
第十一条 公民对限制人身自由的行政强制措施不服，或者对行政机关基于同一事实对同一当事人作出限制人身自由和对财产采取强制措施的具体行政行为不服，在提起行政诉讼的同时一并提出行政赔偿请求的，由受理该行政案件的人民法院管辖；单独提起行政赔偿诉讼的，由被告住所地或原告住所地或不动产所在地的人民法院管辖。	
第十二条 人民法院发现受理的案件不属于自己管辖，应当移送有管辖权的人民法院；受移送的人民法院不得再行移送。	
第十三条 人民法院对管辖权发生争议的，由争议双方协商解决，协商不成的，报请他们的共同上级人民法院指定管辖。如双方为跨省、自治区、直辖市的人民法院，高级人民法院协商不成的，由最高人民法院及时指定管辖。 依前款规定报请上级人民法院指定管辖时，应当逐级进行。	
三、诉讼当事人	二、诉讼当事人
	第六条　公民、法人或者其他组织一并提起行政赔偿诉讼中的当事人地位，按照其在行政诉讼中的地位确定，行政诉讼与行政赔偿诉讼当事人不一致的除外。

1997 年行政赔偿规定 （阴影部分为修改或删去的内容）	2022 年行政赔偿司法解释 （黑体部分为修改或增加的内容）
第十四条　与行政赔偿案件处理结果有法律上的利害关系的其他公民、法人或者其他组织有权作为第三人参加行政赔偿诉讼。	
第十五条　受害的公民死亡，其继承人和其他有抚养关系的亲属以及死者生前抚养的无劳动能力的人有权提起行政赔偿诉讼。 第十六条　企业法人或者其他组织被行政机关撤销、变更、兼并、注销，认为经营自主权受到侵害，依法提起行政赔偿诉讼，原企业法人或其他组织，或者对其享有权利的法人或其他组织均具有原告资格。 第二十五条　受害的公民死亡，其继承人和有抚养关系的人提起行政赔偿诉讼，应当提供该公民死亡的证明及赔偿请求人与死亡公民之间的关系证明。	第七条　受害的公民死亡，其继承人和其他有扶养关系的**人可以**提起行政赔偿诉讼，**并提供该公民死亡证明、赔偿请求人与死亡公民之间的关系证明**。 受害的公民死亡，**支付受害公民医疗费、丧葬费等合理费用的人可以依法提起行政赔偿诉讼**。 **有权提起行政赔偿诉讼的法人或者其他组织分立、合并、终止，承受其权利的法人或者其他组织可以依法提起行政赔偿诉讼**。
第十七条　两个以上行政机关共同侵权，赔偿请求人对其中一个或者数个侵权机关提起行政赔偿诉讼，若诉讼请求系可分之诉，被诉的一个或者数个侵权机关为被告；若诉讼请求系不可分之诉，由人民法院依法追加其他侵权机关为其同被告。	第八条　两个以上行政机关共同**实施侵权行政行为造成损害的，共同侵权行政机关为共同被告**。赔偿请求人**坚持**对其中一个或者**几个**侵权机关提起行政赔偿诉讼，**以被起诉的机关为被告，未被起诉的机关追加为第三人**。

1997 年行政赔偿规定 （阴影部分为修改或删去的内容）	2022 年行政赔偿司法解释 （黑体部分为修改或增加的内容）
第十八条　复议机关的复议决定加重损害的，赔偿请求人只对作出原决定的行政机关提起行政赔偿诉讼，作出原决定的行政机关为被告；赔偿请求人只对复议机关提起行政赔偿诉讼的，复议机关为被告。	**第九条　原行政行为造成赔偿请求人损害**，复议决定加重损害的，**复议机关与原行政行为机关为共同被告**。赔偿请求人**坚持**对作出原行政**行为**机关**或者复议机关**提起行政赔偿诉讼，**以被起诉的机关为被告，未被起诉的机关追加为第三人**。
第十九条　行政机关依据行政诉讼法第六十六条的规定申请人民法院强制执行具体行政行为，由于据以强制执行的根据错误而发生行政赔偿诉讼的，申请强制执行的行政机关为被告。	第十条　行政机关依据行政诉讼法**第九十七条**的规定申请人民法院强制执行**其**行政行为，**因**据以强制执行的**行政行为违法**而发生行政赔偿诉讼的，申请强制执行的行政机关为被告。
第二十条　人民法院审理行政赔偿案件，需要变更被告而原告不同意变更的，裁定驳回起诉。	
	三、证据
第三十二条　原告在行政赔偿诉讼中对自己的主张承担举证责任。被告有权提供不予赔偿或者减少赔偿数额方面的证据。	第十一条　行政赔偿诉讼中，**原告应当对行政行为造成的损害提供证据；因被告的原因导致原告无法举证的，由被告承担举证责任。** **人民法院对于原告主张的生产和生活所必需物品的合理损失，应当予以支持；对于原告提出的超出生产和生活所必需的其他贵重物品、现金损失，可以结合案件相关证据予以认定。**
	第十二条　**原告主张其被限制人身自由期间受到身体伤害，被告否认相关损害事实或者损害与违法行政行为存在因果关系的，被告应当提供相应的证据证明。**

1997 年行政赔偿规定 （阴影部分为修改或删去的内容）	2022 年行政赔偿司法解释 （黑体部分为修改或增加的内容）
四、起诉与受理	四、起诉与受理
第三条　赔偿请求人认为行政机关及其工作人员实施了国家赔偿法第三条第（三）、（四）、（五）项和第四条第（四）项规定的非具体行政行为的行为侵犯其人身权、财产权并造成损失，赔偿义务机关拒不确认致害行为违法，赔偿请求人可直接向人民法院提起行政赔偿诉讼。 第二十一条　赔偿请求人单独提起行政赔偿诉讼，应当符合下列条件 （1）原告具有请求资格； （2）有明确的被告； （3）有具体的赔偿请求和受损害的事实根据； （4）加害行为为具体行政行为的，该行为已被确认为违法； （5）赔偿义务机关已先行处理或超过法定期限不予处理； （6）属于人民法院行政赔偿诉讼的受案范围和受诉人民法院管辖； （7）符合法律规定的起诉期限。 第三十四条　人民法院对赔偿请求人未经确认程序而直接提起行政赔偿诉讼的案件，在判决时应当对赔偿义务机关致害行为是否违法予以确认。	**第十三条　行政行为未被确认为违法，公民、法人或者其他组织提起行政赔偿诉讼的，人民法院应当视为提起行政诉讼时一并提起行政赔偿诉讼。** **行政行为已被确认为违法，并符合下列条件的，公民、法人或者其他组织可以**单独提起行政赔偿诉讼： **（一）**原告具有**行政赔偿**请求资格； **（二）**有明确的被告； **（三）**有具体的赔偿请求和受损害的事实根据； **（四）**赔偿义务机关已先行处理或者超过法定期限不予处理； **（五）**属于人民法院行政赔偿诉讼的受案范围和受诉人民法院管辖； **（六）在**法律规定的起诉期限**内提起诉讼。**

1997 年行政赔偿规定 （阴影部分为修改或删去的内容）	2022 年行政赔偿司法解释 （黑体部分为修改或增加的内容）
第二十三条第二款　行政案件的原告可以在提起行政诉讼后至人民法院一审庭审结束前，提出行政赔偿请求。	第十四条　原告提起行政诉讼时未一并提起行政赔偿诉讼，人民法院审查认为可能存在行政赔偿的，应当告知原告可以一并提起行政赔偿诉讼。 原告在第一审庭审终结前提起行政赔偿诉讼，符合起诉条件的，人民法院应当依法受理；原告在第一审庭审终结后、宣判前提起行政赔偿诉讼的，是否准许由人民法院决定。 原告在第二审程序或者再审程序中提出行政赔偿请求的，人民法院可以组织各方调解；调解不成的，告知其另行起诉。
第二十二条　赔偿请求人单独提起行政赔偿诉讼，可以在向赔偿义务机关递交赔偿申请后的 2 个月届满之日起 3 个月内提出。 第二十四条　赔偿义务机关作出赔偿决定时，未告知赔偿请求人的诉权或者起诉期限，致使赔偿请求人逾期向人民法院起诉的，其起诉期限从赔偿请求人实际知道诉权或者起诉期限时计算，但逾期的期间自赔偿请求人收到赔偿决定之日起不得超过 1 年。	第十五条　公民、法人或者其他组织应当自知道或者应当知道行政行为侵犯其合法权益之日起两年内，向赔偿义务机关申请行政赔偿。赔偿义务机关在收到赔偿申请之日起两个月内未作出赔偿决定的，公民、法人或者其他组织可以依照行政诉讼法有关规定提起行政赔偿诉讼。
第二十三条第一款　公民、法人或者其他组织在提起行政诉讼的同时一并提出行政赔偿请求的，其起诉期限按照行政诉讼起诉期限的规定执行。	第十六条　公民、法人或者其他组织提起行政诉讼时一并**请求**行政赔偿的，**适用行政诉讼法有关**起诉期限**的规定**。

1997 年行政赔偿规定 （阴影部分为修改或删去的内容）	2022 年行政赔偿司法解释 （黑体部分为修改或增加的内容）
第二十六条 当事人先后被采取限制人身自由的行政强制措施和刑事拘留等强制措施，因强制措施被确认为违法而请求赔偿的，人民法院按其行为性质分别适用行政赔偿程序和刑事赔偿程序立案受理。	
	第十七条 公民、法人或者其他组织仅对行政复议决定中的行政赔偿部分有异议，自复议决定书送达之日起十五日内提起行政赔偿诉讼的，人民法院应当依法受理。 行政机关作出有赔偿内容的行政复议决定时，未告知公民、法人或者其他组织起诉期限的，起诉期限从公民、法人或者其他组织知道或者应当知道起诉期限之日起计算，但从知道或者应当知道行政复议决定内容之日起最长不得超过一年。
	第十八条 行政行为被有权机关依照法定程序撤销、变更、确认违法或无效，或者实施行政行为的行政机关工作人员因该行为被生效法律文书或监察机关政务处分确认为渎职、滥用职权的，属于本规定所称的行政行为被确认为违法的情形。
	第十九条 公民、法人或者其他组织一并提起行政赔偿诉讼，人民法院经审查认为行政诉讼不符合起诉条件的，对一并提起的行政赔偿诉讼，裁定不予立案；已经立案的，裁定驳回起诉。

1997 年行政赔偿规定 （阴影部分为修改或删去的内容）	2022 年行政赔偿司法解释 （黑体部分为修改或增加的内容）
第二十七条 人民法院接到原告单独提起的行政赔偿起诉状，应当进行审查，并在7日内立案或者作出不予受理的裁定。 人民法院接到行政赔偿起诉状后，在7日内不能确定可否受理的，应当先予受理。审理中发现不符合受理条件的，裁定驳回起诉。 当事人对不予受理或者驳回起诉的裁定不服的，可以在裁定书送达之日起10日内向上一级人民法院提起上诉。	
	第二十条 在涉及行政许可、登记、征收、征用和行政机关对民事争议所作的裁决的行政案件中，原告提起行政赔偿诉讼的同时，有关当事人申请一并解决相关民事争议的，人民法院可以一并审理。
五、审理和判决	五、审理和判决
第二十八条 当事人在提起行政诉讼的同时一并提出行政赔偿请求，或者因具体行政行为和与行使行政职权有关的其他行为侵权造成损害一并提出行政赔偿请求的，人民法院应当分别立案，根据具体情况可以合并审理，也可以单独审理。	
第二十九条 人民法院审理行政赔偿案件，就当事人之间的行政赔偿争议进行审理与裁判。	

1997 年行政赔偿规定 （阴影部分为修改或删去的内容）	2022 年行政赔偿司法解释 （黑体部分为修改或增加的内容）
第三十条 人民法院审理行政赔偿案件在坚持合法、自愿的前提下，可以就赔偿范围、赔偿方式和赔偿数额进行调解。调解成立的，应当制作行政赔偿调解书。	
第三十一条 被告在一审判决前同原告达成赔偿协议，原告申请撤诉的，人民法院应当依法予以审查并裁定是否准许。	
	第二十一条 两个以上行政机关共同实施违法行政行为，或者行政机关及其工作人员与第三人恶意串通作出的违法行政行为，造成公民、法人或者其他组织人身权、财产权等合法权益实际损害的，应当承担连带赔偿责任。 **一方承担连带赔偿责任后，对于超出其应当承担部分，可以向其他连带责任人追偿。**
	第二十二条 两个以上行政机关分别实施违法行政行为造成同一损害，每个行政机关的违法行为都足以造成全部损害的，各个行政机关承担连带赔偿责任。 **两个以上行政机关分别实施违法行政行为造成同一损害的，人民法院应当根据其违法行政行为在损害发生和结果中的作用大小，确定各自承担相应的行政赔偿责任；难以确定责任大小的，平均承担责任。**

1997 年行政赔偿规定 （阴影部分为修改或删去的内容）	2022 年行政赔偿司法解释 （黑体部分为修改或增加的内容）
	第二十三条　由于第三人提供虚假材料，导致行政机关作出的行政行为违法，造成公民、法人或者其他组织损害的，人民法院应当根据违法行政行为在损害发生和结果中的作用大小，确定行政机关承担相应的行政赔偿责任；行政机关已经尽到审慎审查义务的，不承担行政赔偿责任。
	第二十四条　由于第三人行为造成公民、法人或者其他组织损害的，应当由第三人依法承担侵权赔偿责任；第三人赔偿不足、无力承担赔偿责任或者下落不明，行政机关又未尽保护、监管、救助等法定义务的，人民法院应当根据行政机关未尽法定义务在损害发生和结果中的作用大小，确定其承担相应的行政赔偿责任。
	第二十五条　由于不可抗力等客观原因造成公民、法人或者其他组织损害，行政机关不依法履行、拖延履行法定义务导致未能及时止损或者损害扩大的，人民法院应当根据行政机关不依法履行、拖延履行法定义务行为在损害发生和结果中的作用大小，确定其承担相应的行政赔偿责任。

1997 年行政赔偿规定 （阴影部分为修改或删去的内容）	2022 年行政赔偿司法解释 （黑体部分为修改或增加的内容）
	第二十六条　有下列情形之一的，属于国家赔偿法第三十五条规定的“造成严重后果”： **（一）受害人被非法限制人身自由超过六个月；** **（二）受害人经鉴定为轻伤以上或者残疾；** **（三）受害人经诊断、鉴定为精神障碍或者精神残疾，且与违法行政行为存在关联；** **（四）受害人名誉、荣誉、家庭、职业、教育等方面遭受严重损害，且与违法行政行为存在关联。** **有下列情形之一的，可以认定为后果特别严重：** **（一）受害人被限制人身自由十年以上；** **（二）受害人死亡；** **（三）受害人经鉴定为重伤或者残疾一至四级，且生活不能自理；** **（四）受害人经诊断、鉴定为严重精神障碍或者精神残疾一至二级，生活不能自理，且与违法行政行为存在关联。**

1997 年行政赔偿规定 （阴影部分为修改或删去的内容）	2022 年行政赔偿司法解释 （黑体部分为修改或增加的内容）
	第二十七条　违法行政行为造成公民、法人或者其他组织财产损害，不能返还财产或者恢复原状的，按照损害发生时该财产的市场价格计算损失。市场价格无法确定，或者该价格不足以弥补公民、法人或者其他组织损失的，可以采用其他合理方式计算。 违法征收征用土地、房屋，人民法院判决给予被征收人的行政赔偿，不得少于被征收人依法应当获得的安置补偿权益。
	第二十八条　下列损失属于国家赔偿法第三十六条第六项规定的“停产停业期间必要的经常性费用开支”： （一）必要留守职工的工资； （二）必须缴纳的税款、社会保险费； （三）应当缴纳的水电费、保管费、仓储费、承包费； （四）合理的房屋场地租金、设备租金、设备折旧费； （五）维系停产停业期间运营所需的其他基本开支。

1997 年行政赔偿规定 （阴影部分为修改或删去的内容）	2022 年行政赔偿司法解释 （黑体部分为修改或增加的内容）
	第二十九条　下列损失属于国家赔偿法第三十六条第八项规定的“直接损失”： （一）存款利息、贷款利息、现金利息； （二）机动车停运期间的营运损失； （三）通过行政补偿程序依法应当获得的奖励、补贴等； （四）对财产造成的其他实际损失。
	第三十条　被告有国家赔偿法第三条规定情形之一，致人精神损害的，人民法院应当判决其在违法行政行为影响的范围内，为受害人消除影响、恢复名誉、赔礼道歉；消除影响、恢复名誉和赔礼道歉的履行方式，可以双方协商，协商不成的，人民法院应当责令被告以适当的方式履行。造成严重后果的，应当判决支付相应的精神损害抚慰金。
	第三十一条　人民法院经过审理认为被告对公民、法人或者其他组织造成财产损害的，判决被告限期返还财产、恢复原状；无法返还财产、恢复原状的，判决被告限期支付赔偿金和相应的利息损失。 人民法院审理行政赔偿案件，可以对行政机关赔偿的方式、项目、标准等予以明确，赔偿内容确定的，应当作出具有赔偿金额等给付内容的判决；行政赔偿决定对赔偿数额的确定确有错误的，人民法院判决予以变更。

1997年行政赔偿规定 （阴影部分为修改或删去的内容）	2022年行政赔偿司法解释 （黑体部分为修改或增加的内容）
第三十三条　被告的具体行政行为违法但尚未对原告合法权益造成损害的，或者原告的请求没有事实根据或法律根据的，人民法院应当判决驳回原告的赔偿请求。	第三十二条　有下列情形之一的，人民法院判决驳回原告的行政赔偿请求： （一）原告主张的损害没有事实根据的； （二）原告主张的损害与违法行政行为没有因果关系的； （三）原告的损失已经通过行政补偿等其他途径获得充分救济的； （四）原告请求行政赔偿的理由不能成立的其他情形。
第三十五条　人民法院对单独提起行政赔偿案件作出判决的法律文书的名称为行政赔偿判决书、行政赔偿裁定书或者行政赔偿调解书。	
六、执行与期间	
第三十六条　发生法律效力的行政赔偿判决、裁定或调解协议，当事人必须履行。一方拒绝履行的，对方当事人可以向第一审人民法院申请执行。 申请执行的期限，申请人是公民的为1年，申请人是法人或者其他组织的为6个月。	

1997 年行政赔偿规定（阴影部分为修改或删去的内容）	2022 年行政赔偿司法解释（黑体部分为修改或增加的内容）
第三十七条 单独受理的第一审行政赔偿案件的审理期限为 3 个月，第二审为 2 个月；一并受理行政赔偿请求案件的审理期限与该行政案件的审理期限相同。如因特殊情况不能按期结案，需要延长审限的，应按照行政诉讼法的有关规定报请批准。	
七、其他	六、其他
第三十八条 人民法院审理行政赔偿案件，除依照国家赔偿法行政赔偿程序的规定外，对本规定没有规定的，在不与国家赔偿法相抵触的情况下，可以适用行政诉讼的有关规定。	**第三十三条　本规定自 2022 年 5 月 1 日起施行。《最高人民法院关于审理行政赔偿案件若干问题的规定》（法发〔1997〕10 号）同时废止。** **本规定实施前本院发布的司法解释与本规定不一致的，以本规定为准。**
第三十九条 赔偿请求人要求人民法院确认致害行为违法涉及的鉴定、勘验、审计等费用，由申请人预付，最后由败诉方承担。	
第四十条 最高人民法院以前所作的有关司法解释与本规定不一致的，按本规定执行。	

后 记

《最高人民法院关于审理行政赔偿案件若干问题的规定》自1997年施行，25年来首次进行修订。期间，《国家赔偿法》《行政诉讼法》等相关法律均已作出重大调整，司法实践中不断出现新情况、新问题，也积累了大量有益经验。为适应新形势的需要、进一步规范行政赔偿案件审理，最高人民法院经过多层次调研、广泛征求意见，对司法解释进行全方位修订。与旧解释相比，新解释以解决实践中突出问题为导向，注重对存在分歧的重大疑难法律适用问题作出解释，将《行政诉讼法》及相关司法解释已作出规定的内容全部删除，仅就实践中亟须规定的若干重大问题进行明确。尽管条文从40条减少至33条，但有大量的新内容、新规范。

为便于社会各界准确、全面理解本解释，我们组织最高人民法院行政审判庭有关同志撰写了本书，对相关条文进行逐条解释和说明，力求准确、完整地阐述本解释含义。具体分工如下：前言（于厚森），第一条、第十三条（杨科雄），第二条（臧震），第三条、第二十三条（仝蕾），第四条（袁岸乔），第五条、第十二条（章志远），第六条（李纬华），第七条（谭红），第八条（骆芳菲），第九条、第十七条（于泓），第十条（任必恒），第十一条、第三十三条（徐小玉），第十四条、第十八条（李小梅），第十五条（蒋蔚），第十六条（易旺），第十九条（张雪明），第二十条（刘潋），第二十一条、第二十二条（梁凤云），第二十四条、第二十五条（徐超），第二十六条、第三十条（章文英），第二十七条、第二十九条（牛延佳），第二十八条（邹涛），第三十一条、第三十二条（郭修江），新旧条文对照表（牛延佳）。本书由章文英同志编辑、杨科雄同志统稿，于厚森、郭修江、梁凤云同志审稿，贺小荣同志审定。

本书仅作为理解和适用本解释的参考。由于编写时间紧张，可能存在缺漏和错误，敬请读者批评指正。

最高人民法院行政审判庭

二〇二二年四月十八日